MBA教育三十周年成果荟萃 | 培养院校篇

风雨兼程三十年
中国MBA教育发展之路

全国工商管理专业学位研究生教育指导委员会 ◎编

我国MBA教育从无到有，从有到优，在30余年的发展历程中，始终牢记为我国建设社会主义现代化强国培养大批优秀的管理人才这一首要任务。我国各MBA培养院校广泛汲取优秀的教育模式、教学内容、教学方法，密切联系实际并结合自身优势，勇于创新，培育和打造各自特色，展现了MBA项目的多样性。

本书收录了清华大学、复旦大学、上海交通大学、中山大学、浙江大学、中国人民大学、南开大学、大连理工大学、厦门大学、武汉大学、哈尔滨工业大学、湖南大学、上海财经大学、云南大学等MBA培养院校的教育改革和创新实践事例，涵盖了综合类、理工类、财经类、农林类等MBA培养院校的典型办学经验，反映了我国MBA教育的高质量发展。

本书可供从事MBA培养工作的教育工作者参考，也可供广大有志于报考MBA的人士阅读。

图书在版编目（CIP）数据

风雨兼程三十年：中国MBA教育发展之路 / 全国工商管理专业学位研究生教育指导委员会编 . —北京：机械工业出版社，2024.3

ISBN 978-7-111-74674-4

I. ①风… II. ①全… III. ①工商行政管理 – 研究生教育 – 研究 – 中国 IV. ① F203.9-4

中国国家版本馆CIP数据核字（2024）第 027575 号

机械工业出版社（北京市百万庄大街22号　邮政编码100037）
策划编辑：吴亚军　　　　　责任编辑：吴亚军
责任校对：潘　蕊　梁　静　责任印制：郜　敏
三河市国英印务有限公司印刷
2024年5月第1版第1次印刷
185mm×260mm・24印张・1插页・591千字
标准书号：ISBN 978-7-111-74674-4
定价：99.00元

电话服务　　　　　　　　网络服务
客服电话：010-88361066　机 工 官 网：www.cmpbook.com
　　　　　010-88379833　机 工 官 博：weibo.com/cmp1952
　　　　　010-68326294　金 书 网：www.golden-book.com
封底无防伪标均为盗版　　机工教育服务网：www.cmpedu.com

序

工商管理硕士（MBA）教育是我国改革开放不断发展的产物，也是我国学位与研究生教育主动适应社会主义现代化建设需求的重要组成部分。为了实现建设社会主义市场经济体制的宏伟目标，培养一批了解中国经济与企业发展情形、掌握市场经济规律的管理人才，打破当时我国企业管理水平落后的局面，1991年，秉承"以我为主，博采众长，融合提炼，自成一家"指导思想的中国MBA教育应运而生。

30多年乘风破浪，MBA教育逐渐成为我国培养社会主义现代化建设管理人才的重要平台，为提升我国企业管理水平和竞争力做出了积极贡献。MBA作为我国第一个专业学位，开创了专业学位教育的先河，完善了我国学位制度，丰富了人才培养类型。30多年来，我国MBA教育从最初9所试点院校、年招生84人的规模发展至今，培养院校已达270余所，年招生规模达38 000余人，授予MBA学位人数累计达60余万。MBA培养院校已为我国企业培养了大批管理骨干，服务国家、行业、区域发展的能力显著增强，有力支撑了我国经济社会发展。

30多年风雨兼程，中国MBA教育管理日趋规范。成立的全国MBA教育指导委员会（2014年更名为全国工商管理专业学位研究生教育指导委员会），对MBA教育进行指导和协调管理，制订了一系列培养方案，明确办学基本要求，规范教育管理，保证了我国MBA教育健康有序发展；实施以综合质量考核为重点的MBA入学考试和招生改革，为建立我国专业学位研究生考试制度进行了有益探索；建立了MBA教学合格评估体系和制度，出台了系统的评估指标体系和办法。30多年来，我国MBA教育人才培养方案不断完善，招生录取考试制度不断改革，学位论文标准不断规范，产教融合、协同育人机制不断创新，MBA教育培养体系日臻完善。

30多年凝心聚力，中国MBA教育师资队伍建设成效显著。通过多方引入高水平师资、提升现有师资水平，我国MBA教育领域逐渐建立了一批既懂理论又懂实践、既懂国内又懂国际的高水平师资队伍,极大地增强了办学基础和能力。30多年来,数百场次的核心课程系列师资培训,以及中国西部MBA师资开发及办学能力建设计划等,促进了MBA教师队伍整体素质和水平的提升,增强了我国MBA教育持续发展的后劲。

30多年砥砺奋进,我国MBA案例教学与开发取得了瞩目的成绩。案例开发和案例教学师资培训大量开展,大规模的案例开发活动积极进行。截至2023年,中国管理案例共享中心案例库拥有版权案例7 000余篇,全国百篇优秀管理案例评选活动已成功举办了十四届。

30多年筑梦前行,我国部分MBA培养院校已在国际商科教育同行中获得较高评价。我国MBA教育立足本土,放眼国际,稳扎稳打,逐步壮大。一些MBA培养院校通过举办国际合作项目,开展师资交流、学生交换等,广泛吸收先进经验,办学水平明显提高。我国MBA培养院校还积极参与国际认证,截至2022年12月底,通过AACSB认证的中国内地院校超过40所,通过EQUIS认证的中国内地院校超过20所,另外,有多所院校通过AMBA等认证。我国也逐步建立起中国MBA的高质量认证体系,在推动我国MBA培养质量持续改进的同时,吸引了部分海外院校积极参与,大大提升了我国MBA教育的国际话语权。

不忘初心,我国MBA教育要始终牢记两个使命。一是MBA教育要回应党和国家发展需求。我国MBA教育要持续关注新的发展形势给人才培养带来的新机会与新挑战,时刻谨记MBA教育的首要任务是为我国建设社会主义现代化强国培养大批优秀的管理人才。二是MBA教育要坚持全面育人。MBA教育要加强企业、企业家的商业伦理与社会责任教育,以教师为主导、学生为主体,以能力培养为支撑,以实践教育为基础,以人文培育为底蕴。关注学生的综合素质提升,全面培养人才,牢牢把握立德树人的根本任务,才是我国MBA教育发展的正确方向。

展望未来,我们对我国MBA教育充满了期望。

第一,MBA教育规模要与经济发展规模相适应。MBA教育管理机构应改善MBA教育发展的政策环境,在稳步扩大MBA教育规模的同时,努力提高培养质量,加强规范管理。

第二,MBA教育要遵循管理教育的发展规律,符合国家与行业标准的基本要求。MBA培养院校在办学标准的基础上,应结合自身优势,凝练各自特色,力求在达到统一的基本要求的前提下实现特色化发展,实现MBA项目的多样性。

第三,MBA教育在开展国际合作的过程中,要坚持"以我为主,博采众长,融合提炼,自成一家"的指导思想。MBA教育从业者应学习世界上一切优秀的教育模式、教学内容、教学方法,密切联系中国的经济、社会、文化、企业实践,逐步形成中国特色、中国风格的管理教育体系。

第四，MBA教育要警惕那种越来越脱离管理实践，片面追求"学术化"的倾向。商学院培养的学生，应确保能真正为提高我国企业管理水平做出贡献。实事求是，理论联系实际，是我国MBA教育健康发展的重要保证。

30多年的发展，弹指一挥间。让我们紧紧抓住当下，高质量发展，积极建设我国MBA教育的下一个30年！

| 目 录 |

序

第一章 "产教研"融合的"商学+行业"专业学位培养模式探索:
以浙江大学医疗健康产业 MBA 项目为例 / 1

　　一、培养模式提出的背景:我国 MBA 培养中的问题 / 1

　　二、创新实践:浙江大学 HMBA 项目建设历程 / 2

　　三、经验总结:浙江大学 HMBA 项目的"产教研创"融合培养模式 / 3

　　四、"产教研创"培养模式的初步成效 / 7

　　五、启示 / 8

　　参考文献 / 9

第二章 聚焦案例教学:
中国海洋大学 MBA 教学的"迭"宕起伏 / 10

　　一、中国海洋大学案例教学发展阶段 / 11

　　二、中国海洋大学"三位一体"模式 / 15

　　三、未来展望 / 19

　　参考文献 / 19

第三章 紧跟时代发展:
中国人民大学 FinTech MBA 项目的成长之路 / 20

　　一、从 0 到 1 的起步创业 / 21

　　二、从 1 到 N 的自我迭代 / 23

　　三、从 N 到 N^n 的多维发展 / 26

　　四、结束语 / 29

第四章 "四链"融合：
　　深圳大学 MBA 特色培养模式的探索与实践 / 31

　　一、深圳大学 MBA 教育项目简介 / 32
　　二、深圳大学 MBA 项目"四链"融合培养模式的实践探索 / 33
　　三、进一步完善深圳大学 MBA 培养模式 / 38

第五章 "润物无声"育英才：
　　重庆交通大学 MBA 项目构建课程思政教育体系实践与思考 / 42

　　一、明确要义，把握 MBA 思政育人的底层逻辑 / 42
　　二、如盐化水，构建多维立体的 MBA 课程思政教育体系 / 43
　　三、思政育人典型案例：抗疫停课不停学，云上共育"德智体美" / 46
　　四、总结 / 47
　　参考文献 / 47

第六章 对外经济贸易大学 MBA 校外导师项目运行模式与创新实践 / 48

　　一、对外经济贸易大学 MBA 校外导师项目发展沿革 / 49
　　二、对外经济贸易大学 MBA 校外导师项目管理与运行模式 / 51
　　三、对外经济贸易大学 MBA 校外导师项目创新实践与工作成效 / 55
　　四、启示与思考 / 58
　　参考文献 / 58

第七章 案例驱动，特色发展：
　　西部非中心城市地方院校 MBA 项目发展之路 / 61

　　一、西南科技大学案例开发初启航 / 61
　　二、"一企多案"精一企 / 63
　　三、"空中课堂"可不空 / 65
　　四、案例大赛展风采 / 67
　　五、尾声 / 69
　　参考文献 / 70
　　附录 / 71

第八章 立足西部，辐射"两亚"，打造中国西部 MBA 卓越品牌之路：
　　云南大学 MBA 教育办学 20 周年纪实 / 75

　　一、探索之路：初始起步 / 75
　　二、成长之路：办学历程 / 76

三、品牌之路：办学模式 /80
四、开拓之路：未来发展 /85
参考文献 /85

第九章 以电商扶贫为载体的河北科技大学 MBA 思政教育探索与实践 /87

一、缘起与背景 /87
二、"校优特品"项目思路与架构 /90
三、"校优特品"运营实践 /92
四、"校优特品"运营成果 /96
五、扶贫实践对 MBA 项目的反哺 /97
六、尾声与展望 /101
参考文献 /101
附录 /103

第十章 使命驱动，做区域现代商业文明的助推器：江西财经大学 MBA 教育发展案例 /106

一、背景介绍 /107
二、困境求生，厚积薄发 /108
三、不安现状，与时俱进 /109
四、特色渐成，硕果累累 /112
五、尾声 /114
附录 /115

第十一章 国际化推动 MBA 教育质量持续改进：东北大学 MBA 教育国际化办学实践 /119

一、六位一体，提升国际化水平 /119
二、取得成效 /121
参考文献 /122

第十二章 地方工科院校的 MBA 培养模式探析：以河北工业大学为例 /123

一、河北工业大学 MBA 教育发展情况 /123
二、工科背景下的 MBA 教育培养模式和特色 /125
三、河北工业大学 MBA 项目未来发展方向 /127
参考文献 /128

第十三章　理工类高校商科专业学位融合创新发展管理模式探索与实践　/ 130

一、商科专业学位教育发展历程　/ 130

二、北京理工大学商科专业学位发展背景　/ 131

三、专业学位创新融合发展　/ 133

四、特色优势　/ 143

第十四章　教育高质量发展要求下的 MBA 案例教学效果提升路径研究　/ 146

一、MBA 案例教学模式现存问题　/ 147

二、MBA 案例教学效果提升"三聚焦"　/ 148

三、结论　/ 151

参考文献　/ 152

第十五章　同济大学"以学生为中心"的 MBA 协同培养模式创新　/ 154

一、使命征程，因育人而精进　/ 154

二、理念先行，以学生为中心　/ 156

三、模式改革，重协同而谋新　/ 158

四、为国育才，守初心而前行　/ 163

参考文献　/ 164

第十六章　中山大学管理学院 MBA 课程竞投式选课系统　/ 166

一、系统简介　/ 166

二、设立初衷　/ 167

三、系统设计　/ 168

四、系统效果　/ 169

五、学生反馈　/ 170

第十七章　复旦大学 MBA 改革创新之路　/ 171

一、复旦大学 MBA 招生工作改革　/ 171

二、复旦大学 MBA 课程体系改革　/ 172

三、复旦大学 MBA 行动学习之创新　/ 175

四、复旦大学 MBA 项目的国际化创新　/ 178

第十八章　坚持三个面向、聚焦财经特色的 MBA 人才培养模式探索与实践：
以上海财经大学 MBA 项目为例　/ 181

一、引言　/ 181

二、建设内容及成效 / 183

三、总结与展望 / 191

参考文献 / 192

第十九章 "知行"思想引领下的北京交通大学MBA创新创业人才培养模式与实践 / 193

一、创新创业教育与实践的理念与理论基础 / 194

二、"知行"思想下的MBA创新创业教育与实践体系 / 195

三、北京交通大学创新创业教育中的实践与创新案例：北京易捷生态的绿色创业 / 197

四、尾声与展望 / 198

参考文献 / 198

第二十章 结果导向、项目驱动、能力训练："战略管理"项目式教学创新与实践案例研究 / 199

一、"战略管理"课程现存问题 / 200

二、项目式教学模式创新 / 200

三、"战略管理"课程教学设计 / 202

四、项目式教学实施中的注意事项 / 206

五、结论 / 207

参考文献 / 208

第二十一章 MBA课程思政"三化"教学模式创新："三维"课程思政案例的应用 / 211

一、MBA课程思政教学存在的问题与原因 / 212

二、"三维"课程思政案例开发的形式与选择 / 214

三、"三化"课程思政教学模式的机制与方法 / 216

四、MBA课程思政教学实践与成效 / 219

第二十二章 产教融合，知行合一：华东理工大学"五维一体"的行动学习教学改革探索 / 221

一、教学改革背景 / 221

二、教学改革内容 / 223

三、教学改革现状 / 227

四、经验总结 / 230

五、未来展望 / 231
参考文献 / 232
附录 / 234

第二十三章　改革创新三十年，砥砺奋进再出发：
哈尔滨工业大学MBA发展之路 / 235

一、哈尔滨工业大学MBA教育简介 / 235
二、调整战略定位，服务粤港澳大湾区建设 / 236
三、整合学院优势资源，优化师资团队 / 237
四、依托国际化认证项目，推进课程质量持续改进 / 238
五、加强学位论文的过程管理，提升学位论文质量 / 238
六、关注品牌推广，提升项目知名度 / 239
七、鼓励学生自主管理，赋能第二课堂 / 240
八、结束语 / 241

第二十四章　坚持立德树人，培养卓越儒商：
山东大学推进MBA教育高质量发展的工作案例 / 242

一、序言：儒商是中国商人的优秀传承 / 242
二、高举儒商旗帜：山东大学MBA教育的初创阶段（1999～2009年）/ 243
三、打造儒商特色：山东大学MBA教育的成长阶段（2009～2019年）/ 244
四、构建儒商生态圈：山东大学MBA教育的发展阶段（2019年至今）/ 245

第二十五章　把工商管理案例写在祖国的大地上：
南京理工大学MBA多元行动体验式案例教学探索 / 253

一、尴尬的座谈会 / 253
二、纯案例课程的开设 / 254
三、把案例写在祖国大地上 / 255
四、加点难度，来点挑战 / 259
五、大众普及与精英选拔并行 / 260
六、总结与展望 / 261

第二十六章　商以富国，公能日新：
南开大学MBA教育的探索与深耕 / 262

一、根植百年商科底蕴，"商以富国"铸魂MBA教育 / 263

二、秉持"公能"精神，注重培养全面发展的 MBA 精英 / 264

三、探索 MBA 教育规律，构建高质量培养支撑体系 / 265

四、引导学生参与共建和参与发展，实现价值共创 / 268

五、蓄力未来，砥砺前行，聚力新时代中国管理实践 / 269

参考文献 / 269

第二十七章　面向中国智造的"管工、校企、国际"三位协同的复合型人才培养：基于中国全球运营领袖（CLGO）项目的培养模式 / 271

一、项目背景 / 271

二、项目介绍 / 272

三、主要创新点 / 280

四、办学成果 / 281

参考文献 / 284

第二十八章　清华大学 MBA 教育改革和创新实践 / 285

一、导言：以改革、创新、融合全面提升 MBA 教育 / 285

二、MBA 教育改革和创新实践的内容与成果 / 286

三、成果应用与推广 / 289

四、结语 / 290

第二十九章　产教融合凸显 MBA 教育真谛：华南理工大学 MBA 教育的实践与探索 / 291

一、打破围墙：产教融合思维的萌芽 / 292

二、双向融合：产教融合体系的确立 / 293

三、产教协同：产教融合特色的升华 / 300

四、结语 / 304

第三十章　以"实事求是，经世致用"核心价值推动 MBA 教育高质量发展 / 306

一、核心价值规范项目使命和目标 / 306

二、核心价值融入培养体系 / 308

三、项目质量保障与改进 / 310

四、项目的特色与优势 / 313

第三十一章　中国 MBA 管理案例共享模式发展创新之路 / 315

一、管理案例共享模式的提出 / 315

二、管理案例共享模式的发展历程 / 317

三、管理案例共享模式的理论基础 / 321

四、管理案例共享模式的建设成效及未来发展展望 / 324

参考文献 / 325

第三十二章　北京航空航天大学 MBA 教育的创新发展之路 / 327

一、坚实的初创阶段（1998~2008 年）/ 327

二、飞跃的创新阶段（2009~2016 年）/ 329

三、稳步的发展阶段（2017 年至今）/ 333

四、结语 / 336

第三十三章　应用 PZB 服务质量差距模型提升学生满意度的探索与实践 / 337

一、厦门大学 EMBA 连续 15 年获得学生满意度第一的理论基础 / 337

二、提升 EMBA 学生满意度的第一关：缩小市场知识差距 / 338

三、提升 EMBA 学生满意度的第二关：缩小服务设计和标准差距 / 340

四、提升 EMBA 学生满意度的第三关：缩小服务交付质量差距 / 343

五、提升 EMBA 学生满意度的第四关：缩小服务营销传播差距 / 346

六、结语 / 348

参考文献 / 348

第三十四章　开绿色教育之先河，育绿色管理之精英：
北京林业大学打造绿色 MBA 的探索与实践 / 349

一、绿色教育引入 MBA 人才培养体系的思路清晰 / 349

二、绿色教育引入 MBA 人才培养体系的措施得力 / 351

三、绿色教育服务立德树人的成效显著 / 355

第三十五章　党建引领，电子科技大学 MBA 项目探索社会责任与创新创业整合实践教育模式和机制 / 357

一、电子科技大学 MBA 项目简介 / 357

二、社会责任实践教育的背景意义 / 358

三、社会责任实践教育的主要内容 / 359

四、社会责任实践教育的创新点 / 362

五、社会责任实践教育的推广应用效果 / 362

六、2021 年电子科技大学 MBA 项目践行社会责任情况简介 / 365

第一章

"产教研"融合的"商学+行业"专业学位培养模式探索：

以浙江大学医疗健康产业 MBA 项目为例

邢以群[一] 殷珍珍[二]

2020 年 9 月 25 日，国务院学位委员会第三十六次会议审议通过了《专业学位研究生教育发展方案（2020-2025）》（以下简称"方案"），该方案指出，今后应："深化产教融合专业学位研究生培养模式改革。……推进培养单位与行业产业共同制定培养方案，共同开设实践课程，共同编写精品教材。……实施'国家产教融合研究生联合培养基地'建设计划，重点依托产教融合型企业和产教融合型城市，大力开展研究生联合培养基地建设。鼓励行业产业、培养单位探索建立产教融合育人联盟，制定标准，交流经验，分享资源。"该方案为我国专业学位研究生教育的改革和发展指明了方向，浙江大学从 2016 年开始设立的医疗健康产业 MBA（以下简称 HMBA）项目，不仅将这一专业学位培养要求落到了实处，还在此基础上，进一步形成了"产教研创"融合培养模式，取得了较为理想的效果。本章将在浙江大学 HMBA 教育创新实践的基础上，总结提炼这一培养模式。

一、培养模式提出的背景：我国 MBA 培养中的问题

目前，MBA 是我国招生规模最大、培养院校数量最多的专业学位教育项目之一，也是各培养院校之间招生竞争最激烈的专业学位教育项目之一。

尽管各培养院校间在 MBA 项目的招生中竞争激烈，但培养模式长期以来基本雷同，大多数培养院校遵循的是全国工商管理专业学位研究生教育指导委员会（以下简称"全国

[一] 邢以群，浙江大学管理学院教授，浙江大学医疗健康产业 MBA 项目学术主任。
[二] 殷珍珍，浙江大学医疗健康产业 MBA 项目行政主任。

MBA 教指委")规定的培养方案。尽管它们在某些选修课上体现出一点自己的特色,也有少部分院校通过中外合作办学的方式,开拓了一些契合市场发展需求的专业学位教育项目,但总体而言,培养模式和课程体系同质化严重;加上授课教师主要由本院校的教师构成,很多教师接触实践不多且不深入,在教学过程中难以将课程内容与社会上最新、最热的问题相结合,导致学生认为 MBA 教学内容陈旧、过于抽象、无法发挥理论的指导作用,进而对课程教学的满意度低。在这样的情况下,也有不少院校通过在课程中引入业内人士举办专题讲座的形式,在某种程度上缓解了这一矛盾,但 MBA 教学总体上与实践脱节的难题并未得到根本解决;培养体系的同质化加上课程教学的理论化,致使人才的培养不能很好地适应我国社会经济和各个产业发展的需要,从而难以实现对现代职业经营管理者进行培养的初衷。

浙江大学管理学院针对上述 MBA 教育中普遍存在的问题,前瞻性地思考了商学教育的发展趋势,在前期结合社会需要汇聚选修课程,开设有各类 MBA 职能管理方向(Track);在取得考生和 MBA 学生较好反响的基础上,从 2016 年开始探索 MBA "商学+行业"的培养模式,通过聚焦行业细分的社会需求深度绑定行业,推进专业人才培养的新模式。

二、创新实践:浙江大学 HMBA 项目建设历程

为医疗健康产业培养专业人才的最初动因来自产业界的需求。我国医疗改革如火如荼地进行着,虽然市场上国有的、私营的医疗机构或健康管理企业很多,服务形式多样,可是目前医疗资源配置失衡的现状依然存在,经常看到基层医院患者稀少,而三甲医院则人山人海,老百姓经常抱怨"看病难、看病贵",各类医疗服务的难题已经严重影响到老百姓的生活。归根到底,这是因为医疗健康方面的经营管理人才缺乏,只有既了解医疗专业又深谙经营管理的人才团队来运营医疗机构,才能优化医疗资源的配置,提高各类医疗机构的医疗服务效率。

2016 年,浙江省卫生健康委员会的一位从业者向浙江大学管理学院提出,是否可以考虑在双方合作开展医院院长培训班的基础上,在 MBA 教学中开设专门的项目,为新兴的医疗健康产业培养商学专业人才。

由于医疗健康产业与生命相关,具有强需求、强政策管制、涉及面广、影响因素多、知识密集等特点,其经营与其他行业相比呈现出独特性。基于医疗健康产业的特点开设专门的 MBA 项目,一方面能使人才培养为产业发展服务,另一方面也可形成浙江大学 MBA 教育的自身培养特色。

浙江大学管理学院以培养引领中国发展的健康力量为己任,正是基于上述初衷,也为了更好地服务"健康中国"战略,以及探索解决商学教育中普遍存在的人才培养与社会需求脱节等问题。最终,浙江大学管理学院确定将"商学+医疗健康产业"作为 MBA 专业学位培养模式创新试点项目。

在做出这一决定后,浙江大学管理学院 MBA 教育中心确定由早就介入医院管理咨询领域,并加入了浙江省医院协会的浙江大学管理学院领导力与组织管理学系教授邢以群担任该

项目学术主任，同时配备项目行政主任配合他开展该项目的筹备工作。

项目组首先对国内外一流高校开设的相关专业和专业学位培养项目进行了调研，同时组建由相关学科教授、医疗健康领域的院士、浙江省卫生健康委员会领导、浙江省健康服务业促进会和社会办医协会会长、医院院长、医疗健康企业总裁等业内人士组成的项目指导委员会，进行项目定位和培养方案设计。最终根据筹备组的多次讨论，确定了项目的差异化定位、明确的培养目标和具体的课程方向，并将此培养方案发送业内人士征求意见，根据反馈修改完善培养方案，通过顶层设计解决了MBA项目课程与社会发展需要脱节、项目缺乏特色等问题。

在确定培养方案和方向课程后，项目组在项目指导委员会的指导下，进一步细化设计了每一门课每一讲的教学内容要求，根据培养方案要求而不是根据教师自身理解来确定课程教学内容。为了解决这些前瞻性课程的师资问题，项目组在业内人士帮助下，找到了课程对应内容领域中的先行者或专业研究者，并与每一位候选教师进行了项目培养方案和课程教学内容的交流沟通，从而保证课程教学内容的系统性和匹配度。

在浙江大学管理学院MBA教育中心通过培养方案和解决师资问题后，项目组又通过与行业协会、产业界领先企业合作的方式，营造教育生态圈，以解决招生推广、面试考官、选聘创业实践导师与行业演讲嘉宾，以及实践基地、参访单位、创业基金、奖学金等教育资源整合的问题。在项目一开始就与浙江省医院协会（针对公立医院的协会）、浙江省健康服务业促进会（针对健康产业的协会）和浙江省社会办医协会（针对民营医院的协会）签订了合作协议，解决招生推广、面试考官、业内授课教师和演讲嘉宾推荐等问题。后期又陆续与医疗健康产业细分领域的代表性单位，如创业慧康（医院信息平台企业、上市公司）、美年大健康（第三方体检机构、上市公司）、微脉（互联网医院+智慧医疗企业、独角兽企业）、树兰医疗（大型民营综合性医疗机构）、丁香园（面向医生群体的全国最大的信息交流平台）、东阳人民医院（浙江省第一家通过三甲评审的县级医院）、嘉兴市政府（致力于打造全球科创中心）等签订了"产教"结合、合作办学的协议，获得招生、面试、奖学金、教学实践、创新创业大赛、论坛活动、工作实习等方面的支持，实现了全方位、多层面的"产教"融合，确保了HMBA项目的人才培养有良好的教学资源作保障。

2018年底，项目学术主任在全程旁听了第一轮所有方向课程后，在迭代修订培养方案的同时，提出《关于进一步推进医疗管理MBA项目的请示报告》，希望增加项目组专职人员，进行单独招生，成立配套的研究机构，并确立了将该项目打造成国内一流MBA教育品牌项目的目标，得到了学院的大力支持。随后在2019年，2名专职人员到岗，配套的浙江大学健康产业创新研究中心（以下简称"研究中心"）得以成立，开始尝试独立的提前批次面试等，项目走上了良性循环的发展轨道。

三、经验总结：浙江大学HMBA项目的"产教研创"融合培养模式

浙江大学HMBA项目的培养方案如图1-1所示。根据HMBA项目4年的实践，我们认为该项目形成的"产教研创"融合培养模式构建要点如下。

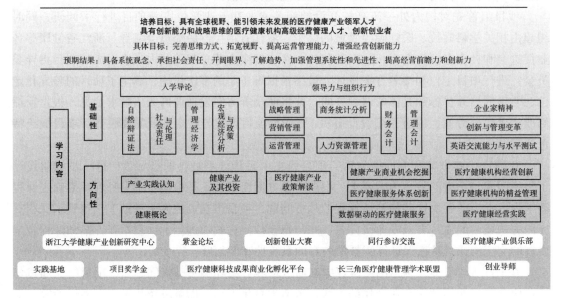

图 1-1　HMBA 项目培养方案

（一）"产教研创"之产教融合

浙江大学在确定 MBA 项目方向、项目培养方案、课程教学内容和师资的全过程中，都很好地贯彻了"产教"融合的理念。

1. 聚焦社会发展需要，精心选择服务行业

树立"通过面向行业，聚焦社会需求，培养相应人才"的专业学位办学理念。转换专业方向设置思路（从"职能增强"到"面向行业"），细分和具体化人才培养方向，从战略层面思考解决人才培养同质化以及人才培养与社会需求脱节问题的方法。尽管专业学位的总体定位是为社会培养专业人才，但如何提炼社会需求，明确专业人才培养方案，以达到专业学位培养社会所需人才的目标，在现实中还是缺乏切实可行的方法。目前在 MBA 培养方案制订过程中，为了使人才培养切合社会需求，通常也会邀请社会人士参与培养方案评审，但来自各行各业社会人士的见解趋于多样化，据此形成的培养方案往往趋于平庸或倾向于追逐热点。

HMBA 项目通过面向行业，聚焦于为特定行业培养专业人才，可明确邀请业内人士参与培养方案设计，通过深入交流凝聚产业共识，并将其体现在专业学位培养方案之中，从而有效解决专业学位人才培养与社会需求脱节的问题。

2. 与产业界紧密合作，制订项目培养方案

在确定了产业对象之后，宜采用与业内人士联合成立筹备组的方式，进行项目定位、培养方案的制订。同时，需要调研全球一流院校现有的相关专业设置和 MBA 培养项目，在此基础上，通过筹备组的讨论凝聚共识，确定项目的差异化定位、明确培养目标和具体的方向课程。进一步地，还可将此培养方案发送业内人士征求意见，根据反馈修改完善培养方案，通过顶层设计解决 MBA 项目课程与社会发展需要脱节的问题。

浙江大学HMBA项目就是采用这种方式，根据医疗健康行业实践需求和行业技术趋势设置课程，结合现状，跟医疗健康行业专家学者们一起探讨，形成了16个学分的10门专业课程。根据与业界人士交流所形成的定位和课程体系由于具有前瞻性和独创性，吸引了大量有潜在学习需求的人报考，并有效地避开了与已有教学项目的竞争。

3. 采用"目标导向"方法，设计专业课程内容

以往的方向性课程，通常是根据学校所拥有的师资及其专长来开设相关课程，聘请业界人士参与教学过程。由于缺乏系统性的设计，常常表现为讲座的形式。

HMBA项目在设计专业方向课程体系时，为了防止教师根据自己的专长和理解来开展教学，从而偏离教学要求，在具体实践中，采用了"目标导向"方法，根据项目所确定的产业人才培养目标，系统设计课程及其教学内容，然后再聘请能够胜任的师资（包括业界师资），从而保证方向课程及其教学内容的系统性。

4. 遵循"三匹配"原则，落实课程教学方案

为避免出现因师资设课程、培养方案难以彻底落实的问题，HMBA项目采取了"三匹配"的配套落实措施。

（1）细化方向性课程教学内容，使课程内容与培养目标匹配到位。根据培养目标而不是师资来设计方向课程，根据培养方案中的要求而不是教师自身的理解来确定每一门课程每一次教学的内容要求，从而从教学内容上保证了"产学"结合。

（2）配备"三结合"师资团队，使师资与课程教学内容匹配到位。整合社会资源，组建了学校教师、行业专家、企业家"三结合"的项目课程教学团队，从师资力量上保证了每门课程教学内容既有理论高度又与行业最新发展紧密结合。

（3）整合校内外办学资源，确保办学资源与培养方案匹配到位。采取开放办学、校企合作的方式，跟行业协会、业内一流企业或机构、业内著名人士建立合作关系，整合各方面资源营造良好的教育生态圈，使培养方案能落实到位。

（二）"产教研创"之"产教研"融合

健康产业是新兴产业，缺乏相应的基础理论研究，而且发展速度较快。为了弥补理论研究短板、保证教学深度（教材的编写和更新）以及在教学中能够及时向学生呈现快速发展的医疗健康产业创新实践，HMBA项目组申请成立了浙江大学健康产业创新研究中心，开展产业研究、政策研究、医院管理研究和智慧健康研究。

1. 设立产业研究基金，保障研究工作开展

为了招聘专职研究人员，保障研究工作的持续开展，研究中心在浙江大学教育基金会下面设立了健康产业研究基金，以接受社会捐赠来支持研究中心项目用工需要。研究中心先后获得了3家企业各100万元的捐赠，使研究中心得以招聘三名专职研究人员，开展研究工作。由于健康产业研究比较受业界的重视，因此，该基金所获得的捐赠还在持续增加，有力地保障了研究工作的开展。

2. 招募兼职研究人员，提供深入学习机会

不仅如此，研究中心还设立了兼职助理研究员制度，鼓励HMBA学生进入研究中心

参与研究。尽管HMBA学生是非全日制学生，但其中有一部分学生有时间同时也有兴趣参与研究，以更深入地了解产业最新实践、了解拟进入的行业细分领域、加深对自己感兴趣的领域的理解。因此，在每年招募兼职助理研究人员时，都有不少的同学报名（在2020年这一期中，报名人数超过了50人）。目前，研究中心兼职助理研究员队伍已经扩展到35人。

在整个过程中，研究中心的老师会亲自带领学生深入企业、机构进行一线走访和调研，并且设立研究中心每周例会制度，对学生的研究成果进行及时指导和分析，并帮助进行进一步的修改和深化，从而为学生提供了一个深入业界、提升研究能力、寻找创业突破点的平台，增加了HMBA项目教育附加值。

3. 围绕课程教学需要，提供学术研究支撑

在研究中心设立的研究小组中，面向兼职助理研究人员设立了创新实践案例撰写小组、教材编写小组、养老行业研究小组、儿童健康行业研究小组、医院管理研究小组、智慧健康研究小组，以及学术研究小组。在学术研究和相关的产业研究小组中，开展了健康产业的界定、民营专科学科选择、可穿戴设备产业化难点等的研究，不仅指导学生发表了相应的学术论文，而且为课程教学提供了相应的学术支撑；而创新实践案例研究，则不仅让研究人员深入行业细分领域的代表性企业学习，而且为教学提供了最新的一手案例；教学案例和教材的编写，则更是直接促进了教学项目的可持续性。

此外，通过每年与行业内的知名企业联合发布行业报告，与相关协会联合举办年度创新实践案例评选等活动，将学生的研究成果进行宣传，极大地促进了学生参与研究的积极性，增加了学生对项目的自豪感和对学校的认同感。

（三）"产教研创"之"产教创"融合

培养医疗健康产业的创新创业者，是浙江大学HMBA项目三大培养目标之一。为此，项目组致力于通过与产业的合作以及与教学的融合，为学生打造基于技术创新的创业全产业链孵化体系。

1. 在课程体系中，融合创意开发

为了落实培养目标，HMBA项目在方向课程中，有意地引导学生关注可能产生创新与创业的领域，并为创新与创业奠定理论基础。如在"健康概论"中论及心理健康服务现状等；在"健康产业及其投资"中会介绍各细分领域的发展情况及投资逻辑；在"医疗健康产业政策"中会解读政府鼓励的领域和关注的重点；在"全生命周期的健康商业机会"中更是会让同学成立小组，进行商业机会挖掘。

2. 与产业界、学术界合作，形成创新源

MBA注重商学能力的培养，而创业不仅需要商业化能力，也需要有创新的产品或技术作为载体。为此，浙江大学HMBA项目与省内知名医院（比如浙江大学医学院附属第一医院、台州恩泽医疗集团、东阳人民医院等）、科研机构（比如浙江大学睿医人工智能研究中心、浙江大学医学院、药学院、生物医学工程与仪器科学学院等）合作，寻找具有高科技壁垒的专利、技术或者产品，以"科技＋商学"的方式进行创业项目孵化。

3. 建立专职服务队伍，建立医疗健康科技成果商业孵化平台

争取企业支持，捐资设立专职人员岗位，浙江大学健康产业创新研究中心借用平台的优势与浙江大学管理学院、浙江网新健康科技有限公司共同合作建立医疗健康科技成果商业化孵化平台，依托于浙江大学医学院、药学院、生物医学工程与仪器科学学院等科研院所，浙江大学各附属医院，以及庞大的校友资源和企业群，本着开放、合作、共赢理念，为国内外的医疗健康科技成果提供一站式的商业化孵化服务。平台秉持"让更多医疗健康科技成果造福人类"的美好愿景，专注于医疗健康科技成果的商业化转化。

对所获得的项目，孵化平台组织专业评估初筛，然后由HMBA学生与技术研究方组成创业分队，配以创业导师跟进指导，与地方政府合作举办创新创业大赛，对创业项目团队进行进一步磨合和市场验证；对于在创业大赛中获得专家肯定的团队，孵化平台作为第三方帮助确立创业项目团队各方的后续合作机制和利益分配原则；直面市场开始产业化后，孵化平台通过HMBA项目的教学实践基地为其提供主试验场地。全过程的孵化平台服务流程如图1-2所示。

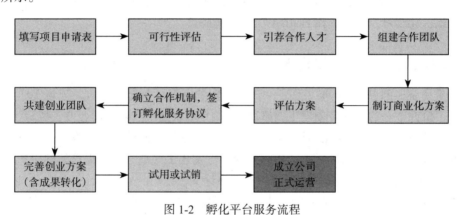

图1-2 孵化平台服务流程

四、"产教研创"培养模式的初步成效

经过多年的探索和实践，"产教研创"培养模式在浙江大学HMBA项目的培养中，取得了较好的培养效果。

（一）HMBA项目定位和课程体系得到了学生的认同

通过与业界人士反复沟通确定的项目定位和培养方案，得到了学生的高度认同，由于HMBA项目定位和相应的课程体系具有前瞻性和独创性，因此不仅吸引了长三角的考生，而且逐渐辐射到全国各地，历届报名的考生中既有来自北京、上海、南京、武汉等大城市的考生，也有来自云南、新疆、黑龙江、广西等地的偏远地区的考生。选择浙江大学HMBA项目的学生，有现在就在医疗健康产业中求学或从业的人士，也有部分有志于未来在医疗健康产业发展的人士。提前批次报考人数逐年增加，进入HMBA项目的人数也逐年增加，2018级有41名学生，2019级有57名学生，2020级增至75名学生。

在对2018级HMBA学生的满意度调查中，HMBA项目在专业满意度和师资满意度方

面获得了 4.83 分的高分，且学生参与调查比率达 100%；专业方向课程教学质量评价优良率达 100%；三分之一的同学获得了专项学业奖学金。

（二）HMBA 项目得到了产业界的认同

该项目的举办，不仅得到了浙江省医院协会、浙江省健康服务业促进会和浙江省社会办医协会的大力支持，还获得了产业界专项奖学金、学术交流基金和产业研究基金支持合计 653 万元，创业孵化辅助基金 1 000 万元，定向天使投资基金 2 000 万元，建立了一批项目实践教学基地，其中浙江大学——创业慧康实践基地已被认定为校级实践基地。

10 多名医院院长、政府相关部门负责人、医疗健康产业中的企业总经理参与了 HMBA 项目的专业课程授课，以及项目的提前批次专场面试，同时 10 位医疗健康产业从业者应邀担任了 HMBA 学生的创业导师。

在"医疗健康经营实践"这门课程中，学生团队为某公司的经营管理问题提供的解决方案得到了其 CEO 的高度赞赏，后续该公司为课程捐赠设立了星汉医疗专项奖学金，并计划每年参与该行动学习，让企业和 HMBA 项目一起成长。

（三）HMBA 项目育人成果喜人

在研究方面，自从 2019 年 7 月底，与浙江省健康服务业促进会启动创新实践案例评选活动以来，研究中心的老师带领学生调研浙江省 10 多家健康产业创新企业，撰写了 14 篇商业案例，案例集已于 2020 年 12 月出版，其中一部分案例已改编成教学案例，在方向课程中使用，并纳入该项目相应的教材中。教师指导学生发表了《基于市场需求的健康产业分类探析》《民营专科医院的学科选择模型研究》等 7 篇论文。

在社会实践方面，在 2020 年浙江大学专业学位研究生优秀社会实践奖评选中，浙江大学 HMBA 学生获得了 1 项一等奖、4 项三等奖的喜人成绩。在 2021 年浙江大学专业学位研究生优秀社会实践奖评选中，浙江大学 HMBA 学生获得了 2 项一等奖、2 项二等奖、3 项三等奖的骄人成绩。

更让人欣喜的是，"产教研"融合的"商学＋医疗健康"专业学位培养模式探索获得 2021 年浙江大学教学成果奖一等奖。

在创业方面更是硕果累累，在项目设计之初，就计划每年在每届学生中孵化 3～5 个项目，据不完全统计，目前在四届学生中已有 20～30 个创业项目涌现，超出最初预期。其中已有 2017 级学生创办的企业获得了"高新技术企业证书"，2018 级学生的创业项目"药械帮——药械营销数据服务平台"获得了第五届浙江省"互联网＋"大学生创新创业大赛暨第五届中国"互联网＋"大学生创新创业大赛选拔赛银奖。在第二届商学院医疗健康行业创新创业大赛中，有 6 项奖项由 HMBA 学生斩获（共计 9 项奖项）。

五、启示

综上所述，浙江大学聚焦医疗健康产业，进行应用型专业人才培养的案例给我们的启示是：

（1）专业学位应当树立"通过面向行业，聚焦社会需求，培养相应人才"的办学理念。通过面向行业，聚焦于为特定行业培养专业人才，可有效解决专业学位人才培养与社会需求脱节的问题。

选择面向的行业时，应遵循"强需求、长周期、相关联"原则，以求在聚焦社会迫切需求的同时保证培养项目的长期稳定性。

（2）制订专业学位培养方案时，应首先明确项目的培养目标，做到定位清晰，在此基础上让产业界人士参与进来，这样设计的培养方案和课程才不至于脱离实际需求。

在具体设计专业方向课程体系时，可采用"目标导向"方法，先根据项目所确定的产业人才培养目标，设计课程及其教学内容，再聘请能够胜任的师资（包括业界师资），从而保证方向课程及其教学内容的系统性。

（3）通过采取开放式办学、校企合作的创新机制，与行业协会、行业一流企业深入合作，联合打造产业人才培养生态系统。

专业学位教育同样需要研究作为学术支撑。对产业和政策的研究，有助于丰富教学内容；对企业最新创新实践的研究，可解决现阶段MBA教学中课程体系陈旧、僵化的问题，学生参与研究也有助于增加他们对行业洞察的深度。

当今时代，整合"产学研"各方面资源，为学生打造可以发挥自身商学知识进行创业的平台，有助于学生更好地理解所学内容，并发挥更大的价值。

总之，在专业学位培养中，运用"产教研创"融合培养模式，将有助于提高培养效果，解决当前专业学位硕士培养中存在的很多问题。这种模式对我国专业学位硕士研究生教育的发展具有一定的借鉴意义。

参考文献

[1] 国务院学位委员会，教育部. 专业学位研究生教育发展方案（2020-2025）[EB/OL]. （2020-09-30）[2021-07-18]. http://www.moe.gov.cn/srcsite/A22/moe_826/202009/t20200930_492590.html.

[2] 王昭慧. 关于我国MBA教育存在问题的研究与探讨[J]. 华北水利水电学院学报（社会科学版），2005,21（2）：14-17.

[3] 岳庆峰，郑永彪. 对中国MBA教育创新与改革的几点思考[J]. 高教探索，2007（1）：86-87.

第二章

聚焦案例教学：
中国海洋大学 MBA 教学的"迭"宕起伏

王 舰[一]　姚谢泉[二]　王 淇[三]　徐 扬[四]

2021年6月，中国海洋大学管理学院的姜副院长在接到全国 MBA 教指委下发的《关于举办中国工商管理专业学位教育三十周年案例征集与评选活动通知》后，组织召开了"MBA 教学的应用总结大会"，就中国海洋大学 MBA 教学中案例教学的使用进行讨论与总结，教师们就自己对于案例教学的实践应用发表了各自的看法。一位刚来的年轻教师邓老师看大家讨论得如此热烈，不禁感到好奇，便向旁边的蔡老师问道："案例教学不就是将简单的例子穿插到课堂中吗，为什么老师们的反应这么激烈呢？"

"小邓，你说的简单举例，那都是我们学校最开始对于案例教学的误解，我们称那个阶段为伪案例教学阶段。2004年，我们学校刚开始推广案例教学，许多教师都不知道如何运用案例进行教学，大家与你的想法一样，也认为案例教学就是简单举例教学，但是课堂教学收效甚微，让大家一度对使用案例教学失去了热情与信心。直到2007年我国国内第一个案例库的出现，才让中国海洋大学案例教学的推广出现了转机……"提及多年前中国海洋大学使用案例库教学的探索时期，蔡老师陷入了深深的回忆之中。

[一] 王舰，中国海洋大学管理学院会计学系教授。
[二] 姚谢泉，中国海洋大学会计硕士研究生。
[三] 王淇，中国海洋大学会计硕士研究生。
[四] 徐扬，中国海洋大学会计硕士研究生。

一、中国海洋大学案例教学发展阶段

(一) 案例库教学阶段

2007 年，全国 MBA 教指委做出决定，以大连理工大学为依托，成立"中国管理案例共享中心"，建设第一个大规模反映中国企业最佳商业实践的案例库，服务于当时全国 96 所开展了 MBA 教学的院校。在"中国管理案例共享中心"的成功实践后，案例库如雨后春笋般涌现，如清华大学的"中国工商管理案例库"、北京大学的"北京大学管理案例研究中心"以及教育部学位与研究生教育发展中心设立的"中国专业学位案例中心"等。特别是 2010 年全国 MBA 教指委开始组织评选"全国百篇优秀管理案例"（以下简称"百优案例"）后，可供高校使用的优秀案例更加丰富。

中国海洋大学为了促进案例教学的推广应用，引进了百优案例库辅助教师进行案例教学，同时为了保证使用案例库教学的质量，建立了教师实践能力培训机制。案例库教学要求教师与学生都需要做好充分的课前准备，教师在使用案例库教学时，需要提前选取与课堂教学知识匹配的案例，同时通读案例使用说明，保留符合教学安排的部分；学生则需要提前阅读案例，了解案例的背景等内容。

使用案例库教学一定程度上推动了中国海洋大学案例教学的发展，中国海洋大学的案例教学也取得了较为显著的成果。从学校层面来看，使用案例库教学的方式一方面使得中国海洋大学 MBA 教学中使用案例教学的难度降低，另一方面使得教学过程中所使用的案例质量有所保证。从教师层面来看，案例库教学对教学经验少的教师来说较容易入门，而且案例库教学有与之相配套的案例教学说明，案例教学说明不仅包括该案例适合使用的课程和主题，还涵盖了教学时向学生提问的问题、分析案例的思路以及相关理论等内容，更有利于教师进行讲授。从学生层面来看，将理论知识穿插于案例中，更利于学生理解。

"是呀，案例库的出现以及推广让我们的案例教学实现了大跨越，但当时存在的问题也不少。"逢老师的突然发言将蔡老师从回忆中拉了回来。逢老师补充道："案例库教学固然好，但对于学生来说，代入感不强，并且使用案例库教学需要学生提前了解案例的相关背景等，教学过程中也出现了学生前期准备不足导致课堂效果不佳的状况；对于我们教师来说，由于案例本身不是我们编写的，我们对于案例不熟悉，因此无法充分为学生还原案例的情境，而且现阶段的许多案例库也只是单纯收录案例，并没有对案例进行系统的分类和管理，收录的部分案例已经时间久远、不具有时效性，这就使得我们使用案例库教学的效果大打折扣，我们又未能进行案例的后续跟踪，有些学生提出关于案例的后续研究问题，我们却不能进行合理解答。"

这时一旁的孙老师也加入到了讨论中："是呀，而且每次选案例都是我头疼的一个环节，一是案例库中的案例篇幅均较长，在有限的时间内不能完整地完成一个案例的教学；二是在选案例时，我不一定能选到与自己授课相关知识匹配的案例，毕竟案例教学具有一定的风险性，若是案例选择与所学理论没有很强的相关性，虽然可以提升课堂的趣味性，但是却不利于学生对理论进行精准掌握。"

此时，曾作为百优案例开发者的苏老师坐不住了，激动地谈道："逢老师和孙老师的困惑我们也经历过，正是这种问题推动了我们的案例教学进入下一阶段，也就是案例开发阶段,相信在座较为年长的教师都经历过开发阶段吧,那个时候的案例教学改革发展,相对于案例库教学阶段来说,简直是热火朝天,至今我记忆犹新……"

(二)案例开发阶段

案例,简单来说就是对一个实际情境的描述,而在这个情境中,包含有一个或多个疑难问题,通过解决这些问题,体现相关的理论。案例的构成要素分为主要背景、主题和案例问题、情境与细节描述三个方面。案例开发是指教师确定教学目标后,通过对选定企业进行现场入驻,获得真实、可靠的资料,经过整合筛选进行案例编写,并且保持对案例企业的持续跟踪。有学者认为案例的开发实际上是一种简单劳动所能取得的成果,科技含量较低。实则不然,案例开发一方面需要强调案例内容的适用与完整,另一方面对于案例的编写规范等也有较高要求。中国海洋大学 MBA 案例开发的整个过程可总结为以下步骤(见图 2-1)。

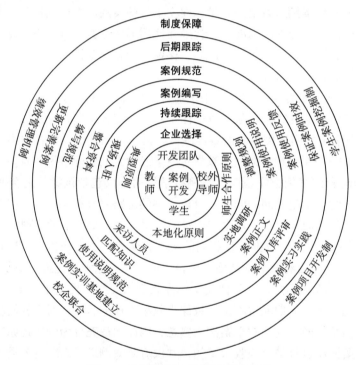

图 2-1 中国海洋大学案例开发过程

第一,需要组建案例开发团队,整体构建理论体系,了解和跟踪多个企业,最终选定与目标相匹配的企业。案例开发团队的组建是需要慎重考虑的问题,为了更好地进行案例研究,案例团队成员应该多元化,包括但不限于学生、教师、案例研究对象内部成员等。

第二,选择案例开发的研究对象,也即企业选择。案例开发研究对象的选择应遵从以下三个原则:典型原则、本地化原则、师生合作原则。典型原则要求教师选择有典型代表性的企业,应适当考虑企业的品牌、知名度等,以利于将案例企业与相关理论知识相匹配;本地化原则要求教师选择学校所在地的企业作为案例开发的研究对象,以利于后期持续的跟踪以及学生案例实训基地的建设;师生合作原则强调教师在选择案例分析的企业时,择优选择有本校毕业生就业并在较为核心部门任职的企业,以利于教师获取一手资料以及后期案例的持续跟踪。

第三，就是教师对企业的持续跟踪，进行现场入驻、采访关键人员以及深入了解企业情况。案例中期进行持续跟踪时极容易产生计划之外的状况，包括与案例研究对象沟通的过程中未能获得真实、齐全的一手资料，以及在多次深入了解案例对象后，发现案例研究对象的实际情况与最初制定的目标不符，需要进行调整等。教师则需要对企业持续跟踪，以调整案例开发的目标及规划。

第四，在对企业进行持续跟踪，获取了真实、有效的资料后，便是整合筛选，进行案例及案例规范的编写。案例编写过程中需要不间断地与企业进行互动，及时向企业反馈案例编写问题，持续改进案例内容；案例规范主要包括编写规范、使用说明规范、案例入库评审、案例使用反馈四部分内容。其难点在于实现案例的统一规范，这就需要学校制定一套相应的管理办法并贯彻执行。

第五，案例编写完成后，并不代表案例开发结束，开发团队还需要对案例企业进行后期跟踪，需要不定时地前往案例企业进行现场访谈，关注企业后续问题更新完善案例，合作建立实训基地，落实案例实践，等等。

第六，中国海洋大学案例教学的发展制定与完善了相关的制度，为案例开发提供了相应的保障。主要包括教师案例教学与开发的绩效管理机制、教师案例开发项目制、学生案例挖掘制以及校企联合。中国海洋大学管理学院鼓励教师自编案例并且对于优秀案例进行奖励，同时将案例教学效果纳入绩效考核内容；实行案例开发项目制，通过立项确定案例开发，配备相应的项目资金、项目人员等；鼓励学生进行案例挖掘，在核心课程以及实践学分等部分加入案例开发，一方面有利于学生能力发展，另一方面也有助于教师案例开发的前期工作准备。为拓展案例开发的源头，中国海洋大学管理学院还鼓励从学生优秀毕业论文中寻找案例开发的合适对象。同时，为了解决案例研究对象的授权问题，中国海洋大学管理学院实行校企联合的模式，与青岛知名企业协商，获得授权，形成案例研究与实践基地，同时，校企联合还有助于构建完整的案例教学与研究体系。由于对合作企业能够做到较为了解，与企业管理人员能够保持经常性交流，从案例源头到案例采编，应用的整个流程便可以做到确保信息对称性和更新及时性。

在教师的努力以及中国海洋大学案例教学制度的保障与支持下，中国海洋大学MBA案例教学进程在案例开发这一阶段取得了重大成果：从学校层面来看，一方面是案例教学制度的充实与完善，另一方面是有利于逐步形成有中国海洋大学特色的案例库；从教师层面来看，解决了上一阶段案例库教学中存在的部分问题，教师对案例教学的持续跟踪有利于教师对学生提出的案例后续问题做出合理解答，同时能带领学生拓展与延伸相关知识，教师自己进行案例的开发更有利于理论与实务的结合，还可以根据学生的课堂反映，及时调整授课方案；从学生层面来看，学生对于案例的代入感更加强烈，自编案例与知识的匹配度更高，有利于学生更加透彻地理解相关理论。

（三）递进式案例教学阶段

2021年6月的"MBA教学的应用总结大会"上，案例开发阶段的回忆让苏老师不自觉地露出了自豪的表情。同样经历过案例开发阶段的老教师们感叹道："是呀，当初我们学校在案例开发阶段的进展，可以说是中国海洋大学案例教学发展史上一座重要里程碑，自那以后，我们学校建立了具有自身特色的案例库，并且进行不断的完善。利用自编的案例进行教学固然是好的，但最近我在案例教学的过程中又遇到了难题，每次我都需要花费大量的时间来帮助学生进入案例情境，从课堂效率方面来看，这是一个重大的问题。"这时拥有几十年教学经验并且参加过中欧案例法培训的李老师发表了自己的看法："你们提到的这个问题我在教学中也遇到过，所以我们最近一直在尝试递进式案例教学，就是在案例开发的基础上进行一次案例的升级，这样既可以充实案例，又可以解决课堂效率偏低的问题。"

递进式案例教学可以说是对于案例开发的进一步发展，是指对于一个企业的不同方面进行研究，基于同一个企业的背景，进行不同方向的案例分析，用于解决利用自编案例教学存在的课堂效率偏低的问题。递进式案例教学主要包括三个递进原则（见图2-2）：知识点递进原则、内容递进原则及难度递进原则。一个企业不可能仅仅包括一个学科的知识点，知识点递进是指在进行案例开发时，所要考虑的知识点不再局限于一个面，而应致力于构建一个知识体系，将所要传达的不同学科的知识通过情境来体现在案例中；内容递进是指随着知识点的递进与扩展，案例内容也应做出相应的更新与改进；难度递进是指在案例所涵盖的知识面拓宽的同时，难度也应该是循序渐进的，要在学生所接受的范围内渐进。

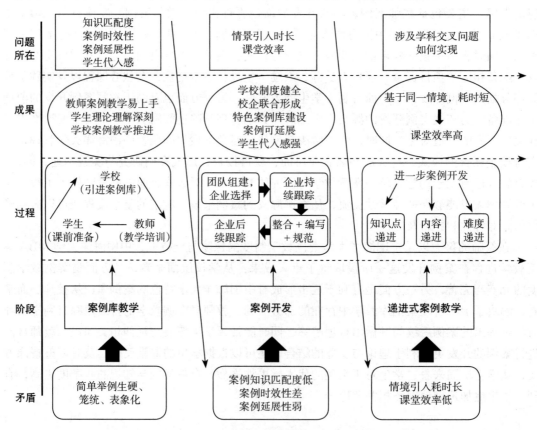

图 2-2　中国海洋大学案例教学的发展

正是因为递进式案例教学的三个原则要求，开发递进式案例也存在相应的困难：知识点递进要求学科交叉教学，这就意味着需要打破课程边界以及传统的学科分界线，形成学科交叉建设团队；内容递进不仅要求教师实现案例开发后期的持续跟踪，更要对企业进行更加深入的剖析，需要多方面的一手资料；难度递进对于经验不丰富的教师来说也是一个非常不好掌握的尺度，需要时间来磨炼。这些都是中国海洋大学发展递进式案例教学所要解决的问题。

这时，一直沉默的管理学院案例中心主任王老师发表了自己的观点："我们学校自2004年推广案例教学以来，经历了案例库教学阶段、案例开发阶段，目前，各位教师根据自己的教学方式进行了案例教学的创新，不断地完善中国海洋大学的案例教学模式。在大家讨论的过程中，我也查询了我们所开发案例入选中国管理案例共享中心的情况，2018年较前几年的增长率达150%，2021年更是高产量的一年，比2018年与2019年的入库案例总和增长120%，占总入库案例的比例为46.15%，可以说，中国海洋大学的案例教学取得了巨大进步。经过十几年的发展，我们学校总体上形成了'三位一体'模式，即教学创新、技术支撑及制度保障。在教学创新上，我们进行了课堂的翻转以及视频案例教学的应用；在技术支撑方面，一方面我们进行案例开发，形成了具有中国海洋大学特色的案例库云共享，另一方面，使用BB平台作为课堂的延伸，充实案例教学，促进学科交叉交流；在制度保障上，我们学校建立了教师培训机制、案例教学绩效管理机制、教师案例项目开发制以及学生案例挖掘制等制度，保障案例教学的可持续性发展。在取得阶段性胜利的同时，案例教学的发展还有许多疑难点，就如李老师所提及的递进式案例教学中存在的学科交叉以及企业持续跟踪等问题，还需要我们去解决，未来案例教学的发展任重而道远……"

二、中国海洋大学"三位一体"模式

（一）教学创新

在教学创新上，中国海洋大学实行了翻转课堂模式并进行了翻转课堂的角色创新以及视频案例教学的应用。

翻转课堂是从"以教师为中心"的传统课堂模式转变为"以学生为中心"的创新课堂模式。中国海洋大学在翻转课堂时，不仅仅是学生与教师角色的翻转，更包括案例主人公与教师的翻转，将案例主人公请到现场教学，实现了翻转对象的创新。当时案例中心主任王老师邀请已毕业的王同学来进行案例的讲解，她曾经是MBA学生，也是如今的案例主人公，更是案例企业的咨询顾问，三重身份使得她对案例讲解更加深入透彻，对于情境构建更加真实、更加有针对性，当时课堂氛围也十分活跃，取得了非常好的课堂效果。王同学在使用翻转课堂模式进行案例教学时，课前学生的准备是利用视频案例教学，将案例的背景、案例的相关资料以及案例企业的文化等内容以影像、图片、语言和文字等多种工具呈现，加深学生的案例代入感；视频案例教学拥有直观性与具象性，更利于调动学生积极性，课前准备更为充分，为课堂的讨论交流奠定了基础。

学习金字塔理论表明，主动学习的学习内容平均留存率达50%以上，王同学在案例教学课堂上，通过以下几个步骤来实现学生的独立自主探索与学习：首先，通过给学生构建支架，让学生在接触新知识时将旧知识与新知识相连接，起到连接和铺垫的作用；其次，与学生互动，帮助学生进入情境，根据自己掌握的知识，结合外部信息，独立自主地进行探索研究，形成自己的观点；再次，进行协作学习，分享成果；最后，由王同学进行成果的评价及补充,王教授再进行理论上的总结和升华(见图2-3)。

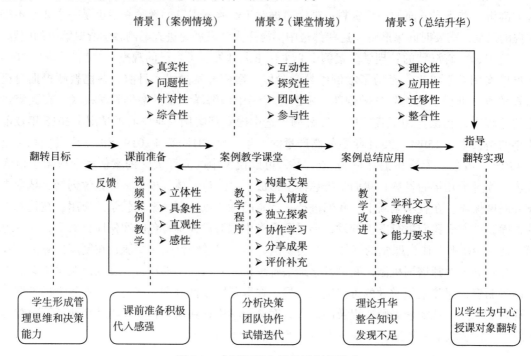

图 2-3 中国海洋大学教学创新模式

王同学在课堂上通过构建支架引导学生自主探索的教学模式正是基于建构主义学习理论而形成的。建构主义学习理论认为知识作为"个体化""情境化"的产物,要求学习者在一定的情境条件下基于教师和学习伙伴的帮助,利用必要的学习资料,通过主动意义建构的方式来获得。建构主义学习理论通常采用支架式模式来达成学生主动学习的目标。

王同学作为中国海洋大学毕业的 MBA 学生,也是中国海洋大学案例教学的受益者,她十分了解在课堂上以什么样的方式去展现案例会更有利于学生理解;同时,她作为案例企业的咨询顾问,能拿到一手资料,保证了信息的时效性与真实性;案例主人公的身份使得王同学在案例讲学过程中充分地还原案例情境,学生的思维不再局限于单一的情境设定,学生从被动思考发展为主动探索,并且打破单一学科的学科壁垒,追求真实企业情境、角色的多元参与及全方位的深入效果。王同学作为专业性人才,更加注重实践,其案例剖析虽然深入,但在知识落实与升华层面欠缺,因此在进行角色翻转时,教师最终的总结升华必不可少。

(二)技术支撑

案例行动学习法强调通过多层次循环强化进行能力建构,包括"个体学习-个体分享-个体反思-个体归纳""小组分享-小组质疑-小组反思-小组归纳""组间分享-组间质疑-整体反思-整体归纳"三个层次的循环强化能力机制。中国海洋大学翻转课堂的应用就是遵循案例行动学习法的三个层次,通过在课堂上进行个体与群体之间多层次的循环,实现学生能力的强化,学生在三次大循环中大量地试错,不断地交流,最终进行成果的择优。除此之外,中国海洋大学的 BB 平台一定程度上拓展了能力构建机制,形成"线上分享-学科交叉质疑-整体反思-学科交叉创新"的循环强化能力机制(见图 2-4)。

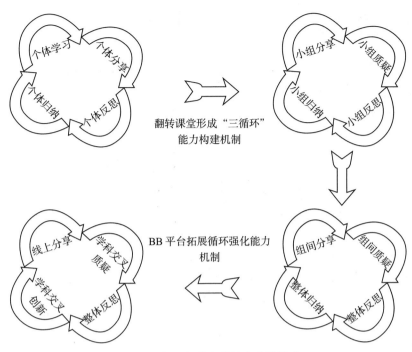

图 2-4　中国海洋大学技术支撑模式

BB 平台是中国海洋大学的教学资源平台，其中不仅包括各学科相关的课程准备资料，更重要的是开创了论坛部分，提供了课堂以外的案例交流机会，能够作为课堂的一种延伸。BB 平台上不仅有工商管理类的学生，全校各学科的学生都活跃在平台上，MBA 学生将个体学习阶段所形成的案例总结成果上传论坛，各学科的学生都能去研究与思考，提出质疑，发表观点。这不仅是数量上的拓展，更是学科种类的拓展，质疑的来源更加多元化，这种层次的反思更有利于培养全能型人才。同时，教师也可以在课下利用 BB 平台、微信视频等媒介，增加与学生交流的频次，以此降低在课堂教学中的距离感，进一步刺激学生思维的发散；沙龙式的讨论形式也逐渐成为日常，各类案例延伸小课堂受到了学员的广泛好评。

中国海洋大学在案例开发阶段所形成的案例均收录在中国海洋大学特色案例库中，并通过 BB 平台实现案例库的云共享，教师可以在 BB 平台上共享案例，并且通过后期对企业的持续跟踪，不断地完善案例，努力达到中国管理案例共享中心的入选标准。

（三）制度保障

中国海洋大学在案例教学发展的进程中，不断地更新完善案例教学的制度体系，主要形成了四方面的案例教学保障机制（见图 2-5）。

一是建立了教师实践能力培养机制，有计划、有目标、有保障措施地提升教师案例教学的实践能力。经验丰富的教师进行一对一式的带教、示范，以及邀请优秀案例教学教师进行案例教学的公开课，组织参加国内外优秀的案例开发及教学研讨会；要求每一位参加案例编写的教师参加多项培训，如全国 MBA 教指委等机构组织的案例教学培训、中国海洋大学组织的案例编写研讨会等教学培训，以尽可能保障案例编写水平的稳步提高。此外，中国海洋大学的案例从选题到最终被中国海洋大学特色案例库收录，须经过集中讨论、评议、审核、反复修改等程序，案例中心主任全程跟进，保障案例编写的顺利进行。

图 2-5　中国海洋大学制度保障机制

二是案例教学绩效管理机制以及教学跟踪评估制度，对案例教学效果进行评估，建立健全反馈机制。例如，教师编写案例研究或案例教学方面的论文，若公开发表在《管理案例研究与评论》等期刊上，中国海洋大学 MBA 教育中心则会予以鼓励；能够入选中国管理案例共享中心、中欧案例库、清华大学案例库、北京大学案例库的优秀案例，奖励开发者 10 000 元；若入选百优案例，再奖励 10 000 元（共计 20 000 元）；后续该案例如果能够入选加拿大毅伟商学院、美国哈佛大学等国际知名大学案例库，再奖励 30 000 元（共计 50 000 元）。

三是案例项目开发制，实现对案例开发的系统化管理。中国海洋大学对案例开发实行项目负责制，案例团队成员对备选企业案例进行调研，通过多次研讨确定案例选题，随后由 MBA 教育中心组织专家投票，确定是否立项进行评审，评审通过后对案例立项建议名单进行公示，公示期结束后对无异议的案例申请批准立项。所有立项的案例项目均给予 3 000 元的启动资金，用于案例素材的搜集和调研等。案例写作完成后，MBA 教育中心还会组织专家评审鉴定，鉴定标准参照中国管理案例共享中心案例入库标准，其结果分为优秀、通过和不通过，若评审鉴定结果为不通过的，项目负责人三年内的案例再写作不予启动资金支持，以此保障案例开发的质量。中国海洋大学 MBA 教育中心对案例的采编层层把关，严格筛选，适时激励，鼓励创新，发展至今日，已经实现了对案例开发的系统化管理。

四是学生案例挖掘制，鼓励学生进行案例开发，拓宽案例开发渠道。中国海洋大学积极鼓励 MPACC 的学生参加全国案例分析大赛，将参赛结果与实践学分挂钩，强调案例创作的重要性，将优秀案例进一步开发成教学案例，并作为原创案例入库；同时，中国海洋大学鼓励硕士研究生和博士研究生与教师共同开发案例，优秀毕业论文使用的企业案例部分也具有一定的教学意义，根据教学需求可以进一步开发成原创案例，不断丰富案例库中的原创案例部分。

三、未来展望

"MBA 教学的应用总结大会"进行了两个小时后,姜副院长看着热烈讨论的教师们,脸上露出了微笑,他举手示意大家安静:"大家都辛苦了,中国海洋大学案例教学通过十几年的改革与发展,取得了显著成果,如王老师所言,中国海洋大学形成了'三位一体'的特色案例教学模式,但未来案例教学的发展仍然任重道远,就目前案例教学存在的问题来看,不论是递进式案例的建构,还是邀请校外导师进行案例教学,都存在一个共通的问题,就是学科交叉的问题。建立交叉学科是必不可少的,因为管理学是一门涉及经济学、社会学、哲学、心理学等学科知识的综合性学科。就如爱菊集团在哈萨克斯坦遇到的跨文化冲突管理案例中就涉及了舆论危机问题和公共关系问题,要想处理好这些问题,就不得不掌握新闻传播学的相关知识。交叉学科其实有两个目标,一个是较低层次的目标,就是运用两个或多个学科的知识来进行案例分析研究,从而能够以现有的方法理论去解决问题;另一个是较高层次的目标,即综合各个学科来创造一系列的新概念,呈现出一种新的认知,最终形成理论创新。对于我们目前所处的阶段,主要完成低层次的目标,可以通过构建多学科团队,研究综合案例课堂,打破学科边界,最大限度地去模拟真实企业面临的复杂管理问题,全方位地训练 MBA 学生的分析与决策能力。较高层次的目标实现难度大,应当作为我们案例教学发展的远期目标,通过综合案例课堂的实践,实现理论创新。"

"关于视频案例教学的应用,我们不再局限于课前的准备,在未来,我们追求制作案例纪录片,也就是通过学校与平台、学校与电视台、学校与企业等的合作,形成整个案例的纪录片,并且以视频的形式呈现。据有关实验表明,人们一般可以记住自己阅读内容的10%、自己听到内容的20%、自己看到内容的30%,但是对于自己听到并同时看到的内容,可以记住50%,对于与别人交流时所说的内容,则能记住70%。视频案例教学就是利用多媒体进行综合,并通过文字、图形、声音、影像等方式将案例生动形象地展现给学生,这样既可以调动学生的积极性,又可以提升学习的效率。《美国工厂》就是一部成功的案例纪录片,其讲述了中国企业家在美国投资建厂的故事,矛盾冲突点明显,故事跌宕起伏却又蕴含经济原理,这就是我们的视频案例纪录片未来要实现的目标。"

"今天的总结大会收获颇为丰富,并且关于未来案例教学的发展方向我们已经有了初步的规划,各位老师接下来可以思考具体实施步骤,希望能在下一次案例教学总结分享会上听到大家的想法。"

尽管在会上已经初步确定了案例教学未来的发展方向,但实施推行过程中仍会存在各种困难。一些专注于学术研究的教师不愿意参与案例教学的研究、教师教学质量参差不齐等问题又该怎样解决呢?通过回顾中国海洋大学 MBA 教育这十几年的发展历程,可以明确知道的是,只要坚持本心,一切问题就都不是问题。

参考文献

[1] LAROCHELLE M, BEDNARZ N, GARRISON J. Constructivism and education[M]. Cambridge: The Press Syndicate of the University of Cambridge, 1998.

[2] 苏敬勤,贾依帛. 案例行动学习法:案例教学与行动学习的结合[J]. 管理案例研究与评论,2020,13(3):345-355.

第三章

紧跟时代发展：
中国人民大学 FinTech MBA 项目的成长之路

宋 华 周 禹 汪 玲 柳晓妮 张 颖 袁朱珠 张 霞 柯惠玲

近年来，大数据、云计算、区块链和人工智能等高新技术与金融的融合，正推动着金融行业发生深刻变革，传统金融受到了较大冲击。逐步发展起来的金融科技突破了传统金融的桎梏，让每个人在相对的信息对称中自由、平等地获取金融服务，有效实现了金融对实体经济发展的支持，从而获得了国家的大力支持。我国早在 2014 年第十二届全国人民代表大会第二次会议上的《政府工作报告》中就提出："促进互联网金融健康发展，完善金融监管协调机制，……让金融成为一池活水，更好地浇灌小微企业、'三农'等实体经济。"

科技对金融行业的改变，使得金融行业对人才知识结构的要求也发生了很大变化。每当新的行业趋势对具备新知识、新思维和新管理能力的人才提出需求时，中国人民大学商学院 MBA 项目作为立足中国国情、满足产业发展和企业需求、本土化落地的商科教育领导者，都会从目标定位、师资梯队、课程设置和品牌塑造等方面进行全面升级，以社会需求为导向，进行培养模式和应用型教育模式的革新探索，从原来集中于管理领域的单向度教育，向多元化教育的模式发展。面对这次金融行业变革对新型人才的需求，中国人民大学商学院 MBA 项目也不例外，科技金融（Financial Technology，FinTech）方向应运而生。

为适应国家经济建设和社会发展对于科技金融复合型管理人才的需求，拓展学生多元化专业背景，提升中国人民大学 MBA 项目的品牌影响力，在中国人民大学 MBA 项目原有的"宽口径、厚基础"的培养模式上，2015 年中国人民大学商学院推出了中国高校第一个 FinTech MBA 项目，旨在培养系统掌握现代管理理论和金融知识，深谙金融科技行业的发展趋势，具备在复杂环境下的分析决策能力、团队合作能力和创新管理能力，具有全球化视野和社会责任感，能够胜任金融科技和金融相关领域管理工作的专业人才。

FinTech MBA 项目自创立以来，着重于"实增值""真特色"和"全链条"，经过数年快速的专业化发展，已发展成为中国人民大学 MBA 项目的旗舰品牌。在课程上具有突出的"跨学科融合创新"特色，包含管理学、金融学、法学和互联网信息技术等多学科课程，在师资和培养方式上具有鲜明的"产教协同、实践联动"特色，学术师资和产业师资同堂授课，"学业-就业-创业"一体化对接。在优化 MBA 学生综合管理能力"宽口径"培养的基础上，强化学生对科技金融方向专业实践能力的"纵深化开发"，实现 MBA 培养"厚基础"与"强专业"的深度兼容。

然而，FinTech MBA 项目的成功发展并非一帆风顺，而是一路上不停地在荆棘中摸爬滚打和开辟道路，所幸的是，经过这些年的磨砺，由最初的砥砺前行，到今日的繁花似锦，业已成长为中国 MBA 金融科技教育品牌的一个标杆。再次回顾项目所走过的道路，可以分为起步创业、自我迭代、多维发展三个阶段，正是有了每个时期的不懈努力和持续创新，才逐步构架起今日的芳华。

一、从 0 到 1 的起步创业

FinTech 是在近几年才兴起的，如何运用科技手段如大数据、云计算、区块链、人工智能等新兴前沿技术使得金融市场和金融服务变得更有效率，如何依托于科学技术赋能金融行业的发展，理论界和实业界仍在研究和探索之中。

因此，FinTech MBA 在全球 MBA 教育中是一个全新的方向。在中国人民大学 FinTech MBA 项目的筹备初期困难重重，例如缺乏可以借鉴的成熟教学体系，专业教材和教学案例都相对匮乏，师资团队的人才建设不足，与之配套的项目管理经验也相对较少。虽然中国人民大学商学院拥有工商管理 A+ 学科的优势，但由于金融科技是一个交叉领域，其中涉及的互联网、大数据、人工智能等前沿科技并非中国人民大学商学院的专长。为解决技术科学类学科先天不足的问题，FinTech MBA 项目决定依托自身的工商管理优势学科，特别是学院在财务金融学科方面的优势，采取'院内跨学科、校内跨学院'的思路来搭建综合课程体系，引入跨学科的专家团队，同时开发撰写适用于 FinTech MBA 教学的相关教材和教学案例，并不断积累针对项目特点的管理经验。

（一）教学体系建设

FinTech MBA 项目在启动初期以工作组的方式来推进，并设置了项目学术主任。项目学术主任由中国人民大学原副校长、商学院教授伊志宏担任；工作组成员横跨不同的学科和院系，包括中国人民大学副校长、著名金融学家吴晓求教授和财政金融学院陈忠阳教授、法学院杨东教授等在内的不同领域的多位专家学者。项目学术主任带领工作组设计和搭建 FinTech MBA 项目的课程体系。

该课程体系设置本着继承发展、在实践中创新的原则，在现有中国人民大学 MBA 课程体系优势的基础上，融合性地继承管理学科的课程体系，基于中国人民大学 MBA 综合管理能力宽口径培养的厚基础课程体系优势，融入中国人民大学金融学科的知识体系，对金融方向专业实践能力纵深化开发。

作为 MBA 教育的特色方向班，FinTech MBA 项目必修课环节的培养涵盖教育部所规定的 MBA 专业核心课程，包括数据建模与决策、管理经济学、财务管理、会计学、市场营销学、企业战略管理、组织行为学、中国传统文化与企业管理等。

在专业方向能力跨学科培养方面，整合优势资源，以管理知识为宽度、以金融知识为深度，结合互联网金融发展现状和趋势，从国内外的金融市场、移动金融、第三方支付等方面重新对选修课程进行了设计，落实开课教师，沟通新课程大纲及课程安排，并邀请企业家与教师共同建立课程组，整合资源，协同开课。

（二）教材与案例开发

为配合 FinTech MBA 项目的教学，中国人民大学商学院积极邀请和组织教师进行教材与专著的开发。由教育部长江学者特聘教授吴晓求教授主著的《互联网金融——逻辑与结构》，在分析互联网发展趋势和互联网金融对互联网商业模式的颠覆影响的基础上，深入研究了互联网金融的运行结构、生存逻辑、理论基础、风险特点，勾勒出互联网金融与传统金融的替代边界，提出了互联网金融的基石监管准则。

由商学院企业管理系宋华教授所著的《互联网供应链金融》，在大量深入调研的基础上，用海尔、阿里、京东、顺丰、创捷等企业鲜活的案例，提出了互联网供应链金融创新的六大路径：提供融合性服务、实现客户归属、拓展价值回路、运用大数据还原运营场景、构建共同进化的产业生态、形成产业与金融互动迭代模式，并创新性地指出，互联网供应链金融不仅涉及金融创新，也涉及产业重构，要做好互联网供应链金融，就要从客户价值系统入手做出努力和实现变革。

在开发自有教材的同时，FinTech MBA 项目也通过中国人民大学出版社引进和翻译了一系列专业教材，用于满足该项目的教学使用。与此同时，商学院管理案例与教学创新研究中心也从课堂需求出发积极牵头组织 FinTech 方面的教学案例开发（起步创业阶段的代表性案例成果如表 3-1 所示）。

表 3-1 起步创业阶段的代表性案例成果

案例名称	作者	入库时间
创捷供应链有限公司供应链整合与供应链金融集成解决方案	宋华、卢强	2016 年
互联网金融商业模式的选择——91 金融的启示	支晓强、王储	2017 年
无微不至、服务万家——浙江网商银行农村金融新模式	徐京悦、宋华、张霞、柯惠玲	2017 年
互联网能否助力产业供应链整合：中驰车福的创新困惑	宋华、陈思洁	2017 年
路在何方？海尔的供应链金融创新	宋华、赵先德、卢强	2017 年

（三）师资团队建设与课程开发

为保障 FinTech 方向顺利开展和运营，MBA 项目特设立专项启动基金，用于支撑师资团队建设与专属课程开发运营，逐步成功开设出一系列适用于 FinTech 方向的创新课程。

例如，由商学院财务与金融系支晓强教授牵头设计的 FinTech 必修课程"互联网金融概论"是 FinTech 方向的第一门金融类课程，具有很强的探索性。互联网金融是较为前沿的话题，一方面在理论领域有很多问题没有解决，另一方面在实践领域也存在一些争议，既有很多传统金融机构进军互联网金融，以及 BATJ（指百度、阿里巴巴、腾讯、京东四大互联网公司）等巨头纷纷利用各自优势构建自己的互联网金融体系，也有相当一批出现了各种问题的失败案例。因此，直到目前互联网金融在国内外都没有成熟的可参考的课程体系材料，所以开发此课程对于理论和实践都有重大意义。该课程内容主要涉及以下几方面：

- 第一讲，互联网金融概述；
- 第二讲，理解互联网金融的理论框架；
- 第三讲，P2P；
- 第四讲，第三方支付；
- 第五讲，众筹与虚拟货币；
- 第六讲，案例讨论——中国工商银行的互联网金融布局；
- 第七讲，案例讨论——乐视金融[⊖]的商业模式；
- 第八讲，案例讨论——91金融的商业模式；
- 第九讲，案例讨论——京东金融的商业模式；
- 第十讲，总结。

（四）项目治理经验积累

跨学科、跨学院的教授专家工作组为 FinTech MBA 项目的成功启动奠定了基石，初步建立了科学有效的教学体系。在试点运营中，定期召开教师沟通会，讨论课程安排、上课学期、课程内容、案例设置等，以使必修课与选修课之间、选修课与选修课之间教学内容能够互相支撑，确保教学效果。同时，召开 FinTech 班学生代表沟通会，了解学生需求和反馈，力求项目的持续优化。

此外，项目团队还积极导入行业资源，对接学生需求，拓展学习平台，搭建 FinTech 俱乐部，拓宽专业领域视野。由学生俱乐部牵头的"科技金融大家谈"系列活动每期都会邀请来自金融、信息技术（IT）、投资等行业或创业圈的业内大咖或资深校友进行主题分享，形式包括讲座、工作坊、课程等，与 MBA 学生展开深入交流和互动分享。

二、从 1 到 N 的自我迭代

发展是"干出来"的，不是"等出来"和"靠出来"的。有了第一个阶段的基础，项目发展行进至关键一程，犹如攀岩登至半山腰、踏浪行至海中央，志行万里者，不中道而辍足。项目报以"改革者"的精神，逢山开路、遇水搭桥，紧紧抓住"发展"这个关键词。

随着 MBA 学生群体变得更具多样性，学生对于行业热点和新兴板块有极大的兴趣，尤其对如何应对企业实践和行业发展中所遇到的疑点、难点和盲点极为关注。项目与学生之间的双向匹配也越发重要，就像是相互咬合的齿轮，匹配度越好、咬合越好，齿轮运转就越好，工作效率也就越高，项目发展则越好。但是，一方面，受传统学术和科研导向的影响，适合专业学位的教学型师资较为匮乏；另一方面，随着人工智能、大数据等新兴技术的兴起和广泛应用，企业实践在快速迭代升级，而理论研究的脚步却没有及时跟上，相关教材和资料也显得格外单薄。由此，一边是迫切需要掌握相关知识与技能、有强烈教育需求的学生，

⊖ 2020 年 9 月，乐信（北京）网络科技有限公司（即乐视金融运营主体）注销。

一边是没有纵向贯通、横向融通的专业课程体系和成熟师资，两者之间形成的矛盾，对项目的发展形成了巨大的挑战。

对此，中国人民大学 MBA 项目秉承"大道至简，实干为先"的工作思路，在时代需要和学生需求的双重驱动下，将 FinTech 项目提升为引领商学院大 MBA 项目发展的旗舰项目，并在这一战略发展目标的指引下，不断自我迭代和创新，并逐步改进与 FinTech 项目发展相适配的项目管理方法。

（一）教学体系不断优化

在原有 FinTech 项目工作组的基础上，升级成立 FinTech 项目专家委员会智囊团，由在相关领域有较高造诣、实践经验丰富的专家担任委员，指导 FinTech 项目的全面工作。

（1）科学决策：结合国际、全国（尤其是北京）的 MBA 项目以及科技发展趋势，发挥委员会的智囊团作用，提出前瞻性、导向性和预警性的意见和建议，对项目的发展进行科学决策。

（2）指导运营：参与制定 FinTech 项目的发展规划，指导 MBA 项目中心相关部门做好运营工作。

（3）整合资源：导入和发挥项目委员们的优势资源，为 FinTech 培养体系急需的师资、技术、信息等资源提供有力支撑。

在专家委员会的领导下，FinTech 项目的课程体系以管理学基础课程为宽度、以金融和科技方向选修课程为深度，不断优化。FinTech MBA 项目的基础课程以商学院 MBA 项目的核心课程为主体，在此基础上，选修课程拓展至金融模块、互联网技术模块和经济模块，其中金融模块分为传统金融和新金融两部分，提供不同难度层级的选修课程。学生根据差异化的行业背景和不同的个人基础自由组合搭配，形成差异化、定制化、立体化的选修课体系，因材施教。

（二）教材与案例持续开发

FinTech 项目初期规划的教材陆续完成：

由宋华教授所著的《智慧供应链金融》一书指出，作为"产融"结合的重要方式，供应链金融得到了实业界和学术界的高度关注，这一横跨产业供应链和金融活动的创新日益成为解决中小企业融资难、融资贵问题的重要战略途径。随着全新的信息技术如大数据、云计算、区块链以及人工智能，在供应链金融领域被广泛地使用，该领域的发展已经进入由金融科技推动的阶段。供应链金融不再局限于狭隘的融资行为，越来越多的各类金融产品和金融主体通过创新构成了支撑产业供应链的生态，供应链金融越来越呈现出智慧化的特征。书中重点探讨了智慧供应链金融的内涵以及智慧供应链金融的基本构架，并在此基础上系统探索智慧供应链金融创新的要素，进一步提出实现智慧供应链金融的五维度模型——SMART 模型，并从产业风险管理的视角出发，探索智慧供应链金融的风险管理问题。

由中国人民大学商学院财务与金融系教授、中国人民大学小微金融研究中心主任李焰合著出版的《致广大而尽精微：普惠金融中国实践案例》，通过南充美兴、中和农信、3+1 诚信联盟、民生银行的小微项目、拍拍贷、芝麻信用、百融至信等 10 个案例，分别从微型金融、中小企业融资、数字普惠金融、信用等方面介绍普惠金融近年来的实践探索，特别侧重从管理层面，将企业的使命、愿景、价值观融入企业的组织流程设计、业绩考核等日常管理中；深入探索如何实现社会绩效和财务绩效的双重目标；展示了大数据、互联网、云计算、人工智能等数字金融在降低小微金融的边际成本，提供便捷、低成本、可触达服务方面的优势，以及为小额、分散但大量的微型金融带来的巨大技术红利。

由商学院青年教师王阳雯所著的《FinTech+：金融科技的创新、创业与案例》从研究者的角度，融合金融、创新与企业战略理论，试图透过纷繁的现象，梳理 FinTech 的概念，探究其背后的理论基石。

在教学案例开发上，持续与案例中心合作，开展专项案例开发计划，FinTech 领域的相关案例不断产生并应用于课堂教学（此阶段开发的主要相关案例成果如表 3-2 所示）。特别是在学院的大力支持下，开始设立 FinTech 专项重点案例开发项目。

表 3-2　自我迭代阶段的代表性案例成果

案例名称	作者	入库时间
拔剑四顾心茫然：中企云链的创新与挑战	宋华、陈思洁	2018 年
平衡中的难题：明希供应链的 SVC 系统	宋华、陈思洁	2019 年
感融科技：物联网技术助飞供应链金融	宋华、卢强	2019 年
"坚守"与"辞别"：拍拍贷的金融科技转型	李焰、孙春兴	2020 年
天翼电子商务：运营商的互联网金融布局	石明明、曾茂霞、刘珊	2020 年
迈创：精敏全球售后备件供应链服务	宋华、张霞、韩思齐、杨雨东、丁思海、方尧	2020 年

（三）增强师资力量，开发新的课程

针对数字经济的新趋势和学员们的学习需求，增加新的师资力量开设一系列前沿的、与 FinTech 发展相契合的选修课程。例如，由商学院组织与人力资源系周禹教授开设的创业营课程，其设计开发主要包括如下内容。

1. 课程目的

创业营课程旨在通过模块化、模拟化的创业训练专题学习，帮助学生建立创新创业的意识、掌握创业各具体环节的能力与方法、理解创业项目的评估评价机制。

2. 内容模块

创业营课程拟包含的专题模块如表 3-3 所示，并由专题教师与产业嘉宾教师组成整合性的师资团队。

表 3-3　创业营课程拟包含的专题模块

序号	专题模块
1	启动模块：创业内涵与创业计划
2	模块一：机会识别与市场分析
3	模块二：创业团队与治理结构
4	模块三：业务与商业模式设计
5	模块四：业务发展与实施计划
6	模块五：财务筹划与融资计划
7	收结模块：模拟路演

3. 课程运营

（1）启动模块先行。在 7 月份整合课程阶段，首先就创业的基本内涵及创业项目计划书的基本内容构成，对学员进行先导培训。

（2）分组模拟竞争、导师配对认领。分成小组，仿真模拟创业团队，并采用双向自愿方式，由参与导师与学生团队结成导师战队。按照先导模块的培训要求，小组自选题、自组织完成创业项目计划预案（10月份模块一开课前完成并提交）。

（3）模块翻转课堂、内外师资联动指导。从模块一至模块五，皆采取翻转课堂的方式，由各小组分别结合各自团队的项目计划书，在各专题模块课堂上介绍相应的专题内容设计；由学术导师与专题特邀产业嘉宾导师共同提供有针对性的优化建议与指导。

（4）专题性跟踪优化。每次专题课程结束，各小组在导师指导下自行组织，结合课堂反馈建议进行各个专题的优化修订。

（5）收结模块的模拟路演。在收结模块，各小组进行模拟路演竞赛，邀请学术导师与产业嘉宾导师共同进行评估考核，路演评估成绩记为该小组本课程成绩。

（6）课程学习成果转化、项目落地实施。优秀项目推荐参加行业性、全国性创新创业竞赛；联动相关资源推进优秀项目的转化实施与落地。

（四）项目治理经验更加丰富

FinTech项目积极对接金融、互联网领域标杆企业资源，建设情境化实习、科技金融游学和创新创业辅导转化平台等多平台生态，帮助学生拓展国际视野、掌握多元化金融专业知识、熟悉全球经济趋势、挖掘创业潜力和提升创业能力，从而拓展创业平台，做到"学业－就业－创业"一体化。

项目团队积极导入企业外部资源，为学生搭建更广阔的学习平台，例如由MBA项目牵头的中国人民大学商学院科技金融专业论坛于每年的10月份在北京召开，论坛由中国人民大学商学院和供应链战略管理研究中心共同承办，邀请政府、金融机构与企业代表探讨金融科技行业热点问题，打造专业的行业交流与分享平台。

如果说从0到1是对FinTech项目设置合理性和可执行性的验证，那么从1到N则意味着项目进入再扩大和再创新阶段，难度和挑战都大于前者。项目至此经过不断的自我迭代创新，已经具备了专业化的专家委员治理平台、成熟完备的课程体系、丰富的金融科技企业资源，项目的品牌影响力彰显，同时FinTech项目所导入的创新课程、专家名师、企业资源也在反哺中国人民大学MBA项目的综合竞争力。

三、从 N 到 N^n 的多维发展

面对近年互联网金融模式（如P2P）出现的信用危机，政府进一步加强了行业监管的精细化，逐步构建以"审慎"监管为导向的互联网金融监管长效机制，从而实现新业态下的有效监管，控制金融创新带来的信用风险。中国人民大学FinTech项目紧跟党和国家的步伐，在人才培养中也不断革新，发布了项目再升级方案，打开了多维发展的新局面，增强项目的生长力，并继续引领商学院MBA项目的发展。

（一）成立MBA专家顾问委员会

经过前两个阶段的继承与迭代发展，项目人员凝聚共识：团结来自学界、业界的正能量对FinTech MBA项目的持续发展至关重要。因而项目希望能够借助更多专家学者的力量，充分发挥智库的"外脑"作用，推动理论研讨与项目实践的进一步深度融合。

因此，FinTech 项目再次升级项目治理平台，在原有 FinTech 专家委员会智囊团的基础上，成立了涵盖大 MBA 项目的 MBA 专家顾问委员会，并将委员会成员扩充至 60 多位，融合了更多的外部智库资源，更有效地导入业界资源，在促进 FinTech 项目高质量发展的同时，也更好地将 FinTech 项目的资源反哺于大 MBA 项目。

（二）项目培养目标及定位的再升级

2020 年 7 月，习近平总书记对研究生教育工作做出重要指示，指出研究生教育在服务经济社会发展方面具有重要作用，为今后我国研究生教育事业发展指明了方向。FinTech 项目作为一个专业学位硕士项目，紧跟时代潮流，坚定不移地将"产教"融合、协同育人作为培养模式改革的重要发展方向，并在培养目标和定位上进行了再度升级。

- **培养目标：** 系统掌握现代管理理论，熟悉数字金融行业特点和趋势，具备在复杂环境下的分析决策能力、团队合作能力和数据驱动的精细化管理能力，具有全球化的视野和社会责任感，能够胜任数字金融领域的管理工作。
- **定位：** 培养金融科技公司的管理人员、帮助金融机构进行数字化转型的人员。

通过科学有效的培养方案研讨和制订过程（见表 3-4），FinTech MBA 教学体系得到持续优化和提升。

表 3-4　培养方案研讨和制订过程

序号	名称	事项
1	调研阶段	对学习者进行学习需求调研；对企业主或者雇主进行用人需求（能力）调研；调研专家顾问委员会的意见与建议
2	制订培养方案阶段	在调研基础上，提出新的培养目标、课程设置方案，并提交全国 MAB 教指委审议通过
3	课程设计阶段	根据最新的 FinTech MBA 项目培养方案，与主讲教师沟通课程开发事项，主要包括教学目标、教学内容、教学方法、组织形式和教学评价等
4	课程评价阶段	对教学大纲、教学资料、教学过程设计、教学效果等方面进行初步评估，提出改进建议
5	课程实施阶段	实施教学
6	成果鉴定阶段	对教学大纲、教学资料、教学过程设计、教学效果等方面进行评估与反馈
7	持续改进	改进教学

（三）FinTech MBA 课程再升级

1. 课程维度更为丰富

FinTech 方向选修课程更为丰富，涵盖了金融模块、科技模块、模拟模块、法律模块、整合模块；融合金融学、法学、互联网信息技术、统计与大数据挖掘、创新创业等多元优势学科；深入开发跨学院、跨学科课程，积极协同外部师资和行业专家开课。

同时，FinTech 项目实行"产教"协同实践联动，提升专业综合实践能力。通过整合实践类课程，课堂与实践学习深度融合，学术和产业师资同堂授课，使学生洞悉传统金融机构转型创新全过程、对标新兴科技金融标杆企业最佳实践。

面对 MBA 学生迫切学习探究企业实践知识的需要，除了将开发的教学案例引进 FinTech

MBA项目的教学,项目也注重"走出去"。在这一指导理念的基础上,开发了可以辐射整个大MBA项目的"中国管理实践系列"课程,与经济热点相结合,注重构建可扩展的、多学科交融的培养模式,提供深入了解动态商业环境中的企业组织如何进行商业决策和战略定位,以及深入探索企业价值、行业最新发展和最佳企业管理实践的机会,课程学习具有实践性、定制性、整合性特点,帮助完成"学习-知道-行动-反思"的闭环。

2019年,商学院率先启动了两门管理实践课程的设计与开发。其中,"中国企业管理案例研讨 I"是与办公领域引领者齐心集团合作开发的课程,邀请了集团副总裁黄家兵顾问委员等多位企业高管与商学院企业管理系成栋教授同堂授课。课程通过反思与行动聚焦学习,对齐心集团的发展脉络以及背后的战略变迁进行了梳理,重点探讨了齐心集团在由单品种供应商、全品种供应商、全渠道供应商向大办公服务商身份转变的过程中,如何借助客户导向的ACSI,为客户提供价格满意、物有所值的服务;并引导学生进行思考,让学生在深入了解案例企业后,有意识地去探索在覆盖企业活动售前、售中与售后的全流程中,哪些战略是对的,哪些职能与行动是成功的,又有哪些方面是需要提升与改进的,并为学生提出了分析问题的理论框架。

紧接着,与正大集团合作开发的"中国企业管理案例研讨 II"课程也正式上线,由商学院企业管理系李晓光教授带领学生来到位于襄阳的正大分公司,以集团人力线为抓手,从战略、品牌、运营等角度对企业进行深入剖析,帮助学生打开视野,对跨国企业有了更加深入的了解。

2020年商学院又陆续与两家央企合作开发了两门管理实践系列课程。"中国企业管理案例研讨 III"是与国内唯一集央企控股、上市背景、中外合资、军工概念于一身的信托公司——中航信托共同开发的合作课程,在党委书记、董事长姚江涛顾问委员的带领下,7人组成的高管团队与中国人民大学商学院伊志宏教授和宋华教授联合授课。"明者因时而变,知者随事而制",姚江涛顾问委员以中航信托十年展业实践为例,讲述了公司发展转型逻辑和方法论,围绕专业化驱动、服务信托创新、受托文化培育、数字化转型等关键内容,为同学们多维度、全方位分享了对公司展业和行业发展的深思考。中航信托与商学院在已有战略合作基础上的深化创新,借助于校企平台的互补优势,推动"产学研"各方共同努力,以实现培养高水平金融及信托人才为目标,为信托行业可持续发展储备了优秀人力资源,为丰富高校教学资源和方法创新拓展了思路,更好地服务社会经济发展。

接下来,"中国企业管理案例研讨 IV"与中企云链有限公司开展合作,课程由商学院企业管理系宋远方教授组织并主导,中企云链高级副总裁张克慧、高级副总裁兼首席战略官董罡、高级副总裁兼首席技术官姜勇以及高级副总裁兼首席运营官刘长波则分别从财务、战略、技术、营销几方面进行阐释和剖析,解读新时代下的产业发展之路,深入探讨了数据协同和生态系统的构建,聚焦第三方平台在打破产业壁垒方面的关键作用,从实体经济融资难的深层原因入手,深度剖析了信用价值商业化、区块链技术应用等未来供应链金融的发展趋势。

"中国企业管理案例研讨"系列课程借助与专家委员所在企业的深度合作,通过深入研究探讨企业案例、企业高管与学院教授联合授课等方式,为深入了解中国企业的管理实践奠定了坚实的基础,同时有效提升了学生的跨学科知识整合能力和综合实践能力。

2. 解决跨一类学科问题

从FinTech项目的本质上说,不仅需要管理与金融方面的知识,更需要涵盖大量科技方面的专业内容。只有多学科的共同配合与支撑，形成"金融＋科技"的合力，才能更为有效地推动项目的发展。

中国人民大学商学院作为一个资深的人文社科学院，为弥补其 FinTech 项目先天缺乏的科技资源，制定了两步走战略：第一步，校内跨学科整合，先对信息学院的教师资源进行筛选，将大数据部分的课程进行了跨一类学科的整合，例如，邀请来自信息学院的张文平老师为 FinTech 项目开设了"金融大数据实践"课程；第二步，借助 MBA 专家顾问委员会平台，寻找行业内部师资，邀请了行业内的专家张明裕先生、文健君先生和宋屹东先生，为学生们开设了"区块链与商业应用""金融科技案例分析""产业互联网平台战略"等课程，在一定程度上弥补了项目面临的科技短板，有助于解决跨学科课程的开发问题。

3. 案例成果不断丰富

除了一线教师自己寻找优秀的 FinTech 相关企业进行案例开发，FinTech 项目还为教师与专家委员所在企业或校友企业牵线搭桥，合作开发案例，一批反映行业最新情况的 FinTech 案例即将产生。这些案例既能帮助企业管理者梳理和总结企业自身发展实践，又能为学生提供最新、最鲜活的研究对象。前期资助的 FinTech 重点案例项目也已经产出了成果，代表性的案例如表 3-5 所示。

表 3-5 多维发展阶段的代表性案例成果

案例名称	作者	入库时间
链平方：基于区块链的创新订单贷	宋华、伊志宏、陈思洁、张霞、韩思齐、周森、黄俊勋	2021 年
普洛斯金融："场景＋技术＋金融"赋能中小企业	宋华、伊志宏、张霞、陶铮、窦彦红	2021 年
易见：用区块链技术保障场景数据可信可追溯	宋华、伊志宏、张霞、杨雨东、邵凌	2021 年
矢链：打造产业互联网区块链金融科技生态	宋华、伊志宏、张霞、陈思洁、朱亮亮	2021 年
四苹果：探索农业产业数字化之路	宋华、张霞、韩思齐、杨雨东	2021 年

4．项目治理经验日趋成熟

随着数字学习技术的涌现，FinTech MBA 项目积极搭建数字化学习平台，为学生提供了一种全新的学习模式选择，也丰富了课程的可选择性。此外，与学院其他项目如 MPAcc 项目开展课程互选、与新闻学院合作开设 MBA＋互联网内容创业方向的课程包、与 TalkingData 公司合作开设商业数据分析方向的课程包，提升学生的专业化学习深度。

项目持续改革是一项历史性和实践性难题，其中涉及诸多的因素，FinTech 项目凭借着快速迭代和契合行业发展趋势的敏捷度，在方式方法上不断进行创新和改进。通过一系列升级改革措施，做到了目标导向与问题导向相结合，推动了整个项目从 N 到 N^n 的多维度发展。

四、结束语

"新故相推，日生不滞"这是自然规律的写照；"日新者日进也，不日新者必日退"这是社会规律的使然，专业学位项目亦是同理。FinTech MBA 项目经过这几年的发展，正是在不断自我革新和持续改进中奋力前行，在数字经济的大环境下，以管理学为基础、金融为核心、技术为基本面，为社会培育了一大批具备整合管理能力与包容性领导力的专业人才。

习近平总书记在党的十九大报告中指出："加快一流大学和一流学科建设，实现高等教育内涵式发展"。走内涵式发展道路，全面提高人才培养能力，是我国高等教育发展的必由之路。FinTech项目的发展也是同理，把培养社会主义建设者和接班人作为根本任务，实现项目培养与社会经济需求之间的双向匹配，同党和国家的教育事业要求相适应，与社会主义办学导向相契合，与人民群众的教育期待相对应。

教育部《专业学位研究生教育发展方案（2020-2025）》的发布也为新时代的研究生教育改革发展指明了方向：以习近平新时代中国特色社会主义思想为指导，……面向国家发展重大战略，面向行业产业当前及未来人才重大需求，面向教育现代化，……为行业产业转型升级和创新发展提供强有力的人才支撑。专业学位研究生教育应深化"产教"融合，推动人才培养与行业产业发展互促交融、良性互动；突出高层次应用型人才的培养特征，遵循教育规律和人才培养规律，不断创新专业学位培养模式。

作为我国建立的第一所新型正规高校的专业学位项目之一，我们更加懂得实事求是、狠抓实干的意义所在。我们将以服务"十四五"规划实施为主线，坚持社会主义办学的根本思路不动摇，坚持以立德树人为高校教育的方向不动摇，坚持为社会主义培养接班人的目标不动摇。

新时代对高校的专业学位项目有新的要求，想实现项目的不断跨越式发展还有很长的路要走，而不断的自我革新和持续改进将是常态。FinTech项目将通过不断地更新迭代，使项目更加专业化、规范化、科学化和全面化，在教育者、受教育者和外部资源之间形成一个"教育主体有张力，受教育者能受益，外部资源融合得有序、共建、共享、和谐"的"产教"融合整体，成为引领国内外商科教育发展的一支重要力量。

第四章

"四链"融合：
深圳大学 MBA 特色培养模式的探索与实践[一]

曾宪聚[二]　贺和平[三]　曾　凯[四]

科学的人才培养机制是造就人才成长的沃土，是催生人才辈出的动力，也是调动各类人才充分发挥作用的根本。MBA 教育在 30 多年发展历程中所取得的成就不简单，培养的一批又一批优秀管理人才为经济社会发展和国家现代化建设做出了重要贡献；在 30 多年发展历程中所做的工作不平凡，众多培养单位在全国 MBA 教指委的正确领导和社会各界的大力支持下，积累了宝贵的办学经验，形成了特色优势，为 MBA 教育的高质量和可持续发展奠定了坚实基础。

深圳大学是一所以城市命名的大学，也是深圳目前唯一一所综合性大学，担负着为深圳乃至全国培养现代管理人才的重任。2007 年，深圳大学成为第七批 MBA 学位授权点之一。办学伊始，深圳大学 MBA 教育项目就确立并践行"致力于培养直面中国管理现实，具有国际视野，能够提炼管理问题并加以解决的职业经理人"的办学使命，不断为深圳本土建设输送具有商业精神、人文精神和科学精神的现代管理人才。

深圳大学 MBA 教育项目在 15 年的办学历程中，吸收国际先进的 MBA 教育办学成果，借鉴同行宝贵经验，深入扎根深圳本土，以打造能够服务中国特色社会主义先行示范区和粤港澳大湾区"双区"建设的深圳大学特色 MBA 为己任。在深圳这样一个 MBA 教育"超竞

[一] 国家自然科学基金面上项目"企业战略耐性：理论构建与实证检验"（72072120）、"注意力基础观视角下高管团队战略反思对企业创新战略影响的混合方法研究"（71772130）；教育部学位与研究生教育发展中心全国首批"优秀案例教师"项目（JS2019016）。
[二] 曾宪聚，深圳大学学科建设办公室主任、管理学院教授。
[三] 贺和平，深圳大学管理学院教授。
[四] 曾凯，深圳大学管理学院硕士研究生。

争"的办学环境中,深圳大学 MBA 教育办学成绩斐然:两次获得"深圳市教育先进单位"(2011 年、2017 年);在教育部组织的全国首次专业学位水平评估中,获评为"B"(2018 年);在第十三届中国 MBA 联盟领袖年会上被授予"十佳特色商学院"殊荣(2019 年);在极具代表性的案例教学与开发上,深圳大学 MBA 一直以本土企业为案例开发对象,开发的案例有 20 篇收录进中国管理案例共享中心"百优案例"(含微案例),5 次荣获"'全国百篇优秀管理案例'评选的'最佳组织奖'"。

深圳大学 MBA 教育成绩的取得并非一朝一夕之功,而是基于以契合深圳经济特区发展需要为目标,以学生全面发展为核心,不断深化教育链、人才链、产业链和创新链融合发展的特色培养模式,对项目持续改革创新,坚持特色办学,保持深圳大学 MBA 教育的竞争力和生命力。

一、深圳大学 MBA 教育项目简介

深圳大学 MBA 教育中心隶属于深圳大学管理学院,成立于 2007 年 7 月。经过 15 年发展,深圳大学 MBA 项目累计招生超过 1 900 人(含春季 MBA 项目),培养毕业生超过 1 300 人。项目持续稳定发展,在深圳 MBA 教育领域形成了自己的办学特色。

(一)办学理念的持续践行

经过 15 年的不懈努力,深圳大学 MBA 项目秉持三个"始终坚持":始终坚持"致力于培养直面中国管理现实,具有国际视野,能够提炼管理问题并加以解决的职业经理人"的办学使命;始终坚持在培养过程中融入"科学精神、人文精神、商业精神";始终坚持发展教育链、人才链、产业链、创新链"四链"融合的培养模式,充分发挥"四链"有机协同作用,综合提升办学质量和办学成果,逐步形成了自己的办学特色。

深圳大学 MBA 项目吸收与借鉴国内外 MBA 办学院校在人才培养、课程设计、教学方式和校企合作等多方面办学经验的同时,利用地处深圳市南山区,企业和校友资源十分丰富的优势条件,整合一切可利用的高校资源、企业资源和其他社会资源,持续培养创新型现代管理人才。为此,深圳大学 MBA 项目建立了"五功能学习模块",即"学位与选修课理论学习、专业方向课程学习、技能训练学习、短课制素养学习和实践体验学习"五个学习模块,为 MBA 学生培养提供充分保障,全面践行深圳大学 MBA 项目能够拥有国际视野、具备大国格局、深入扎根本土、全心全意服务"双区"建设的办学理念。

(二)基于培养环节的组织设置

深圳大学 MBA 教育中心成立后不久,就组建了由校内教授和业界专家共同组成的深圳大学 MBA 教育指导委员会,负责制定深圳大学 MBA 教育的发展规划。深圳大学 MBA 项目则采取中心主任领导下的直线制组织结构,办学之初设有"战略发展与招生部"和"教学管理支持部"两个部门。伴随着项目的不断发展,后又陆续设置了行政管理支持部、论文管理支持部、学生职业发展部和管理案例研究中心四个部门。部门设置契合 MBA 学生的全流程管理(见图 4-1)。

从入学前的招生报名、初试、复试到学习中的课程学习、实践报告、论文撰写、论文答辩，再到毕业后加入深圳大学 MBA 校友会的全流程管理环节，旨在培养学生"理论结合实际""具有国际视野"和"发现并解决问题"的能力。

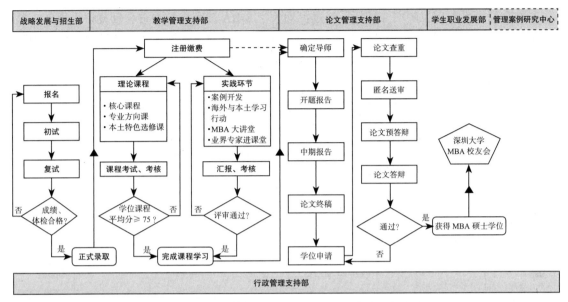

图 4-1　围绕培养流程的深圳大学 MBA 教育中心部门设置

二、深圳大学 MBA 项目"四链"融合培养模式的实践探索

深圳 MBA 教育的环境非常特殊：一方面，在相当长一段时间内，深圳高校数量有限，也没有本地 MBA 培养院校；另一方面，作为迅速发展的经济特区，管理人才需求非常旺盛。独特的环境吸引了诸多知名高校在深圳异地开办 MBA 教育，形成了独特的"超竞争环境"——竞争者变化的频繁程度（不断有院校进入或退出深圳）、激进程度（策略是否被很快模仿）都在提高。身处这样的独特环境，深圳大学管理学院在申请 MBA 学位授权点时就明确和强调过，深圳大学 MBA 项目必须要有自己的办学特色。

在 15 年的发展过程中，深圳大学 MBA 项目探索并形成了教育链、人才链、产业链和创新链"四链"融合的特色培养模式理念（见图 4-2）。具体而言，它是以 MBA 教育链为基础，保证学生从入学到毕业的系统化和科学化的思维拓展、知识学习和技能提升；以管理实践创新链为手段，激发学生创新思维和创新实践，创造性地解决现实管理问题；通过本土产业链资源多重赋能，满足学生职业发展导向的管理实践诉求，实现产业人才和教育人才链条的双向打通。这种模式发展了学生运用理论和方法解决实际问题的能力，培养了一批具有国际视野、熟悉本

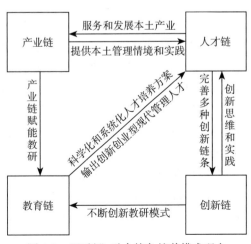

图 4-2　"四链"融合特色培养模式理念

土管理实践的创新创业型现代管理人才。

（一）专业方向设置契合产业需求

结合深圳发展定位和产业特征，经过深圳大学 MBA 教育指导委员会反复讨论论证，深圳大学 MBA 项目开设了"创新创业管理""高端服务管理""大数据与商业分析""医疗管理"4 个专业方向。契合产业需要的专业方向设置成为"四链"融合培养模式的关键环节，如图 4-3 所示。

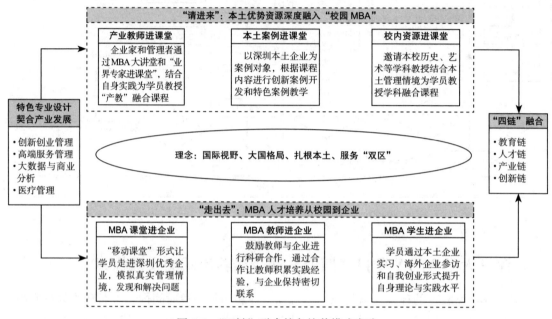

图 4-3 "四链"融合特色培养模式实践

"创新创业管理"方向立足深圳建设先行示范区的城市战略定位。深圳定位于"建成现代化、国际化创新型城市"，努力打造"国际创客中心"和"创业之都"，率先建成国家创新型城市，创新驱动成为经济发展主引擎，从而需要大量创新创业领域的管理人才推动创新城市的发展。因此，创新创业管理方向围绕"创意-创客-创业"过程提供综合系统的创新创业管理教育，力争发展成为具有高影响力的 MBA 创新创业管理专业。

"高端服务管理"方向契合深圳高端服务业方兴未艾的特点。深圳打造以战略性新兴产业和未来产业为先导、以现代服务业为支撑、以优势传统产业为重要组成的现代产业体系。该方向课程围绕服务发展的专业知识和最佳实践展开，帮助组织实现服务管理能力升级。

"大数据与商业分析"方向符合深圳"高科技之城"的发展状况，也顺应了现代管理科学的发展趋势。此方向以商业知识为基础，运用数据科学，准确识别与批判性分析商业挑战中的问题，进行业务决策，以决策优化创造价值，在知识的应用中发展创造力。

"医疗管理"方向（依托深圳大学医院管理研究院平台）意在为深圳改变"医疗相对薄弱"的状况提供管理人才支持。"医疗管理"方向通过管理学院和深圳大学附属华南医院的深度"产教"融合，联合培养具备运用理论解决医疗管理实际问题能力的高层次应用型医疗管理人才。

(二)"请进来"：本土优势资源深度融入"校园 MBA"

1. 产业教师进课堂

深圳本土发展了众多优势产业，也诞生了大批优秀企业家和管理者，他们往往在行业内深耕多年，拥有丰富的实践经验和行业知识。深圳大学 MBA 教育指导委员会包含了行业专家，为深圳大学 MBA 教育的发展提供了战略层面的指导。让更多的行业专家作为产业教师进入 MBA 课堂，为学生传授知识和经验，则是教育链和产业链融合的重要一环。深圳大学 MBA 项目为此构建了产业教师进课堂的流程，如图 4-4 所示。

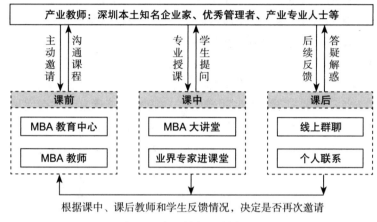

图 4-4　产业教师进课堂流程

深圳大学 MBA 项目主动利用本土丰富的企业资源，聘请优秀产业教师作为特约教授（例如华为首任 EMT 轮值主席洪天峰、腾讯高级副总裁奚丹、金蝶 CEO 徐少春、中集车辆 CEO 兼总裁李贵平、锦绣中华公司董事长王刚、前海九通董事长张滨等优秀企业家），邀请他们走进 MBA 大讲堂。MBA 大讲堂是深圳大学 MBA 项目为行业专家和 MBA 学生搭建的交流和学习平台，已经开设上百讲。行业专家结合产业知识和自身经验教训，在 MBA 大讲堂与学生面对面交流，分享洞见并答疑解惑。部分行业专家甚至会应学生请求交换个人联系方式，在讲座结束后与学生保持互动。行业专家让学生对行业专业知识和具体管理问题有更深刻的理解，使学生积累更多"前辈经验"，提前"扫雷"，与此同时，通过与教师的互动交流保持对行业发展的敏锐性，及时抓住可能的学习和工作机会。

除 MBA 大讲堂外，深圳大学 MBA 项目鼓励授课教师邀请产业教师在其随堂课上举办讲座，即"业界专家进课堂"。产业教师通过"业界专家进课堂"与学生进行深度交流。"业界专家进课堂"能够针对学生所学课程和班级学生的特点选择授课内容，让学生更充分地感受到管理者如何从实战的角度获得及运用专业知识。例如一位深圳大学 MBA 会计学教师，主动邀请专门从事投行业务和从事私募股权基金业务的产业教师为学生授课。前者从投行的角度讲解在帮助企业上市时，实际怎么具体分析企业报表，发现其中存在的问题，及时进行纠偏。后者从私募基金行业分析如何选择投资产业，这需要既懂产业知识又懂报表分析，然后把两者结合起来运用于股权投资。学生在课程学习的过程中能够认识到实践和理论之间的关联与差异，收获产业教师的实践经验，从而对课程内容有更深入的理解和掌握。深圳大学首届 MBA 学生、深航国际酒店副总经理肖强在接受《深圳商报》记者采访时，谈及"战略管理"课程，评价说"产业教师所讲课程就是现实企业经营情况，有助于学生形成战略规划的思维，增加企业运营管理的经验"。

2. 本土案例进课堂

（1）本土案例开发。本土案例开发旨在学生通过教师指导，深入深圳本土企业调研，总结一手资料，讲述本土企业精彩故事和解决企业实际问题。面对MBA案例教学中本土案例供给不足和质量有待提高的现实状况，深圳大学MBA教育从科研成果认定制度上鼓励教师开发优秀本土案例。深圳拥有很多优秀本土企业，深圳大学MBA教育中心地处粤海街道，科技园内中兴通讯、腾讯、TCL等企业林立。作为深圳唯一的本土综合性大学，很多企业愿意与深圳大学建立合作，MBA教师与许多本土企业联系紧密，学生大部分也来自深圳本土企业，案例开发因而具有了良好的环境。

深圳大学MBA项目也鼓励学生针对自身所处企业，在教师的指导下进行企业调研和案例撰写。深圳大学MBA项目开发的案例真实、有趣、深刻，能很好地总结本土企业的发展故事，或者发现企业存在的问题并提出独到见解。例如，"百优案例"（微案例）《野火烧不尽，春风吹又生：从华强北"山寨"创客王到非洲创业者》是MBA教师基于深圳本土典型的创新创业人物，以深圳大学毕业生吴烨彬的真实创业故事为蓝本进行的案例开发。该篇案例内容生动形象，内涵丰富有趣，紧贴深圳大学MBA创新创业管理方向。师生共同撰写的很多优秀案例多次参加"百优案例"大赛、投稿毅伟案例库与中国管理案例共享中心等，并取得优秀成绩。目前深圳大学已经有3篇管理案例入选毅伟案例库，20篇管理案例入选"百优案例"，65篇案例入选中国管理案例共享中心案例库。参与案例开发让学生更加了解企业的实际经营状况和运作方式，使学生能够实现"干中学"和"干中练"，发现企业的真正问题并提出具体解决方法，提升了学生发现、分析和解决问题的能力。

（2）本土案例教学。案例教学是MBA教学过程中的常见方式。针对适合案例教学法的课程，深圳大学MBA项目鼓励使用案例教学法，鼓励使用教师自主开发的案例，鼓励使用本土企业案例，将案例与理论知识相结合，让学生围绕案例问题进行详细讨论，以小组为单位进行分工合作，将小组意见通过分组展示的形式进行详细汇报。针对每个小组汇报的情况，教师进行深入点评。由于许多案例企业是师生曾经参访过或身边的深圳本土企业，学生对案例企业更加了解，也更加亲近，学习起来也更有代入感，使他们更愿意参与和投入于案例研讨；教师对自编案例、本土案例的各种背景更加了解，也更能够对相关管理决策进行准确、详细和深刻的点评，这有助于提高学生的学习积极性、适应性和主动性。

3. 校内资源进课堂

现代管理人才的培养强调学生综合素质的全方面提升。管理作为一门实践性和综合性很强的社会学科，人文、历史甚至艺术等领域知识的学习对于培育复合型管理人才意义重大。深圳大学MBA项目利用综合性大学的校内资源，邀请本校文学、艺术、生命科学、光电子和计算机等学科领域的知名教授为学生开展MBA大讲堂或者讲授短课。这些教授通常也熟悉深圳发展状况（如深圳的历史脉络、产业发展、文化氛围、艺术特色等），能将深圳本土情境与自身专业知识相结合，融入课程教学中，有助于学生更系统地搭建自身知识结构。深圳大学前任校长、文学专家章必功教授曾应邀讲授"言之有文 行而有远——精英"公共语言"风格"，国际关系学与国际政治学学者、中央电视台《百家讲坛》"战国说客双雄"

主讲人姜安教授讲解"目前国际局势和中国安全对策","南粤优秀教师"、艺术学教授张又丹讲解"音乐欣赏"……这些短课已成为深圳大学 MBA 素养课程中的稳定内容。

(三)"走出去":MBA 人才培养从校园到企业

1. MBA 课堂进企业

MBA 课堂进企业贯彻了体验式教学的理念。所谓体验式教学,是建立与教学相吻合的场景,引导学生在场景中学习知识、认识真实情境和提升管理能力。与传统教学方式相比,体验式教学的趣味性、创造性和学生掌握知识的牢固性更具优势。MBA 专任教师在授课过程中将特定模块内容"移动"至参访的深圳本土企业,学生与企业负责人面对面深入交流,激发学生将理论知识运用于管理实践的兴趣,使学生更好地消化吸收课程内容,受访企业也可从教师和 MBA 学生那里吸纳启发性建议。

"MBA 课堂进企业"一般包含三个环节:首先,学生结合课程内容,搜索资料,在参访之前提出所关心的问题,由教师汇总之后选择具有代表性的问题,提请企业负责人;其次,由教师带领学生集体参访企业,企业负责人介绍公司基本情况之后带领学生现场参观,回答学生提出的重点问题,学生在参访过程中思考的任何问题都可以向企业管理者提出,及时交流讨论;最后,任课教师对参访交流过程进行全面总结点评,并采取自愿形式让学生撰写"参访报告"。学生参访之后可以对企业进行深入了解,也可以根据报告内容进行相关本土案例的开发。

2. MBA 教师进企业

深圳大学 MBA 项目要求 MBA 教师对深圳产业界有相当的了解和认识,鼓励 MBA 教师充分利用深圳企业资源,与本土企业建立多种项目合作以及交流学习。这既加深教师对于产业界的认识,也帮助教师积累更多企业资源。事实上,深圳大学 MBA 教师与产业界建立了广泛而深厚的联系,例如与企业开展科研与人才培养方面的合作、担任企业独立董事等。

MBA 大讲堂、业界专家进课堂和 MBA 课堂进企业等一些学生学习机会,都有赖于教师与企业建立的良好信任关系。例如,大疆公司的参访原本需要每人缴纳 100 元参访费,但是 MBA 任课教师与大疆公司负责人深入沟通之后,通过为公司提供学生志愿者服务的形式获得 MBA 学生免费参访机会。随着双方信任和合作关系的加强,任课教师会将这些企业推荐给深圳大学 MBA 项目,争取在企业建立正式的"深圳大学 MBA 研究与实践教学基地",为学生提供更稳定优质的学习平台。

3. MBA 学生进企业

(1)海外学习行动。深圳大学 MBA 项目充分利用深圳与海外交往便利的地缘优势,以"培养具有国际化视野和战略思维能力"为重点,把强化国际企业管理实践性作为突破,设计并运作"海外学习行动"。深圳大学 MBA 培养计划安排了新加坡、澳大利亚等地的海外学习行动,形成了外向型的教学行动模式。海外学习行动通过对不同国家或地区的企业或非营利组织进行实地调研,给学生打开了一扇对外的窗户,可以让学生认识到不同地方企业的管理风格和特点,也让学生更深入地认识到管理的实践性、艺术性和文化多元性。

海外学习行动共分为四个阶段:第一阶段,在确定该批次参访单位之后,学生出发前根据自身组织状况，撰写问题报告，带着问题出发，作为实践体验学习的"结构式"提纲；第二阶段，进行企业参访，围绕特定问题与企业人员进行讨论交流，直到找到大部分问题的解决方案；第三阶段，学习行动结束后1个月内，学生应研讨问题解决方案，完成海外学习行动报告，报告内容强调与之前所提的管理问题的呼应，体现从提出问题到解决问题的过程；第四阶段，举办"海外学习行动"答辩报告会，由专业教师和业界专家严格评审，保证报告的质量。学习行动以拓宽国际化管理视野、提升国际化管理能力、培养国际化管理悟性、强化"国际MBA"特色为目的，有效提升了学生培养质量，切实促进了学生综合发展。

（2）MBA商业之旅。在顺利运作"海外学习行动"之后，深圳大学MBA项目将其运作模式拓展到国内，开展"深圳大学MBA商业之旅"。通过筛选与动态优化，建立了12家"深圳大学MBA研究与实践教学基地"，涵盖金融、投资、建筑、电器、媒体等领域的企业，如金蝶软件、华侨城集团、宝安集团、达实智能等。基地企业为MBA学生提供条件和便利，协助学生完成实践教学任务。

（3）MBA学生创业。深圳大学充分发挥创新引擎和人才供给优势，充分利用学校周边创新资源集聚优势，努力打造以深圳大学为辐射中心、深圳大学师生校友广泛参与的创新创业生态圈。依托深圳大学著名创业校友的资源优势和创业传统，深圳大学MBA项目为MBA创业学生提供了强大的智力支持，曾设立每年50万元的"MBA天使创业基金"，鼓励MBA学生自主创业。学生在创业过程中的想法和问题都可与教师沟通交流，获得教师帮助。通过深圳大学MBA校友会，深圳大学MBA学生能够共享校友会相关资源，更有利于学生创业项目的落地和发展。

三、进一步完善深圳大学MBA培养模式

深圳大学MBA教育中心是深圳本土MBA唯一培养单位，在探索形成自身办学特色的道路上，也面临一系列新形势下的新挑战。新一轮科技革命与产业升级方兴未艾、国际环境日趋复杂、信息技术和人工智能发展日新月异，这些都对MBA的教学方式、学习方式、人才培养模式等产生了前所未有的挑战。同时，"双区"建设的国家重大战略也提出了新的发展需求。深圳已经进入"双区"驱动、"双区"叠加的黄金发展期。建设具有全球影响力的科技和产业创新高地的任务更加艰巨，如何在新发展阶段持续为"双区"建设输出高质量的管理人才，成为摆在深圳大学MBA教育面前的时代命题。

在新的征程上，深圳大学MBA教育需要进一步深化"四链"融合的特色培养模式，不断提升自身品牌知名度和美誉度。下一步，深圳大学MBA教育将围绕强化自身特色，在动态寻优专业方向、完善特色教学方式和升级国际交流合作三方面加大投入，使教育链、人才链、产业链和创新链更加深度融合，协同发挥作用，如图4-5所示。

（一）动态寻优专业方向

深圳作为经济特区和中国特色社会主义先行示范区，在改革创新方面走在前列，高新技术业和金融服务业等已形成全国甚至全球优势产业。深圳大学MBA专业需要与深圳产业发展和社会需求相契合，以专业方向引领MBA教育内涵发展，突出专业特色，彰显专业活

力和品牌特色，紧跟深圳经济特区和粤港澳大湾区产业发展战略，动态灵活调整专业方向和课程设置，实现专业方向定期动态优化，为深圳培养更多符合"双区"建设需求的现代管理人才。

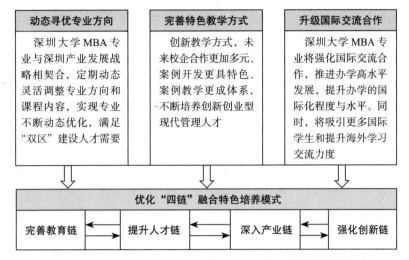

图 4-5　深圳大学 MBA 教育未来围绕"四链"融合的教学实践

（二）完善特色教学方式

深圳大学 MBA 专业拥有理论和实践经验丰富的教师、良好的地理位置和众多校友资源等。深圳大学 MBA 专业以学生培养质量保证为根本，促教学能力持续增强、促课程模式创新，启动课程优化建设方案，合理安排信息反馈、高水平督导面谈反馈，在"四链"融合的特色培养模式上积累了初步经验。未来，深圳大学 MBA 专业将继续发展和完善特色教学方式，持续强化自身特色。

1. 校企合作更加多元

深圳本土企业类型丰富。不同类型企业之间的战略目标、经营方式、组织架构和文化氛围等存在显著差别。深圳大学 MBA 专业可根据企业性质、规模大小和所有制形式等细化分类，进行"精益"参访和交流，并邀请其中的优秀企业家和管理者代表参加 MBA 大讲堂或走进课堂。学生可以从本土不同企业和企业家身上了解更加多元、更有特色的管理实践经验。

2. 案例开发更具特色

深圳大学 MBA 专业利用自身独特优势，将继续深耕深圳本土企业，围绕特色鲜明的企业，形成案例教学、案例研究等一系列案例开发活动。深圳大学 MBA 专业也将鼓励更多 MBA 学生参与案例开发，尤其针对学生自身所在企业，应该积极扮演校企联络人和案例开发人角色，挖掘自身企业管理特色，寻找企业存在的现实管理问题，与教师积极主动沟通案例开发的相关内容，高质量、高效率完成自身所在企业的案例开发。同时，深圳大学 MBA 专业也将组织师生对具有本土特色的优秀企业进行二次案例开发，将优秀案例作品投稿到中国管理案例共享中心案例库、清华大学中国工商管理案例库、中欧案例库、哈佛案例库、毅伟案例库等，助力我国 MBA 教育。

3. 案例教学更成体系

深圳大学 MBA 案例教学已有一定基础，未来将在案例教学的体系上加大投入。体系化案例教学强调师生能够围绕某一家核心企业进行"案例教学 – 企业参访 – 案例二次开发"。其中，教师根据课程知识内容，选择合适的本土案例进行相关理论知识学习，之后组织学生对案例企业进行集体参访调研；学生重点了解和学习课程中与理论知识相对应的内容，与企业负责人积极交流提问，让他们更好地理解在管理实践中如何运用专业知识解决管理问题；通过招标方式鼓励学生对参访企业进行案例深度二次开发，如图 4-6 所示。

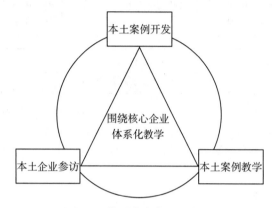

图 4-6　体系化案例教学方式

（三）升级国际交流合作

中国 MBA 教育国际化已经成为重要发展趋势。MBA 教育国际化是将国际化理念、跨文化意识和全球化特点融入 MBA 教育的目标、功能和实施的过程。深圳大学 MBA 教育未来将继续强化国际交流合作，推进办学高质量发展，与政府部门和企业合作创办"一带一路"国际 MBA 项目（试点），为参与"一带一路"建设的企业培养其急需的复合型管理人才，提升办学的国际化程度与水平。这将有利于学生开拓国际视野，提高深圳大学 MBA 品牌的国际影响力，使教育链和人才链更加完善，推动产业链和创新链的进一步发展。

1. 吸引更多国际学生

具有国际化视野是现代管理人才培养的基本要求。随着跨境电商等领域迅猛发展，今天的管理人员必须充分理解国际环境和国际业务，提高中国本土企业的全球竞争力。深圳大学 MBA 教育将培养更具全球视野和跨国经营能力的 MBA 学生，使他们满足本土企业的全球化经营需要。例如，在"一带一路"建设中，中国企业在"一带一路"沿线国家开展业务，具有全球视野和跨国经营能力的复合型管理人才成为刚需。除了中国学生，深圳大学 MBA 教育也希望能吸引"一带一路"沿线国家的相关企业管理人员就读。生源的多元化有利于深化学生的国际化理念和跨文化意识，开拓学生国际视野，提升学生的综合素质。

2. 提升海外学习交流力度

深圳大学 MBA 教育将继续扩大海外学习行动力度和范围，为学生提供更多适合自身并且让他们感兴趣的海外企业，提升行动效果。在海外学习之前，推动学生与校内外导师进行更多讨论，明确学习目标。在海外学习过程中，安排更多时间深入调研海外企业的运作机制和管理方式，开拓学生的国际管理视野。在学习行动结束后，安排专业教师指导学生对整个学习过程进行更深入的总结，为学生下次海外学习行动过程打下更加坚实的理论和实践基础。

深圳大学 MBA 教育中心经历 15 年稳步发展，坚守办学使命，持续改进和提升办学质量，赢得了良好的社会声誉和品牌影响力。深圳大学 MBA 教育已初步发展成为适应深圳经济特区社会与产业发展需求，具有独特的办学理念、办学风格和办学价值追求的教育项目，展现出能够深刻反映工商管理教育本质的特色与独有的竞争优势。深圳大学 MBA 教育将继续坚守长期使命，坚持改革创新，坚定特色发展，不断推动"四链"有机融合、协同发展。在新时代的新征程中，借助中国高质量 MBA 教育认证和 AACSB 认证，深圳大学 MBA 教育不仅将成为管理知识的学习者、传播者，更将成为富有洞见的践行者、创新者以及社会进步的积极推动者。

第五章

"润物无声"育英才：
重庆交通大学 MBA 项目构建课程思政教育体系实践与思考

重庆交通大学 MBA/MEM 教育中心

2020 年 5 月 28 日，教育部印发《高等学校课程思政建设指导纲要》，要求高等学校要从工作体系、教学体系、内容体系全面构建高水平人才培养体系。同年 7 月，习近平总书记对研究生教育工作做出重要指示：中国特色社会主义进入新时代，党和国家事业发展迫切需要培养造就大批德才兼备的高层次人才。研究生教育要坚持"四为"方针，为坚持和发展中国特色社会主义、实现中华民族伟大复兴的中国梦作出贡献。国务院学位委员会、教育部印发的《专业学位研究生教育发展方案（2020-2025）》指出，发展专业学位研究生教育是主动服务创新型国家建设的重要路径，发展专业学位是学位与研究生教育改革发展的战略重点。

重庆交通大学 MBA/MEM 教育中心为贯彻研究生教育工作会议精神，落实《专业学位研究生教育发展方案（2020-2025）》的要求，积极探索将思政育人融入 MBA 研究生培养管理工作的路径。

一、明确要义，把握 MBA 思政育人的底层逻辑

MBA 是一种专业硕士学位，主要目标是培养能够胜任工商企业和经济管理部门高层管理工作需要的务实型、复合型和应用型高层次管理人才，是一种能力培养重于知识传授的学位教育。我国 MBA 教育从 1991 年开始招生，到目前为止，MBA 教育每年的招生规模从最初的 94 人扩大到今天的超过 5 万人，为我国的经济建设输送了大量优秀的管理人才。这些管理人才的认知及眼界将有可能直接决定其所在企业的发展方向，因此培养过程中不仅要重数量，更要重质量。而在研究生人才的诸多质量要求中，"德"应摆在首位，立德树人、提高思想站位，对于培养 MBA 研究生的高校来说是教育管理的应有之义。思政教育应从"德

育"入手，德智体美综合辅助，构建 MBA 思政教育的内容框架。

基于上述思考，重庆交通大学 MBA/MEM 教育中心组织教育管理专兼职老师，共同探讨制定 MBA 思政育人的方针及核心任务。

(一)"德育"应以"四为"方针为指导

习近平总书记强调，研究生教育在培养创新人才、提高创新能力、服务经济社会发展、推进国家治理体系和治理能力现代化方面具有重要作用。各级党委和政府要高度重视研究生教育，推动研究生教育适应党和国家事业发展需要，坚持"四为"方针。"四为"，就是指为人民服务、为中国共产党治国理政服务、为巩固和发展中国特色社会主义制度服务、为改革开放和社会主义现代化建设服务。

为人民服务是我们党的根本宗旨，因此为人民服务、让人民满意是我国教育的根本宗旨。为中国共产党治国理政服务是我们党实现长期执政的需要，高校教育要在党的领导下传播马克思主义科学理论，并与中国实践相结合，探索中华民族复兴之路。为巩固和发展中国特色社会主义制度服务是历史的需要，教育引导学生正确认识中国特色社会主义制度的优越性，正确认识世界和中国发展大势，增强制度自信，增强责任感和使命感。为改革开放和社会主义现代化建设服务是时代的需要，社会主义现代化建设是新时代的根本任务，教育学生只有融入时代主题，才能在社会主义现代化建设中体现自我价值，助力中国梦的早日实现。

(二)"智体美"教育需要以"德育"为核心

立德方能树人，此处的"人"是指人才。何谓"人才"？"人才"一词古已有之，其含义却一直众说纷纭。春秋战国时期，孔子认为贤才即人才；墨子认为道德、才智、方术兼优者方为人才；韩非子则认为忠于君主的智术之士和能法之士为人才。新中国成立之后，关于"人才"定义的研究仍然呈现出百家争鸣的状态。人才学研究者雷祯孝、蒲克指出："人才是指那些用自己的创造性劳动成果，对认识自然改造自然，对认识社会改造社会，对人类进步做出某种较大贡献的人。"著名人才学专家王通讯认为人才是"对社会发展和人类进步进行了创造性劳动的人"。学者们都指出了人才判断的核心在于提供了创造性劳动，并且明确了创造性劳动所指向的目标是改造自然及社会，促进人类的进步。2003 年，中共中央、国务院发布《关于进一步加强人才工作的决定》，该决定明确指出要树立科学的人才观：只要具有一定的知识或技能，能够进行创造性劳动，为推进社会主义物质文明、政治文明、精神文明建设，在建设中国特色社会主义伟大事业中作出积极贡献，都是党和国家需要的人才。要坚持德才兼备原则，把品德、知识、能力和业绩作为衡量人才的主要标准。

从上述对人才定义的分析可见，人才的衡量标准包括品德、知识、能力、业绩等，其中的基础性标准是品德。因此，高校在培养 MBA 人才时要以"德育"为核心，综合开展德智体美全方面教育。

二、如盐化水，构建多维立体的 MBA 课程思政教育体系

为贯彻上述思政教育的方针及核心任务，重庆交通大学 MBA/MEM 教育中心拟定了 MBA

培养管理中的思政教育工作路径方案。

（一）培养主体：明确研究生导师立德树人的首要职责

教育部、国家发展改革委、财政部在《关于加快新时代研究生教育改革发展的意见》中指出：导师是研究生培养第一责任人，要了解掌握研究生的思想状况，将专业教育与思想政治教育有机融合；要率先垂范，以良好的思想品德与人格魅力影响和鼓舞研究生；要培养研究生良好的学风，严格要求学生遵守科学道德和学术规范。为此，重庆交通大学MBA/MEM教育中心做出以下安排。

1. "双师"培养，注重实践能力

MBA学员的培养重视实践能力，以服务地方经济为抓手，因此为学员配备校内外双导师，确保将理论知识融入管理实践。

2. 严格遴选，品行优先

在校内外导师的遴选过程中，坚持考核审查导师的品行，若导师品行不端，实行一票否决机制。

3. 制度规范，持续发展

为规范导师遴选工作，坚持品行优先原则，MBA/MEM教育中心制定了《重庆交通大学工商管理硕士（MBA）研究生指导教师职责及有关遴选办法》，将导师的立德之责制度化、常态化。

（二）培养过程：推动思政课程与课程思政建设

1. 坚持思政课程主阵地

教育部印发的《新时代高校思想政治理论课教学工作基本要求》规定：硕士研究生"中国特色社会主义理论与实践研究"课2学分。MBA/MEM教育中心不仅邀请校内外知名专家教授为学员讲授该门课程，以保证取得良好的教学效果，还开设了"国学与中国文化""校史讲座与学术规范"两门必修课程。通过"国学与中国文化"这门课程的学习，让学生感受国学智慧、掌握中国传统文化的基本特征和主要精神、传承中华文化，培养学员将国学智慧运用于现代工商管理研究和工作实践的能力。校史讲座采用参观走访的形式，让学员了解新中国教育背景下的重庆交通大学发展历史，了解我校校友在我国社会主义建设过程中做出的突出贡献。通过校史讲座的学习，鼓励学员树立为国献智、爱岗敬业的学习目标。学术规范课程则邀请学校内德高望重的教授为学员开设讲座，将科学精神、学术（职业）规范和伦理道德作为研究生培养的重要内容。

2. 推动MBA研究生课程思政建设

教育部印发的《高等学校课程思政建设指导纲要》明确指出：管理学专业课程要在课程教学中坚持以马克思主义为指导，加快构建中国特色哲学社会科学学科体系、学术体系、话语体系；要帮助学生了解相关专业和行业领域的国家战略、法律法规和相关政策，引导学生深入社会实践、关注现实问题，培育学生经世济民、诚信服务、德法兼修的职业素养。为

此，MBA/MEM 教育中心结合学科及专业特点推动课程思政建设工作。

（1）着手修订各门课程教学大纲。为贯彻教育部以及学校关于课程思政改革的要求，MBA/MEM 教育中心全面梳理 MBA 培养方案中的所有必修及选修课程，组织老师深入研究专业课教学内容，结合不同课程特点、思维方式和价值理念，深入挖掘课程思政元素，将其有机融入课程内容，体现在教学大纲中，并且在教学过程中体现教学大纲的相关思政内容和要求。MBA/MEM 教育中心抽调人手专门负责教学大纲修订工作，确保每门课程的教学大纲都有教师负责研究课程思政相关内容。

（2）利用移动课堂，提高将课程思政内涵融入课堂教学的水平。重庆交通大学 MBA/MEM 教育中心虽然办学时间不长，但一直秉持以质量为基础的内涵式发展理念，针对 MBA 学生的特点开展教学。移动课堂便是其中一种教学方式，它是指将学生带出学校的课堂，走进社会的课堂，在了解当前经济发展形势下各行业最新动态的同时，寓价值观引导于知识传授和能力培养之中。例如，2020～2021 学年第 2 学期，MBA/MEM 教育中心由副校长黄承锋带队，开展"走进重庆金康新能源汽车有限公司"校企联合活动，让学生了解到在芯片危机的背景下，我国车企如何克服困难开展智能汽车制造，增强了学生的自豪感和使命感。另外，在企业战略管理课程上，包堪雄教授和葛显龙教授带领学生深入邦天农业发展有限公司彩色森林基地，在了解邦天农业的创业历程后，学生围绕彩色森林项目发展模式和战略发展方向、未来可优化空间等展开研讨，为乡村振兴融合、带动周边农户共建区域性农旅项目建言献策。

（3）开展多种形式讲座及活动，以课程思政的理念提升学生综合素质。MBA/MEM 教育中心采用走出去、请进来的策略，利用多种方式开展内容丰富的线上线下讲座活动。例如，2020～2021 学年第 2 学期所开展的讲座中，不仅有涉及专业知识的讲座，如"打造极致顾客峰终体验"，也有涉及综合素养的讲座，例如"中国共产党党史讲座"等。除了各种讲座之外，为庆祝中国共产党建党 100 周年，还开展了"重温入党誓词，争当时代先锋"的主题党日活动。

（三）培养效果反馈：构建 MBA 双向评价激励机制

1. 完善任课教师评价考核机制

每门课程结束后，重庆交通大学 MBA/MEM 教育中心制作评教调查问卷发放给学生，由学生不记名填写提交。调查问卷采用封闭式与开放式问题相结合的形式，从教学态度、教学内容、教学方法、教师能力、学习效果等维度评价该门课程的教学情况，形成学生对任课教师的评价反馈。除了采用问卷调查方式之外，MBA/MEM 教育中心还会通过与 MBA 学生联合会、各班班长或学生代表座谈的方式了解学生对教学管理、教师授课情况的意见与建议。

2. 根据评教反馈情况，明确表彰奖励与惩戒机制

一方面，将评教结果作为评聘任课教师的依据；另一方面，对于表现优秀的教师，中心给予精神及物质奖励，例如提供奖金及培训机会等，而对于表现不佳的教师则由 MBA/MEM 教育中心负责教学管理的教师与其沟通劝诫，并鼓励其向优秀教师学习，针对学生反映师德有损的教师则将实行一票否决制，责令其离开 MBA 教师队伍。

3. 完善教师对学生学习情况的评价奖惩机制

教学效果取决于双向努力，因此除了学生评教之外，还应当赋予教师一定的自主权以

评价学生的学习状态,并根据其学习状态(例如是否旷课、请假超过一定课时,或者无故不交作业超过一定次数)决定是否准予其参加期末考试,或者决定是否扣除一定的学分。通过这种评价机制倒逼学生端正学习态度、优化班风、学风。

综上,重庆交通大学 MBA/MEM 教育中心从主体、过程、反馈三条路径出发,以思政教育为核心,构建 MBA 培养管理机制。

三、思政育人典型案例:抗疫停课不停学,云上共育"德智体美"

2020 年年初,突如其来的新冠疫情迫使校园临时封闭,重庆交通大学 MBA/MEM 教育中心积极响应教育部《关于 2020 年春季学期延期开学的通知》,及时推出线上教学指导方案并开展线上教学活动,保证学生按时完成相应学业。除此之外,MBA/MEM 教育中心还指导 MBA 学生联合会开展一系列线上活动,开展多种形式的"德智体美"教育。

(一)MBA 致远读书会开展"书香致远,好书共读"活动

重庆交通大学 MBA 致远读书会在"停课不停学"的特别时刻正式成立,并且迎来了第一批加入的 51 位热爱读书的伙伴,有 MBA 学生,也有经济与管理学院的教师。为督促大家养成新的学习习惯,MBA 致远读书会组建了读书领导及服务小组,并且制定了读书规则,号召和组织大家用一个月的时间,共同阅读大家自愿推荐的好书,并提交读书笔记。用阅读和做笔记的方式来进行自我学习、自我反思,实现自我提高。

2020 年 2 月 17 日,MBA 致远读书会在微信群中发布了第一本共读书《苦难辉煌》,大家在书中开始了第一期共读之旅。两周过去,读书会完成了第一本书的打卡并撰写了读书笔记。之后,读书会又带领大家阅读了《病毒来袭》《社会成本问题》《企业的性质》等书籍。在最艰难的时刻,参与的学生不仅在阅读过程中获取了战胜疫情的精神力量,也通过读书交流增进了师生情谊。

新冠疫情在国内趋于平稳之后,学生们返回了校园,但读书会仍然继续发挥着凝聚力量、传递真知的作用。随着招生届数增多,读书会也逐渐壮大,并加入了中国 MBA 联盟读书会,与来自全国各地各高校的 MBA 学生以书会友,共享共创。2021 年 4 月 22 日下午,全国 40 多所高校的 MBA 学生齐聚腾讯会议平台,通过线上线下相结合的方式开展了一场别开生面的读书分享活动,重庆交通大学 MBA 学生杨政也给大家带去了《中国经济 2021:开启复式时代》的线上分享。

(二)从抗疫群英谱到抗洪、脱贫英雄榜

2020 年年初,虽然新冠疫情阻碍了学生们的返校之路,但有不少学生奔赴抗疫和防疫的第一线,舍小家为大家,无私奉献。重庆交通大学 MBA 学生联合会通过报道这些学生的先进事迹,增强大家的抗疫信心,鼓励大家坚守各自的岗位,通过自己的力量为特殊时期的社会主义建设贡献力量。

在这群优秀学生中涌现出张超、唐艺齐、杨熙宇、杨林凡等学生代表,他们用自己的行动诠释了平凡中的伟大,展现了新时代 MBA 学生思政教育的成果。

2020年夏天山城重庆迎来了百年一遇的多轮洪峰。重庆交通大学MBA学生继续发扬不怕苦、不怕累的精神，将抗疫精神继续投入到抗洪抢险中。在脱贫攻坚战中同样有重庆交通大学MBA学生的身影。在这一次又一次的奋斗中，他们完美展现了新时代MBA学生献身党的事业、保障人民利益的精神面貌。

（三）开展"健身抗疫，每日一练"活动

毛泽东曾在其《体育之研究》一文中提到，"欲文明其精神，先自野蛮其体魄""体育一道，配德育与智育，而德智皆寄于体，无体是无德智也"。新冠疫情期间，重庆交通大学MBA学生联合会号召全体学生养成自律健身的好习惯，开展了一场参与度甚广的健身打卡活动。学生们根据自身情况，利用各种健身软件，或进行室内力量练习，或进行瑜伽练习，等等。每日在微信群里晒消耗的卡路里，其乐融融、精神百倍。为期21天的活动结束后，大家仍然继续在群里打卡，以至于后来学生出差在外，也不忘打卡锻炼。这种积极向上的正能量不仅带动大家强健体魄，也带动大家养成良好的生活学习以及工作习惯。

（四）线上讲座，共享美好

新冠疫情期间，很多人都成了宅家一族，为舒缓大家居家的焦虑感，重庆交通大学MBA学生联合会还组织了诗词欣赏、商务礼仪、书画鉴赏、摄影学习等线上讲座。在MBA/MEM教育中心的支持下，或邀请校内外教师参与，或利用互联网知识共享平台，组织大家一起在美好的事物中陶冶情操、修身养性。

四、总结

思政教育是新时代背景下对MBA研究生教育的内在要求，但是如何将思政教育有机地融入MBA学生的培养之中却是一个难点。重庆交通大学MBA/MEM教育中心主动思考，积极探索，从指导思想的内化到管理路径的选择，做出了一些有益的探讨与实践，初步显现了思政教育工作的成果。如何在未来的人才培养工作中，结合行业背景，形成地方高校MBA思政育人的特色和优势将是重庆交通大学MBA/MEM教育中心仍须思考和努力的方向。

参考文献

[1] 钱昭楚.财经类MBA院校教育品牌建设研究：以重庆工商大学为例[D].重庆：重庆工商大学，2013.

[2] 贺爱平.我国MBA培养模式的发展瓶颈分析及创新路径[J].中国管理信息化，2020，23（17）：226-227.

[3] 刘红梅，张超楠.人才定义的演变与发展[J].教育教学论坛，2019（38）：66-67.

[4] 张家建.人才定义理论的历史发展与现代思考[J].人才开发，2008（2）：7-9.

第六章

对外经济贸易大学 MBA 校外导师项目运行模式与创新实践

钱爱民[一] 邵妍[二] 刘城[三]

为更好地提高专业学位研究生的项目发展水平，满足社会对高层次应用型专业学位人才的需要，校外导师制已成为我国研究生教育的建设重点之一。2009 年教育部发布的《关于做好全日制硕士专业学位研究生培养工作的若干意见》指出，专业学位研究生的培养应建立健全校内外双导师制，校外导师要在实践过程、项目研究、课程与论文等多个环节参与指导工作。2013 年，教育部、人力资源社会保障部共同发布《关于深入推进专业学位研究生培养模式改革的意见》，该文件指出，培养单位应大力推广校内外双导师制，重视发挥校外导师的作用，组建由相关学科领域专家和行（企）业专家组成的导师团队共同指导研究生。2016 年，《学位与研究生教育发展"十三五"规划》将"加强导师队伍能力建设。完善校内外'双导师'制，聘任相关学科领域专家、实践经验丰富的行业企业专家及境外专家，优化导师队伍结构"列为一项重要保障措施。在政策指导下，校外导师已广泛参与到各所高校 MBA 专业学位研究生的培养工作中，然而根据 2019 年的调查，各高校 MBA 项目在校外导师的管理和制度运行中尚存在着一定的不足，概括起来有以下三点：其一，校外导师选聘缺乏明确的选拔标准，素质良莠不齐，校外导师队伍建设缺乏长期规划；其二，对校外导师缺乏科学的考核机制，激励和监管不足；其三，校外导师与学生交流较少，相当一部分学生对校外导师的认可度不高。因此，如何加强校外导师的制度建设，解决专业学位研究生培养院校在校外导师工作机制方面存在的问题，成为 MBA 教育中亟须重视和解决的一个重要问题。

对外经济贸易大学国际商学院 MBA 项目自 2007 年开始聘任校外指导教师，并正式启

[一] 钱爱民，对外经济贸易大学国际商学院副院长，教授，博士生导师。
[二] 邵妍，对外经济贸易大学国际商学院 MBA 中心副主任。
[三] 刘城，对外经济贸易大学国际商学院 MBA 中心培养工作主管。

动校外导师项目。该项目作为 MBA 管理职能工作的制度安排,旨在充分整合企业、项目及其校友资源,拓展在读 MBA 学生实践学习领域,开发职业发展新途径,提升职业意识,拓宽就业渠道,同时提高校外导师自身价值,在学校与企业之间搭建起交流合作的平台。校外导师项目发展至今,每年有近百位企业家加入导师队伍,在学院、MBA 项目的管理规范下积极投入此公益项目,共同服务于人才培养目标。通过十余年项目积淀,对外经济贸易大学 MBA 项目不断总结校外导师项目运行规律,以学生为中心,高度重视对校外导师指导成果的检验,通过制度建设、保障机制建设、平台建设的实践做法,凝练出校外导师项目的管理模式并不断探索模式创新。校外导师项目现已成为对外经济贸易大学国际商学院 MBA 项目以实践为导向的人才培养阵地,努力做到学术与实践相结合,全面提升 MBA 学生的培养质量。

一、对外经济贸易大学 MBA 校外导师项目发展沿革

(一) 项目初创的 1.0 时期

对外经济贸易大学国际商学院始终处于实践教学探索的前沿。2007 年,为了补足专业硕士教学欠缺实践内容的短板,国际商学院进行了思考论证和大胆尝试,针对 MBA 项目的校外导师项目应运而生。在项目运作前期,没有企业资源的定向积累,没有先例制度规范的参考,加之设立公益项目的初衷,从选人、用人到运行模式,再到结果评价,都需要从无到有进行试验和摸索。

在国际商学院时任院长张新民教授、时任副院长张建平教授的部署下,MBA 校外导师项目高举高打,通过定向邀请、拜访沟通等方式,吸引了众多资深 MBA 校友、高级管理人员工商管理硕士(EMBA)校友、合作企业高管的高度关注,得到了充分的支持与参与,组成了首期共计 23 人的校外导师队伍。接下来,高品质辅导质量成为项目运行要求,一方面,根据项目设计初衷,竭力为学生提供和开发职业发展新途径,拓宽就业渠道;另一方面,设立专人专岗,竭力为校外导师提供专业服务,提高其自身价值的同时,为其扩充所在企业的人力资源储备。经过了几届学生的成果验收,校外导师项目得到了越来越多的校外导师和学生的双向认可。

(二) 内涵建设与品牌宣传并举的 2.0 时期

经历了摸索前行的 1.0 时期,对外经济贸易大学的校外导师项目实现了持续的运行和发展,进入了稳扎稳打的 2.0 时期。校外导师队伍不断发展壮大,每年约有百余位企业家加入,校外导师项目由学生的选修项目升级为培养的必修环节,每年为大约 250 名 MBA 学生提供实践与职业指导,"双导师"制度培养成果初见成效。回顾这一阶段校外导师项目的发展,工作重心在于师资力量的积累、制度的规范以及品牌形象的打造。

历经传承和发展,国际商学院历任院领导均对校外导师项目的师资力量表示高度的重视。在第八期校外导师聘任会上,时任院长汤谷良教授指出"拥有一批德才兼备、敢于奉献的校外导师是竞争的核心,为打造对外经济贸易大学 MBA 品牌做出了重大的贡献,希望校外导师在教学过程中感受到职业的快乐和育人成材的喜悦"。

在第九期校外导师聘任会上,时任院长王永贵教授表示:"师者,传道授业解惑,也是学生在人生道路上的导师,无论在校期间还是走入职场,导师和学生的关系是永远的,学校感到非常庆幸,能有这么多热心的成功人士加入,成为学校师资的一员,共同努力推进对外

经济贸易大学国际商学院商科教育的发展，共同推动商科教育的改革创新，共同让培养的学生能够在将来取得更大的成功。"

国际商学院主管专业学位教育的钱爱民副院长表示："首先要树立品牌，这样才能获得各位导师的认可。再者，即便校外导师都是公益性的、不取酬的，学院还是会通过严格的淘汰制来规范和考核校外导师，进而保证高质量校外导师队伍的建设。要尽可能地在一个良性循环过程中让真正优质的校外导师从心底里以成为一名对外经济贸易大学校外导师为荣。"

（三）促进项目持续升级的3.0时期

经过了十余年的积淀和发展，校外导师项目现已成为对外经济贸易大学国际商学院专业学位项目培养的一大特色，受到了学校、学院领导的高度重视。

为了增加校外导师的归属感，为实践活动提供便利，对外经济贸易大学国际商学院于2018年10月揭牌成立了"校外导师工作室"。工作室揭牌仪式当天，学校主管领导、学院领导、校外导师悉数到场，共同见证了校外导师项目迈上崭新的台阶。校党委副书记李茂国指出，学校将持续加大对校外导师项目建设的支持和投入，努力搭建校外导师沟通协作平台，实现学生和导师双受益、学校和企业共发展，为培养扎根中国大地、放眼全球、为中国企业所用的社会主义人才而贡献智慧和力量。学院党委书记王铁栋教授表示，校外导师队伍是国际商学院师资构成的重要部分，是学院战略目标实现的积极参与者和建设者。学院执行院长（现为院长）陈德球教授强调，应继往开来不断进行商科教育的开拓创新，聚焦校内、校外资源的整合，将校外导师项目真正地落到实处，全面培养和提高学生的实践与创新能力。学院副院长钱爱民宣布：校外导师项目正式开启3.0时代。3.0时代的校外导师项目将持续完善项目制度建设，重视品牌打造，进一步完善和优化校外导师选聘机制、考核机制，细化过程管理，挖掘师生双向需求，深化平台融合和资源整合，努力做到项目产出成果化、多元化。

截至目前，校外导师项目已成功运行到第十四期，该期共聘任校外导师84名（见图6-1），生师比例为2.74。约24%的导师来自金融行业，居行业来源首位，符合生源特色和培养特色；导师的职务分布显示，约40.5%为董事长、创始人或合伙人，约16.5%为总裁、总经理、首席执行官或业务合伙人，约12%为副总裁、助理总裁或副总经理，约31%为部门负责人；校外导师的选聘和指导基本符合学生预期，可为学生带来学业增值和职业拓展。

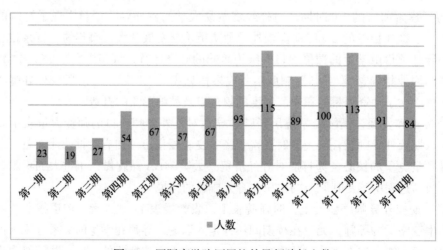

图6-1 国际商学院历届校外导师聘任人数

二、对外经济贸易大学 MBA 校外导师项目管理与运行模式

对外经济贸易大学国际商学院在 MBA 中心开设校外导师项目，现已成功运行十四期，2007～2021 年累积聘任校外导师近千人。校外导师项目设置专人负责具体职能工作，系统打造 MBA 专业教育改革与创新平台。通过十余年的项目运行和经验总结，明确了项目主体、完善了制度规范、落实了运行与保障机制、逐渐发挥平台优势，凝练出校外导师项目的管理与运行模式（见图 6-2）。

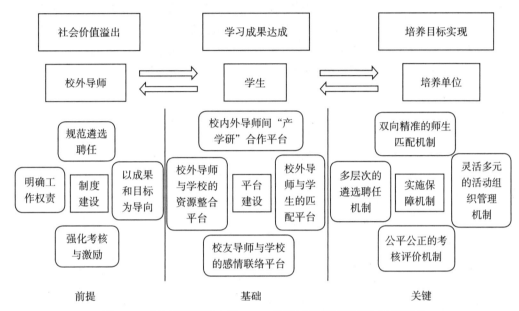

图 6-2 对外经济贸易大学 MBA 校外导师项目管理与运行模式

（一）校外导师项目三方联动主体

校外导师项目模式以培养单位、学生、校外导师为三方联动主体。

1. 培养单位为项目管理者

培养单位组织设计培养方案，对校外导师项目进行管理和服务，并通过对校外导师、学生的联结评估校外导师发展状态，验收培养成果。

2. 校外导师为教育提供者

校外指导教师为校外导师项目的参与主体之一，通过被聘任与商学院发生身份关联，以人才培养为目标，以自主、自愿、公益的参与行为为内容，实现个人价值，彰显社会服务精神。

3. 学生为项目受益者

学生为校外导师项目的另一参与主体，通过选择与自身需要和个人发展相匹配的导师获得实践环节的知识储备、技能升级和增值收益，最终实现学习目标和培养目标。

（二）第一层次：确立校外导师项目制度

健全的校外导师制度体系包含校外导师队伍建设与管理制度、校外导师考核及激励制

度以及学生管理制度,以明确培养单位、校外导师、学生三方的责、权、利,规范指导环节,充分发挥校外导师在专业学位研究生培养过程中的主动性和创造性,同时充分调动学生的参与性与积极性。

1. 建立以学生需求、学科特点和培养特色为基础的师资队伍与管理制度

研究生专业学位校外导师队伍的建设与管理要有利于培养质量的提高与实践水平的提升;有利于专业学位的学科建设和发展;有利于深化培养模式改革;有利于拓展办学空间和吸纳校外优秀教育资源;有利于改善导师队伍结构,促进"双导师"队伍建设。对外经济贸易大学 MBA 校外导师队伍建设与管理制度以学生需求、学科特点和培养特色为基础,包括校外导师遴选聘任、校外导师职责与权利、校外导师考核与激励等几个方面。

(1) 规范遴选聘任。校外导师的选拔和遴选根据专业学位研究生培养方案,并结合学科特点以及培养特色提出明确的要求和标准。在政治素养、思想态度、品行声誉等方面做出基本的要求,根据专业学位硕士研究生的培养目标,在辅导时间、辅导意愿、辅导热情、辅导内容和方式等方面制定可参考的、具体的、可量化的标准,比如规定每学期需达到的辅导课时数及次数、辅导内容包含一对一的职业生涯辅导等,校外导师候选人申请前能根据具体标准及自身实际情况自我判断能否达到学校要求及满足学生需求。在校外导师的专业能力要求方面,从导师的年龄、学历、工作年限、职业资格、所擅长的职能,所在企业性质、企业规模及所在行业、领域等方面根据学生需求、学科特色予以明确,这些指标有指向性、可量化和可操作。校外导师的专业能力是专业学位硕士研究生培养达到预期效果的强有力保障,师资队伍应结合培养方案、培养目标,并根据每个时期学生的不同特点和需求进行调整。

(2) 明确工作权责。明确校外导师的职责和权利是校外导师项目运转的根基,也是校外导师队伍建设的重要环节。校外导师职责包含基本职责与可附加完成的职责。基本职责是根据培养目标每位导师必须在培养周期内完成的,比如了解专业学位硕士研究生培养环节,参加导师培训活动,培养的学生数量、辅导时长达标,掌握辅导的基本内容和方向等。为了最大化地提升人才培养质量,校外导师可以根据学生需求附加完成或提供更多深层次的、个性化的师生互动活动。校外导师的责、权、利要清晰,校外导师不能只有职责,没有权利和回报。作为专业学位研究生"双导师"之一,校外导师一定程度上享有使用学校资源、获得学校荣誉、参与学校各项活动、参与学校治理等权利。责、权、利的明确,使校外导师更有归属感、对学校更认同,可充分调动积极性和主动性。

(3) 强化考核与激励。校外导师的考核与激励可强化导师责任,提升导师指导能力,充分发挥导师在专业学位硕士研究生培养中的作用和影响。同时,不断增强校外导师的荣誉感、责任感、紧迫感,充分认可校外导师的劳动成果,从各个层面充分尊重校外导师的工作。对外经济贸易大学 MBA 校外导师的考核区别于校内导师的考核,从师德师风、指导意愿、指导质量、指导时间、指导成果等方面全方位考核,建立可量化的考核指标,配套有淘汰和表彰机制,通过淘汰和表彰赋予校外导师责任感和紧迫感。另外,格外注重建立对校外导师精神层面的激励,激发校外导师的原动力和内驱力,促进校外导师积极主动深入人才培养各环节。

2. 建立以成果和目标为导向的学生管理制度

针对社会特定职业领域的需要,培养具有较强的专业能力和职业素养、能够创造性地

从事实际工作的高层次应用型专门人才是专业学位硕士研究生教育的出发点和培养目标。学生的参与性与积极性会直接影响人才培养目标和最终效果的实现。对外经济贸易大学MBA校外导师项目建立了以成果和目标为导向的学生管理制度，加强对学生的管理以及引导，进一步激发学生参与校外导师项目以及实践活动的活力，促进校外导师与学生间的和谐、顺畅、长效、全方位沟通。

对外经济贸易大学MBA校外导师项目以必修环节形式列入培养方案，明确学生的义务与权利以及需要达到的目标。每位学生必须选择一名校外导师；学生要结合自身现状与发展愿景，制订个人发展计划并提交给校外导师；在与导师的沟通和互动方面，量化学生与校外导师的沟通互动频率和次数，要求学生对每次校外导师活动进行总结反馈，提交心得体会，保证学习效果；在培养周期结束前，校外导师根据学生的表现以及学生的成长对学生进行考核打分，学校将参考校外导师的考核意见对学生的毕业资格进行审核。

（三）第二层次：构建校外导师实施与保障机制

专业学位硕士研究生校外导师项目的建设要加强全过程管理，重视导师准入和考核环节、强化导师指导环节、做好质量监控、做到动态调整和实时改进，形成"遴选聘任 – 培训传承 – 双向匹配 – 多元活动 – 动态追踪 – 考核评价"的保障机制。

1. 构建多层次的遴选聘任机制

严格的专业学位硕士研究生校外导师遴选聘任机制是校外导师队伍建设的质量保障，需设计出科学的选拔和聘任流程。对外经济贸易大学MBA校外导师申请实行推荐制，学校根据既定标准和要求，结合推荐人对校外导师申请者的了解进行初步筛选；学校在聘任前与校外导师通过访谈等形式深入沟通，加强相互了解，在信息对称的前提下确认双方意向，开展双向选择。培养单位内的校内指导教师或学位委员会针对新导师的加入是否有利于学科建设和发展提出意见。同时，在学生群体中，针对每年新入学的专业学位研究生开展学生需求调研，根据学生所在或青睐的行业、领域、职能等实际需求，最终确认校外导师新聘任名单。校外导师实行聘任制，以专业学位硕士研究生的培养周期为聘期，参与学生全阶段的培养。聘任制是动态调整的，有新聘也有解聘，通过周期制的安排可以消除"一朝聘任，一劳永逸"的困境。

2. 构建"传帮带"的培训传承机制

校外导师在充分了解项目的运转及自身的责、权、利的前提下接受聘任。在聘任后，学校会组织完善的新导师培训，包含教育教学培训、校外导师制度介绍、体系及机制介绍和学生特点及需求的介绍。导师间的经验分享与交流，也是培训、传承的重要途径，学校会搭建校外导师间的沟通平台，鼓励老导师带新导师，形成指导合力。

学生在入学时也会接受校外导师项目培训，学校向学生充分介绍双导师制及校外导师的培养目标、运转模式，以及学生的责、权、利等，帮助学生形成对校外导师的正确认识和预期。同时组织老生经验分享活动，鼓励老生带新生，引导学生快速进入学习角色。

3. 构建双向自主的师生匹配机制

专业学位硕士研究生校外导师项目以"师生自主匹配形成师生活动单元，师生活动单元自行安排活动"的形式运作。师生通过双向选择、自由匹配的模式形成师生组。学生在了解导师信息后,以填报志愿的形式选择符合自己实际需求的校外导师,校外导师在学生选择的基础上根据自身的专业方向进行确认和选择学生。该模式以双方需求为基础,为提高匹配度和选择效率,学校需要配合师生双方做好需求挖掘和信息展示,如组织师生见面会,整理校外导师及学生简历,将校外导师及学生按照需求及行业、领域分类,制作校外导师小视频等,使得师生双方充分了解对方信息,以形成师生"最佳组合"。在师生匹配结束后,也给予师生相互了解和磨合的窗口期,一经发现双方需求不匹配,允许及时更换,重新匹配。

4. 构建灵活多元的活动组织管理机制

为达到培养目标,学校对校外导师与学生间的互动形式以及辅导形式没有过多的限制。活动构成可大致分为三类:一是师生组内一对一或一对多的指导活动,即以每个师生组为基本的活动单位定期组织活动、执行项目,凡校外导师制度范围内的形式或能够达到帮助学生拓展实践学习目的的活动内容都被允许和鼓励;二是各师生组之间可联合组织活动,或者交叉调配资源,丰富活动构成,扩大影响力;三是每学期 MBA 中心还会举办若干次校外导师沙龙等针对全体学生参与的分享活动。校外导师根据自身的资源与专业开展活动及召集项目,学生均依据自身的需求和特点,获取相应的指导和参与实践活动,实现"各用所长,各取所需"。

5. 构建实时动态追踪的反馈监督机制

为了确保培养目标的实现,学校密切监管项目运转,进行过程管理。以一学期为一个周期,在学期中期通过问卷调查、访谈等方式对上半学期校外导师的培养过程进行跟进,并将了解和收集到的培养过程中的问题反馈给校外导师,在下半学期的培养过程中实施改进和调整,提升培养质量。每学期均按照"跟进–反馈–改进–提升"的模式,实时发现问题、及时反馈与解决问题,确保在专业学位硕士研究生培养周期内达成培养目标。

6. 构建公平公正的考核评价机制

在每学期末,必须对全体导师进行考核与评价以及全盘摸底。学生对校外导师的考评以匿名的形式开展,并鼓励学生对参与过活动、项目等的所有导师进行考评,学校在学生的考评基础上深入了解实际情况,以消除因主观因素导致考核分数与培养过程实际情况不相符的情况,确保考核的公平、公正。对于考核中反映的问题会逐一追踪反馈,在下一学期落实改进。在整个培养周期结束后,严格根据考核情况,对校外导师优胜劣汰,对考评不合格的导师坚决不予续聘,对考评优秀的导师进行表彰和激励,维护校外导师队伍质量。校外导师也要根据学生在培养周期内的成长情况对学生进行考核。双向考评能极大地增强师生间的黏度,促进培养目标的达成。

(四)第三层次:搭建校外导师功能平台

校外导师平台是联结校外导师与学校、学院和学生的桥梁,推进校外导师项目平台建设,能够促进资源共享与强强联合,实现资源整合功能。通过开展多种形式的校外导师工作,预期形成不同层次的成果产出,实现项目升级。

1. 搭建校外导师与院校之间的强强联合平台

学校的品牌及特色是吸引校外导师加入的重要原因之一，往往能够成为校外导师的身份象征。而校外导师的声誉同样能够为学校的品牌及特色增添色彩，两者之间互相关联，互为背书。

在校外导师与院校强强联合的平台中，院校方为校外导师提供开展工作的各项资源，给予校外导师和校内导师同样或者更多元的关注和支持，包括发放院校聘请证书，提供校内办公场所，邀请校外导师参与学院和项目治理工作，邀请校外导师参与学生的全部培养环节，如对招生环节生源的把关、参与学生座谈会、毕业环节学生职业发展的支持等。校外导师充分利用院校平台，可实现个人社会价值，并可为所在企业物色优秀人才。

2. 搭建校外导师所在企业与院校之间的资源整合平台

院校聘请的每一位校外导师均来自不同的企业或行业，通过校外导师这一抓手，实现高校与企业资源的互通与整合，如建立战略合作、建立实习基地等，实现院校与企业间的双赢。

3. 搭建校外导师与校内导师之间的"产研"合作平台

专业硕士教育以实践为导向，校外导师的参与将更好地体现出实践教学的特点。校内外导师分工协作，各自负责不同领域的培养工作，可合作的环节包括案例开发、课堂教学、企业实践项目等。

4. 搭建校外导师与学生之间的人才匹配平台

校外导师来源于不同行业、不同企业，有着广泛的职业资源，让校外导师参与专业学位研究生的职业发展工作，能为学生提供就业指导，增加学生的就业机会，助力就业。而高校毕业生加入校外导师所推荐的企业，将所学知识运用到工作岗位中，也同样是对校外导师所在企业的一种贡献。

5. 搭建校友导师与母校之间的感情联络平台

在高校校外导师群体中不乏校友导师，校友导师往往对母校有着深厚感情，愿意继续为母校贡献力量，而校外导师项目正好成为校友反哺母校的载体，同样，校友导师的加入也可以成为校友工作的特色，有利于精准做好重点校友的维护工作。

三、对外经济贸易大学 MBA 校外导师项目创新实践与工作成效

对外经济贸易大学校外导师项目以结果为导向，始终秉承"服务于商学院的使命和愿景，服务于商科人才培养"这一目标定位，关注学生从校外导师项目中取得的成果以及如何有效地帮助学生取得预期成果。经过十余年的项目积累，不断归纳总结，迭代升级，引领创新，取得了一定的工作成效。

（一）以学生需求为选拔与考核的出发点

MBA 校外导师项目要明确的第一个问题是选聘什么样的导师，怎样才能服务好学生的

需求。校外导师的筛选不但要满足"制度标准",还要满足"需求标准"。"制度标准"要求校外导师在工作行业、职位级别、从业经验、管理经验、对某一领域实践的系统性和专业度等方面保证校外导师的实践能力水平。"需求标准"设定为以学生需求为出发点的动态筛选标准。MBA中心在学生入学前着手摸清学生对校外导师背景和构成的需求,力求定制出适合每一级新生的校外导师聘任标准(包括行业偏好、企业性质以及职位要求等不同维度),在学生需求的基础上对校外导师队伍进行精选、优化和升级,进而向学生推送与其需求匹配度更高的校外导师拟聘请名单。举例来说,2019~2020年,MBA中心对学生的实际需求进行了调研和分析:在导师任职和贡献期待方面,学生更倾向于"担任企事业单位高级管理人员"(占比53%),并"熟悉某行业或领域,身居业内中高层,能有较为充足的时间和精力进行辅导和沟通"(占比75%)的校外导师。国际商学院根据这些实际需求对2020年聘任的校外导师的背景进行了结构性的优化和调整,对导师的指导时间和精力进行了摸排,作为选聘的重要依据。在导师行业领域方面,学生对"大金融"行业(占比30%)的导师青睐有加;同时根据毕业生就业去向统计,有28%的MBA毕业生毕业后进入金融行业工作。国际商学院在选聘校外导师时充分考虑了校外导师任职单位的行业背景。结合上一届毕业生的学生就业意愿、就业单位分布以及新生的行业关注度,在第十四期校外导师项目中,校外导师的职业背景与学生的就业目标行业实现了高度匹配。

从校外导师的考核机制上看,要求校外导师在实践领域的各个方面对学生进行指导,包括但不限于某工作领域行业的发展趋势、实践知识、职业规划、案例分析、行业研究等,鼓励提供高质量的、可供全员师生共享的优质活动,如沙龙、讲座形式等。在条件允许的情况下,为所辅导的学生提供就业和实习基地、企业参观机会,为学生的实践活动提供赞助。充分发挥校外导师的实践优势,保障学生的实践导向。通过制度安排和过程管理,各师生组保持了很高的活跃度。2020~2021学年,MBA项目共开展了150余次针对MBA学生的校外导师活动。根据对学生的调研和分析,MBA学生对校外导师在实践和专业领域的指导有三方面预期:"更希望校外导师能侧重于拓展人脉和资源""给予行业或领域趋势分析指导""对职业生涯和职业规划进行辅导"。以此为依据,校外导师的考核机制中不再大而全地要求校外导师通过各个方面对学生进行指导,而是精准对位,从量分维度中增加'匹配度'的考量,并以学生满意度作为任期届满后续聘的重要参考指标。基于考评结果,国际商学院对校外导师实行动态管理制度。一方面,对于聘期内考核不合格的校外导师,不再续聘。2019年,约有10%的校外导师未通过聘期考核,学院决定不再续聘。另一方面,对优秀校外导师进行表彰并续聘。国际商学院制定了《对外经济贸易大学国际商学院专业学位硕士研究生校外指导教师激励及表彰规定》,对表现优秀者授予"优秀校外导师""杰出校外导师"和"国际商学院客座教授"等荣誉称号。2018年度和2019年度共表彰"杰出校外导师"10名,"优秀校外导师"27名。

(二)邀请校外导师全面参与人才培养各环节

MBA校外导师项目需要解决的第二个问题是如何让校外导师帮助学生取得预期的成果。对外经济贸易大学校外导师项目的实践和创新在于让校外导师参与人才培养的各个环节。在招生方面,项目选拔符合条件的校外导师参与招生选拔工作,包含简历评审、招生面试、招生模型制定等，确保生源更符合培养目标。校外导师参与招生工作，更容易从市场和院校培养双重角度辨识出优秀的潜在生源，从入口环节帮助院校把关，招募到更具备培养潜质的学生。对外经济贸易大学MBA专业自2012年起开始实施提前批次招生，每年平均有25名校外导师参与招生工作，受聘担任面试考官的校外导师集中任职于人力咨询服务机构、企业人力资源部门，或长期在企业中承担着人事决策工作，生源选拔工作成效显著。

在培养环节方面，邀请校外导师参与制定培养方案，在课程模块中加入行业前沿相关内容的课程，增加实务课程数量。学院鼓励校内外指导教师交流、合作，共同制定并实施培养方案，鼓励企业师资与校内教师联合授课或单独授课，促进理论与实践的高度融合。目前，国际商学院的MBA项目中，有近十门课程实现了企业师资单独授课或者企业师资与校内教师联合授课。同时，国际商学院每年均邀请部分符合条件的优秀校外指导教师担任硕士论文答辩委员会委员，协助检验专业学位硕士研究生培养成果。

在案例建设方面，依托学院案例中心，鼓励校外导师提供案例素材和取得授权，与校内导师联合进行案例开发。2019年5月，国际商学院出台激励制度，通过征集和邀请校外导师提供企业案例选题，促成校内导师和校外导师"结对"，联合开展案例教学和案例开发等活动。校内导师组织研究团队进行案例调研和写作，将教学案例初稿在课堂进行案例研讨，并邀请校外导师参与案例的完善，最终完成的教学案例会参加优秀教学案例的评选活动。2020年，第十三期MBA校外导师黄小兵与学院教师合作开发的案例，获清华大学经济管理学院"卓越开发者"案例大赛三等奖。

在第二课堂方面，学院与校外导师所在企业联合举办企业参访，邀请行业和领域内知名人士来校开展讲座。国际商学院每年组织2～3次校外导师所在企业的企业行，由校外导师带领学生参观企业，讲解企业发展历程和商业实践，2018～2019年参访过的企业包括京东、小米和东方国信等。不定期邀请校外导师来校举办论坛讲座，讲座主题涵盖国内外知名商业案例、行业专题知识、职业生涯规划等。

在职业发展方面，与校外导师所在企业开展校企合作，如签署战略合作协议、建立实习基地等，为学生提供的资源包含但不仅限于行业趋势分析及建议、职业素养提升训练、提供职业规划建议、实习就业机会、求职准备建议等。通过校外导师对接，国际商学院与北汽集团等企业签订了校企合作协议或建立了实习基地。

在项目发展方面，邀请校外导师参与学院和项目治理，邀请符合条件的校外指导教师参加利益相关者座谈会，参与学校或学院的国际、国内各项认证环节，及其他学院和项目治理环节。

（三）通过企业实践项目和学生比赛，检验校外导师项目成果

校外导师项目需要解决的第三个问题是如何检验学生已经取得了这些学习成果。人才的培养需要强调将学科知识转化为能力，而实践项目和学生比赛正是促进这种转变的催化剂。

企业实践项目是对外经济贸易大学国际商学院面向MBA专业学生推出的一门管理实践项目课程，该课程不同于传统教学，需要学生在真实的企业情境中完成理论学习，并将学习成果在实践中转化，为企业解决实际问题提供方案参考。此课程由校内外导师共同完成，校

外导师提供项目资源，校内外导师联合指导，共同参与项目的中期和最终评审。国际商学院 MBA 企业实践项目自 2015 年起开始实施，截至目前已成功运行七期，校外导师提供了 18 个项目资源，参与指导了 31 个项目，成果丰硕。其中，第十四期 MBA 校外导师提供了挂耳咖啡和鲜花两个品类的消费品品牌建设项目资源，与学院营销学系教师代表合作共同指导 2020 级 MBA 学生开展了实践项目，目前已成功孵化出"九杯咖啡"和"LOVEROSE 鲜花"两个消费品新品牌，成功地将理论践行于实际案例运营中。

学院邀请校外导师参与指导学生各项赛事、亲历企业实践、模拟管理决策、比拼解决方案，从多方面促进学生能力提升。2018 年，MBA 校外导师路民平指导 MBA 学生参加"首届京津冀 MBA 尖峰时刻创业企划大赛"并获得二等奖，其本人获得最佳指导教师奖；2019 年，MBA 校外导师胡少勇与校内教师联合指导 MBA 学生参加"'第七届全国管理案例精英赛'华北一区晋级赛"，荣获"最佳新锐奖"。2021 年 7 月，MBA 校外导师胡少勇、池轶婷与校内教师联合指导了两支 MBA 参赛队，在"'第八届全国管理案例精英赛'华北三区晋级赛"中分别获得冠军、季军，挺进全国总决赛，胡少勇老师荣获最佳教练奖。

四、启示与思考

校外导师项目作为一个积极、开放、求知的平台，在对外经济贸易大学国际商学院专业学位硕士尤其是 MBA 专业的建设过程中发挥了重大作用，为项目各方提供和打造了强强联合平台，已形成一定的品牌影响力。对外经济贸易大学国际商学院校外导师项目的探索与实践任重而道远，如何将校外导师项目做大做强有待进一步深耕细作、迭代升级。

一是在平台建设的创新方面，除现有的国际商学院校外导师工作室外，预期将校外导师项目与创新创业相结合，成为创业创新的孵化器。利用平台功能，力求在案例开发、实习基地开发、横向研究型课题开发、学生参与创新创业赛事、企业培训等方面形成多元化、多层次的成果产出，发挥平台价值，产生多样性成果，在成果转化的创新上深入挖掘。

二是在人才培养模式的创新方面，在现有课堂教学和传统第二课堂教学的基础上，力求发展一种基于平台效应的生生互动、师生互动、教学相长、"产学"相融的培养模式。预期形成的项目成果有望运用到企业经营管理和创新创业过程中，以教学推动实践，以成果促进创新，实现人才培养和社会服务双重功能。

三是在校外导师队伍建设方面，继续不断做好校外导师队伍结构优化工作，对校外导师队伍进行精简、优化和升级，提升整体质量。将校外导师的考核与指导过程追踪相结合，进一步通过制度明确项目培养目标与导师职责间的关系。

以校外导师项目为例，对外经济贸易大学国际商学院 MBA 项目致力于汇聚优秀师资，打造卓越项目，服务人才培养，为我国工商管理教育和经济社会发展做出更大贡献。

参考文献

[1] 陈兴文，赵丕锡，马斌. 全日制硕士专业学位研究生双导师制建设对策 [J]. 大连民族学院学报，2013，15（5）：558-561.

[2] 陈怡琴. 对我国专业学位硕士研究生"双导师制"的几点思考:基于对外经济贸易大学的实践[J]. 社会科学论坛,2014(8):234-239.

[3] 耿相魁,王慧. 双导师制是专业硕士研究生质量的可靠保障[J]. 决策咨询,2015(1):88-92.

[4] 巩建闽. 高校课程体系设计研究:兼论OBE课程设计[M]. 北京:高等教育出版社,2017.

[5] 顾佩华,胡文龙,林鹏,等. 基于"学习产出"(OBE)的工程教育模式:汕头大学的实践与探索[J]. 高等工程教育研究,2014(1):27-37.

[6] 郭健,李倩,李婷,等. 校企联合培养研究生模式的探索与实践[J]. 武汉轻工大学学报,2017,36(4):99-104.

[7] 何丽. 专业硕士职业能力培养研究[J]. 首都经济贸易大学学报,2011,13(3):123-125.

[8] 蒋洁霞. 浅析专业学位研究生校外导师的角色定位及其功能发挥[J]. 当代教育实践与教学研究,2018(1):48-49.

[9] 李丹,谭江月. 产学研合作机制下本科生校外导师制的探索与实践[J]. 教育教学论坛,2013(36):217-219.

[10] 李鹏,贾玉琢,宋晨虎. 研究生校外培养基地建设探究[J]. 吉林化工学院学报,2016,33(6):104-106.

[11] 李志义,朱泓,刘志军,等. 用成果导向教育理念引导高等工程教育教学改革[J]. 高等工程教育研究,2014(2):29-34.

[12] 马文璇. 专业学位研究生"双导师制"改革方案实施探析[J]. 辽宁经济管理干部学院/辽宁经济职业技术学院学报,2017(4):77-79.

[13] 沈少博. 浅析专业硕士校外导师管理制度的建设与完善[J]. 高等学刊,2015(21):34-37.

[14] 田田,刘秀丽. 以税务硕士为例探析专业硕士教学改革问题[C]// 全国高校财政学教学研究会. 全国高校财政学教学研究会2014年年会暨第25次财政学教学理论与学术研讨会论文集. 2014:196-200.

[15] 王昆,任蓓蓓,林军. 全日制专业学位研究生校外导师队伍建设思考[J]. 山西高等学校社会科学学报,2013(9):85-88.

[16] 王玲玲,赵君,蔡翔. 基于产学研合作的研究生导师队伍建设六题[J]. 桂林电子科技大学学报,2009,29(4):363-365.

[17] 吴进. 研究生培养双导师制探索[J]. 西安邮电大学学报,2013(z1):8-11.

[18] 夏显波,邹洋,张薇. 工程硕士校外导师管理制度的建设与完善[J]. 成都大学学报(教育科学版),2008,22(12):9-11.

[19] 姚远. 校外兼职硕士生导师队伍管理机制初探[J]. 中国科教创新导刊,2011(26):227.

[20] 张国良."产学研用"协同培养应用型创新人才的理论与实践[J].现代企业教育,2013(18):103-104.

[21] 张文忠.论MPAcc教育双导师制校外导师的若干问题[C]//中国会计学会.中国会计学会会计教育专业委员会2010年年会暨第三届会计学院院长(系主任)论坛论文集.2012:78-80.

[22] 郑文轩,杨瑛,田贝贝.全日制硕士专业学位研究生"双导师制"培养模式探析[J].教育教学论坛,2015(34):154-155.

[23] 周四军,易娇,杨超.如何发挥指导教师在专业学位硕士研究生培养中的作用[J].经济研究导刊,2012(19):297-298.

第七章

案例驱动，特色发展：
西部非中心城市地方院校 MBA 项目发展之路

张 华[一]　何雪峰[二]　张 霜[三]　何 波[四]　付昂然[五]　周 旭[六]

"绵阳是我的家乡，对于西南科技大学我一直有着双倍的情感。正所谓'筚路蓝缕启山林'，西南科技大学一路披荆斩棘，实属不易。"西南科技大学 MBA 教育十周年会上，王萍[七]发表讲话，谈到此处不禁眼眶湿润，几近哽咽。"如今西南科技大学 MBA 教育在办学特色、质量与品牌上均取得了阶段性成果，也祝愿西南科技大学今后能够再接再厉，再创辉煌！"

掌声四起，坐在台下的时任院长张华微笑着，虽然表面上保持着他一贯的淡定，却也不禁泛红了眼眶。西南科技大学 MBA 教育从 2009 年创办至今，已走过十几个年头。十几载春华秋实，如今西南科技大学 MBA 教育发展为在全国有一定影响力、在西部地区具有较高水平的人才培养项目。世人只见西南科技大学的崛起，但作为地处西部非中心城市的高校，这其中的坎坷又有谁知道呢？

一、西南科技大学案例开发初启航

（一）打铁还需自身硬

"张院长，今年的招生人数还是 40 个人左右，主要是现在政策调整，分数线提高，很多

[一] 张华，西南科技大学经济管理学院前任院长、MBA 教育中心主任，教授。
[二] 何雪峰，西南科技大学 MBA 学位点负责人、经济管理学院副教授。
[三] 张霜，西南科技大学 MBA 教育中心执行主任、经济管理学院教授。
[四] 何波，西南科技大学经济管理学院案例中心主任、副教授。
[五] 付昂然，西南科技大学 MBA 教育中心品牌主管。
[六] 周旭，西南科技大学经济管理学院研究生。
[七] 王萍，全国工商管理专业学位研究生教育指导委员会秘书处办公室主任。

报考的学生都过不了线。"张霜老师的语气显得有些无奈，张院长仔细看了看手中的招生数据[一]，蹙了蹙眉，随后镇定地说道："政策又不是只针对我们学校，最终还是我们自己的问题，找准根本原因，才是解决问题的关键。"

西南科技大学 MBA 项目自成立以来，一直面临着巨大的压力。除西南科技大学外，仅在四川省内就有 8 所 MBA 培养院校，且全部位于省会城市成都，其中 4 所还是"985"或"211"高校。西南科技大学作为四川省内 9 所 MBA 培养院校中唯一一所不在省会城市的高校，在地域、知名度、师资队伍、生源数量及质量等各方面都处于劣势。

2012 年，教育部对研究生招生分数区段进行调整，由原来的 ABC 三个区段改为 AB 两个区段，西南科技大学的录取线由原来的 B 段变为了 A 段，分数线的提高把不少原本能上线的考生挡在了门外。2014 年，学校将 MBA 学制从最初的 2.5 年调整为 3 年，MBA 的学生大都是在职人员，学制的延长又使得一部分学生望而却步。

强压之下，张院长深知绝不可自乱方寸。西南科技大学的招生问题只是表象，究其根本还是学院自身内功不够。深谋远虑谋方略，坚持不懈守初心，这是张院长一贯的风格。事实上，早在 MBA 教育中心成立时，张院长就深刻地认识到打铁还需自身硬，只有练好内功，才能吸引更多的学员。他开始思考 MBA 发展方向的问题。到底该从什么地方寻找突破口呢？

（二）案例中心萌新芽

"张院长，您要做 MBA 特色，为啥不做案例开发呢？我觉得这就很有特色。"2015 年，朱方伟[二]教授应邀为西南科技大学进行"案例研究与开发"的学术讲座，在茶歇时打趣说。张院长听后笑了笑，说道："其实，我们学校自 MBA 成立后就一直致力于案例的教学与开发，2007 年中国管理案例共享中心成立后，一直都在积极投稿。2012 年第一次入选"百优案例"，这几年虽说小有成果，但还是不够有规模，说是特色可能还差了点。"朱方伟教授听了连忙建议："一步一步来，你们要是真的想做案例就选 3～5 名老师，持续支持几年，等这几名老师出了成果，再去把这个面扩大，我相信一定能干出特色。"

朱教授的话就像一颗定心丸，让本就倾心于案例开发的张院长更有信心了。为了进一步提升案例开发的速度与质量，2015 年 10 月，张院长带领张霜、何波等人来到对案例建设有着丰富经验的北京航空航天大学进行调研学习。接待张华院长一行的是北京航空航天大学经济管理学院时任副院长周宁、欧阳桃花教授及其团队，周宁教授是位性格直爽的"重庆妹子"，不仅带着参观了北京航空航天大学的 MBA 建设，更是对张院长一行关于 MBA 建设发展的一系列问题知无不言。"张院长，您要做案例特色，那您作为院长自己就要开发案例做表率呀，如果没有院领导带头来做个事情，那做特色推动起来好难哦！"周宁教授的一席话让张院长一行深受启发。返校过后，经过一番思虑，张院长一锤定音：要改革起码要有个组织载体，没组织载体来盯人，那肯定不行，案例中心必须快速成立起来。

说干就干，2016 年 4 月，经济管理学院案例中心成立，聘任何波老师为案例中心主任，与 MBA 教育中心执行主任张霜老师共同致力于学院案例开发与教学的建设，接连推出了案

    ㊀ 因政策变化，西南科技大学 2013～2016 年每年只能录取 MBA 学生 40 人。

    ㊁ 朱方伟，大连理工大学经济管理学院院长、教授，中国管理案例共享中心主任。

例培训、案例沙龙、案例公开课、案例课程改革、院内案例库建设等活动。此外，作为领导，张院长更是身体力行，带头开发案例，做出表率。张院长深知没有激励就没有动力，早在 2011 年学院就启动了案例立项工作，入选一篇"百优案例"奖励 2 万元。成立案例中心后，更是推出"双向提升"计划。一方面是动力提升计划，学院从政策激励、物质激励、机会及荣誉激励等方面着手，将案例的开发纳入聘岗和评定职称的备选条件中，提升教师案例建设的动力。另一方面是能力提升计划，找标杆学校，邀请大连理工大学苏敬勤和王淑娟、清华大学王雪莉、北京大学周长辉、南开大学周建、北京航空航天大学欧阳桃花等知名教师来校进行案例方面的培训与指导，无条件支持 MBA 教师参加案例培训，全面提升西南科技大学 MBA 教师案例教学与研究能力。

案例中心的成立不仅为 MBA 案例建设提供了组织保障，也让老师们看到了学院的决心，案例特色的小种子正在逐渐生根发芽。

二、"一企多案"精一企

"咱们地处三线城市，成功且具有一定规模的企业并不多见，没有足够数量的企业支撑，案例开发也很难进行。何老师，你开发了那么多案例，给我们分享一下经验吧。"总结大会上张霞老师向何波老师请教，何波老师听后笑了笑，说道："我们针对一个企业开发多篇案例并非只是因为企业数量的问题。我认为一个企业的成功不可能只涉及一个部门，而是各个层级，多个部门的高效协同，而一篇案例很难细致地讲清楚公司的具体运作。再者，从我的经验来看，一篇案例的开发最离不开的就是企业的信任，但这种信任不是一朝一夕就能够建立的，当我们对一家企业长期的跟踪记录后，才有可能做到真正的'深耕'和'专注'。"张院长听了点点头，说道："我非常同意何波老师的观点，案例建设是为人才培养服务的，人才培养中，教学是核心。不管开发多少篇案例，最后的落脚点都是教学，这才是问题的关键。"张院长稍微顿了顿，继续说道："我们要做的'一企多案'绝非是普通的追求数量，而是要将实践与理论之间的联系挖深挖透，让企业和学校相互了解，相互陪伴，共同成长。"

确定"一企多案"的方针后，铁骑力士集团①成为第一个合作企业。每一次访谈，董事长雷文勇先生总是神采奕奕，开诚布公地回答所有的问题，将自己的经验与感悟倾囊相授。这是"一企多案"后双方信任无间的结果。雷文勇先生常说："以前总觉得跟大学老师交流不在一个频道，你们谈的都是学术，我们说的都是行话，反正你们谈你们的，我们做我们的。现在的老师能说行话，我们也能谈点理论，挺好！"

在长达 8 年的深入调研交流中，何波老师团队分别从人力资源、成本管理、运营管理、企业战略等各个方面，多个角度对企业进行了深入的研究。截至 2021 年，何波老师团队共开发 18 篇关于铁骑力士集团的案例，其中有 6 篇入选"百优案例"，2 篇入选教育部学位与研究生教育发展中心案例库，1 篇入选哈佛案例库，多篇入选清华大学和中欧国际工商学院案例库。这些案例之间相互联系，几乎涵盖了集团所有部门，记录了不同情境下集团的决策

---

① 铁骑力士集团创建于 1992 年，30 年来从单一的饲料加工发展成为集饲料、牧业、食品、生物工程为一体的现代农牧食品集团，在全国建有 150 余家分（子）公司，为农业产业化国家重点龙头企业，获得"全国民族团结进步模范集体""全国农产品加工业 100 强企业""国家认定企业技术中心"等荣誉。

变化，让学生们更加全面系统地了解到一个集团的运作，带来全新的学习体验。这样的"一企多案"，目前在全国是少见的。

深耕铁骑力士集团的同时，越来越多的老师也开始扎根于企业，以探寻实践背后的理论。截至 2021 年，西南科技大学共开发"一企多案"40 篇，其中 11 篇入选"百优案例"，1 篇入选哈佛案例库，5 篇获得清华大学"卓越开发者"案例大赛二等奖，2 篇获得清华大学"卓越开发者"案例大赛三等奖，以及 1 篇获得中国特色社会主义理论与中国管理实践相结合的案例评选三等奖。如今，作为全国唯一重点案例、一般案例、西部案例、微案例四种类型全覆盖的高校，西南科技大学案例开发可谓成绩斐然。西南科技大学"一企多案"开发情况如表 7-1 所示。

表 7-1 西南科技大学"一企多案"开发情况

时间	案例开发对象	数量	获奖/入库情况	任职情况
2015～2021 年	铁骑力士集团	18 篇	6 篇入选"百优案例" 2 篇入选教育部学位与研究生教育发展中心案例库 1 篇入选哈佛案例库 多篇入选清华大学和中欧国际工商学院案例库	3 位教师担任顾问
2017～2021 年	四川龙华光电薄膜股份有限公司	4 篇	2 篇入选"百优案例"	2 位老师担任独立董事
2018～2020 年	银河化学股份有限公司	6 篇	4 篇获得清华大学"卓越开发者"案例大赛二等奖 1 篇获得中国特色社会主义理论与中国管理实践相结合的案例评选三等奖	
2016～2019 年	一点味餐饮股份有限公司	3 篇	1 篇入选"百优案例"，且为全国管理案例精英赛三个赛区比赛案例 1 篇入选中国工商管理案例库	
2018～2020 年	深圳市诚信诺科技有限公司	4 篇	1 篇获得清华大学"卓越开发者"案例大赛二等奖 1 篇《商业评论》封面案例	
2020～2021 年	冰青青梅酒	2 篇	1 篇入选"百优案例"	
2020～2021 年	四川省羌山农牧科技股份有限公司	3 篇	1 篇入选"百优案例" 2 篇教育部优秀案例教师立项案例	

多年的深耕与陪伴，企业与高校之间早已相得益彰。2019 年，龙华⊖聘请张霜和胥兴军⊜老师担任公司的独立董事，参与公司重大决策的讨论，并捐赠 50 万元，在学校设立"卓越案例基金"以支持西南科技大学 MBA 教育建设。西南科技大学也为龙华开展了一系列管理层的培训，通过 EDP 定制化培训来提升公司员工素质，进一步带动惠科、优森科技、西南水泥等企业 EDP 培训。就这样，通过"一企多案"的开发，企业成了高校实践基地，高校成了企业人才来源之地。

除了各大企业以外，中国人民大学、中欧国际工商学院、中山大学等共 32 所高校也接连邀请了学院案例团队进行案例学术分享。张霜教授和何波副教授也多次应邀在各类研讨会议上向全国高校分享案例开发经验，如第十批新增 MBA 培养院校交流研讨会（共 12 所高校）、第三届西部院校管理案例师资培训班（共 22 所高校）、全国第四批及京津冀地区 MBA 培养院校案例专题工作研讨会（共 45 所高校）等。

正所谓，不鸣则已，一鸣惊人，2015 年起，西南科技大学开发的案例陆续入选全国百

⊖ 龙华：四川龙华光电薄膜股份有限公司简称。
⊜ 胥兴军，西南科技大学经济管理学院会计系主任。

篇优秀管理案例。截至 2021 年，西南科技大学开发的案例中 5 篇案例为全国金融硕士教学案例大赛获奖案例，62 篇入选中国管理案例共享中心案例库，26 篇入选清华大学中国工商管理案例库，3 篇入选中欧国际工商学院中国工商管理国际案例库。西南科技大学 4 次获得由全国 MBA 教指委颁发的"最佳组织奖"，获奖次数在四川省内位居第一。2019 年，更是同时获得教育部学位中心优秀案例教师及视频案例立项。2019 年第十届全国"百优案例"获奖院校数据统计如表 7-2 所示。第一至十届全国"百优案例"获奖院校数据统计如表 7-3 所示。

表 7-2 2019 年第十届全国"百优案例"获奖院校数据统计

序号	院校	获奖数量（篇）	序号	院校	获奖数量（篇）
1	上海大学	11	11	西北大学	3
2	中国人民大学	8	11	浙江大学	3
2	大连理工大学	8	11	深圳大学	3
4	中国科学技术大学	7	11	北京科技大学	3
5	江西财经大学	6	11	北京航空航天大学	3
6	西北工业大学	4	11	南京财经大学	3
6	西南科技大学	4	11	南京师范大学	3
6	湖南大学	4	11	上海财经大学	3
6	宁波大学	4	19	浙江工商大学	2
6	安徽财经大学	4	19	华东师范大学	2

资料来源：中国管理案例共享中心。

表 7-3 第一至十届全国"百优案例"获奖院校数据统计

序号	院校	获奖数量（篇）	序号	院校	获奖数量（篇）
1	大连理工大学	63	10	南京大学	23
2	北京航空航天大学	52	12	北京理工大学	21
3	华中科技大学	34	12	浙江工商大学	21
3	中国人民大学	34	12	东北财经大学	21
5	华东师范大学	32	15	深圳大学	18
5	浙江大学	32	16	北京交通大学	17
7	中国科学技术大学	30	16	暨南大学	17
8	上海大学	28	16	上海财经大学	17
9	南开大学	25	19	西南科技大学	16
10	厦门大学	23	19	天津大学	16

资料来源：中国管理案例共享中心。

案例开发是案例教学的一个重要前提，"一企多案"既是案例开发的创新，也是案例教学的创新，更是西南科技大学 MBA 案例建设的重要特色！

三、"空中课堂"可不空

2020 年注定是不平凡的一年，新冠疫情肆虐，牵动着全国人民的心。在疫情防控期间，各大高校都转为了线上教学，有人把它比作"空中课堂"，虽然方便，但同时就像一个放大镜，将传统教学的弊端进一步放大。在确保学生安全的前提下实现高质量教学，不仅是高校义不容辞的责任与义务，也是必须实现的目标。

"学生注意力不集中不全是学生的原因,我要是每天面对屏幕,听一个老师念几个小时PPT,我也会走神。我认为不论线下还是线上,课程质量是首先要保障的。""除了教学内容外,教学方式是否也可以有所革新呢?""我觉得在保障质量的前提下,加入一些互动活动,使课程更有趣才是关键。"……针对"空中课堂"出现的问题,MBA课程团队的老师们在网络会议上进行了激烈的讨论。张院长仔细地倾听着,最后总结道:"教学,教是手段,学才是重点!要让我们的学生享受'空中课堂'的魅力,就要从学生的角度出发,去改革,去创新,守好课堂主阵地。"

为了解决线上教学的痛点问题,课程教学团队的老师们对原有的案例教学进行了改革。首先,在教学内容上,学院充分运用了"一企多案"的模式,首次用一家企业将"人力资源管理""运营管理""战略管理""营销管理"几门MBA核心课程进行串联。通过多方课程的联动,学生们接收的信息更加系统、连贯,结合着案例中的故事,理论仿佛也不那么枯燥了。对于同一个问题,学生们还能够在不同的课堂得到老师不同角度的分析,不仅更加清晰地了解企业从战略层到基层的运作,还锻炼了自己从不同的理论角度看问题的能力。这样一来,学生们更容易去学,也更愿意去学。

而后,为了进一步加大学生们的学习兴趣,弥补线上教学缺乏的互动性。课程教学团队又对"空中课堂"的教学方式进行了精心设计。一般来说,大多数老师对教学案例的使用只限于对启发思考题的运用,但高校教师习惯于从理论的角度看问题,而企业家习惯从实践的角度看问题,这样一来,就容易形成理论与实践的割裂。即便是将企业家请来开设讲座,企业家讲的与老师教的没有统一的主题,缺乏社会经验的学生其实也很难理解企业家的经验之谈,更别说将理论与实践相结合了。学生听不懂,自然没有兴趣,可是到底如何才能让学生将理论与实践相结合呢?

"要不干脆邀请企业家来'空中课堂'吧。"突然,讨论会上,一个新奇的想法提了出来,"案例中的主人公走进课堂,与老师们共同教学,让学生们能从实践中发现理论,从理论中体会实践。"随后,经过多番的讨论并获得学院批准后,何波老师与张霜老师立即联系了相关企业。多年的深耕与陪伴,双方早已信任无间,合作企业立即派出公司高管加入课堂以驰援西南科技大学MBA教育创新。为了保证教学质量,企业家们会首先与课程教师们共同商定教学主题和内容设计,然后课程教师发放教学案例,引导学生阅读和思考案例并以钉钉直播的方式,选择1~2个学生小组,对案例进行分析和直播汇报。待学生们对企业有一定认识后,再邀请企业家们走进"空中课堂",进行多群直播,针对案例所展示的情景给大家分享企业的真实运营,讲述案例背后的故事。最后,课程教师再总结和复盘案例知识点,从而形成理论与实践学习的闭环。在企业家走进"空中课堂"的过程中,还增设了问答互动环节。认真思考、积极回答问题的同学,可获得"鸡蛋卡"一张。有了这张"鸡蛋卡",学生们就可以为家里挣得新鲜的"圣迪乐鸡蛋"一箱。在课堂上就可以通过自己的努力为家里赢得奖励,这大大激发了学生的积极性,反响异常激烈,原本预计15分钟的互动问答环节一次比一次延长,最后甚至超过了40分钟。

在高质量教学的吸引下,参与学习的学生越来越多,除了MBA的学生外,还包括了大量学术型硕士研究生和本科生。最后钉钉学生群竟达到了21个,学习人数超过3 000名,其中包括公共事业管理、信息管理、物流管理、工商管理、市场营销、会计学、ACCA、经济学、企业管理(专科)、电子商务10个专业,有效实现了学校、教师、学生、企业的四方联动。在抗击新冠疫情期间，面对"空中课堂"的痛点，西南科技大学 MBA 教育通过多方资源的匹配与连接，精心谋划，科学统筹，不断创新改进教学方法，结合学校自身的案例优势，探索出疫情期间"育人"的特色案例教学模式。

"疫情影响了我们的教学方式，但这阻挡不了求知者对知识的渴望，更阻挡不了企业对社会责任的担当。疫情之下，MBA 教育中心通过企业家走进'空中课堂'为我们提供获取知识的途径。这是我第一次跳出书本，近距离接触到了未知的企业知识，让我对企业管理、集团社会责任的担当有了新的感知。很荣幸能够有机会听到各位主管生动有意义的分享，也非常感谢学院能够为我们提供空中课堂这样的学习平台，这次云课堂让我受益良多，希望以后还能有幸聆听！"从学生出发，致力于教学是张院长一贯的坚持。最真诚的话语往往最打动人，张院长反复读着学生们的课后感言，感慨良多。

四、案例大赛展风采

（一）案例实训培精英

案例大赛就是案例教学成果最好的检验平台，自 2013 年"全国管理案例精英赛"开始举办以来，已成功举办多届，现在已被业界认为是目前国内规模最大、分布面最广、竞赛制度最规范、水平最高的全国性管理案例大赛。大连理工大学苏敬勤教授曾说："读 MBA 如果连管理案例大赛都没参加过，您应该重新读一回。"

2015 年的北京航空航天大学之行让张院长更加坚信，比案例开发更重要的是要把案例运用到教学中去，从根本上说，教学才是案例开发的原动力。再者，对于 MBA 学生来说，有相当比例的学生并不完全从事商业活动，他们可能来自政府部门或是教育行业等。因此在案例教学时，他们可能并不见得非常理解。在这样的情况下，如何把案例相关工作和学生本身的教学课程更好地结合起来呢？

"自案例大赛举办以来，每年我们都参加，但遗憾的是每次都止步于片区赛场，是我们的学生学习能力不够吗？我看不尽然，究其缘由，还是教学的问题。"MBA 教学工作会上，张院长一针见血地指出当前的教学问题，并提出"以赛促学，以赛促教"的理念，即用比赛的方式促进学生的学习，促进教学的改革。而后，为了进一步地贯彻这个理念，2017 年，西南科技大学 MBA 项目开设了"综合案例实训"课程，包含战略管理、市场营销、人力资源等多个研究领域的导师授课，给予学生全方位的培训。

同时，为了能更加贴近案例精英赛，在多位老师的讨论下，课程总共分为四个模块。模块一，老师们会根据以往大赛的经验向学生们阐述何为案例、何为案例大赛以及二者的关系是什么，让学生们对于案例、对于案例大赛有基本的认知与了解。模块二，不同领域的老师会向学生们介绍不同领域的分析工具。当学生们拿到一篇案例时，需要根据案例中的情境判别出企业面临的是战略问题、营销问题还是其他方面的问题；对于不同的问题，又有哪些理论分析工具可以应对。这些理论工具是学生们学完第二个模块应当了然于胸的。模块三，待理论基础扎实了之后，便是模拟实战。学生们自愿分组后，模拟案例大赛的流程，学习撰写送审材料、制作现场答辩 PPT 以及进行现场模拟比赛。模块四，通过校园突围赛进行最后的比拼。在这个过程当中，老师可以与学生进行更加深入的交流，发现每一个学生的闪光点，从而在全国管理案例精英赛中选出最高效的团队组合。

事实上，无论是案例实训的模拟还是真正的案例大赛，都不仅仅是一门课程或是一项比赛这么简单。一方面，对于学院而言，通过对每次案例大赛后的反思与总结，学院也能进一步从学生的角度出发去完善课程。同时，案例实训课程与案例大赛进一步加强了老师与学生间的交流，有利于老师们对自己的教学方式以及教学内容进行完善与革新。另一方面，对于学生而言，通过案例比赛，聚焦经济社会发展的现实问题，能有效锻炼学生运用理论工具解决实际问题的能力以及团队合作能力。尽管案例大赛最终上场的只有四位同学，但这最后的成果需要的是一个和谐、高效的团队的共同努力。在这个团队中，有可以上场挥斥方遒的展示者，也有能够搜罗各方资料的"技术咖"，有可以运筹帷幄的组织者，也有能够事无巨细、处处留心的后勤员。在60个小时中，只有每位成员各尽所能，才能取得最终的胜利。

（二）"蛟龙"出击凯旋归

"蒋老师，您心脏不好，要不先回去休息一下吧，这边我们都在呢。"孙婷[一]老师有些担忧地说。蒋老师听后摇了摇头，"离决战只有几个小时了，我不能走。你放心吧，我带着药呢。"一边说着，一边晃了晃手里的药瓶。孙婷看着蒋老师逞强的笑容，明白她是放心不下第二天的比赛，虽然有些心疼，但也无法强求。

而让蒋老师如此牵肠挂肚的便是一年一度的全国管理案例精英赛。2019年，经过多年的沉淀与坚持，"蛟龙突击队"从110所院校近200支队伍中，历经校园突围赛、分赛区晋级赛的选拔横空出世——西南科技大学成为四川省唯一一所进入全国总决赛的高校。这是一次巨大的进步，在学院的高度重视下，杜青龙、邓亚玲、张宏亮、蒋葵、何波、张霜等老师组成了最强指导团。根据赛制，所有的参赛队员必须在从发放案例到开始比赛的短短时间内，完成破题、框架搭建、PPT制作、演练等赛程，可谓是分秒必争。

西南科技大学参赛团队在"第七届全国管理案例精英赛全国总决赛"现场

经过激烈角逐，西南科技大学MBA"蛟龙突击队"凭借丰富的知识积累、缜密的逻辑框架以及稳定的现场表现脱颖而出，靠实力赢得了所有评委与观众的肯定。"获得本次全国总决赛季军的是……"主持人略显神秘地顿了顿，此时时间仿佛静止了，所有人屏气凝神，蒋葵老师不禁暗暗攥紧了拳头，"西南科技大学'蛟龙突击队'，恭喜西南科技大学。"台上

[一] 孙婷，西南科技大学MBA教育中心学生事务主管。

灯光闪烁,四下响起热烈的掌声,队员们更是热泪盈眶。

有道是,"苦心人,天不负,卧薪尝胆,三千越甲可吞吴"。通过持续的努力,西南科技大学 MBA 团队终是乘风破浪,蛟龙出海。"案例"成为西南科技大学 MBA 教育的代名词,以"案"促教,以"案"促学,也成为西南科技大学 MBA 教育项目的鲜明特色。2021年7月17日,由全国 MBA 教指委、中国管理案例共享中心、中国管理现代化研究会管理案例研究专业委员会联合主办,西南科技大学承办的 2021 第八届全国管理案例精英赛"龙华"西部二区晋级赛在西南科技大学 MBA 报告厅成功举办。此次大赛为期两天,是历届大赛中参赛队伍最多,也是耗时最长的片区赛⊖,两天时间分别围绕案例《高质量增长:安踏集团的世界级多品牌之路》《从"静乐琼楼"到"安营颐养":静安健康养老产业的战略转型与发展之路》进行比拼。在四川大学、重庆大学等强敌环绕的情况下,西南科技大学派出"觉醒新时代队"以及"拍案叫绝队"两支 MBA 队伍参赛,分别获得西部二区晋级赛的冠军与亚军,指导老师杨翠兰老师、蒋葵老师获得"最佳教练"荣誉称号,张露漾同学获得"最有价值队员"荣誉称号。在激烈的竞争下,MBA"觉醒新时代队"顺利晋级全国总决赛。

"西南科技大学承办的西部二区晋级赛是所有赛区当中会务筹备最充分、最用心,细节工作最具体、最到位,效果呈现也最好、最精彩的赛区。"案例大赛结束后,王萍老师给予了西南科技大学高度的评价,这让所有参与筹备工作的老师和志愿者心里倍感温暖。虽然大赛筹备的过程中充斥了太多酸甜苦辣,但最后还是获得了各方的高度赞誉。

五、尾声

"张院长,西南科技大学 MBA 教育创办十年,从无到有,下一个十年还要继续加油呀!"西南科技大学 MBA 教育十周年庆已顺利结束,王萍老师临走时的鼓励却一直萦绕在张院长的耳畔。

西南科技大学 MBA 教育多年的拼搏,培养了优秀的师资队伍,完善了管理制度,扩大了办学规模,形成了较为稳定的培养方案和显著的"案例"特色。在案例工作的助推下,西南科技大学工商管理学科影响力也不断增强。上海软科教育信息咨询有限公司发布的数据显示,2020 年西南科技大学工商管理学科排名上升至全国第 148 位,位居四川省内高校第 5 位,工商管理成为学校五大优势学科之一。随着 MBA 教育影响力不断提升,西南科技大学 MBA 第一志愿报考人数与招生人数也呈逐年上升趋势。西南科技大学 MBA 项目 2017 年招生 118 人、2018 年招生 126 人。从 2019 年开始,因学校其他专业学位点数量增加,学校给出 80 人的招生计划,每一次都是超额完成任务。此外,西南科技大学 MBA 学生"代表性成果"指标在全国 194 所参评 MBA 院校中位列第 89 名;"毕业成果"指标在全国共 194 所参评 MBA 院校中位列第 53 名,在四川省内 9 所 MBA 培养院校中位列第 3 名。从用人单位反馈来看,94.60% 的用人单位表示非常愿意或愿意继续招聘西南科技大学 MBA 毕业生,这也侧面反映出西南科技大学 MBA 教育的教学质量。

⊖ 有来自四川大学、重庆大学、西南大学、云南大学、广西大学、海南大学、贵州大学、重庆工商大学、西南科技大学、重庆理工大学、桂林理工大学、昆明理工大学、云南师范大学、重庆师范大学共 14 所院校的 23 支参赛队伍。

回望过去，西南科技大学 MBA 教育实现了从零到一的蜕变。正所谓"千磨万击还坚劲，任尔东西南北风"。虽然在案例开发和案例教学方面取得了一定的成效，但在案例研究方面尚处于起步阶段，西南科技大学 MBA 教育一路坚守，绝不能止步于此！未来，西南科技大学 MBA 教育将在保持案例教学优势和特色的同时，努力推进案例研究，再创佳绩。

参考文献

[1] 北京航空航天大学经济管理学院 . 周宁：北航 MBA 教育探索"一案两实"新模式 [EB/OL].（2016-05-09）[2021-07-29]. http://mba.buaa.edu.cn/info/1262/6105.htm.

[2] 大连理工大学经济管理学院 . 苏敬勤：案例学的构建：框架发现逻辑与教研融合 [EB/OL].（2021-06-09）[2021-07-29]. https://mp.weixin.qq.com/s/ToP_JlHiXRTP38McHIHtAw.

| 附录 |

(一) 案例大事记

西南科技大学案例大事记如表 7-4 所示。

表 7-4 西南科技大学案例大事记

时间	案例大事记
2011 年 4 月	第一批案例开发项目共立项 6 项，之后每年立项 15～20 项（包含 MBA 和 MF），截至 2021 年累计共立项 135 项
2012 年 9 月	1 篇案例入选第三届"全国百篇优秀管理案例"
2013 年 4 月	1 篇商业案例发表在《商业评论》上
2013 年 9 月	1 篇案例入选第四届"全国百篇优秀管理案例"
2014 年 9 月	1 篇案例入选第五届"全国百篇优秀管理案例"
2015 年 7 月	MBA 代表队获得第三届全国管理案例精英赛西部一区"最佳新锐奖"
2015 年 9 月	1 篇案例入选第六届"全国百篇优秀管理案例"
2015 年 10 月	15 篇案例入选中国管理案例共享中心案例库
2016 年 4 月	主办首届西部地区 MBA 培养院校案例师资培训会；西南科技大学案例中心正式成立
2016 年 7 月	MBA 代表队获得第四届全国管理案例精英赛西部一区"最佳新锐奖"
2016 年 9 月	2 篇案例入选第七届"全国百篇优秀管理案例"，西南科技大学获得"最佳组织奖"
2016 年 10 月	建立经济管理学院案例库，案例中心制定案例立项、中期检查、结题等各项制度
2016 年 12 月	学校获得教育部学位与研究生教育发展中心首批视频案例立项，2018 年结题；1 篇案例研究论文在《管理案例研究与评论》上发表
2017 年 7 月	MBA 代表队获得第五届全国管理案例精英赛西部一区"最佳新锐奖"和"最佳风采奖"
2017 年 8 月	1 篇案例获得第三届全国金融硕士教学案例奖
2017 年 9 月	MBA 培养方案中新增"综合案例实训"和"案例型毕业论文工作坊"两门选修课程；2 篇案例入选第八届"全国百篇优秀管理案例"，学校获得"最佳组织奖"
2018 年 7 月	MBA 代表队在第六届全国管理案例精英赛西部二区赛中获得亚军
2018 年 9 月	5 篇案例入选第九届"全国百篇优秀管理案例"，西南科技大学获得"最佳组织奖"
2018 年 12 月	学院教师在清华大学首届"卓越开发者"案例大赛中获得三等奖；2 篇案例入选中欧国际工商学院中国工商管理国际案例库
2019 年 4 月	1 篇案例入选哈佛案例库；1 篇案例研究论文在第十届中国管理案例学术年会上被评为"优秀博士生论文"
2019 年 5 月	学院获得"全国百篇优秀管理案例"重点项目 1 项
2019 年 7 月	MBA 代表队在第七届全国管理案例精英赛西部二区赛中获得亚军、季军
2019 年 8 月	学院教师在全国金融硕士教学案例大赛中获奖
2019 年 9 月	4 篇案例入选"全国百篇优秀管理案例"，西南科技大学获得"最佳组织奖"；MBA 代表队在第七届全国管理案例精英赛中获得全国季军
2019 年 10 月	1 项视频案例成果入选教育部学位与研究生教育发展中心案例库
2019 年 12 月	学院教师在清华大学第二届"卓越开发者"案例大赛中获得二等奖；学院教师获教育部学位与研究生教育发展中心优秀案例教师及视频案例立项
2020 年 2 月	1 篇案例研究论文在《管理案例研究与评论》上发表
2020 年 3 月	案例企业高管应邀参加"空中课堂"教学活动
2020 年 9 月	2 篇案例入选"全国百篇优秀管理案例"，西南科技大学获得"最佳组织奖"；学院教师在全国金融硕士教学案例大赛中获奖；开展学校"工程类"案例开发的"一帮一"活动
2020 年 12 月	学院教师在清华大学第三届"卓越开发者"案例大赛中获得二等奖；2020 年中国工商管理案例中心案例库下载量前 10 名中，我校案例有 3 篇

(续)

时间	案例大事记
2021年1月	1篇案例成为《商业评论》封面案例
2021年5月	学院教师在"第一届中国特色社会主义理论与中国管理实践相结合的案例征集与评选活动"中获得三等奖
2021年7月	1篇案例研究论文获得第九届中国管理学者交流营博士生工作坊论文二等奖；本校主办第八届全国管理案例精英赛西部二区片区赛，MBA代表队获得片区赛冠军和亚军，进入全国总决赛；1篇论文获评"第七届全国优秀金融硕士学位论文"
2021年8月	1篇案例在第七届全国金融硕士教学案例大赛中获奖

(二)"一企多案"案例开发

西南科技大学"一企多案"合作企业主要包括铁骑力士集团、银河化学股份有限公司、深圳市诚信诺科技有限公司、一点味餐饮股份有限公司、四川龙华光电薄膜股份有限公司、四川省羌山农牧科技股份有限公司及冰青青梅酒品牌。案例开发情况如表7-5~表7-11所示。

表7-5 铁骑力士集团案例开发情况

时间	案例名称	入选全国百篇优秀管理案例情况	入选案例库名称	参与人员
2015年	"铸"人为乐：铁骑力士集团"学习型组织"的构建	—	中国管理案例共享中心	何波、张宏亮
	四川铁骑力士实业有限公司削减质量成本之路	—	中国管理案例共享中心	付群英、张霜
2016年	秦智虞愚，以人为大——铁骑力士集团的人才生态系统"活化"之道	第七届全国百篇优秀管理案例	中国管理案例共享中心	张宏亮、何波、张静、杨秋平
	成人之美，引人入胜——铁骑力士集团人力资源管理实践	—	中国工商管理案例中心（清华大学）	何波、张静、杨秋平
2017年	小鸡蛋，成就大品牌——圣迪乐村的"一体化"发展之路	第八届全国百篇优秀管理案例	中国管理案例共享中心	张华、陈晨、何波、张宏亮
2018年	道古稽今，言远合近——铁骑力士集团员工职业生涯管理之道	第九届全国百篇优秀管理案例	中国管理案例共享中心	何波、张宏亮、张静、杨秋平
	"1到100，还是100到1"——圣迪乐村品牌鸡蛋的产品策略	第九届全国百篇优秀管理案例	中国管理案例共享中心	张华、陈晨、何波、张宏亮
	运用之妙，存乎一心——圣迪乐村品牌鸡蛋的"变"与"不变"	第九届全国百篇优秀管理案例	中国管理案例共享中心	张宏亮、何波、陈晨、张华
	系统之熵：铁骑力士集团非正式组织发展之路		中国工商管理国际案例库	张宏亮、何波
	圣迪乐村"品牌鸡蛋"战略的打造		中国工商管理国际案例库	何波、陈晨、张宏亮、张华
	基于三方视角百优案例教学过程示范与教学逻辑解析		教育部学位与研究生教育发展中心	何波、张宏亮

(续)

时间	案例名称	入选全国百篇优秀管理案例情况	入选案例库名称	参与人员
2019年	报告蒋总，前方发现敌情！——铁骑力士集团M公司的市场份额保卫战	第十届全国百篇优秀管理案例	中国管理案例共享中心	杜青龙、何波
	The Corporate Social Responsibility of TQLS Group in the Liangshan Prefecture（ABC）	—	哈佛案例库	王鹤丽、何波、张宏亮、雷文勇
	农牧企业的"社会"梦：铁骑力士集团的大凉山事业发展之路	—	中国工商管理案例中心（清华大学）	张宏亮、陈晨、张静、何波
	步斗踏罡，登高博见——铁骑力士集团的战略性企业社会责任之思	—	中国管理案例共享中心	何波、张宏亮
2021年	难事易成——铁骑力士集团大凉山产业扶贫之路	—	教育部学位与研究生教育发展中心	何波、张宏亮、李俊、雷文勇
	打井浇田——凉山州产业扶贫"喜德模式"的构建	—	教育部学位与研究生教育发展中心	张宏亮、何波、陈晨、张铁军

表7-6 银河化学股份有限公司案例开发情况

时间	案例名称	获奖情况	入选案例库名称	参与人员
2020年	银河化学探路国企改革A——破门	第三届"卓越开发者"案例大赛二等奖	中国工商管理案例中心（清华大学）	何波、张宏亮、肖棱、李俊、曹丹、杨燕霞
	银河化学探路国企改革B——子落全盘活			
	银河化学探路国企改革C——照鉴初心			
	银河化学探路国企改革D——锚定航道			
	信者行远——银河化学攻坚国企改革启示录	第一届中国特色社会主义理论与中国管理实践相结合案例大赛三等奖	中山大学管理学院陈瑞球亚太案例开发与研究中心	

表7-7 深圳市诚信诺科技有限公司案例开发情况

时间	案例名称	获奖情况	入选案例库名称	参与人员
2019年	诚信诺公司的金字塔底层市场创新之路	第二届"卓越开发者"案例大赛二等奖	中国工商管理案例中心（清华大学）	何波、张宏亮、李霞、李俊、曹丹、杨燕霞
2020年	点亮最后一公里——诚信诺公司的战略转型之路	—	中国管理案例共享中心	
2021年	诚信诺：在金字塔底点亮未来	—	《商业评论》封面案例	徐京悦、何波、刘雪慰

表7-8 一点味餐饮股份有限公司案例开发情况

时间	案例名称	获奖情况	入选案例库名称	参与人员
2016年	步步为营，终至千里——一点味公司突破瓶颈之路	第七届全国百篇优秀管理案例	中国管理案例共享中心	何波、张宏亮、杨鹏方、陈晨
2017年	成事容易成功难——一点味公司的精益管理之道	—	中国工商管理案例中心（清华大学）	

表 7-9　四川龙华光电薄膜股份有限公司案例开发情况

时间	案例名称	获奖情况	入选案例库名称	参与人员
2018年	博观而约取，厚积而薄发——龙华"差异化"发展之路	第九届全国百篇优秀管理案例	中国管理案例共享中心	张霜、李海红等
2019年	精一执中：龙华守得云开见月明	第十届全国百篇优秀管理案例	中国管理案例共享中心	张霜、李海红等
2020年	巨头环伺，群雄将起：龙华应当如何锻造"膜"力	—	中国管理案例共享中心	张霜、向海燕等
2021年	三位一体，惟精惟一：MBA校友企业"龙华"创新之路	—	—	张霜、李海红等

表 7-10　冰青青梅酒案例开发情况

时间	案例名称	获奖情况	入选案例库名称	参与人员
2020年	青梅中的精灵——冰青的商业模式创新	第十一届全国百篇优秀管理案例	中国管理案例共享中心	张霜、周旭等
2021年	左手市场，右手研发——冰青的"差异化"之路	—	中国管理案例共享中心	张霜、李金霞、周旭等

表 7-11　四川省羌山农牧科技股份有限公司案例开发情况

时间	案例名称	获奖情况	入选案例库名称	参与人员
2020年	唯变所适：羌山农牧商业模式创新之路	2020年第十一届全国百篇优秀管理案例	中国管理案例共享中心	张霜、李海红等
2021年	积跬步，至千里：羌山农牧战略执行之路	—	投稿中国专业学位案例中心	张霜、石思萌等
2021年	三回九转：羌山农牧商业模式演变之路	—	投稿中国专业学位案例中心	张霜、李海红等

（三）全国管理案例精英赛获奖情况

西南科技大学全国管理案例精英赛主要获奖情况如表 7-12 所示。

表 7-12　西南科技大学全国管理案例精英赛主要获奖情况

赛事名称	奖项
第八届全国管理案例精英赛	西部二区冠军、亚军、最佳教练奖，最有价值队员奖
第七届全国管理案例精英赛	全国季军，西部二区亚军、最佳教练奖、最有价值队员奖
第六届全国管理案例精英赛	西部二区亚军、季军、最佳新锐奖
第三届、第五届全国管理案例精英赛	西部二区最佳新锐奖、最佳风采奖

第八章

立足西部，辐射"两亚"，打造中国西部 MBA 卓越品牌之路：
云南大学 MBA 教育办学 20 周年纪实

高 核① 陈 伟② 宋 乐③ 毛翊懿④ 孙英杰⑤

一、探索之路：初始起步

（一）云南大学 MBA 教育历史沿革

云南大学工商管理教育始创于 20 世纪 40 年代，1979 年云南大学开设"企业管理"本科专业，成为我国改革开放以来最早兴办工商管理教育的高校之一。1999 年，学校整合企业管理、旅游管理、财务管理、会计学等学科领域的优势，组建了工商管理与旅游管理学院。云南大学工商管理与旅游管理学院于 2000 年获得 MBA 培养授权，是我国第四批获批的 MBA 培养院校，同时也是云南省首家 MBA 培养院校。

（二）云南大学 MBA 项目概述

1. 云南大学 MBA 项目使命

云南大学 MBA 项目坚持以"提高质量、办出特色、树立品牌、稳步发展"的基本方针为使命，成为立足中国西部，辐射南亚、东南亚，助力区域经济发展，服务"一带一路"建设的中国西部一流 MBA 项目。

---

① 高核，云南大学工商管理与旅游管理学院教授，全国 MBA 教指委委员。
② 陈伟，云南大学工商管理与旅游管理学院讲师。
③ 宋乐，云南大学工商管理与旅游管理学院讲师。
④ 毛翊懿，云南大学工商管理与旅游管理学院企业管理专业硕士研究生。
⑤ 孙英杰，云南大学工商管理与旅游管理学院企业管理专业硕士研究生。

2. 云南大学 MBA 培养目标

云南大学 MBA 培养遵循"国际视野，博采众长，文理渗透，突出特色"的办学理念，培养具有国际视野和现代管理技能，富有创新思维、勇于开拓进取、善于沟通合作，适应市场经济发展需要的综合型、复合型管理人才。

云南大学 MBA 培养人才的基本要求有以下几方面。第一，以马克思列宁主义、毛泽东思想、邓小平理论、"三个代表"重要思想、科学发展观、习近平新时代中国特色社会主义思想为指导，具有坚定正确的政治方向；热爱祖国，有高尚的道德品质与文化素养，遵纪守法，品行端正，学风严谨，身心健康，具有集体主义观念和团队合作意识；勇于开拓，艰苦创业，具有较强的事业心和奉献精神，积极为社会主义现代化建设服务。第二，掌握较为广博的现代管理知识和扎实的基础理论，熟知中国经济建设与社会发展的新形势和现代管理理论发展的新趋势。第三，有较强的工商管理工作能力，包括应变、判断、决策能力和组织指挥能力，基本掌握现代管理的基本技术并善于处理人际关系。第四，熟练掌握一门外语，能顺利阅读本专业外文资料，并具有一般对外交往及处理外事业务的能力。第五，熟练运用办公自动化软件，熟练运用互联网收集和处理各种信息，了解和基本掌握管理信息系统的开发、管理和运用，了解数据库的基本原理以及系统开发方法。

同时，建立了相应的学位标准。从基本知识方面来说，要求学生了解本专业的基础知识，熟知本专业的核心知识。从基本素质方面来说，要求学生具有 3 年以上实际工作经验，拥有本专业核心知识，具有良好的职业道德。从学术能力方面来说，要善于应用本专业的研究方法，具有系统应用专业知识解决实际问题的能力。从学位论文方面来说，要求符合学校硕士研究生学位论文规定的要求，全文字数不少于 3 万字，实际工作时间一般不少于 1 年。

云南大学 MBA 系列教育实践形成了"讲政治、重素质、宽口径、严要求、国际化、重实践"的培养特色，也为云南大学打造 MBA "五维一体"特色育人模式打下了深厚的基础。

二、成长之路：办学历程

（一）国际助力

1. 云南大学 MBA 教育与麻省理工学院斯隆管理学院合作

2001 年，云南大学 MBA 教育在张家恭 — 孙穗华校友家庭基金会的促成下，与美国麻省理工学院斯隆管理学院（MIT Sloan）开展教育合作。在基金会支持下，自 2002 年起，与 MIT Sloan 的 MBA 教育合作已持续开展近 20 年，共有 30 位教师赴 MIT Sloan 进修 MBA 课程。同时请 MIT Sloan 管理学院教授、国内外知名的优秀 MBA 教师来我校交流、授课，其间我院任课教师跟班学习、交流，不断提升我校 MBA 师资的教学水平。2015 年，云南大学工商管理与旅游管理学院同清华大学经济管理学院、复旦大学管理学院、中山大学岭南学院一起成为美国 MIT Sloan 在中国的 4 所合作伙伴院校。

云南大学 MBA 教育以 MIT Sloan 的 MBA 教育合作项目为依托，积极推进双语课程开发，先后开设"管理学""管理沟通"等 9 门双语课程。其中，"管理沟通"课程于 2009 年入选教育部国家级双语示范课程建设项目。

云南大学 MBA 教育同时也与 MIT 合作开展"China Lab"学生实践项目。自 2008 年起，与 MIT Sloan 合作开展两校学生参与的"China Lab"项目，我校共计 82 名学生参与，为云南 30 余家中小企业提供咨询。

云南大学通过与 MIT Sloan 的合作，有效提升了 MBA 教育的师资水平、办学理念与国际视野，为云南大学 MBA 教育的发展打下了良好的基础。

2. 云南大学 MBA 教育与高盛基金会开展合作

从 2012 年开始，云南大学 MBA 教育与美国 MIT Sloan 及巴布森学院（Babson College）合作，承担美国高盛集团（Goldman Sachs）基金会发起的"巾帼圆梦"（10 000 Women）万名女性企业家培训项目，共计培训来自西南各省份 434 名女性企业家学员。以此次合作为契机，云南大学 MBA 教育依托项目开展实践教学。在学院组织实施的高盛"巾帼圆梦"女性企业家培训项目中，每期项目均招募 MBA、EMBA 学员作为志愿者，5 期共计招募 MBA 学员 104 人、EMBA 学员 85 人，为超过 50 个女性企业项目提供国际合作管理咨询服务，其理念和实施效果引起了地方政府的高度关注，得到了云南省就业局和妇联及共青团云南省委的高度评价。

3. 云南大学 MBA 教育国际合作拓展与"一带一路"建设

在上述国际合作的基础上，云南大学 MBA 教育的国际合作进一步拓展，与巴布森学院、夏威夷大学、华盛顿州立大学、罗佑拉马里兰大学、渥太华大学、纽芬兰纪念大学、新加坡国立大学、南洋理工大学、东伦敦大学、IPAG 商学院、图恩酒店管理学院、特拉维夫大学、Somaiya Vidyavihar 大学、马来西亚亚洲商学院、萨辛商学院、瑞士马利克管理研究中心等世界一流院校和机构建立了紧密的合作关系，为工商管理学科国际化发展取得突破性进展奠定了良好的基础。

同时，为积极响应国家号召，2017 年云南大学 MBA 项目与缅甸福庆孔子课堂启动 MBA 缅甸班，发挥云南大学建设优势，主动服务国家"一带一路"倡议的实施，在项目开展过程中，云南大学 MBA 国际化建设得到了难得的发展契机。

（二）能力提升

1. 入选"中国西部 MBA 师资培养和能力提高计划"项目

2008 年，云南大学 MBA 项目入选全国 MBA 教指委与新加坡淡马锡基金共同组办的"中国西部 MBA 师资培养和能力提高计划"项目。先后有 16 位教师、6 名管理职员到复旦大学管理学院进修 MBA 课程及管理岗位培训；有 5 位教师到新加坡国立大学和南洋理工大学进修 MBA 案例开发教学；开展 3 次国内院长培训及 1 次国外培训。项目为云南大学 MBA 项目培养了一大批优秀教师团队，提升了办学能力。

2. 入选"MBA 专业学位研究生教育综合改革试点"项目

2010 年，云南大学 MBA 项目入选教育部"MBA 专业学位研究生教育综合改革试点"项目。在改革试点项目开展过程中，云南大学 MBA 在自身不断努力与社会各界的资源支持下，在招生制度改革、师资选配与教学环节控制、毕业论文设计、校友活动等方面不断锐意创新，创建了云南大学 MBA 教育独特的"五维一体"协同育人品牌，项目于 2013 年顺利通过验收。

3. MBA 教材建设得到发展

云南大学 MBA 教育多年来在相关教材建设、质量工程项目建设、教学研究成果等方面具有丰富的基础，承担高等教育出版社"新视野·高等院校工商管理系列教材"编写任务，主编《创业基础》（国内最早的创业教材）等教材 16 本，译著《创新管理与新产品开发》第 4 版，编写案例教材 4 本，形成了一系列有示范效用、高标准的教学与学术成果。

4. MBA 慕课建设取得成效

云南大学 MBA 项目联合云南大学启迪商学院、清华大学启迪控股，整合协调资源，充分发挥各界优势，于 2017 年全新打造推出"创办新企业"课程，并将其纳入云南大学研究生素质教育选修课。同时，该课程入选教育部 2017 年度"全国创业类慕课建设"项目、云南省省院省校教育合作项目。

5. MBA 案例建设取得进步

2008 ~ 2012 年，在"中国西部 MBA 师资培养和能力提高计划"的支持下，开发完成了 16 篇针对国内企业的教学案例；编辑出版《亚洲企业实践：中国西部 MBA 案例建设集萃》2 辑；通过与新加坡南洋理工大学商学院、新加坡国立大学商学院合作，共同完成了 5 篇亚洲企业案例合作研究。2013 ~ 2018 年，学位点通过学院案例建设立项经费支持，每年支持工商管理专业相关教师开发案例 10 项左右；入选"全国百篇优秀管理案例"2 篇、入选"亚洲商业案例中心"1 篇、入选"中国管理案例共享中心"资料库案例 12 篇；从而为 MAB 学位点教学积累了丰富的第一手案例材料。

（三）学科协同

云南大学工商管理与旅游管理学院发展各学科，协同促进 MBA 教育发展。2006 年，获得工商管理一级学科硕士培养授权；2009 年，获得 EMBA 学位研究生培养授权；2010 年，获得旅游管理硕士（MTA）学位研究生培养授权；2010 年，获得工商管理一级学科博士后流动站授权；2011 年，获得工商管理一级学科博士学位授权；2017 年，工商管理学科在教育部公布的全国第四轮学科评估结果中被评为 B 类；2019 年旅游管理专业被评为国家级特色专业，工商管理专业入选国家一流专业。云南大学工商管理与旅游管理学院依托云南大学地区定位与优势资源，协同促进 MBA 教育的进步。

（四）架构完善

1. 云南大学 MBA 项目管理架构

为促进云南大学 MBA/EMBA 项目的科学、高效、有序发展，云南大学工商管理与旅游管理学院建立了完善的项目管理架构，如图 8-1 所示。

2. 云南大学 MBA 质量管理机制

同时，为保障云南大学 MBA 教学质量，云南大学设立了在学校 MBA/EMBA 教育领导小组统一领导下，学校相关部门、任课教师、学生代表、校友代表共同参与的质量管理委员会机制（见图 8-2）。云南大学 MBA/EMBA 教育领导小组由校长、研究生院、学院及相关部门负责人组成,实行领导小组主管、研究生院监管、学院承担责任的质量保证体系。质量管理委员会每年召开MBA/EMBA年度教学质量研讨会,听取用人单位、任课教师、学生代表、校友代表及学校主管部门对办学的意见和建议。学院相应制定了《云南大学MBA/EMBA项目质量管理委员会工作条例》。

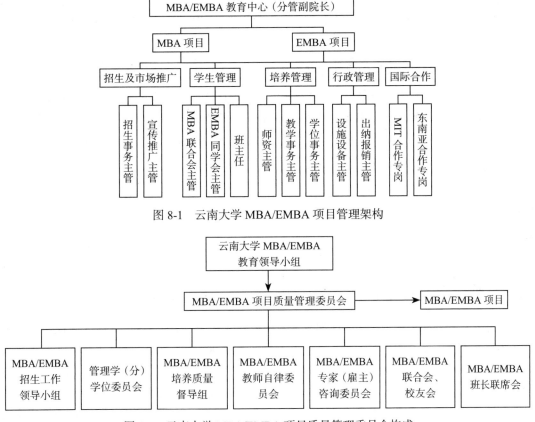

图 8-1　云南大学 MBA/EMBA 项目管理架构

图 8-2　云南大学 MBA/EMBA 项目质量管理委员会构成

(五)成效初显

1. 云南大学 MBA 项目评估排名全国前列

随着云南大学 2017 年 9 月入选国家"双一流"建设高校,工商管理与旅游管理学院作为云南大学"双一流"建设重点学院也得到了充分的支持与发展。

2018 年 7 月,教育部学位与研究生教育发展中心公布的全国首次专业学位水平评估结果中,云南大学 MBA(含 EMBA)项目获评"B"级,在全国处于前 25%～35% 之间,是云南省各高校所有专业学位授权点中,唯一获得 B 级含以上排名的学位授权点。

2. 云南大学 MBA 不断取得国内赛事佳绩

2013 年,MBA 学生代表获得第十一届中国 MBA 创业大赛全国总决赛冠军;2015 年,MBA 学生参加第三届全国管理案例精英赛,获全国总决赛季军;2017 年,MBA 学生团队参加第三届中国"互联网+"大学生创新创业大赛,获得全国决赛铜奖 1 项,云南省决赛金奖 3 项、银奖 1 项、铜奖 5 项。

3. 云南大学 MBA 培养质量不断精进

自 2002 年招生以来，云南大学 MBA 教育共计招生 3 524 人，毕业 2 526 人，为云南省的地方经济发展输送了大量的优秀管理人才，树立了 MBA 项目良好的品牌形象。在 20 年的办学历程中，一大批 MBA 毕业生成为云南省政府职能部门、国有大中型企业和民营企业中的优秀中高层管理人员。毕业生遍布云南省属国有企业和所有上市公司，60% 成为国有大中型企业管理骨干与高管，10% 成为民营企业家，20% 选择自主创业，10% 成为政府经济管理部门的骨干。

4. 云南大学 MBA 项目的品牌知名度不断提升

2006 年，云南大学工商管理与旅游管理学院 MBA 项目入选"中国最具影响力 MBA"排行榜，排名第 23 名，以后连续七年上榜，2013 年获得第 19 名，并获年度最佳表现 MBA 院校第 4 名；2014 年，入编光明日报出版社出版的《中国最具价值 30 所商学院》。

5. 云南大学 MBA 项目与国内知名高校合作不断推进

云南大学与国内同为第四批 MBA 办学院校之间建立了紧密的合作联盟关系，积极开展教师互访、学生移动课堂、合作论坛等，并与清华大学、复旦大学多所 MBA 培养院校形成良好合作关系，在多年的合作中，有效提升了云南大学 MBA 项目的建设质量。

三、品牌之路：办学模式

云南大学工商管理与旅游管理学院 MBA/EMBA 教育，围绕为云南和区域社会经济发展培养坚定理想信念、具有国际视野、富于企业家精神、掌握现代管理技能、结合中国实践，德才兼备的新一代管理人才的初心使命，积极探索"突出立德树人理念、打造校企合作平台、强化国际交流合作、创新第二课堂内容、拓展双创教育空间"的"五维一体"培养模式，不断推进 MBA 教学改革与创新，遵循"育人为本、融合创新"的原则，积极探索实施 MBA 教育"立德树人、双创驱动、交叉融合、行动学习、平台支撑"的人才培养新路子，初步形成了"家国情怀与综合素质结合、本土实践与国际视野结合、理论水平与实践能力结合"的新一代工商管理人才培养模式。

在实施中，通过举办"立德树人"大讲堂，改革"第二课堂"培养方案，与清华科技园、云大启迪 K 栈、云大启迪商学院等校企合作办学，与 MIT Sloan 等多所国内外知名院校开展深度合作，主动承担高盛集团"巾帼圆梦"项目等融合创新措施，积极探索和推进"五维一体"培养模式，走出了一条"有情怀、有特色、有实效、有影响"的 MBA 教育新路。

（一）创新特色：打造 MBA "五维一体" 育人模式

1. 突出立德树人理念

在工商管理人才培养过程中，把"立德树人"的育人理念贯穿在整个培养环节中，通过思政教育与课程思政相结合、立足中国国情、参加公益活动、投身社会实践等，培养与强化学生的正确政治责任、发展责任和社会责任，把"立德树人"落实到学生培养的各个环节。重点开展了以下教学改革与创新环节。

（1）推出"云大商旅——立德树人""云大商旅——文化自信与企业管理"系列讲座。邀请著名学者和专家围绕思政教育与企业管理知识开展线上线下讲座共计15场，约有2 000多名学生及校友参与讲座学习。

（2）探索思政课教育新形式。将政治课与红色革命传统教育相结合，先后组织300余名EMBA及部分MBA学生赴井冈山、延安、遵义等革命圣地开展政治课程学习与革命传统教育活动，采取专题教学、革命旧址现场教学、先烈事迹学习、理论联系实际的交流讨论等形式，强化师生的政治觉悟与理论知识，重温党的光辉历史，继承和发扬党的伟大革命精神。

（3）开展多种形式的社会公益活动。2014～2018年，云南大学MBA、EMBA学生共发起11次"地震爱心捐款""捐资助学""暖冬行动"等公益活动，上千人次参与，共计募集捐款及物资100余万元。

（4）管理咨询服务志愿者活动。在学院组织实施的高盛"巾帼圆梦"女性企业家培训项目中，每期项目期间均招募MBA/EMBA学生作为志愿者，为云南、四川、贵州、广西和西藏等省、自治区数百名女性企业家的创业项目提供创业管理等方面的免费咨询和服务。其理念和实施效果引起了地方政府的高度关注，其中，咨询服务对象飞雪梅，成为美国高盛集团和《财富》杂志共同颁发的2019年度"全球女性商业领袖奖"的两位获奖者之一。

2. 打造校企合作平台

MBA学位点依靠学院丰富的校友资源，建设长期签约的实习实践基地52家，形成了多种类型的实习实践基地。一是以红塔集团、云南白药集团、红河集团、昆明机场集团等为代表的观摩考察基地；二是以云内动力集团、驰宏锌锗公司、云南冶金集团等为代表的学生实习基地；三是以昆明中国银行、昆明招商银行、云南城投集团、云南能投集团、云南物流集团等为代表的研究生毕业就业热点基地；四是以云南诺仕达集团、云南世博集团、云南铜业集团、云南空港物流等为代表的案例编写基地。上述企业覆盖云南有色金属、文化旅游、物流商贸、能源化工、机械制造等支柱产业和重点产业。2014～2019年，近1 000余人/次MBA学生、500余人/次EMBA学生分别走进云南白药、红塔集团玉溪卷烟厂、红塔集团红河卷烟厂、昆明云内动力集团、昆明长水国际机场、雪兰乳业、云南铝业、百世快递、昆明滇池投资公司、昆明晨农集团、龙润集团、茅台集团等多家知名企业开展实践活动，参观学习和深入实践。

3. 强化国际交流合作

为确保实践教学体系设计的科学性与先进性，学院与国内外知名院校建立了较为密切的合作关系。学院与MIT Sloan的MBA教育合作项目持续开展18年，2008年以来，每年开设由MIT教师与云南大学教师共同指导，两校学生共同参与的实践课程"MIT China Lab"，云南大学已有82名MBA学生成功参与此项目；2012年以来已经有近百名MBA及EMBA学生作为咨询服务志愿者参与到美国高盛集团资助并与MIT Sloan和巴布森学院（该院创业学领域连续13年被《美国新闻和世界报道》评为全美第一）合作共同开展的"巾帼圆梦"全球万名女性创业者培训项目中。

海外课程是云南大学EMBA在教学模式上的另一种教学内容尝试。云南大学EMBA海外课程先后走进美国、英国、澳大利亚、新西兰、瑞士、法国等多个国家和地区，并在当地知名高校进行相关课程学习。2010 年以来，共举办 8 次海外课程，近 400 名 EMBA 学生参加海外课程，并到英特尔、沃尔玛、惠普、伦敦证券交易所等知名企业进行参观学习，与国外知名大学教授、企业高管进行交流，获得对跨文化商务活动的感性认识，提升国际化水平。

以上这些国际合作项目的实施，保证了云南大学 MBA 项目在实践教育方面始终与国际前沿水平接轨，保持了国际化特色，实现教育模式的协同创新。

4. 创新"第二课堂"内容

云南大学工商管理与旅游管理学院 MBA/EMBA 项目自 2012 年经过规范和创新，强化了培养方案与课程体系中的实践环节，突出了"讲政治、重素质、宽口径、严要求、国际化、重实践"的培养质量特色，逐步形成了以"第二课堂"为主的素质培养与学生实践教学模块环节。2019 年新修订的 MBA/EMBA 培养方案中，"第二课堂"以学员参加"立德树人"系列讲座、走进企业社会实践、参加省内外移动课堂、参加各类竞赛、选修综合素质选修课等为主要内容，面向 MBA/EMBA 的一、二年级全体同学开设，课程实行学分制，按 6 学分计算课程学分，学生参加 6 次以上"第二课堂"学习实践活动并提交学习收获汇报资料，可获得学分。同时，云南大学工商管理与旅游管理学院 MBA/EMBA 学生在读期间，采用移动课堂实践教学方式突破地域与行业范围：省内的移动课堂，选择到普洱、保山、文山、临沧等政治经济特色鲜明的地区开展，了解当地的政治经济发展现状，到当地知名企业进行参观学习；省外的移动课堂，选择与云南经济发展相似的内蒙古，组织师生参访蒙牛集团、伊利公司、蒙草集团等知名企业，学习不同企业的先进管理经验。

5. 拓展双创教育空间

2016 年 3 月，云南大学与清华大学启迪控股共建云南大学启迪 K 栈众创空间，作为云南大学的创新创业一站式服务平台，也是 MBA 的创新创业实践中心；2016 年 4 月，又携手清华大学启迪控股共建"云南大学启迪商学院"，打造区域一流的创新创业大平台。同时，联合清华大学经济管理学院、清华科技园、云南大学启迪 K 栈共同开设"创办新企业"创业实践课程，围绕创办新企业面临的主要问题，由来自高校和科技企业、风投企业、创业公司的高管组成授课团队，为学员引入创业企业所需的各方社会资源。2016 年，云南大学工商管理与旅游管理学院被列为"云南省高等学校创新创业教育改革试点学院"，并与昆明市政府合作共建"昆明创业创新学院"。

（二）"五维一体"育人模式教学成果创新

1. 育人为本

新时代工商管理教育"立德树人"的根本任务，是培养"家国情怀与综合素质结合、本土实践与国际视野结合、理论水平与实践能力结合"，为中华民族的伟大复兴贡献中国智慧、展示中国形象、体现中国力量的新一代社会主义建设接班人，也是我们探讨研究"五维一体"融合培养模式的根本目标。

2. 双创驱动

根据经济社会发展对"双创"人才的新需求，在全新的教育理念指引下，创新教学理念，构建新的实践教学的课程体系、更新教学内容、革新教学方法，培养本土化与国际化有机结合、理论水平和实践能力并重的 MBA 人才。

3. 交叉融合

通过教材、案例共享、师资共享及创业大赛联合组队等措施，促进本科创新创业教育、MBA 教育、EMBA 教育和"巾帼圆梦"女性创业者培训项目等的交叉融合。例如，鼓励本科生和 MBA、EMBA 同学共同参与企业咨询项目；鼓励学生联合组队，参加各级、各类创新创业大赛等。

4. 行动学习

通过"云南大学启迪商学院'创办新企业'系列课程""MIT China Lab""巾帼圆梦""创业大赛"等实践教学项目，倡导实践学习，鼓励 MBA/EMBA 学生参与科研项目以及社会调查、企业参观、企业咨询诊断、创新创业大赛、创业实践等社会实践活动，在行动中提升学生的实践能力。

5. 平台支撑

通过校企合作实践平台，本土企业为我院提供了开展 MBA/EMBA 实践教育的平台和丰富的教学素材，我院师生通过实践教学过程为企业提供了专业化的咨询建议，从而实现了校企互利共赢；通过国际合作平台，促进师资队伍建设及先进实践教学模式的引进和实践，并开展国际实践教学项目合作。

（三）主要解决的教学问题

"五维一体"的培养模式在近年来的实施中，重点解决了工商管理（MBA/EMBA）教育中的以下 4 方面问题。

1. 解决以"立德树人"为核心的工商管理人才综合素质教育问题

"立德树人是教育的根本任务"，因此，在 MBA 的培养中，通过该成果的实施，让"立德树人"的育人理念贯穿在整个培养环节中。在人才培养的各项环节中，通过思政课程与课程思政教育、公益活动、社会实践等，强化与提升学生的正确政治责任、发展责任和社会责任，把"立德树人"落实到学生培养的各个环节，落到实处。

2. 解决新时代工商管理人才的理想信念教育问题

新时代发展环境下，如何解决 MBA 培养的导向问题、如何坚守商科学生培养的"初心和使命"，是我们在实施该教学改革与创新探索中一直坚持和思考的问题。在 MBA/EMBA 教育过程中，如何让新一代的企业家和管理者树立和具备正确价值观、具有家国情怀、具有领导和管理能力，成为新时代中国特色社会主义事业的合格接班人，是商科教育必须坚守的初心和使命。因此，在教学实践中，通过思政课程和课程思政教育、开展理解中国实践活动、创新创业能力培养、拓展国际视野、"产教"融合模式等环节的实施，有效达到和突出解决新时代工商管理人才培养的初心和使命。

3. 解决新时代 MBA 实践能力建构与培养问题

封闭化、仅重视理论知识讲授的教育模式培养的学生难以适应当前社会对"实践能力"

人才的需要，因此，在专业硕士的培养中，更需要强调和强化对当前的教育模式的改革，在教育中，突出实践能力培养的目标和培养环节，才能更好地促进专业硕士人才的发展，从而培养出更适应经济社会发展需要的创新人才。

4. 解决工商管理人才理论水平和实践能力并重的教学问题

从 MBA/EMBA 培养来看，该成果在实施中，一方面强化专业硕士对工商管理理论知识方面的系统提升与总结；另一方面，更加注重培养和锻炼实践能力，打造符合社会需要的专门管理人才。

（四）教学模式的应用效果

1. 人才培养成效

自 2014 年起，云南大学 MBA 学生共计获得省部级以上奖项 37 项，其中国家级奖项 12 项、国际级奖项 3 项。2013 级 MBA 学生何永群入选"寻访 2017 年大学生创业英雄"100 强，2019 年国务院及农业农村部授予她"全国民族团结进步模范个人"。在 2019 年第五届中国"互联网+"大学生创新创业大赛总决赛中，何永群的参赛项目代表云南大学获得该项赛事的首枚金奖。省部级奖项中，朱邦瑞等 4 人获得"云南青年创业省长奖"，廖志文获 2017 年中国物流业大奖（金飞马奖）——"中国物流创业领袖奖"，浦天洋等 3 人入选"全国万名优秀创新创业导师人才库"名单。MBA 师生共同指导的"巾帼圆梦"项目学员飞雪梅，成为美国高盛集团和《财富》杂志共同颁发的 2019 年度"全球女性商业领袖奖"的两位获奖者之一。

2. 专业建设成效

2014 年以来，MBA 教师团队共获得相关省部级以上奖励 18 项，其中国家级奖励 10 项，共承担国家级质量工程人才培养项目 2 项、省级质量工程人才培养项目 3 项；共承担国家级精品（示范）课程 5 门次，省部级金课建设 1 门，省级精品（示范）课程 2 门。共开发课堂教学案例百余篇，入选"全国百篇优秀管理案例"3 篇、入选"亚洲商业案例中心"1 篇、入选中国管理案例共享中心 24 篇、被收录进《亚洲企业实践：中国西部 MBA 案例建设集萃》10 篇。

3. 师资建设成效

MBA 培养点专业教师共有 51 人，来自云南大学工商管理与旅游管理学院、经济学院、外国语学院、数学与统计学院及发展研究院等单位，充分体现了"博采众长，文理渗透"的办学特色。师资队伍方面，拥有 1 支国家级教学团队、1 支省级哲学社会科学创新团队和 2 个省部级研究基地；1 人入选"国家百千万人才工程"，1 人获"国家级教学名师"称号；1 人获"宝钢优秀教师奖"，2 人获"云南省中青年学术带头人"称号，1 人获"云南省有突出贡献专业技术人才"称号，1 人获得"云南省教书育人楷模"称号，3 人获"云南省教学名师"称号，1 人获"云南省云岭教学名师"称号，2 人入选教育部首批"全国万名优秀创新创业导师人才库"，3 人入选云南省"万人计划"。云南大学工商管理与旅游管理学院田卫民教授当选教育部高校旅游管理类专业教指委主任；高核教授当选全国 MBA 教指委委员。

4. 标志性成效

2014 年以来，云南大学工商管理与旅游管理学院 MBA 的培养质量和品牌影响力不断提升，招生网络报名人数逐年增加，2020 年，在培养费用上调 30% 的情况下，云南大学 MBA 网络报名人数达到 2 311 人，再创历史新高，实际录取 201 人，报名录取率为 8.7%，达到国际先进水平。在 2018 年 7 月教育部学位与研究生教育发展中心公布的全国首次专业学位水平评估结果中，云南大学 MBA（含 EMBA）获评"B"级，在全国处于前 25%～35% 之间，是云南省各高校所有专业学位授权点中，唯一获得 B 级或 B 级以上排名的学位授权点。

四、开拓之路：未来发展

二十年风雨兼程，云南大学 MBA 教育从无到有，从有到精，立足西南地区，始终秉持教书育人的理念，为云南省各企业、事业单位的管理人才丰富、管理水平发展、管理意识提升、管理制度完善做出了"云大贡献"，云南大学 MBA 办学模式及办学效果，也在逐年教书育人的摸索过程中，得到了长足的提升与发展，在获得了一定的知名度、形成了较好的品牌效应与社会认同的同时，总结出了云南大学 MBA 的办学经验，凝练成一整套富有实践意义的"五维一体"MBA 特色培养模式。这些成果与云南大学扎根工商管理教学现状，深挖工商管理教育社会需求的思维紧密相连。时移事迁，二十年间，我国高校的工商管理教育理念和水平在变化，社会经济环境对于管理人才的需求侧重和期待在变化，我国所面临的整体社会经济环境也在变化，一切的变化，都在催促我们锐意创新，在创新中变革，在变革中发展，在发展中，为云南省、为西南地区的 MBA 教育的提质增效尽一份力。在未来，云南大学 MBA 教育将继续保持"会泽百家，至公天下"的思想，继续秉持教书育人的理念和目标，结合新时代背景下云南省对管理人才的需求与希冀，继续发挥云南大学在 MBA 教育领域的力量。

参考文献

[1] 田卫民，高核，王桀 MBA 教育理论·实践·案例：云南大学 MBA 师生文集 [M]. 昆明：云南大学出版社，2009.

[2] 曹宇，张倩. 当前 MBA 教育中存在的问题及对策研究 [J]. 吉林省教育学院学报，2020（9）：95-98.

[3] 贺爱平. 我国 MBA 培养模式的发展瓶颈分析及创新路径 [J]. 中国管理信息化，2020，23（17）：226-227.

[4] 赵庆，任轶男. 地方高校 MBA 教育创新发展问题探析 [J]. 当代教育实践与教学研究，2018（10）：196-197.

[5] 张锐，王红君，张燚，等. 新时代我国 MBA 品牌管理教育现状、问题及对策 [J]. 黑龙江高教研究，2020（10）：156-160.

[6] 于绥生. 对提升 MBA 教育质量的几点思考 [J]. 现代职业教育，2020（7）：40-43.

[7] 程月明，陈德成，林楚轩，等. 创新驱动发展背景下 MBA 研究生管理创新能力培养

[8] 程永波,秦伟平,陈效林.MBA全程双元协同培养模式的建构与实践[J].研究生教育研究,2020(6):7-12.

[9] 王晓明,邱瑶.疫情阶段MBA在线教学的发展现状与改进对策[J].中国成人教育,2020(22):55-59.

[10] 何舒颖.MBA课程教学的地方特色嵌入机制探索与实践:以G大学为例[J].科技经济导刊,2020,28(29):142-143.

[11] 王帆.创新与融合,打破传统商科教育同质化[J].经理人,2020(9):38-40.

[12] 刘永春,权天舒,鲜小清.工商管理硕士(MBA)实践教学创新研究[J].中国产经,2020(16):81-86.

[13] 徐勤,霍佳震,许倩倩,等.连续扩招背景下MBA人才培养资源优化与质量提升研究[J].经济师,2020(4):29-30,32.

[14] 薛永斌,王航,路杨.优化MBA创业教育生态系统的实践与思考[J].新经济导刊,2016(5):82-85.

[15] 高镇光,孟添.上海大学MBA项目的"全人"教育模式与办学特色[J].学位与研究生教育,2011(5):52-55.

[16] 韩明.中外合作MBA项目优质资源的整合利用[J].中国西部科技,2009,8(33):64-65.

第九章

以电商扶贫为载体的河北科技大学 MBA 思政教育探索与实践[一]

韩利红[二]

一、缘起与背景

（一）河北科技大学 MBA 项目简介

河北科技大学 MBA 项目隶属于河北科技大学经济管理学院，2010 年获批，2011 年正式招生，2015 年顺利通过教育部合格性评估。项目日常运营由经济管理学院负责，按照各条线分别对接研究生学院招生办、培养办、学校学科与学位管理办公室、学生工作处、招生就业处等部门，服从各相关职能部门和业务处室统一领导。2011～2021 年，累计招生 606 人，正常毕业率达 97%。学生平均年龄为 28 岁，平均年龄呈逐年下降的趋势。

河北科技大学是河北省首批重点建设的多科性骨干大学、河北省人民政府与国家国防科技工业局共建高校、河北省重点支持的国家一流大学建设高校、教育部"卓越工程师教育培养计划"高校。学校设有 21 个教学学院（部），80 个本科专业，学科专业涵盖工、理、文、经、管、法、医、教育、艺术九大门类。学校拥有 25 个硕士学位授权一级学科，3 个硕士学位授权二级学科，15 个专业硕士学位授权类别，MBA 项目是专业硕士项目之一。

（二）MBA 办学特色的探索与思考

作为一个工科背景的地方性非"双一流"普通高等学校，创办 MBA 项目，除了按部就班、扎扎实实落实教指委和学校主管部门的培养要求外，在特色打造和凝练上也颇费周折。自身有何

[一] 本文来自基金项目——2021 年河北省专业学位研究生教学案例（库）建设项目（课题编号：KCJSZ2021075）。
[二] 韩利红，河北科技大学经济管理学院教授，MBA 中心主任（兼）。

核心能力？有何办学积累？有何强势成果？如果这些都不突出，又如何形成自己的项目特色？

1. 全球视角

从世界范围看，在经济发展的同时，金融危机、环境污染、资源短缺、社会动荡、贫富悬殊等问题越来越突出。当务之急是把企业和社会重新整合起来，商学院的教育也发生了革命性变革。企业社会责任、企业公民、企业伦理、社会创业、有良知的企业家、可持续发展等商业伦理问题纳入商学院变革的愿景。

《造福世界的管理教育》的作者凯特琳·穆夫提出了负责任的管理教育六大原则。①目的：培养学生，使他们有能力为企业和社会创造价值，为全球经济可持续发展贡献力量。②价值观：要将全球社会责任价值观纳入学术活动和课程设置。③方法：创建相应的教育框架、资料、流程和环境，为培养负责任的领导力，提供有效的学习体验。④研究：参与理论研究和实证研究，扩大企业在创造可持续的社会价值、环境价值和经济价值方面的影响。⑤合作伙伴：加强与企业管理者的沟通互动，了解业界在承担社会和环境责任中面临的挑战，并共同探索应对挑战的良策。⑥对话：促进与政府、企业、媒体及其他利益相关者就社会责任和可持续发展方面的讨论，并且要在学生中树立勇于承担社会责任、积极践行全球命运共同体理念的典范形象。

早在二十世纪，麻省理工学院管理学教授彼得·圣吉先生就联合政府、实业界领袖耗时二十余年展开扎根研究，提出新型组织理论——学习型组织理论。这个理论以更开阔的时空观、系统观以及对人性深刻的洞察，指出企业的可持续发展必须要释放人的主观能动性，必须要将组织与更大的整体相联系，与所在的环境迈向休戚与共的世界。

由此看来，我们的管理教育应该以更广的视野、更高的境界、更开阔的心胸去观照我们的培养责任与使命，与我们所在的社区、所在的区域、所在的国家乃至世界同呼吸、共命运，联结更大的整体，在点滴培养实践中履行好管理教育者的正确角色和使命担当。

2. 中国视角

党的十八大以来，以习近平同志为核心的党中央把脱贫攻坚工作纳入"五位一体"总体布局和"四个全面"战略布局，作为实现第一个百年奋斗目标的重点任务，作出一系列重大部署和安排，全面打响脱贫攻坚战。2020年，中国脱贫攻坚战收官，习近平总书记指出："脱贫摘帽不是终点，而是新生活、新奋斗的起点"。他还强调，要加快建立防止返贫监测和帮扶机制。"行百里者半九十"，脱贫攻坚成效要经得起历史和人民的检验，实际上，精准扶贫、精准脱贫的难点就在于如何做到稳定脱贫不返贫。这是以习近平同志为核心的党中央在推动精准扶贫、精准脱贫过程中反复强调的问题。随着互联网战略的实施，在脱贫攻坚、防返贫的长期努力中，农村电子商务成为精准扶贫的重要载体，在MBA教育的知识体系中市场营销、电子商务、信息资源管理和大数据应用非常普遍，有能力为中国这场伟大的脱贫攻坚战做出一点努力和贡献，这也为MBA立德树人教育和实践提供了契机。

2018年9月，习近平总书记在全国教育大会上指出："要把立德树人融入思想道德教育、文化知识教育、社会实践教育各环节，贯穿基础教育、职业教育、高等教育各领域，学科体系、教学体系、教材体系、管理体系要围绕这个目标来设计，教师要围绕这个目标来教，学生要围绕这个目标来学。凡是不利于实现这个目标的做法都要坚决改过来。"MBA项目的定位是培养高级应用型管理人才，德育教育应是重中之重，如何将德育教育有机地植入MBA培养体系，值得认真思考与实践。

全国 MBA 教指委多次就"立德树人"专题召开全国 MBA 培养单位研讨会，强调要始终不渝地坚持党的领导，自觉在思想上、政治上和行动上同党中央保持高度一致；坚持立德树人根本任务，必须坚持以德为先、能力为重、全面发展，因材施教、知行合一；坚持需求牵引，扎根中国大地；坚持从人民需求的实际出发，始终以人民满意作为 MBA 教育成效评价的标准。全国 MBA 教指委为 MBA 培养院校指明方向，必须将立德树人放在首位，自觉服务于社会需求大局、服务于人民需要大局。

3. 区域视角

河北省是京津冀协同发展的重要一极，更是首都的政治"护城河"，其政治地位颇为显著。2017 年 4 月 1 日，中共中央、国务院印发通知，决定在河北省保定市所辖雄县、容城、安新三县及周边部分区域设立国家级新区——雄安新区。河北雄安新区的建设坚持世界眼光、国际标准、中国特色、高点定位，紧紧围绕打造北京非首都功能疏解集中承载地，创造着"雄安质量"。河北雄安新区成为新时代推动高质量发展的全国样板，培育现代化经济体系新引擎，也为河北的发展注入了新的活力。

河北省省会石家庄，是解放战争时期中国人民解放军攻克解放的第一座大城市。1947 年 11 月 12 日，石家庄解放，建立了新中国第一个以城市为中心的人民政权。因毛泽东同志曾在石家庄市平山县西柏坡指挥三大战役，这里又被誉为"革命圣地"，"新中国从这里走来"，这是一座具有浓厚政治意味的城市。十八大以来，全国各党政机关、各层级干部纷纷"赶考"西柏坡，接受红色传统教育和党史学习教育。

从历史的角度看，河北的文化传统以"慷慨悲歌"闻名于世。河北人民坚韧不拔、不怕牺牲、甘于奉献、拼搏自强，这是河北地域文化中的积极因素，应在新时期大力继承和弘扬。但由于历史上这里长期处于游牧文化与农耕文化的交融地带，又是古代极权统治的京畿重地，也造成河北传统文化有较为封闭的一面，敢闯敢拼的意识匮乏，这是需要突破和革新的方面。处于这个区域的高校，既发挥着知识外溢和科技引领的作用，同时也会受到地域文化的熏陶和滋养。河北科技大学位于河北省省会石家庄，在立德树人、以德为先的教育理念下，MBA 项目的培育和发展应积极吸收本地文化中的精华，强化红色传统教育、强化社会主义核心价值观，培养牢记初心使命、政治上先进、业务技能过硬和勇于担当的管理人才。

4. 学校视角

河北科技大学是一所有着工科背景的综合性大学，优势学科集中在生物工程、化学化工、环境工程、机械电子、材料科学等传统"大学科"领域，经济管理学院自成体系，独占一隅。而 MBA 教育中心是学校 15 个专业学位硕士点之一，虽然踏踏实实稳健经营，但在整个学校的大盘中并不是最耀眼的那颗星。想要在学校中扩大自身影响，获得更多支持，就要设法融入学校发展中，寻找各种机会搭上学校发展的列车。

2016 年，河北科技大学对口扶贫对象确立为承德市隆化县中关镇北铺子村、东升村和三家村，先后派驻了 21 位干部进驻，履行国家重要脱贫攻坚战略部署。随着驻村干部对学校和三个帮扶村的穿针引线，两地互动逐渐增多。村中基础好、有作为的年轻人会被派到经济管理学院学习，主修 MBA 课程；学校工会以及老师们也会帮忙代销一些当地农产品。这给 MBA 教育带来很大启示：可以借助扶贫工作成就 MBA 学子学以致用、奉献社会的愿望。电商扶贫，成为河北科技大学 MBA 学子参与社会公益、承担社会责任的第一选择。

以此为切入点，经济管理学院、MBA 教育中心联合电子商务系资深电商专家，发动 MBA 学生积极投入到助力学校扶贫攻坚战斗中，并形成立德树人、担当教育的载体，也逐渐积累了河北科技大学 MBA 教育的品牌特色。

（三）MBA 立德树人教育载体——校优特品

MBA 的思政教育只靠教化是不够的，尤其对于非全日制的学生，难以收到实效，更难以身体力行。响应国家的扶贫攻坚及防返贫战略，结合河北省实际情况及学校的对口脱贫帮扶任务，MBA 的立德树人教育找到了载体——发挥专业优势，组织学生将专业知识和经营经验应用到脱贫攻坚实践中去，并形成长效机制，一届一届传承下去，形成河北科技大学 MBA 立德树人教育的载体和特色。

为使 MBA 学生的参与能够在各届中传承下去，形成长效机制，河北科技大学首先建立了团队——肆零肆团队，成员以 MBA 学生为主，也吸纳在校全日制研究生及电子商务专业优秀本科生；其次，建立了电商平台——校优特品，为消费者提供符合消费需求和消费心理的优质农产品，并提供一个长久的销售渠道，为乡村振兴贡献一份力量；最后，在 MBA 培养环节，设立了鼓励性学分认定，即凡是"肆零肆团队"成员及在扶贫工作中做出贡献的同学在班级文化实践学分中记满分，并获得优秀毕业生评选资格。

二、"校优特品"项目思路与架构

"校优特品"项目以河北科技大学脱贫攻坚、防返贫对口帮扶任务为切入点，建立河北科技大学立德树人教育的载体，形成德育教育的品牌与可持续传承的着力点。

（一）发展构想与帮扶模式

"校优特品"项目旨在打造长期有效的扶贫电商平台，为消费者提供符合消费需求和消费心理的优质农产品，并提供一个长久的销售渠道，为乡村振兴贡献一份力量。

面对实际情况和现有资源条件，分三个阶段进行。

第一阶段，打通渠道，扩大市场，实现扶贫长效机制。强调非营利或微利，能维持运营即引进高品质扶贫产品，以团购的方式向全校师生销售，让更多的同学和老师知道项目成员在做什么，打造平台知名度，从而打通扶贫地区与高校之间的通道，助力国家扶贫，并确保当驻村干部撤出来时，扶贫地区的商品依然可以卖出去，实现扶贫的长效机制，在此过程中不断测试平台性能，发现问题并加以完善。以"校优特品"微信商城及后台管理平台做支撑，与项目的定点扶贫基地签订协议，协议意在保证卖方提供优质农产品货源，从而建立平台专属的优质农产品库。

第二阶段，开展两个主要大赛，打造扶贫产品库和受众群体库。利用现有 MBA 资源及影响开展农产品创意大赛及网络营销大赛。从建立粉丝群发展至受众群体资源数据库，研究消费者的消费场景，构建并逐渐完善消费者人物画像，形成不断更新的数据库。后期通过农产品创意大赛的形式开展对农产品的研发、创意设计等活动，记录数据；利用网络营销大赛进行精准销售，通过对比产品库和受众群体库进行供需匹配，真正做到精准营销。

第三阶段，推广项目模式，实现帮扶种类及范围的扩大。项目通过建立微信销售平台、开展大赛的方式，打响项目品牌知名度，真正做到长期有效帮扶。并且通过产品商品化过程及营销过程模式化的方式，将优化的模式复制到其他农产品中去，有效降低试错成本。在项目进行期间，基于大数据技术建立和完善受众群体数据库，对匹配到相同消费轨迹的群体进行人为干预调查，将此模式形成项目知识产权，从而结合产品商品化及营销规范模式对同类型产品进行复制推广。

（二）"校优特品"商城建立

由MBA学生联系石家庄大秦农业科技有限公司出资30万元，并发动在校MBA学生以及毕业的校友众筹资金20万元，联合北京博导前程信息技术股份有限公司开发商城系统。现已开发出微信公众平台，并成功申请专利，在2018年10月正式启动。

2019年6月28日，"校优特品"成功注册第9类和第35类商标，如图9-1所示。

图9-1 "校优特品"商标

（三）运营团队"肆零肆团队"组建

"校优特品"平台的运营团队取名"肆零肆团队"（肆零肆，取自办公室房间号404），其标志如图9-2所示。

2016年，MBA教育中心指定团队发起人及成员组成项目运营团队，主要挑选班干部及有情怀的学生骨干。从2018年开始，随着"校优特品"在学生中有了一定知名度，开始有学生自动报名加入，尤其是新生。借鉴在校学生社团运作方式，每年会有纳新和团队成员的更替，也建立了"肆零肆团队"的组织架构（见图9-3）。

图9-2 "肆零肆团队"标志

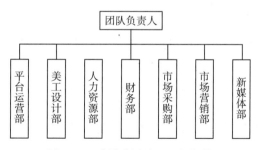

图9-3 "肆零肆团队"组织架构

团队负责人：由MBA教育中心推荐人选，经大秦农业科技有限公司授权承担责任。主要职责：①研究市场需求，不断调整本团队经营方向；②塑造团队形象；③代表"校优特品"对外开展公关活动；④建立和完善项目的程序和创业团队内部规章制度；⑤向公司提出组织方案、人员编制和补贴计划；⑥决定团队部门以下人员的任免和奖惩；⑦保证团队运作的合法性。

平台运营部：直接上级为团队负责人。主要职责：①负责运营线上平台，上线特色扶贫农产品；②及时对平台进行监控，分析一系列数据变化情况，联系负责人制定合理方案；

③孵化原始农产品，对其进行二次包装设计，增加其卖点。

美工设计部：直接上级为团队负责人。主要职责：①制作宣传单页、海报以及采用其他形式进行宣传，宣传扶贫产品；②负责抓好宣传工作，打好品牌建设；③利用现有技术对扶贫产品进行包装设计，打造"质优、味甘、形美"的特色农产品；④塑造团队文化，提升团队外在形象。

人力资源部：直接上级为团队负责人。主要职责：①负责团队人力资源工作的规划，建立和执行招聘、培训以及考勤的规章制度；②招聘兼职团队，满足团队经营整体需要；③统计各部门招聘需求，制作招聘兼职人员计划；④处理其他突发事件以及负责人交办的任务。

财务部：直接上级为团队负责人。主要职责：①负责平台的人、财、物的管理；②制订总账，将明细、数量金额、固定资产等记账；③资产负债表、利润表、自定义报表等报表制作；④核算平台亏盈状况，对特色扶贫产品市场投资的可行性进行研究和成本效益评价；⑤进行目标利润管理，制定标准成本，资金筹集管理，收入利润及分配管理成本费用；⑥对前景做出预测，提供下期目标。

市场采购部：直接上级为团队负责人。主要职责：①深入农田、工厂及扶贫产品原产地考察特色扶贫农产品质量；②负责与团队负责人以及其他部门负责人商议，签订扶贫协议，销售特色农产品；③跟进产品种植以及深加工，监管产品质量；④盘点团队现存的特色农产品质量及数量，便于及时采购扶贫产品。

市场营销部：直接上级为团队负责人。主要职责：①负责市场调查，了解用户需求，精准销售；②负责跨部门经营工作的整体协调及支撑工作；③负责组织年度市场预测及季度调整工作；④负责参与SLA的制订、调整及评估工作；⑤负责特色扶贫产品的资费管理；⑥负责市场、客户信息的收集、汇总，并做好月度经营活动分析工作；⑦负责整体营销策略、方案的制订并指导实施；⑧负责新业务的开发、推广及跟踪、评价工作。

新媒体部：直接上级为团队负责人。主要职责：①负责运营"校优特品"微信公众号，利用微信推文宣传与"校优特品"签约的特色农产品；②发布团队实践或技能活动推文；③充分利用关键词库，定期撰写软文发布各大网站平台，宣传特色扶贫产品，提高产品知名度。

（四）项目运营设想和思路

前期通过面向MBA在读学生进行特殊场景下的扶贫产品推广活动，初步树立平台品牌形象，被校方认可。后由"肆零肆团队"成功举办首届"校优特品"杯网络营销大赛，通过建群圈粉、公众号推广等手段成功引流。通过MBA资源向外部辐射面向社会开展农产品创意大赛和网络营销大赛，在此期间，"校优特品"后台对整个大赛进行数据监控、数据整合和数据分析，不断完善消费者画像，并成功建立关键词库，运营循环模式如图9-4所示。

三、"校优特品"运营实践

运营模式总概括为"122N"，即对接贫困地区、高校教师、MBA学生和企业，搭建1个平台（"校优特品"微信平台），构建2个库（包括受众群体库、扶贫产品库），每年举办2个竞赛活动（包括农产品创意大赛、网络营销大赛），复制项目模式至其他农产品的商品化过程。校优特品"122N"布局如图9-5所示。

第九章 以电商扶贫为载体的河北科技大学MBA思政教育探索与实践 93

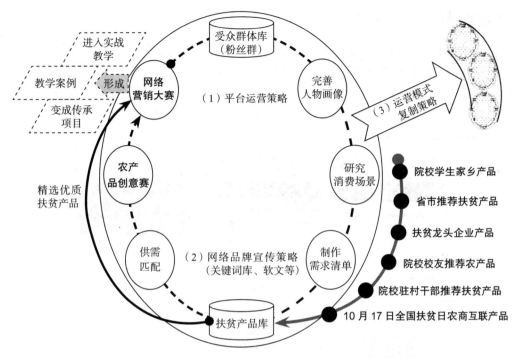

图 9-4 "校优特品"运营循环模式

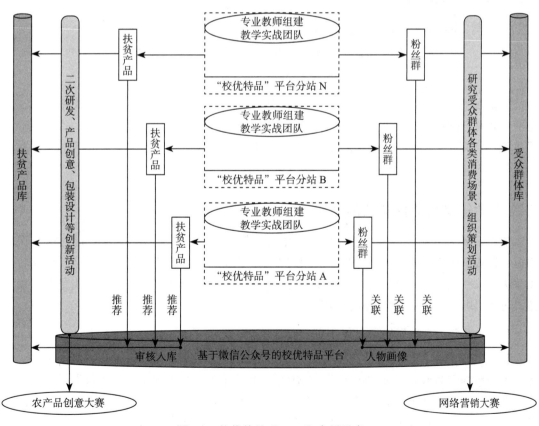

图 9-5 校优特品"122N"布局示意

(一)"校优特品"平台构架

平台分为前后端两部分,前端为"校优特品"商城,依托于微信公众号实现运营,该平台已经在河北科技大学 MBA 教育中心运行两年,可以实现自动认证所在高校,进入本高校店铺的功能,避免出现农产品运输损失问题;商城包含拼团、积分、领券、分销等一系列的营销活动,以此来满足学生各种营销手段的实现,用户可以申请开店、分销代理。"校优特品"微信商城界面如图 9-6 所示。

公众号平台初始界面　　商城小程序初始界面　　平台分销界面

图 9-6 "校优特品"微信商城界面

后端由博星卓越校园电子商务创业平台及博星卓越电子商务后台管理系统做支撑。创业平台为商户操作平台,可实现店铺装修(产品上架、设置积分、秒杀、拼团、优惠券等营销活动,分销上架)及导出信息、数据一览、申请提现等功能;管理系统可实现对所有商户操作平台的管理,包括授权、审核、公众号运营等。

(二)两个年度公益性竞赛活动策划

农产品销路狭窄,很大一部分原因在于包装粗糙,受众群体范围太小,同时由于保质期短、运输不便等原因,不适合目前的网购形式。由此,为实现农产品二次包装、孵化,以及解决高校驻村干部对口扶贫产品销路问题,提升项目的知名度和影响力,吸引更多学校入驻,每年组织举办两项省级公益性竞赛。

1.(上半年)农产品创意大赛

该大赛目的在于以各高校为单位针对相应的农产品收集形成产品库及消费场景库,大赛分为校级赛和省级赛,要求由各学校 MBA 专业的相关教师组织引导学生依据受众群体设计消费场景,自由选择产品进行组合、包装设计,采用网上投票以及现场答辩的形式选出优秀设计团队,与之达成协议,吸引风险投资实现产品的再孵化。

比赛由学院 MBA 教育中心主办,大秦农业科技有限公司承办网络营销大赛和农产品创意设计大赛,利用网络营销大赛沉淀下来的消费者用户画像数据,对受众群体的消费场景进行总结,形成消费场景库。参赛团队依据受众群体结合消费场景对产品进行包装设计,变为适合市场流通的商品。要求参赛团队写出产品设计方案并设计出实物。成熟企业在大赛决赛现场可以投资各个产品获奖作品。参赛团队免费为扶贫产品做包装设计,实现扶贫产品的长效流通(内容详见附录9-1)。

2.(下半年)网络营销大赛

选取上半年获奖的应季特色农产品在校园里通过"校优特品"平台售卖,目标群体是有高品质农产品需求的消费者,通过不断产生订单,完善消费者粉丝群体画像。其间涉及财务管理、平台运营、采购、软文撰写等实战运营,参赛者分销平台产品根据售卖情况提取一部分佣金作为激励。

要求参赛者组建团队选择受众群体,精化消费场景,选择农产品创意大赛实现再孵化的产品进行网上分销(及对商城的产品进行代理销售),参赛者分销有部分利润可得,最终会依据各环节的比赛成绩以及最终答辩表现颁发获奖证书、发放奖金。在经济管理学院的支持下,校优特品"肆零肆团队"已经于2020年在河北科技大学举办校级网络营销大赛,辐射范围较广,并获得一致好评。(内容详见附录9-2)

(三)营销推广实践

项目前期以河北科技大学MBA教育中心作为经营试点,针对MBA在读学生、校友及社会人士开展各项宣传推广活动,目标是在两年之内与省内外各大高校的MBA项目进行连接和联合,提炼出行之有效的推广策略用以复制推广。

1. 促销策略

一是特殊场景下的促销策略:以绿岭核桃为例,针对消费者的年龄阶段进行分类,结合中秋、国庆等节假日虚拟出围绕产品的消费需求,实现特殊场景下的供需匹配。

二是留存策略(养鱼计划):首先,要将信息存档,促销活动的过程同时也是积累粉丝的过程,为发展更外围的消费者打下基础。活动期间推广人员统一以学院为单位建立会员群或加好友,并简单记录每位消费者的年龄、喜好等特征,完成会员入库。其次,要进行软文推广,团队建设微信公众号"肆零肆与校优特品的故事罐",针对消费者活动、团队动态以及产品上新不定期推送软文分享,拉近与消费者的距离,将第一批消费者培养成隐形的推广团队。团队围绕关键词清单撰写软文,充分利用关键词(见表9-1)。

表9-1 关键词清单(局部)

扶贫	高校扶贫	驻村干部	扶贫攻坚
精准扶贫	脱贫	扶贫产业	扶贫产品
扶贫产品库	农产品	农作物	农特产品
扶贫村	扶贫地	扶贫点	高品质
优质	农产品创意大赛	包装设计	首届"校优特品"杯网络营销大赛
营销	营销大赛	网络营销	网络营销大赛
电商	高校电商	高校电商联盟	校企合作
公益	创业		生意经
映霜红桃	绿岭核桃	河北科技大学	

三是分销策略：小程序平台可实现用户分销，消费者申请代理人，分享商品信息进行售卖就可以得到部分利润，以此带动外围消费，扩大消费群体规模，实现消费者留存。

2. 赛事推广

（1）MBA"校优特品"杯网络营销大赛。MBA教育中心与经济管理学院研究生会展开合作，基于市场营销课程开展校级首届"校优特品"杯网络营销大赛。"肆零肆团队"选取优质产品，或利用上半年农产品创意大赛获奖创意产品，支持MBA学生、校友参加，参赛者组建团队依据受众群体分析选择相应产品，通过圈粉、养鱼计划、受众群体信息采集，在校优特品平台上分销，最终依据各环节的比赛成绩颁发奖金，证明以及获奖证书。其间产生的所有相关费用均由"校优特品"项目承担，降低参赛者风险。

活动时间：2020年10月14日～11月11日。

活动期间分销件数、分销单数、购买用户数均有了明显升高，日分销最高数量分别达到大约270件、150单、90人，活动取得明显成效。

（2）直播内容设计大赛。网销农特产品可以引入内容直播设计推广元素，充分利用参赛团队创作热情，协助扶贫村做产品直播内容设计，获奖的团队可以与微视达成合作协议，成为推广达人，拥有百万自然流量。辅助打造校外扶贫村产品知名度。

3. 品牌策略

前期为打开市场，树立"校优特品"产品品牌，严格把控市场扶贫产品质量关，要求做到统一标准，打造优质特色产品品牌。以MBA教育中心为点，以MBA在读学生及校友为线，以其背后企业行业为面，总结项目运营模式和营销策略，形成推广模式并应用于其他待扶持的农产品中，将品牌知名度扩散至社会层面，通过大赛建立粉丝库，通过逐步累积粉丝及消费者开发市场。

4. 其他推广策略

不定期开展观摩交流、沙龙会议、网络宣传等活动，持续扩大平台的影响力。例如，邀请高校教师对营销大赛的启动和颁奖仪式进行观摩并给出指导意见；利用河北高校电商联盟的赞助举办线上线下沙龙会议，围绕"如何解决教材相对落后问题""校企结合的人才培养方案"等主题探讨电商专业学生培养方案的新思路、新理念，引入项目概念进行宣传推广。

持续不断地进行网络宣传。加强网络词条建设，如在各大搜索引擎建设"校企结合新概念""校优特品助力乡村扶贫长效机制"等词条，增加曝光度。在微博、微信等社交平台以及各大媒体网站发布宣传软文，吸引社会团体、个人以及政府的关注和认可。

四、"校优特品"运营成果

通过持续的努力和积累，"校优特品"运营平台的功能逐步健全，服务人群不断扩大，帮扶区域不断增多，呈现出稳健发展态势。

（一）建立了扶贫产品库

河北科技大学MBA教育中心协助学校对口扶贫对象——承德市隆化县中关镇三家村、

东升村、北铺子村，2020年新增邢台市浆水镇前南峪村，建立了扶贫产品库。产品库如表9-2所示。

表9-2 河北科技大学MBA教育中心扶贫对象及农产品分布

扶贫村	特色农产品
三家村	麒麟西瓜、钢丝面
东升村	珍珠油杏、甜玉米、红薯、小米、艾草垫
北铺子村	大樱桃、黑木耳
前南峪村	浆水苹果

（二）建立了粉丝群体库

通过平台购买产品的高校师生会在后台留下数据，"校优特品"后台数据将传统的"进销存"数据转化为"基于消费者行为分析数据"，团队成员可以根据数据对用户进行精准化营销。消费者不断地购买产品，后台会不断地完善粉丝群体画像。基于消费者行为分析数据包括下单时间、收货人、收货地址、消费金额、购买产品。因此可以知道消费者在什么时间买了什么产品，哪位消费者贡献比较大等信息。

（三）建立了公众号

建立"肆零肆与校优特品的故事罐"公众号，发送推文40篇，浏览量已累积超过10 000。

（四）建立了场景库

学生围绕产品库以及受众群体收集消费场景库信息。目前已扩充到近100种消费场景。

（五）2016～2020年扶贫活动大事记

河北科技大学"肆零肆团队"自2016年创立以来，在调研河北、产业扶贫、专业服务、组织赛事等方面，从起初零星参与扶贫等社会服务（表9-3为近年来团队参与的扶贫工作一览表），到团队成员一届届传承至今，逐步形成了扶贫服务品牌，河北科技大学MBA教育的社会影响从学校逐渐扩展到校外。

五、扶贫实践对MBA项目的反哺

由于MBA团队主动、持续参与学校的定点扶贫工作，并为帮扶对象带来切实改善，为学校的帮扶工作带来诸多荣誉，比如，2020年12月我校驻隆化县中关镇工作队荣获河北省事业单位脱贫攻坚记大功奖励；我校帮扶村隆化县中关镇北铺子村党支部荣获全国脱贫攻坚先进集体荣誉称号，等等。MBA项目以电商扶贫为窗口不仅得到学校更多部门的关注和认可，在工科背景的综合性大学里有了一定的知名度和影响，所培养的人才也得到了社会的认可。

表 9-3 2016～2020 年"肆零肆团队"参与扶贫工作一览

时间	扶贫地点或活动	参与学生(级)	扶贫内容简介	备注
2016年7月9日～2016年7月13日	隆化县中关镇北铺子村、东升村、三家村	2014	统计分析扶贫对象家庭结构、收入与支出、致贫原因、教育程度、种植养殖情况等	获得省级社会实践一等奖
2017年2月22日～2017年2月26日	石家庄行唐县	2014 2015	帮助企业规划农产品标准化、品牌化、电商化等产业链工作	此活动开启了行唐县部分农产品加工企业电商之路
2017年7月9日～2017年7月13日	隆化县北铺子村、东升村、三家村	2015 2016	调研乡村旱涝情况,并帮助开展农产品推广策划工作	获得校级社会实践优秀奖
2017年7月29日～2017年8月3日	赞皇县李家庄村	2011 2012 2013 2014 2015 2016	河北科技大学2014级MBA学生张良在赞皇县李家庄村发起"精准扶贫"活动,募集善款2万余元,并为贫困村儿童购买了护眼灯等学习用品。其间,走访了MBA校友面向李家庄村贫困户进行了面对面交谈,传递了国家政策,帮助子制订脱贫计划。同时,还出资为村支部办公室购买了某局板凳,重新修缮了办公场所	此项活动得到了长城网、《河北法制报》等媒体关注,刊发了8校友的义举
2018年4月16日～2018年6月22日	石家庄市首届农产品创意大赛	2016	协助市电商协会、市供销社、河北高校电商联盟等组织了全市农产品创意大赛,共涉及13所河北高校,56支团队参赛,取得了良好的社会效果和影响	受到省商务厅、省供销社高度赞扬
2018年7月10日～2018年7月14日	隆化县和承德县	2016 2017	帮助企业调研县域商业结构布及农村电商开展情况	共有2支社会实践分队分别参加了隆化县、承德县扶贫
2018年10月～2018年12月	河北省首届电子商务产品设计大赛	2016	协助市电商协会先后组织了石家庄市电子商务产品基于电子商务和河北省电子商务产品设计大赛	受省商务厅高度评价
2019年1月5日	井陉县首届农产品创意大赛	2016	协助市电商协会开展农产品基于电子商务的包装创意设计	受到县政府领导赞许
2019年7月8日～2019年7月12日	衡水市故城县	2017 2018	进行数据结构优化、企业将会面临的主要困境,在总结成功经验的同时,分析数据分析,存在的主要制约因素,找到破解之道	得到衡水市商务局、故城县发展和改革局领导好评
2019年	2019石家庄市优势产业集群电子商务应用大赛	2018 2019	协助市商务局、市电商协会等组织了医药大健康、食品加工、干鲜果品、小布艺等县域产业集群电商应用大赛	受市委、市政府好评
2020年10月22日～2020年11月15日	首届"校优特品"杯网络营销大赛	2018 2019 2020	精选扶贫龙头企业优势农产品(绿岭集团的烤核桃等)开展网络市场测试,获得良好效果,市场反馈信息有利于企业优化产品设计、包装等	"肆零肆团队"组织实施,共涉及13个学院,80多支团队,约有500人参加

（一）MBA 的德育教育落到实处

对学生的德育教育、思政教育和品格培养并不仅仅是加强政治理论学习和形势政策教育就足够了，而是要确保学生在思想上、行动上体现政治先进性和品德高尚性，这既需要持之以恒地教化和引导，也要依靠制度保障和行动载体的支撑。

MBA 教育中心在培养方案中植入了 5 个学分的班级文化实践活动，虽然这 5 个学分并不是全国 MBA 教指委规定的必要培养内容，也不能决定学生能否申请到学位，但对学生起到了约束和引导强化的作用。5 个学分的构成采取正向积分形式，可以通过做公益服务、志愿者服务、公共服务、参加班级组织的红色之旅（每年会组织学生到革命圣地西柏坡参观和接受党史学习教育）或参加"校优特品"扶贫活动等具体事项取得佐证材料，这一积累过程始于正式录取之日，所以现在新生在入学前的互助服务、协助学校和老师开展工作已成为传统。

在"校优特品"刚刚启动时，还要依靠老师游说、动员甚至挑选指定学生参与平台建设和运营工作，经过几年的坚持，平台的影响力逐步扩大，加之班级文化实践活动学分制的出台，现在平台运行已基本实现学生自治，一届届学生的传承也有序更替平稳衔接。最重要的是，班级风气健康向上，以参与公益事业、利他奉献为荣，有的新生说来到这个班级感觉很"治愈"，其实这是将"小我"融入"大我"的变化和体验，是入模子的结果，这个模子就是立德树人形成的良好教育环境。

（二）人才培养取得显著成效

1. 学生的变化

非全日制的学生通常较难管理，对学校的归属感也较弱，每个月几天高强度的密集上课紧张而忙碌，纵然有专门的思政课程，但由于缺少身体力行而难以发生深刻的思想转变。通过"校优特品"电商扶贫实践平台的建立以及班级文化实践学分的设置使学生既受到参与电商扶贫同学的引领又面临学分积累的考核要求，从过去对公益事业的无所谓到积极参与，精神面貌也大为改观，真是思想通、一通百通。

2014 级 MBA 学生张良是独生子，家庭条件优渥，养成畏难躲事的习性。但在研究生三年级的 2016 年、毕业后第一年的 2017 年连续两年主动请缨，任石家庄市赞皇县许亭乡李家庄村第一书记，其扶贫、抗洪事迹得到了上级认可，先后两次获评县委优秀第一书记。

2016 级 MBA 学生杨琳于 2021 年 5 月被任命为河北科技大学对口扶贫村所在的隆化县委委员、常委、副书记，提名隆化县县长人选。

除了思想觉悟的提高，学生们的利他意识、担当意识、进取意识及合作意识也有了明显提高，同学们在课程学习阶段、在论文工作阶段互帮互学，分享学习体会和研究心得、共享学习资源，使得在招生规模不断扩大的情况下，正常毕业率仍维持在 97% 以上，相当一部分学生毕业后被提拔到更重要的岗位，担负更大、更多的责任，这一切变化与立德树人教育密不可分。

2. 青年教师的成长

人才培养是双向的过程，对 MBA 项目来说，由于生源的特殊性和项目本身强调的实践应用性，也在倒逼教师的转型和调整。基于 MBA 项目在学校的影响力越来越大，也吸引了一大批年轻教师对该项目的关注。过去，由于 MBA 项目属于专业学位硕士项目，年轻博士面临职称评定的压力，精力大多放在学术性研究上。随着国家立德树人、教育教学主旋律的唱响，年轻博士围绕 MBA 教学和研究特点积极努力，近两年 MBA 硕士研究生导师数量经过长时间的徘徊有了大幅增长，由过去的 11 名增长到现在的 26 名，为 MBA 学生上课的热情也十分高涨，实现了从过去的"要我上"变为"我要上"，MBA 项目的发展迸发出新的活力。

（三）学科建设在扶贫实践中取得突破性进展

电商扶贫与"三农"问题面对面，师生走到田间地头、走到农民的生活与生产实际，现实的鲜活促使师生面向实际回应挑战、解决问题，也推动知识的重组、创造与更新。培养了教师的问题意识和解决问题的能力，MBA 学生的参与也拓展了教师的间接社会经验，大大推动了电子商务专业学科建设和发展，于 2020 年被评为国家一流专业建设学科，这也是经济管理学院第一次拥有国家级一流专业建设点。

由 MBA 在读生和校友、部分在校研究生及电子商务本科生组成的"肆零肆团队"共同创建的"校优特品"平台，经过几年来的实践验证，逐渐成为教学实战项目，扶贫实践也成了"网络营销"课程教学场景。持之以恒的电商扶贫实践和所取得的实实在在的成绩使我校电子商务专业被评为国家一流专业建设点。课程负责人高文海老师成为国家万人优秀创业导师、全国电子商务数字教育发展联盟副秘书长、教育部电子商务专业教学指导委员会数字教育特聘专家、河北省普通本科院校优秀教学团队负责人，多次荣获河北省"三育人标兵"、河北科技大学"十佳优秀教师"、全国大学生电子商务"创新、创意及创业"挑战赛优秀指导教师、"挑战杯"河北省优秀指导教师、调研河北优秀实践指导教师等荣誉称号。

（四）学校各部门给予 MBA 项目更大力度的支持

仅以研究生招生工作为例，从 2020 年开始，研究生招生管理部门分配给 MBA 项目的名额有了跳跃式增长（见表 9-4）。

表 9-4 历年 MBA 招生数据

每年招生人数/人										
2011 年	2012 年	2013 年	2014 年	2015 年	2016 年	2017 年	2018 年	2019 年	2020 年	2021 年
31	23	48	57	26	38	63	64	42	122	94

并且在复试录取环节，允许 MBA 项目多次组织调剂复试，学校研究生学院招生办公室配合 MBA 教育中心发布复试通知、组织监督复试、公示成绩、派发拟录取通知等，为 MBA 项目的招录给予最大力度的支持。

在培养环节，由于我校备案的皆为非全日制培养方式，上课时间均占用节假日时间，与在校生的学习、考试、管理都有很大差别，在保证培养要求的前提下，摒弃了"一刀切"式的过程控制，以更加人性化、更加有利于师生达成的方式为 MBA 项目特事特办。比如在新冠疫情期间，由于学校的防控政策和生源地的分散，采集毕业信息不便来学校统一进行，学样研究生学院培养办公室专门为 MBA 学生开通线上采集方式，大大方便了 MBA 学生该项工作的完成。

在学生管理方面，为 MBA 学生配备了专门的辅导员，并打通了与在校学术型在校研究生、本科生的联系，一起组织活动，互补长短，调动了 MBA 学生参与学生活动的积极性。由 2019 级 MBA 宁嵩涛同学和 2020 级朱文海同学作为应届全日制研究生校外成长导师参与指导的大学生创新创业项目"职场 ABC"获得河北省"互联网+"大学生创新创业大赛三等奖。

（五）MBA 的立德树人教育渐成品牌特色

河北科技大学 MBA "肆零肆团队"自 2016 年成立以来，在经济管理学院 MBA 教育中心的坚持下，在电子商务及网络营销教师的指导下，持续关注扶贫攻坚问题，并致力于利用专业知识解决实际问题，五年来不断创造佳绩，也形成河北科技大学 MBA 立德树人教育的一个特色点和品牌。

随着"校优特品"应用场景的不断扩大，以及立德树人教育力度的加大，德育教育的影响也辐射向社会，更引起校友的共鸣和关注，并对校友发挥着持续的影响和熏陶。首届 MBA 毕业校友（2011 级入学）在纪念入学十年重返母校时，除了种下纪念树表达对母校的感恩外，大家自发组织起来到红色圣地西柏坡参观学习，他们感到回母校不仅是叙旧、重温上学的美好回忆，还要按照现在的培养方案中"班级文化实践"的学分要求，再"赶考"一次，也感受到学校给予的正念和精神力量，仿佛又充了一次电、蓄了一次能，被赋予了强大的精神动力和继续创新创业的勇气。

近两年来，河北科技大学 MBA 学生主导和运营的"校优特品"正点点滴滴地释放出它的影响，甚至在一定的区域内成为高校学生参与扶贫实践的"第一联想"。在 2021 年的研究生报考咨询中，有的考生甚至询问"校优特品"是不是 MBA 学生运营的，认为它挺有情怀。真真切切的付出、实实在在的成果和持之以恒的传承，使河北科技大学 MBA 项目在立德树人实践中进一步建立起信心。

六、尾声与展望

目前，河北科技大学 MBA 学生们所经营的电商扶贫平台"校优特品"还在继续运营，功能还在丰富和优化，帮扶的地区和产品还在继续增加，平台仍处于持续发展和完善中，"肆零肆团队"的纳新和新老交替也在秋季新生入学后进行，配合国家乡村振兴战略，我们的努力仍任重道远，但"苔花如米小，也学牡丹开"，只要走对了路，就不怕远。

MBA 的立德树人实践也刚刚摸索出点滴经验，是否还有更好的方法和途径？如何更加立体和厚重？如何建立更加长效的机制？还需不断思考、借鉴、学习和创新。路漫漫其修远兮，吾将上下而求索！

参考文献

[1] 穆夫, 迪利克, 德雷韦尔, 等. 造福世界的管理教育商学院变革的愿景[M]. 周祖城,

徐淑英，译校.北京：北京大学出版社，2014：3-6.

[2] 彼得·圣吉.第五项修炼：学习型组织的艺术与实践［M］.张成林，译.北京：中信出版社，2018：279-283.

[3] 新华社.中共中央　国务院关于打赢脱贫攻坚战三年行动的指导意见[EB/OL].（2018-06-15）[2022-08-19].http://www.gov.cn/ zhengce/2018-08/19/content_5314959.htm.

[4] 新华社.习近平出席全国教育大会并发表重要讲话[EB/OL].（2018-09-10）[2022-08-19].http://www.gov.cn/xinwen/2018-09/10/content_5320835.htm.

[5] 全国工商管理专业学位研究生教育指导委员会.2020 年度全国 MBA 培养学校管理学院院长联席会议纪要[C/OL].（2020-10-30）[2022-08-19]. http://mba.ahut.edu.cn/info/1009/2000.htm.

附录

附录 9-1：农产品创意大赛优秀作品一览表

产品创意名称	学校	产品
"第一坡"林地土鸡蛋包装	河北政法职业学院	鸡蛋包装创意
石家庄灵寿县自驾游	河北政法职业学院	旅游品牌
"蜜野寻踪"蜂产品	河北政法职业学院	蜂蜜、蜂王浆
"旺薯仔"红薯干、"黑富美"黑花生、"花果山"樱桃	河北政法职业学院	红薯干、黑花生、樱桃
"紫优"系列全麦产品	河北政法职业学院	全麦面粉、可冲饮品
河北昂峰农业科技灵寿分公司坚果包装	河北政法职业学院	包装设计
大山兄弟新品——谷粒四方	河北政法职业学院	四种碎块谷物混合
"蕊源"蜂蜜酒	河北政法职业学院	蜂蜜酒
"养心灵寿"旅游品牌	河北政法职业学院	旅游品牌
带在身边的小蜜	河北政法职业学院	蜂蜜
行唐大山兄弟礼品	河北政法职业学院	行唐大山兄弟礼品
三味丹参	河北政法职业学院	丹参的推广方案
"蕊源蜂蜜"家族	石家庄职业技术学院	蜂蜜及其衍生品
丹参产品	石家庄职业技术学院	饼干、面膜、御丹心
"蕊源蜂业"包装升级方案	石家庄职业技术学院	包装设计
石家庄灵寿县"丹参枸"保健品创意	石家庄职业技术学院	丹参枸杞茶
石家庄灵寿县"丹参"品牌产品包装设计	石家庄职业技术学院	包装设计
产品销售策划	石家庄工商职业学院	蕊源蜂蜜
"蕊源"蜂蜜营销策略	石家庄工商职业学院	对蕊源蜂蜜进行口味设计和促销策划

附录 9-2：网络营销大赛

2019 年河北科技大学首届"校优特品"杯网络营销大赛赛制方案

2019 年河北科技大学首届"校优特品"杯网络营销大赛分选拔赛和总决赛两个赛段。以下介绍选拔赛相关事项。

（一）团队组建

1. 团队成员自由组合
2. 不限专业、不限年级
3. 每个团队由 5 人组成（严格控制人数），设负责人 1 名，做好职责分工，1~2 名指导教师
4. 注册报名

（二）比赛流程

选拔赛流程为：建群圈粉→信息采集→养鱼计划（撰写软文）→活动策划→活动执行→活动评估。

1. **建群圈粉**

    团队成员建群（由组委会分配的编号命名），运用朋友、教师、同学等各种关系进行圈粉，圈粉数量最少在 50 人。

2. **信息采集**

    团队成员围绕着群内粉丝进行粉丝信息采集工作（由组委会统一制定一个信息采集表），包括群内粉丝相互关系、专业、年级、性别等。

3. **养鱼计划**

    围绕着产品、活动或其他事项，团队成员撰写软文（至少 1 篇），在群里或群外进行宣传推广，通过粉丝反馈进行修订完善第 2 阶段信息采集的内容，进一步完善粉丝的人物画像。

4. **活动策划**

    团队主要围绕着圈入的粉丝，策划线上、线下或线上线下结合的活动（在活动中可以进一步增加粉丝），撰写策划活动方案。

5. **活动执行**

    在规定时段内，执行活动策划方案，以产品销售为主要活动。

6. **活动评估**

    由组委会派出人员对每个团队活动情况及成效进行评估打分。

（三）赛制规则

团队总分 = 建群圈粉得分（10 分）+ 信息采集得分（15 分）+ 养鱼计划得分（15 分）+ 策划方案得分（20 分）+ 销售业绩得分（40 分）+ 产品销售附加分

1. **建群圈粉得分计算（10 分）**

    （1）圈粉得分计算的基本条件：至少拥有 50 个粉丝（不算团队成员）。

    （2）得分计算方法：某团队粉丝数量/所有团队中最高粉丝数量×10，比如，某团队粉丝数量为 200 个，所有团队中最高粉丝数量为 500 个，即该团队建群圈粉得分为：200/500×10=4（分）。

2. **信息采集得分计算（15 分）**

    （1）有效信息采集的基本条件：按照"2019 年河北科技大学首届'校优特品'杯网络营销大赛信息采集表"中要求，每填写完一条有效信息，进入计分条目中。

    （2）得分计算方法：某团队有效信息采集条数/所有团队中最高有效信息采集条数×15，比如，某团队有效信息采集条数为 200 条，所有团队中最高有效信息采集条数为 400 条，即该团队信息采集分为：200/400×15=7.5（分）。

3. **养鱼计划得分计算（15 分）**

    （1）养鱼计划得分认定依据：团队撰写的软文质量及推广效果。

（2）基本条件：至少撰写 1 篇与营销活动密切相关的软文，且每篇阅读量达到 50 人次及以上为一篇有效软文，计入养鱼计划得分中。

（3）得分计算方法如下表所示。

有效软文数量/篇	得分
5 及以上	15
4	12
3	9
2	6
1	3

4. 策划方案得分计算（20 分）

（1）活动策划得分认定条件：按照"2019 年河北科技大学首届'校优特品'杯网络营销大赛策划书基本要求"，有完整的网络营销策划书。

（2）得分计算方法如下表所示。

考核指标	清晰得分/分	一般得分/分	不清晰得分/分
受众群体	4	2	0
市场分析	4	2	0
营销策略	6	3	0
活动预案	2	1	0
创新活动	4	2	0

5. 销售业绩得分计算（40 分）

（1）活动执行认定依据：按照活动策划书，开展产品销售活动，可以是线上、线下独立活动，也可以是线上线下相结合活动，以最终的销售数量和金额为计分依据。

（2）销售数量和金额认定办法：以活动结束后收到的货款金额及数量为准，退货、退款不计入统计。

（3）得分计算方法如下表所示。

有效销售金额/元	得分
2 001～3 000	40
1 501～2 000	30
1 001～1 500	20
501～1 000	10
附加分	达到 3 000 元以上，每增加 500 元，加 10 分

（四）决赛选拔

以综合得分由高到低排序，选择前 30% 的参赛者进入总决赛。

第十章

使命驱动，做区域现代商业文明的助推器：
江西财经大学 MBA 教育发展案例

宁 亮[⊖]

——

2021年7月17日，江西财经大学 MBA 教育学院第三届"校园开放日"活动如期举行。2021年，正值中国共产党的百年诞辰，中国 MBA 教育也迎来了30周年庆，为了纪念这个有特殊意义的年份，本次活动新增了一个环节，即第一届"MBA 班长峰会"。活动邀请了历届 MBA、EMBA、中外合作培养 MBA 项目和 EDP 项目的优秀校友参加。同时，与江西财经大学 MBA 项目长期合作的企业实习基地代表、校外"兼职硕导"、雇主代表，以及部分考生也参与到活动中来，在校生则作为"志愿者"参与了活动的组织工作。

学院为返校的校友们精心准备了各种"节目"：参观校史馆，感受"百年江财"的厚重；组织足球友谊赛，重温赛场上的速度与激情；走进食堂，品味"第九大菜系"的"江财味道"；开展班长论坛，分享与江西财经大学 MBA 共成长的创业历程。在下午的班长峰会前，学院组织了一个特别的活动，邀请了 MBA 学院的历任领导、老师上台接受学生献花，第一任 MBA 教育中心（1997～2004年）主任徐炜、第一任 MBA 学院院长杨慧、第二任院长周攻、带领学院通过中国高质量 MBA 教育认证（CAMEA）的上一任院长胡宇辰、已经升任学校副校长的原副院长袁红林，纷纷上台接受学生们的献花和祝福。

MBA 教育学院院长宁亮在会议上做了办学情况报告，他回顾了1997年办学以来的重大事项。跟随着宁院长的讲解，大家不禁回忆起江西财经大学 MBA 教育所经历的点点滴滴。

[⊖] 宁亮，江西财经大学 MBA 教育学院院长。

一、背景介绍

(一) 中国 MBA 教育

MBA 教育项目最早由美国哈佛大学创立，MBA 教育以从事企业经营管理职业所必需的职业技能与道德标准作为人才培养的目标，是一种专业学位教育。我国的 MBA 教育始于 1991 年，经过 30 多年的发展，MBA 培养院校从 1991 年的 9 所扩大到 2018 年的 245 所，成为我国培养高层次管理人才的重要渠道（见图 10-1）。近年来报考 MBA 研究生考试的人数增长迅速，2015 年就已经突破了 10 万人，而每年 MBA/EMBA 招生规模在 4 万人左右。截至 2021 年毕业季，全国有超过 40 万人获得了 MBA 学位（其中 4 万余人获得 EMBA 学位）。

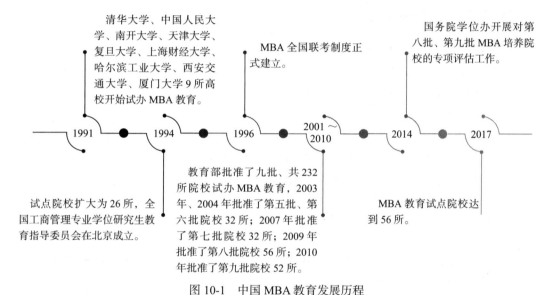

图 10-1 中国 MBA 教育发展历程

江西财经大学于 1997 年获得 MBA 办学资格，2009 年获得 EMBA 办学资格，是全国第三批、江西省首家 MBA 培养院校，全国第二批、江西省唯一 EMBA 办学单位。作为地方性财经类院校，江西财经大学 MBA 教育逐步形成了自己的品牌和特色。

(二) 江西财经大学 MBA 教育学院简介

江西财经大学前身是 1923 年创办的江西省立商业学校，是我国中部地区历史最悠久、师资力量最强、办学规模最大的商科专业院校之一。学校现有经济学、管理学、法学、工学、文学、理学、艺术等学科门类；拥有应用经济学、理论经济学、管理科学与工程、工商管理、统计学、法学、马克思主义理论共 7 个博士后流动站；拥有应用经济学、理论经济学、管理科学与工程、工商管理、统计学、法学、马克思主义理论共 7 个一级博士学位授权点，39 个二级博士学位授权点，13 个一级硕士学位授权点，70 个二级硕士学位授权点，18 个专业硕士学位授权点，57 个本科专业。现有各类在籍学生 4 万余人，全日制在校生 3 万余人，全日制本科生 2.1 万人，各类研究生近 6 000 人。

MBA 项目是江西财经大学，也是江西省最早的一个专业学位项目。经过多年的发展，在全国形成了一定的影响。江西财经大学吴照云教授先后担任了第四、五届全国 MBA 教指委委员，卢福财教授担任了第六届全国 MBA 教指委委员；2017 年成为国内第 20 个、中部地区第 1 个通过中国高质量 MBA 教育认证的 MBA 培养单位，2018 年在全国首次专业学位水平评估中获评 B+ 学位点（MBA）。

学院依托学校工商、财经学科优势，服务区域经济发展、凸显创新创业特色。经过二十多年的发展，在中部地区建立了良好的品牌形象，在全国具有一定的影响。目前拥有综合管理 MBA、数字化管理 MBA（EMBA 转型升级）、中美合作培养 MBA 和卓越管理者高阶培训等项目，在校生 900 余人，累计培养学历/非学历教育学员 2 万余名，他们大多已成为所在领域管理层的中坚力量。

二、困境求生，厚积薄发

江西财经大学 MBA 项目获批于 1997 年，是我国第三批 MBA 培养院校之一，但万事开头难，自 MBA 项目成立之初，即面临着巨大的生存压力。一方面，江西财经大学 MBA 项目在国内起步较晚，市场潜力有待挖掘，与国内发达地区的 MBA 教育办学水平存在较大差距，尤其是江西省地处中部，受到的冲击和挤压更为明显，国内外一流商学院对优质生源的争夺日趋激烈，国内名校 EMBA 院校、中外合作 MBA/EMBA 项目的"虹吸效应"，导致潜在生源的分流极为严重；办学初期，面临的最大难题就是师资薄弱问题，教师对于 MBA 学生群体的授课经验不足，报考 MBA 学位的考生需有一定的工作经验，多数为在职工作人员，往往边工作边学习，即"进校不离岗"。另一方面，大部分教师以理论研究为主，如何让教学内容与解决实际问题紧密联系起来以满足 MBA 学生的需求，这又是一个严峻的问题。

相关领导为了快速培养出能够适应 MBA 学生"特殊性"的师资队伍也可谓是煞费苦心。对于这个问题，当时的 MBA 教育中心主任徐玮教授回忆："那时，我们考虑的是两条腿走路。三人行，必有我师焉。我们一方面希望能联系部分国内外知名的 MBA 老师来学院进行课程交流，让咱们的老师能充分了解 MBA 课程授课的风格；另一方面希望能快速培养出我们自己的师资队伍。"按照当时这个思路，项目成员如火如荼地开展了向外取经之旅。其一，派代表向全国 MBA 教指委寻求帮助，请教办学经验。其二，先后建立了与原同为财政部直属高校的上海财经大学、东北财经大学、中南财经政法大学等第一批 MBA 培养院校的联系。比如邀请前两批 MBA 培养院校的优秀老师到江西财经大学开坛授课、鼓励老师们进行国内国外访学与企业挂职锻炼，切实提高教学能力和水平，并切实加强师德师风教育和建设。让江西财经大学的老师到前两批 MBA 培养院校专门针对一些核心课程进行跟班学习等。其三，通过中外合作办学项目，向境外高校"拜师学艺"。江西财经大学 MBA 项目迅速挖掘了现有教师队伍的力量，让老师们在短时间内达到 MBA 授课的水平。

在招生方面，江西财经大学 MBA 项目也充分利用江西财经大学的品牌效应和口碑营销，项目采取深耕江西、聚焦中部、辐射全国的区域策略，拓展了生源广度和深度。除了依靠江西财经大学在中部地区的知名度和影响力外，积极拓展各类招生渠道。通过组织在读学生和毕业生与地方政府和区域企业对接、开展企业义务诊断等方式，进一步扩大 MBA 项目影响力。在服务地方经济发展的同时，吸引更多潜在学生了解江西财经大学及其 MBA 项目。

终于，功夫不负有心人，在 1998 年的秋季招生中，MBA 项目成功招收了 78 名学员且顺利开课，学院成立之初的招生难关总算是渡过去了。江西财经大学还先后与美国纽约理工学院（1998 年）、澳大利亚南澳大学（2001 年）开展中外合作 MBA 项目，成为当时国内少有的同时具有两个中外合作项目的 MBA 院校。通过与国外高校的合作，江西财经大学 MBA 项目进一步摸清了 MBA 的办学规律，厘清了办学思路，培养了办学师资和管理团队，基本健全了办学机构和制度。2001 年起，江西财经大学 MBA 项目从研究生部独立出来，单独成立了 MBA 教育中心，自此完成了早期的学习借鉴阶段。

三、不安现状，与时俱进

（一）问题显现

通过积极的开拓，江西财经大学 MBA 项目历年的报考生源数量与质量均属上乘。其中春季项目曾连续五年位居全国招生数量第一，逐步在业界建立了较好的美誉度，如在 2007 年全国财经类 MBA 教育研讨会上，更名为 MBA 教育学院后的第一任院长杨慧教授作为代表介绍办学经验；2008 年在第七批 MBA 院校工作会议上杨院长再次作为特邀代表介绍办学经验；2010 年 4 月，我校承办全国中西部 MBA 培养院校基础管理工作研讨会，MBA 教育学院的第二任院长周玫教授在大会上做主题经验介绍。

学院对全国 MBA 教指委在当初教学合格评估过程中指出的问题念念不忘："你们江西财经大学这次的评估能够取得这么优异的成绩，和你们这几年的努力息息相关，但不要满足于现状，要积极从自身出发，发现现有的不足之处加以改进。比如在下一步的办学中还应该注意一定要逐步形成自己的办学特色；此外，还要明确办学使命，结合培养目标，有针对性地建立和完善自己的质量保障体系……"模仿之路能让 MBA 项目长远发展下去吗？若 MBA 项目不能形成自己的特色，迟早会被淘汰。

（二）找准定位

有了专家给出的方向，MBA 教育学院干劲十足，立即成立了"MBA 质量保障委员会"。委员会成员基于对区域环境、大学环境和学院的学科资源优势的充分探讨，对目标群体和竞争差异性进行了理性分析，并多次请教全国 MBA 教指委的老领导赵纯均教授、仝允桓教授，在他们的指点下，学院逐步聚焦于两个关键词：立足中部、融通中华管理智慧。

1. 立足中部

江西财经大学原为财政部直属院校，经过多年发展已在全国财经类院校中排名前十，中部地区排名前三，由此奠定了学校深厚的财经底蕴。依托学校财经学科优势，积极搭建商科交流平台，担负起打造中部地区商科教育高地的职责，成为 MBA 项目的基本定位。

2. 融通中华管理智慧

江西自古以来就是中国传统文化的基地之一，深受儒家思想熏陶的白鹿洞书院（庐山）、鹅湖书院（铅山），道家的圣地龙虎山、三清山，佛教的净土宗祖庭都在江西，深厚的中华文化底蕴使得 MBA 项目形成"融通中华管理智慧"的特色水到渠成。此外，学校有一大批对中华管理非常感兴趣的老师和相关研究团队，其中最突出的就是学院的中华管理研究团队，团队带头人吴照云教授在校内和校外广泛吸纳人才，目前研究团队成员包括来自我校多个学院和相关机构的几十名老师以及多名外校的相关学者。他们各有专长，研究方向聚焦到中华管理思想这个领域，研究力量之强大在江西省首屈一指，就是在国内也是比较少见的。

（三）使命形成

2011 年，学校将 MBA 项目划归工商管理学院，依托工商管理学院强大的学科优势和教师资源，MBA 项目办学的学科平台以及硬件条件都得到极大的提升，为 MBA 教育的发展提供了新的契机。

江西财经大学工商管理学院前身为成立于 1979 年的工业经济系，1986 年获批硕士学位授权点，1998 年更名为工商管理学院，2010 年获批一级学科博士学位授权点，2014 年被评为全国教育系统先进集体，学院拥有工商管理一级学科硕士点、博士点以及博士后流动站。工商管理一级学科在全国第四轮学科评估中获评 B+ 等级，位列参评的全国 240 所高校的前 20%；入选江西省一流学科、江西省重点学科。

工商管理学院曾以"传播管理知识、创新管理理论、培养管理英才"为使命。随着学院的发展壮大，需要导入愿景以牵引使命，引领学院的发展。2014 年起工商管理学院在教师、管理人员、学生、雇主、校外兼职硕导以及合作企业中进行广泛的讨论和意见征集，先后召开了六次专题座谈会，与会人员达到 200 余人次，副校长（时任）、全国 MBA 教指委委员吴照云教授也多次参与讨论，最终达成了以下的共识：文化本义是以人文化育天下，管理即是一种文化。管理思想和管理理论都来源于文化，只有扎根于自己的民族文化，才能发展有实用价值的管理理论。同时，我院在传统管理文化研究方面已形成学科优势和特色。据此，工商管理学院确定了以下方案：愿景——成为中华管理教育的卓越贡献者；使命——融中西管理智慧，育商界厚德英才。

在工商管理学院愿景的引领下，MBA 项目根据自身的内外部情况进行梳理，确定了使命和人才培养目标，并最终支撑了学院的使命（见附录 10-1：学院愿景、使命与项目培养目标关系）。

经过多层次、多角度的讨论和意见征集，通过专家、学者、实业界代表等相关人士的进一步审核与提炼，几易其稿，最终形成的方案围绕学校整体培养目标，紧紧依托工商管理学科平台，是对工商管理学院愿景和使命实现的有力支撑。

- MBA 项目的使命：培养服务经济发展的创业型管理精英。
- MBA 项目的培养目标：旨在培养"秉持'信敏廉毅'校训，熟悉中国管理情境，掌握现代管理理论，引领青年创业潮流"的创业型管理精英。
- EMBA 项目的使命：贡献商业智慧、服务区域经济、培养成长性企业领军人才。
- EMBA 项目的培养目标：践行"信敏廉毅"校训，服务区域经济发展，培养具有战略思维、管理技能、人文素养和社会责任的成长性企业领军人才。

现行的使命和培养目标紧密结合江西财经大学的发展战略，着力支撑工商管理学院"成为中华管理教育的卓越贡献者"的愿景，在学生培养中，以"熟悉中国管理情境、掌握现代管理理论"的目标落实学院"融中西管理智慧"的使命；以"秉持'信敏廉毅'校训、引领青年创业潮流"的目标落实学院"育商界厚德英才"的使命。将"创业"和"中华管理"作为人才培养的"关键词"，并从中凝练MBA项目的特色。

（四）保障质量

明确了现阶段的使命和培养目标之后，江西财经大学MBA项目明确了接下来的发展思路，即坚持市场导向的发展思路，结合区位优势，以市场需求为出发点，整合学院的师资和特色资源，本着"目标驱动、质量导向、持续改进"的建设思想，逐步建立起具有中部特色以能力培养为主线的"人才培养基本要求—人才培养具体目标—课程体系设置—课程教学目标—课程教学实施方案—学习评价"等各环节紧密相扣的、课程教学目标可测的质量保障体系（见附录10-2：MBA项目质量保障体系的实施流程）。重点主要包括：设立学习目标和可度量目标；使教学和对学生的评估与学习目标一致；构造整套体系和流程，从而能有效收集证据资料，以反映学习目标实现的程度；对学习目标各项指标进行评估，通过报告反馈形成闭环，以实现持续改进。具体包括以下几个环节。

1. 建立MBA培养素质模型

通过对教师、学生、雇主等相关人员进行意见征求，在借鉴其他高校经验的基础上，江西财经大学MBA项目也将MBA培养目标具体化为MBA培养素质模型：江西财经大学培养的MBA应具备"人格特质要素""认知要素""知识要素""实践能力要素"四个基本"素质族"，进而将这些一级指标分解为27项二级指标（见附录10-3：MBA培养素质模型）。

2. MBA课程的开发

在满足教育部和全国MBA教指委制定的各项标准和政策的基础上，江西财经大学MBA项目形成了使命引领、市场需求驱动的课程开发过程，通过"启动阶段：经校质量保障委员会同意，启动对课程体系的优化、改革""研究阶段：对MBA培养素质模型进行分析，对市场进行分析""讨论阶段：由课程建设小组对课程体系改革方案进行讨论，形成初步方案""意见征求阶段：将方案向利益相关者进行意见征求""确定阶段：方案确定后向校质量保障委员会提交""实施阶段：新方案实施""反馈阶段：对方案的实施效果进行跟踪，并收集、整理反馈信息""持续改进阶段"8个过程（见附录10-4：课程开发流程），使得MBA项目课程能够以此建立以需求为驱动并持续改进的内在机制。

3. 课程评估

课程评估主要包括四个方面的评估。①课前评估。所有新开课程需遵循MBA项目课程开发流程，以保证教学内容符合教学目标。对于已开设但内容需要修改的课程，由课程小组对课程教学大纲是否符合要求再次审定和核准。在新生入学时就进行问卷调查，摸清学生的功底，了解他们学习的需求。②教学活动中的评估。这一部分的评估，一方面，自上而下由教学小组和教学专家组分别对所属项目的教师授课过程进行抽查和督导；另一方面，采用教学质量投诉处理办法，保证教学过程的持续稳定和改进。负责教务工作的行政人员收到学生投诉后，首先由教务主管约谈相关教师了解课程情况，将学生反馈告知教师，并提出改进建议。若被约谈教师教学改进显著，则继续留用并加强教学技能培训；若改进效果不佳，将考虑替换教师并为教师提供持续改进支持。③课后评估。在课后评估方面，MBA 教育学院在每门课的考试期间进行问卷，汇总后反馈给教师。制定了专门的教学质量评估表，该表格主要从教师课堂讲授内容、效果、对学生的作用等多个角度对项目课程质量进行量化。教务部组织学生评教、进行数据处理与分析，并将评教结果提交学院。从评估数据和实际效果来看，课程教学质量得到绝大多数学生的认可。④毕业评估。江西财经大学 MBA 学生事务处会对毕业生进行问卷调查，了解他们通过学校培养得到的收获，学校提供帮助的不足之处，其中对课程学习的评估是重点。

4. 相关人员的参与

项目的课程设计与实施在战略和实施层面都充分考虑了各利益相关方的参与。首先，在战略层面，战略咨询委员会对项目的总体定位及发展规划提出咨询建议。该委员会的成员包括国内外著名商学院院长和知名业界代表，他们对于培养方案的设计理念和思路进行充分讨论并形成战略性建议。其中，学界委员根据对学术研究前沿的判断，对培养方案提出修订建议；业界委员从商业实践角度出发，根据他们对当前及未来商界管理者能力要求的判断，对培养方案提出修订建议。其次，在课程实施层面，项目一直强调校友资源和企业联系，主张在培养过程中导入更多企业和企业家资源及校友支持。还开设了名师专题讲座，优选具有丰富商业实践经历和专注于企业研究前沿的专家或教师授课，以丰富教学方式、拓宽学生视野、提升学生能力（见附录 10-5：MBA 项目相关者的作用机制）。

四、特色渐成，硕果累累

建立起这套具有江西财经大学特色的目标明确、监督完整、运行有序的教学质量保障体系后，2017 年，江西财经大学 MBA 项目顺利地通过了中国高质量 MBA 教育认证。全程参与指导江西财经大学认证的全国 MBA 教指委秘书处王萍老师评价说："你们虽然不是全国最好的 MBA 培养院校，但是你们的定位很清晰，特色也很鲜明。"是的，江西财经大学作为地方性财经院校，定位就是服务地方经济发展，为地方经济提供管理人才，经过多年的"经营"，终于得到了回报。

（一）培养创业型管理精英

江西财经大学 MBA 项目为地方经济建设和企业发展培养了一大批创业型管理精英。除了正常的计划内培养外（获得 MBA/EMBA 学位的毕业生已达 4 000 余人），江西财经大学 MBA 项目先后为江西省电力公司、移动公司、电信公司、烟草集团、建工集团、建材集团、邮政局、联创光电、赣粤高速、建设银行、招商银行、公用事业局等单位举办 MBA 进修班；利用 EDP 模式，开设了"投融资高级培训班""互联网 + 培训班""管理层执行力培训班"等，为社会培养高级管理人才。项目对更新企业管理者的管理理念、提高企业管理水平的贡献得到社会各界的高度评价。一批学生领导的企业已经上市或准备上市，成为当地龙头企业或行业领袖，提升了地方经济综合竞争力。比如，2009 级 EMBA 学员廖昕晰总经理领导的江西博雅生物制药集团股份有限公司成功上市（股票代码：300294），2010 级 EMBA 学员朱星河董事长领导的江西恒大高新技术股份有限公司成功上市（股票代码：002591），2011级EMBA学员顾龙棣董事长领导的苏州柯利达集团有限公司成功上市（股票代码：603828），2010级EMBA学员俞义泉董事长领导的中联环有限公司正处于申请上市阶段，等等。

（二）助推区域经济发展和社会进步

江西财经大学MBA项目为政府和企业搭建沟通的桥梁，实现各方互利共赢。学院组织学生、校友赴省内外地区考察，为校友投融资寻求商机、为地方政府经济发展输送资源，完成了一系列政企对接活动，同时，学院充分发挥自身优势，借助学院师资丰富的实践经验和强大的科研能力，已与多个地方政府和知名企业签署了战略合作协议，促进产融结合，实现学院、政府和企业的全方位对接，达到互利共赢的目的。

（三）辅助企业转型和改革发展

江西财经大学MBA项目为企业提供免费咨询服务，构建转型创业企业诊断平台。"走出校园、走进企业"，为地方企业答疑解惑、指点迷津，为转型发展中的民企、私企提供专家咨询和诊断服务，多年来累计为众多中部地区中小民营企业进行诊断。专家们以专业视角"望、闻、问、切"，找出阻碍企业发展的症结，充分发挥了学院"管理智库"的作用，得到了地方政府和广大企业的高度评价。

（四）搭建企业家交流平台

江西财经大学MBA项目提供平台，邀请实践领域的专家前来整理、总结管理思想，传播分享管理理念，增强学生对江西省及江西企业的认识。比如聘请了一批专家和企业家担任MBA/EMBA战略咨询委员会委员、客座教授以及"兼职硕导"，为MBA教育提供决策咨询或为MBA研究生开设讲座；建立、完善"双导师"制度，在课程教学中引入"同台授课"制度，鼓励任课教师引入实践界人士同台授课，让项目培养更接地气；与近百家各类工商企业合作建立了实习、实践基地；等等。

（五）承担中部地区商学教育领袖的社会责任

江西财经大学MBA项目在办学中的许多经验具有开拓性，在当地起到了很好的办学示范和带动效应，在全国也有一定的影响。例如，江西财经大学MBA2014年获批为江西省专业学位研究生教育改革试点单位；工商管理学院2017年承办了第六届中国管理案例中心联盟会议，同时承办了第五届"全国管理案例精英赛"总决赛。MBA教育学院连续10年共举办江西财经大学"高管论坛"近80场和大型新春年会10多场，得到了社会和企业家们的好评，通过这种形式承担社会责任，既扩大了学院的社会知名度和美誉度，也为企业解决人才培养问题和转变思路贡献商业智慧。

在MBA校友中，江西财经大学MBA项目具有广泛的影响力。江西财经大学MBA联合会是第七届中国MBA联盟主席单位，中部MBA联盟第六届、第十一届主席单位，江西MBA联盟发起单位和第一届、第六届主席单位。

五、尾声

忆往昔少年风华正茂,看今朝"江财"扶摇直上。在第三届"校园开放日"暨首届"MBA班长峰会"上,来自历届MBA、EMBA、中外合作MBA、EDP四个项目的同学和"兼职硕导"代表共五位来宾,以"我与江财MBA共成长"为主题,讲述自己与江西财经大学MBA的情缘,报告自己的创业之路。

在总结中,宁亮院长动情地说道"百年江财梦,卅载踏歌行",江西财经大学MBA以助推区域经济发展和现代商业文明的进步为己任,凭借勇争先进的担当、可靠的质量保障体系为江西财经大学MBA学子的前程保驾护航,现今的江西财经大学作为中部地区历史最悠久、师资力量最强、办学规模最大的MBA培养院校之一,培养了一大批创业型管理精英,正如一颗璀璨的明珠照耀江西财经大学MBA学子、校友在创业之路上前行。

天下没有不散的筵席,同学们依依不舍地告别老师和母校。窗外街灯已然亮起,灯光穿过黑暗和雾霭,照亮了前路。师生们内心充满力量,无比坚定:依靠江西财经大学MBA每一个人的智慧和勇气,一定可以实现最初的梦想,让江西财经大学MBA的品牌在祖国大地上茁壮成长!

| 附录 |

附录10-1：学院愿景、使命与项目培养目标关系

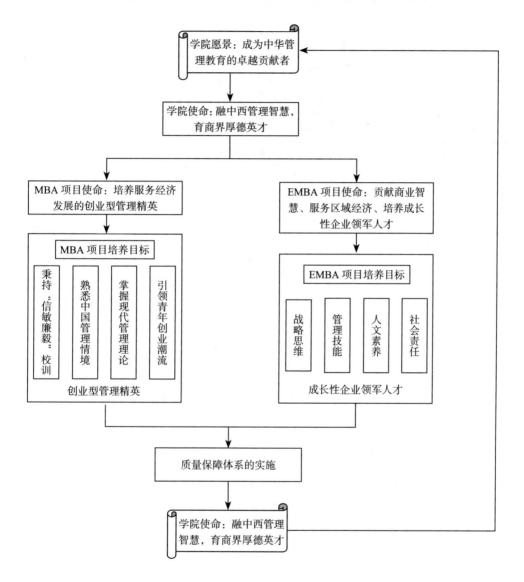

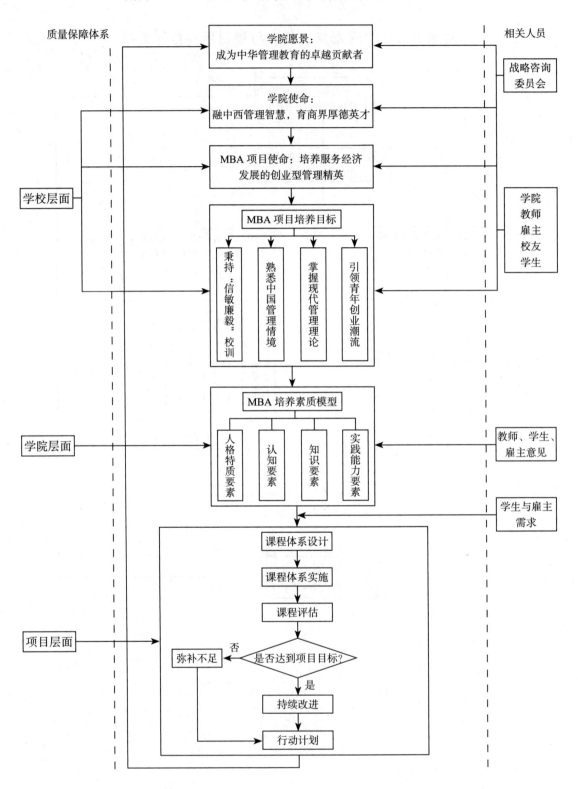

附录10-2：MBA项目质量保障体系的实施流程

附录10-3：MBA培养素质模型

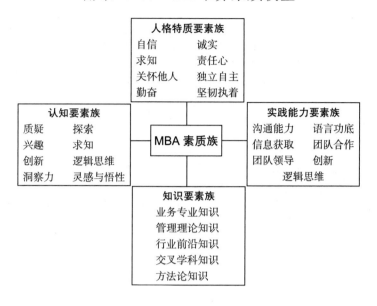

附录10-4：课程开发流程

附录10-5：MBA 项目相关者的作用机制

主体	作用方式	主要职能	联系方式
学院	组织、管理	收集和反馈其他相关者建议和意见；组织、管理和协调项目运营	会议、日常管理
学生	参与、评价	通过对教学和教师评估、进行满意度调查等方式，参与课程体系改进	课程、第二课堂、学生活动
校内师资	参与、设计	制定教学大纲、创新教学方式，充分参与课程设计	研讨、课程
校外专家	咨询、提供资源	提供咨询，企业实践教学与培养	研讨、实践课堂
校友	评价、提供资源	提供实践机会，充实案例资源，丰富教学内容和方式	走访、实践课堂
雇主	评价、提出需求	评价雇用的毕业生，提出市场前沿需求，协助修订培养方案；帮助搭建校企交流平台	问卷、走访

第十一章

国际化推动 MBA 教育质量持续改进：

东北大学 MBA 教育国际化办学实践

郁培丽[一]

党的十八大以来，在深刻认识到全球发展趋势，着重关注世界教育发展格局的背景下，中国高等教育国际化发展步伐进一步加快。2017 年，教育部、财政部、国家发展改革委制定了《统筹推进世界一流大学和一流学科建设实施办法（暂行）》，将推进国际交流作为一流大学、一流学科（双一流）建设的十项重点任务之一。这表明，高等院校在当前社会背景下，将在承担传播中华文明、参与全球治理、推动"一带一路"建设、构建人类命运共同体等方面发挥重要作用。2020 年 6 月，《教育部等八部门关于加快和扩大新时代教育对外开放的意见》正式印发，针对新冠疫情在全球蔓延的背景，明确了要坚持教育对外开放，加强与其他国家之间的互鉴、互容和互通，形成具有主动性、多层次、全方位的教育开放格局。

东北大学紧跟教育发展趋势和社会需求，1997 年经国务院学位委员会办公室批准，获得 MBA 教育办学资格；2009 年，成功申办 EMBA 项目；2010 年 9 月，成为首批全国专业学位研究生教育综合改革试点院校之一；2012 年 3 月，正式通过 21 世纪管理教育与学术联盟（ABEST21）国际认证；2015 年 9 月，开始面向全球招收 MBA 学生，目前已经培养了来自不同国家和地区的 91 名 MBA 学生。

一、六位一体，提升国际化水平

（一）师资力量国际化

培养一批兼具英语交流能力和国际化教育理念的复合型人才在提升高校国际化水平方

[一] 郁培丽，东北大学工商管理学院副院长、教授、博士生导师。

面具有重要作用，东北大学 MBA 教育项目有 10 余位教师具有海外留学背景；近年来，有 20 余位教师赴国外进行交流访问。为了保证国际班课程质量，东北大学 MBA 国际班曾先后邀请了美国得克萨斯大学圣安东尼奥分校商学院孙明和教授为国际班学员讲授 Mathematical Statistics 课程，邀请了伊利诺伊大学厄巴纳—香槟分校刘云川教授讲授 Pricing Strategy and Tactics 课程，以及邀请了英国伦敦大学 Tariq H. Malik 教授讲授 International Business 课程，等等。利用国际化的师资为学员提供了不同的研究视角，并资助学院教师继续开发全英文教学课件和案例，保证课程内容的完整性和时效性。

（二）学生来源国际化

东北大学 MBA 项目于 2015 年开始组织国际留学生以班级为单位为其授课。截至 2021 年 9 月，共培养国际 MBA 学员 91 人。自国际班（IMBA）成立以来，学院积极组织师资设计培养方案，并配备专门管理人员，通过"双师型"师资队伍建设、"国际化"人才培养、"实践性"教学设计等举措大力建设该项目。目前，2015～2018 级学员已经完成全部课程内容，绝大多数学员已经顺利毕业，回到所在国家或留在国内工作，将所学的知识充分应用于自身的工作当中；2019 级学员也已经完成全部课程内容的学习，在积极准备学位论文的各环节工作。2020 级学员由于新冠疫情的影响，保留了录取资格，于 2021 年秋季学期开展正常的教学活动。

（三）课程设置国际化

引入国际化管理课程，营造全新的商业实践环境。基于经济全球化趋势对现代企业高级工商管理人才的培养要求，东北大学 MBA 教育项目于 2000 年引入 Management Game（以下简称 MG）课程。MG 课程是美国卡内基-梅隆大学管理教育的一门具有特色的综合性课程。这一课程充分体现了 MBA 教育的特点，侧重于商务实践（Business Training），而不是理论教授（Academic Education）。目前 MG 课程已经在教学中被应用了十余年，逐步形成了较为规范的教学模式。但是，随着 MBA 生源的变化、企业对 MBA 要求的改变和国民经济发展重心的推移，MG 项目也面临着不断改进和提升的必要性。依托于东北大学 MBA 教育管理模拟体验中心，MG 项目近年来也实施了大量创新性工作，在教学过程、制度建设、特色培养等方面进行了大胆尝试，使 MG 项目教学特色与培养作用在 MBA 教育中得到进一步凸显。

（四）学术和实践活动国际化

学科紧密结合区域经济与可持续发展，为了提升东北大学 MBA 教育项目学术和实践活动的国际化水平，东北大学 MBA 教育项目分别邀请华晨宝马公司生产和技术高级副总裁 Knudt Flor 先生、技术规划副总裁 Maximilian Hunk 先生、铁西厂区总装车间总裁陈卫华先生、德科斯米尔（沈阳）汽车配件有限公司亚洲区人力资源总裁 Jürgen Czajor 先生等十余位国内外专家学者走进东北大学 MBA 课堂，与 MBA 学员分享企业生产制造及运营管理等方面的实践知识。在国际会议方面，自 2015 年以来，学院连续组织了"中韩区域经济与可持续发展"系列国际会议，承办了包括"第十四届中韩区域经济与可持续发展国际学术研讨会""首届环境技术经济前沿学术研讨会"等会议，吸引了韩国、日本、荷兰、英国、俄罗斯等国家的海外专家，中国社会科学院、中国生态环境部、辽宁省委政策研究室等国内相关高校、部门的专家学者参会，参会人数达百余人。

（五）拓展国际交换生项目

为帮助 MBA 学员拓宽国际化视野，促进其更好地体验与锻炼全球化竞争中的管理方法与技能，东北大学 MBA 教育项目自 2005 年 6 月起，开始与日本九州大学合作，开展 MBA 交流项目，并派出第一批 MBA 学员前往日本九州大学学习。为了使选派工作更加规范化，东北大学 MBA 教育中心于 2011 年开始调整选派工作程序，改变以往的推荐式选派，采用公开报名、中心组织综合素质考评等方式进行交换生的选拔，从而保证选派工作的"公平、公正、公开"。回国后，学员普遍认为通过交流开拓了国际视野，拓展了国际思维，收获颇丰。另外，东北大学 MBA 教育项目曾先后派出多批次本专业学位学生前往日本青山学院大学、日本九州大学、美国哈佛大学、美国斯坦福大学、美国西点军校等国外大学交流访问。2019 年，东北大学 MBA 教育项目与美国阿巴拉契亚州立大学建立了合作关系，签署了协议，达到英语成绩要求的学员可根据个人情况前往美国阿巴拉契亚州立大学进行学习，在达到学分要求的前提下，获得相应的学位。

（六）通过 ABEST21 国际认证

东北大学 MBA 教育项目于 2011 年 4 月正式开启 ABEST21 国际认证申请和筹备工作，成立 ABEST21 国际认证工作小组，该项工作是对东北大学 MBA 教育项目十六年的工作总结。经多次研讨，最终形成《东北大学工商管理学院 MBA 教育项目 ABEST21 认证报告》中文版、英文版及英文摘要各一份，并于 2012 年 5 月正式提交给 21 世纪管理教育与学术联盟。经该组织评议委员会审查，正式通知东北大学 MBA 项目认证计划获准通过，并可提交自评报告。申请 MBA 教育国际认证，对于东北大学 MBA 教育项目质量的反馈、审视和更新是一个难得的机会。通过认证标准的检测，标志着东北大学 MBA 教育项目的质量保障体系得到认可。通过开展国际认证，可以帮助提升东北大学 MBA 教育的教学水平、培养质量和品牌知名度，实现 MBA 教育的可持续发展。

二、取得成效

东北大学 MBA 教育项目因地制宜，全面融入 CREP 合作框架，密切参与东亚合作，积极培养国际 MBA 学员，参与 ABEST21 建设，通过 ABEST21 认证，获得"卓越实践奖"，长期派出学员赴日本九州大学交流，引入卡内基-梅隆大学的 MG 课程，与日本青山学院大学国际商学院合作开设企业管理模拟课程。上述各项举措的逐步推进，使国际化贯穿于东北大学 MBA 教育人才培养的全过程。

（一）增进了学员的国际交往能力

东北大学 MBA 教育项目邀请国际师资、国内外资企业的高管和具有国外交流经验的教师为 MBA 学员进行授课或讲座，尤其是对国际 MBA 学员采取全英文授课，让学员感悟到不同文化和背景之间的融合与互通，在保证了东北大学 MBA 教育项目与国际高度一致的基础上，提升了学员的英语技能，有效增进了学员的国际交往能力。

（二）强化了学员的国际认知能力

东北大学 MBA 人才培养定位于：面向东北老工业基地，服务区域社会经济发展，发挥理工科背景的优势，培养具有国际化视野、管理胜任力和责任感的中高级应用型管理人才。在多年的办学过程中，东北大学 MBA 教育项目与包括华晨宝马汽车有限公司、上汽通用北盛汽车有限公司和米其林公司等在内的沈阳地区的外资企业建立了深厚的合作关系。东北大学 MBA 教育项目毕业生主要的就业去向是在东北老工业基地振兴过程中承担主要任务的工业、新兴制造业、高科技行业、现代服务业等类型的国有企业、外资企业、民营企业或自主创业，以及起到辅助作用的服务业和政府事业单位。上述毕业生立足自身，将国际化视野和先进的管理理念与自身工作快速融合，将会直接或间接地对企业的战略转型与可持续竞争优势的获取与维系产生影响。

（三）提升了本校专业学位国际化水平

东北大学 MBA 教育的国际化，不仅是对 MBA 教育项目本身的创新和发展，也同时带动了东北大学其他教育项目的发展。例如，国际 MBA 学员承担其他专业"一带一路"主题讲座任务、与本土 MBA 学员进行深度交流、到国内企业进行参观学习和经验分享等，实现了国际 MBA 项目与东北大学会计硕士（MPAcc）以及工业工程、项目管理、国际商务等研究生培养项目之间的交流和融合。与此同时，MBA 教育项目在提升国际化教育水平方面的许多举措也被推广到了其他教育项目中，提升了其他专业学位教育的国际化水平。目前，中国经济总量巨大，区域市场具有很大差距，东北大学 MBA 教育项目作为辽沈地区商业人才的培养基地，在办学理念和管理模式方面应以习近平新时代中国特色社会主义思想为指导，充分借鉴国际一流商学院的先进经验，继续遵循"教育英才"的办学宗旨，将教育项目融入国际高等教育的大环境当中，吸纳全球优质教育资源，助推东北大学建成"在中国新型工业化进程中起引领作用的'中国特色、世界一流'大学"。

参考文献

[1] 邱妘，陈建平.国际化工商管理创新人才培养模式的探索实践：以宁波大学中澳 MBA 项目为例 [J]. 宁波大学学报（教育科学版），2010，32（3）：13-16.

[2] 梁学玲.国际化办学路径研究：上海交通大学安泰经管学院国际化办学实践 [J]. 上海管理科学，2018（6）：121-125.

[3] 孙灵通，刘言正，熊仲明，等.中外合作办学中国际化人才培养路径研究：以西安建筑科技大学南澳大学安德学院为例 [J]. 教育信息化论坛，2020（8）：19-20.

第十二章

地方工科院校的 MBA 培养模式探析：

以河北工业大学为例

耿立校[⊖]

我国专业学位教育开始于1991年，专业学位是针对社会特定职业领域的需要，培养具有较强的专业能力和职业素养、能够创造性地从事实际工作的高层次应用型专门人才而设置的一种学位类型。第一个专业学位项目是MBA，20世纪初起源于美国，在百余年的发展与完善过程中显示出了极其强大的生命力，逐渐成为国际上通行的工商管理教育的主流模式。20世纪90年代初期，MBA教育被引入中国，给中国传统教育的思维方式和体系都带来了强大的冲击。目前，MBA教育已经成为我国培养高层次管理人才的重要渠道，对我国的经济社会发展做出了重要的贡献。

1990年，国务院学位委员会批准中国人民大学、清华大学、南开大学等9所院校为MBA教育的试点单位，并于1991年开始招生。经过30余年的发展，我国MBA培养单位共270余所，遍布全国各地。我国MBA教育结合中国国情不断改革与创新，培养的MBA人才既有国际视野也兼顾中国国情，既拥有开拓创新经验也极具社会责任感，为国家培养出一大批优秀的企业家、职业经理人，对我国的经济发展起到积极影响。

一、河北工业大学 MBA 教育发展情况

（一）发展环境

河北工业大学被誉为京津冀协同发展中的明珠，是河北省唯一的"211工程"建设高校，国家"双一流"建设高校；隶属河北省，坐落在天津市，是河北省人民政府、天津市

⊖ 耿立校，河北工业大学经济管理学院副院长，副教授。

人民政府、教育部共建高校。前身是创办于 1903 年的北洋工艺学堂，至今已有 121 年的历史。经官方考证，河北工业大学是我国最早的培养工业人才的高等院校，创办了国内最早的校办工厂。办学特色是"工学并举"，其含义"工艺非学不兴，学非工业不显"，说的是教育与工业相助相长，理论与实践要相结合。当时提出的办学理念相当具有先进性和前瞻性，是当代"科教融合""产教融合"的早期实践。

（二）发展目标

以"立德树人"为根本任务，通过 MBA 教育工作的开展，促进河北工业大学管理学师资理论联系实际的能力，加速河北工业大学经济管理学科教学改革和建设步伐，扩大河北工业大学经济管理教育在国内外的影响。通过 MBA 项目建设和改革创新实践，积极探索适应新时代发展需要专业学位研究生培养模式，逐渐提升办学能力，逐步优化生源结构，为区域经济发展培养更多、更优秀的管理人才。

（三）发展阶段

河北工业大学 MBA 项目从 2001 开始招生，历经抓质量、上规模、强品牌三个发展阶段。每个阶段都在积极探索发展 MBA 教育的有效途径，不管在办学规模还是在办学经验上，都在不断地夯实办学基础和实力，使河北工业大学 MBA 项目发展形成良性循环。

1. 建章立制，以质量求生存

2002 年，河北工业大学开展 MBA 教育面临着严峻的考验，但同时，这对学院来讲也是一次难得的发展机遇。作为具有国际可比性的中国第一个专业学位，MBA 办学有其严格的办学资质要求，对于初办 MBA 教育的试点院校，尤其是一家具有地方工科背景的学校来讲有一定的压力。河北工业大学坐落在生源竞争异常激烈的京津地区，招生面临非常大的困难与压力。MBA 项目秉承百年办学传统，集中全院优质师资力量，发挥区域优势、整合校内外资源，走"以质量求生存"的发展道路，实践"博采众长、发挥优势、开拓创新、自我成长"的 MBA 办学理念。在培养目标方面，致力于培养职业经理人才而非商界领袖；在专业方向上，致力于一般管理教育；在师资队伍建设上，致力于走"以对外交流促进对内培养"之路。2005 年，以优异的成绩顺利通过全国教学质量合格评估。

2. 以评促建，以规模求发展

为进一步促进 MBA 教育的进一步发展，项目通过教学质量合格评估后，学院对 MBA 教育发展规律进行了深入研究。学院将内部管理体制改革、师资队伍建设以及 MBA 学位研究生职业发展作为工作重点，进一步深化教学改革和管理体制改革，积极探索河北工业大学 MBA 办学模式和办学特色。同时，积极从学校争取资源，逐步扩大 MBA 办学规模，到 2009 年河北工业大学 MBA 招生规模突破 200 人，为 MBA 项目的进一步发展奠定了良好的基础。

3. 积极进取，以特色强品牌

经过十年的建设，河北工业大学 MBA 教育形成了独具特色的培养模式。2011 年，MBA 项目正式实施以"课程为本（class）、案例为脉（case）、实践为源（practice）、自我提升

(promotion)"为特色的培养模式("2C+2P"模式),以实现管理者知识、技能和素质(KSA)的全面提升。

2012~2014年,在全国MBA教指委的大力支持和帮助下,河北工业大学加入"中国MBA师资开发及办学能力建设计划(淡马锡计划)"第二期,在清华大学经济管理学院对接帮助下,河北工业大学MBA项目的师资水平和办学能力都有了很大提升,为"2C+2P"培养模式的持续发展提供了有力的保证和支撑。

2018年,河北工业大学MBA项目顺利通过全国专业学位评估,获得B的好成绩。河北工业大学MBA项目借助学校的工科优势开始打造MBA工选课、MBA工学坊等工科前沿课程,培养学员的工科前沿意识,扩展工程技术视野,逐步探索河北工业大学MBA"商工并举、弘知励行"的办学理念,经过一系列的改革,河北工业大学MBA项目招生人数再上一个台阶。2021年,河北工业大学MBA项目招生人数突破300人。

二、工科背景下的MBA教育培养模式和特色

河北工业大学具有120多年的办学历史,曾在国内最早开设工业技术教育,首开"工学并举"工程教育思想之先河。新中国成立后,学校认真贯彻党的教育方针,一贯重视学生工程实践和工程意识、工程能力的培养,形成了"工学并举,产学研相结合"的培养高等工程技术人才的办学传统。

(一)培养目标

河北工业大学MBA项目坚持社会主义办学方向,以"立德树人"为根本,面向企业、事业单位和政府经济部门,培养掌握工商管理专业前沿知识,能在京津冀协同和地方经济发展中发挥重要影响,具有全球视野、协作创新精神、良好职业素养、高度社会责任感和商业道德的高素质应用型管理人才。

河北工业大学以培养目标为导向,为保证教学质量,从招生复试、培养方案制定、课程开发、师资选聘到学位论文指导等环节进行全程监控,制定相关文件,形成了完善的质量保障体系(见图12-1)。

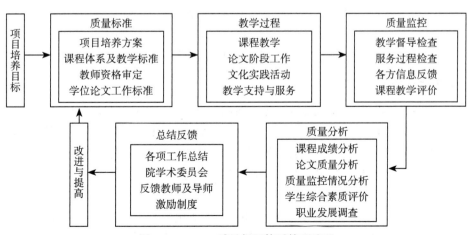

图12-1 MBA质量保证体系管理流程

（二）培养模式

河北工业大学 MBA 教育发展目标秉承"工学并举"传统，经过 20 年的建设与发展，确立了"商工并举、弘知励行"的办学理念，基于工科院校背景下的"2C+2P"培养模式得到全国 MBA 教指委的肯定。具体包括以下几个方面。

1. 完整系统的课程教学

河北工业大学构建知识传授、技能训练、思想修养并重，与管理者素质结构相匹配的模块化课程体系，形成了管理基础（组织行为学、管理学、管理经济学、宏观经济学、会计学、数据模型与决策）、管理技能（商务英语、管理沟通、决策模拟、案例研究方法、管理实践）、管理实务（市场营销、财务管理、运营管理、人力资源管理、信息系统与信息资源管理）与管理思维（社会主义理论与实践、战略管理、企业伦理学、管理文化）相互支撑的四个课程模块。

推进参与式、启发式教学，探讨课堂讲授与讲座、讨论、辩论、模拟、竞赛、报告、参观相结合的有效课堂教学形式。开设系列方向性实践课程模块，将课堂理论教学与实践管理技能培养有机融合。

结合河北工业大学工科背景，特设 MBA "工选课"对数字化智能时代的课程进行探索，结合社会的发展开发了大数据挖掘与智能决策、智能机器人基础、5G 技术与商业机会、智能制造常识等方向的选修课程。

2. "三位一体"的案例教学

加强对以案例为中心的研究型教学活动的组织领导。探索以管理案例研究为先导、MBA 论文工作和 MBA 课程教学案例开发为载体，三位一体相互促进的案例教学发展模式。在案例中心的协作下，编写出版更多更优秀的管理案例。2012 年，在河北工业大学经济管理学院案例中心的积极支持下，《管理案例研究与开发（第 4 辑）》顺利出版，收录本校教师开发的案例 10 篇（此案例集由本校发起并连续出版过 3 期），为案例教学提供了丰富的素材。此项工作已经成为第四批 MBA 培养院校的重要协作成果之一。

案例研究与开发中心定期组织 MBA 师生走访校友企业进行企业调研，为校友企业解决切实问题，并将校友企业实际案例带回校园，组织 MBA 学生参与案例分析。近些年共有 286 篇管理案例被中国管理案例共享中心收录，其中 27 篇入选"百优案例"，并多次获得"百优案例"最佳组织奖。多次承办与案例有关的学术会议和比赛，如 2019 年第四批及京津冀地区 MBA 培养院校案例专题工作研讨会、2021 年第八届全国管理案例精英赛（华北二区晋级赛）等。

3. 商工融合的实践教学

MBA 实践教学包括课程实践和综合实践两个部分。MBA 实践教学以"勤慎公忠"的校训为指引，以"勤慎笃学、知行天下"为宗旨，以培养 MBA 学生的全球视野、协作意识、创新精神、社会责任感为目标，整合区域优秀资源，构建了稳定的产学研实践基地与平台。通过实践基地、企业参观、参与导师的科研实践、参加案例大赛等多种形式开展实践教学，提升理论和实际相结合的水平。

为丰富学生的实践教学，提升 MBA 学生的全球化视野，培养方案中设置了综合实践与应用模块，主要包括拓展性团队训练、管理文化、管理实践、商业模拟大赛、案例写作、

"工学坊"系列讲座以及参加学术活动等。以教师为引领、以企业家为示范、以典型企业为启迪,举行多种多样的实践教学活动,组织行业专家和企业家开展"工学坊"特色讲座,带领学生深入到知名企业学习考察,感知多元文化,体会社会变迁,提高学生的综合职业素养。邀请学校各学院院长或各学科学术带头人以及优秀校友开展MBA"工学坊"服务制造业2025"商工融合"特色讲座,内容主要包含学科前沿、行业趋势、优秀企业经验分享和实战技能提升等。

开设"管理文化"课程,以提升学生的文化修养和视野;开设"管理实践"课程,在每学期聘请企业高管做专题讲座,提升学生的实战能力;开设"研究方法与学位论文写作"课程,以提高学生科学研究和学位论文水平。全日制MBA培养方案加入"工程认识"模块,以培养MBA学生的工程认知能力。实践教学环节开展为期2周的金工实习,MBA学生在金工实习实践教学环节了解传统的机械制造工艺和现代机械制造技术,了解机械加工生产过程,培养实践动手能力和工程素质。

4. 多种层次的自我提升

以"增强自律意识、提升精神和思想境界"为目标,构建以MBA学生组织(班组、班级、联合会)为主导、学生自组织文化和社会实践活动为载体的自我教育和自我提升教学体系。传递"爱班级、爱学校、爱家乡、爱祖国、爱万物"的价值观,培养"协作精神、诚信精神,奉献精神",达到"增强意识、提升境界、锻炼能力、担负使命和责任"的教育目标。通过组织有教育意义的班级文化和社会实践活动,使学生的思想境界和精神境界不断提升,使学生的职业生涯不断拓宽。通过"第二课堂"建设,创新学生活动形式,丰富学生的课余文化生活,树立全面育人意识,使学生素养得到提高并全面发展。

(1)创立"1903悦"品牌。"1903悦"品牌锁定数字1903即学校建校之年份,1903作为基因代码秉承了"兴工报国"的办学初衷,弘扬河北工业大学"工学并举"的办学理念。"1903悦"品牌活动包括"1903悦跑团"户外跑、"1903悦之声"歌唱大赛、"1903悦善行"爱心公益活动、"1903悦读记"读书分享会等系列活动。

(2)弘扬传统文化,进行传统教育、红色教育、廉洁教育。紧紧围绕"传统节日"主题,以二十四节气为重点,深入开展传统节日文化活动,引导学生在积极参与中体验节日习俗、展现中国精神、增进文化自信,焕发"爱班级、爱学校、爱家乡、爱祖国、爱万物"的巨大热情。培养学生养成"协作精神、诚信精神、奉献精神"。开展了包括"弘扬五四精神——当代青年图鉴Vlog短视频线上大赛""双节来临跑步不停——国庆线上跑步大赛""3.8她力量——女神风采展示大赛"等系列活动。

三、河北工业大学MBA项目未来发展方向

为了更好地服务河北经济发展,为国家培养更多优秀的管理人才,河北工业大学MBA项目未来将着重做好三个方面工作。

(一)学标杆,找差距

未来几年,河北工业大学将进一步加强与国内外一流商学院的交流与学习,学习一流

商学院优秀的教学理念和教学方法、先进的管理经验和改革举措，找出发展的差距和不足，通过"请进来、走出去"等方式不断完善和提升自身。

（二）强内功，稳质量

教师是立教之本、兴教之源，高质量师资是项目持续高质量发展的保障。未来几年，将继续加大师资培养力度，继续加大课程组建设，鼓励教师积极参加全国MBA教指委组织的各项培训会议，鼓励教师参与实践课题和企业实战项目，不断提升教师的教学水平和教学质量。

（三）重推广，强品牌

未来几年，将加大品牌推广力度，扩大河北工业大学MBA项目在京津冀的影响力，不断提升品牌知名度和美誉度，争取建成京津冀知名的MBA项目，为社会主义建设培养更多优秀管理人才，为经济社会发展做出更大的贡献。

参考文献

[1] 张姿炎.新工科背景下地方高校协同育人培养模式研究[J].教育教学论坛，2021（9）：5-8.

[2] 王松博.新工科建设背景下地方高校工科人才培养模式改革研究：以桂林航天工业学院为例[D].桂林：广西师范大学，2019.

[3] 谢文君，倪敬.新工科背景下地方高校工程硕士创新实践能力培养模式研究：以杭州电子科技大学机械工程学院创新实践基地为例[J].教育教学论坛，2020（23）：22-24.

[4] 王强，姜莉，吴彪，等.新工科背景下地方本科高校行业学院人才协同培养模式[J].湖北工程学院学报，2020，40（3）：122-125.

[5] 魏萱，介邓飞，叶大鹏."双一流"与"新工科"建设背景下的地方农林高校农业工程类研究生培养模式的探索与思考[J].高等农业教育，2020（1）：95-99.

[6] 郭文俊，杨泽民，张叶娥.新工科背景下地方高校应用型人才培养模式探究[J].软件，2020，41（1）：102-105.

[7] 蒋海青，徐兆军，孟庆莉，等.新工科背景下地方高校人才培养模式研究：以工业工程专业为例[J].教育现代化，2019，6（77）：29-32.

[8] 谭敏生，陈虹，李华新，等.新工科背景下地方高校工学专业学位硕士研究生柔性培养模式探索[J].高教学刊，2019（12）：4-5.

[9] 吕慧华，严金龙，周峰，等.新工科背景下地方高校研究生创新能力培养模式研究[J].教育现代化，2019，6（31）：10-12.

[10] 李涌泉，张小丽，冯俊宁，等.新工科背景下地方高校人才培养模式探索[J].山东化工，2018，47（23）：179-180.

[11] 郭祥云.新工科背景下地方高校人才培养模式的几点思考[J].教育教学论坛,2018(15):5-6.

[12] 刘永春,权天舒,鲜小清.工商管理硕士(MBA)实践教学创新研究[J].中国产经,2020(16):81-86.

[13] MBAChina.王帆:创新与融合,打破传统商科教育同质化[J].经理人,2020(9):38-40.

[14] 贺爱平.我国MBA培养模式的发展瓶颈分析及创新路径[J].中国管理信息化,2020,23(17):226-227.

[15] 张锐,王红君,张燚,等.新时代我国MBA品牌管理教育现状、问题及对策[J].黑龙江高教研究,2020(10):156-160.

第十三章

理工类高校商科专业学位融合创新发展管理模式探索与实践

王兆华[一]　齐英杰[二]　陈　翔[三]　吴水龙[四]　佟　岩[五]

一、商科专业学位教育发展历程

（一）国家战略导向

党的十八大提出实施创新驱动发展战略，党的十九大明确提出加快建设创新型国家，这是建设社会主义现代化国家的必然要求，也是立足新发展阶段、贯彻新发展理念、构建新发展格局的重大任务。党的十九届五中全会进一步提出坚持创新在我国现代化建设全局中的核心地位，把科技自立自强作为国家发展的战略支撑，为新时代建设创新型国家提供了重要遵循。

创新驱动实质上是人才驱动，人才在整个创新型国家建设中起到决定性的作用。习近平总书记在党的十九大报告中强调"着力加快建设实体经济、科技创新、现代金融、人力资源协同发展的产业体系"，并曾多次强调"人才是创新的根基"，"把人才作为支撑发展的第一资源"。在2018年9月的全国教育大会上，习近平总书记在讲话中指出，教育是民族振兴、社会进步的重要基石，是功在当代、利在千秋的德政工程，对提高人民综合素质、促进人的全面发展、增强中华民族创新创造活力、实现中华民族伟大复兴具有决定性意义。教育是国之大计、党之大计，创新驱动战略为创新型人才培养提供了宝贵契机。

[一] 王兆华，北京理工大学管理与经济学院院长，教授、博士生导师。
[二] 齐英杰，北京理工大学管理与经济学院专业学位教育联合中心副主任。
[三] 陈翔，北京理工大学管理与经济学院副院长，教授。
[四] 吴水龙，北京理工大学管理与经济学院院长助理，教授、博士生导师。
[五] 佟岩，北京理工大学管理与经济学院专业学位教育联合中心副主任，教授、博士生导师。

（二）专业学位教育趋势

专业学位研究生教育是培养高层次应用型专门人才的主渠道。经过30多年的探索与发展，我国逐步构建了具有中国特色的高层次应用型专门人才培养体系，针对行业产业需求设置了47个专业学位类别，共有硕士专业学位授权点5 996个。截至2019年，累计授予硕士专业学位321.8万人，为经济社会发展做出了重要贡献。

发展专业学位研究生教育是主动服务创新型国家建设的重要路径。在成绩面前，清醒认识到存在的问题并持续优化才能够发挥专业学位研究生教育的积极作用。2020年9月，国务院学位委员会、教育部发布《专业学位研究生教育发展方案（2020-2025）》，明确提出了人才需求与就业状况的动态反馈机制不够完善，多元投入机制需要加强，产教融合育人机制需要健全，学校内部管理机制仍需创新等新时代下亟待解决的问题。

管理类专业学位项目主要包括工商管理硕士（MBA/EMBA）、工程管理硕士（MEM）、会计硕士（MPAcc）等。面对科技创新的快速发展，企业管理人才不但要具备良好的理论基础和管理水平，更需要将专业素养与管理知识相融合，将创新思维与实践能力相融合，将区域发展与国际视野相融合。目前，管理类专业学位研究生教育在培养理念、培养模式和导师队伍建设等方面与要求仍存在差距。

（三）指导思想

以党和国家方针政策为指导，以落实全国研究生教育会议精神为核心，以立德树人为根本任务，以提升MBA等专业学位教育质量为目标。总结发展经验，梳理办学成果，深入探索中国特色专业学位教育发展规律，推动我国专业学位教育成果创新。

二、北京理工大学商科专业学位发展背景

（一）学校背景

北京理工大学1940年诞生于延安，是中国共产党创办的第一所理工科大学，是新中国成立以来，国家历批次重点建设的高校，首批入选国家"211工程"和"985工程"，首批进入"世界一流大学"建设高校A类行列。学校现设有19个专业学院、9个书院以及前沿交叉科学研究院、先进结构技术研究院、医工融合研究院等教学科研单位。立德树人，学校全面提升人才培养质量，致力于培养"胸怀壮志、明德精工、创新包容、时代担当"的领军领导人才。矢志创新，北京理工大学在服务国家战略和奉献世界科技发展中展现担当。学校始终与党和国家同呼吸、共命运，坚持瞄准国家重大战略需求和世界科技发展前沿，锐意进取。

（二）学院背景

管理与经济学院是北京理工大学19个学院之一，前身是成立于1980年的工业管理系。为了适应我国社会经济及高等教育发展的需要，1992年更名为管理学院，1998年更名为管理与经济学院，学院发展历程如图13-1所示。学院目前设有8个系，即管理科学与物流系、管理工程系、应用经济系、国际贸易与金融系、会计系、组织与人力资源管理系、技术经济

与战略管理系、市场营销系。依托学院建设北京经济社会可持续发展研究基地、能源与环境政策研究中心、国民经济动员教育培训中心、高技术检测研究中心、现代组织管理研究中心、科技评价与创新管理研究中心、系统风险管理研究中心、危机管理研究中心和中外家族企业联合研究中心等研究机构及教育部（985二期）哲学社会科学创新基地。

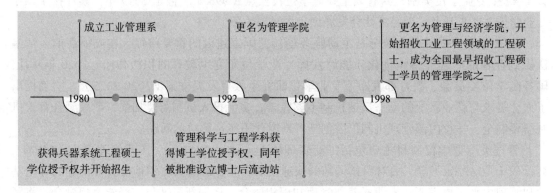

图 13-1　管理与经济学院发展历程

（三）发展历程

管理与经济学院管理类专业学位项目已有近30年发展历史，北京理工大学是国家前两批具有 MBA 学位、首批具有 EMBA 学位授予权的单位之一，也是首批具有项目管理领域和物流工程领域工程硕士学位以及工程管理硕士（MEM）授予权的单位之一，是全国工程管理专业学位研究生教指委委员单位，是首批 MEM 与 IPMP 认证合作单位之一，是工业和信息化部领军人才培养基地。

面向产教融合的管理类专业学位研究生创新应用人才培养模式探索与实践启动于2010年。管理与经济学院当时设有 MBA、EMBA、MEM、ME、MIB、MPAcc、MPA 等多个管理类专业学位项目，划归不同的项目中心分别管理。在培养方案的设置上，受到师资队伍、课程结构和教学方法等方面的约束，更偏重单一的管理类理论知识的学习。为了践行学院"为社会各界培养富有创造力的杰出管理领导人才，孕育适合中国的管理理论与方法，推动中国管理实践和经济社会可持续发展"的使命，"有所为有所不为"，学院集中力量发展 MBA、EMBA、MEM、MPAcc 四个优势项目，并于2016年正式成立专业学位教育联合中心，对各项目资源优化整合，进行全流程统一管理。

（四）目标愿景

2010年，北京理工大学在迎来70华诞之际，对学校的历史传统进行了系统的总结，明确了"德以明理，学以精工"的校训。结合学校的校训和历史传统，学院邀请教师、学生、校友、用人单位以及学校主管部门等利益相关者对管理与经济学院的使命进行深入的讨论，在战略咨询委员会的指导下明确了学院的使命，经党政联席会讨论决定，成为指导学院科学研究、人才培养和管理以及专业学位项目发展的指导性纲领，具体表述如下。

1. 学院使命

为社会各界培养富有创造力的杰出管理领导人才，孕育适合中国的管理理论与方法，推动中国管理实践和经济社会可持续发展。

2. 目标与定位

依托高水平的师资队伍，汇聚优秀教育资源和社会资源，培养拔尖创新卓越管理人才和高层次实用人才，造就一流的专业学位教育中心。

3. 愿景

建设一流学科、培养一流人才、造就一流师资、创建一流文化，成为影响中国与世界经济社会发展的商学院。

（五）战略方向

管理与经济学院 MBA/EMBA 项目的发展得益于学校和学院的战略发展，近年来，学院结合《北京理工大学"十一五"教育事业发展规划和到 2020 年远景规划》和《北京理工大学教育事业发展"十二五"规划和到 2020 年远景规划》以及北京理工大学"十三五"发展规划、"十四五"发展规划，结合学院的发展愿景和使命，多次评估和修改了学院及项目的发展战略，学院发展战略框架概括为以下几个方面。

1. 创新战略

坚持强化特色、协调发展，以国家、社会重大需求为导向，结合工业化、信息化建设需要，凝练和拓展学科方向，努力建设研究型学院，在能源与环境政策、高技术监测、风险与可靠性、危机管理和国防科技管理等领域的学术研究达到国内领先、国际知名水平。

2. 英才战略

紧密围绕国家人才战略，造就管理学、经济学学术领军人物，加快创新团队的建设，培养一批具有自我更新能力的高素质精英型人才，凝聚海内外优势资源，打造一流创新团队，构筑达到国际水准的决策咨询平台，加快提升学院自主创新能力，加大拔尖创新人才培养的力度。

3. 开放战略

围绕"有特色、高水平"的发展战略，开展开放式办学，加强与政府、企业和国内外同行的联系与交流，促进在科学研究和人才培养方面与社会的良性互动，并通过国际化发展，不断提升学院的国际影响力和竞争力，将学院建设成为国内一流、国际知名的研究型学院。

三、专业学位创新融合发展

（一）成立专业学位教育联合中心

为了促进研究生教育结构的优化调整，统筹推进专业学位教育改革与发展，加快高层次应用型人才培养，打造专业学位教育优质品牌，依托管理与经济学院原 EMBA 教育中心、MBA 教育中心、工程硕士教育中心和 EDP 教育中心，整合优化管理与经济学院 EMBA、

MBA、工程管理、MPAcc、项目管理、EDP 等领域优质教育资源，融合各中心的优秀管理机制，管理与经济学院专业学位教育联合中心于 2016 年 12 月正式成立。中心秉承"统一领导、统筹规划、创新服务"的专业学位管理理念，强化服务意识，创新管理模式，努力抓住专业学位研究生教育新机遇，推进管理与经济学院专业学位研究生教育全面快速发展。

专业学位教育联合中心下设招生部、培养及国际合作部、校友学生及行政工作部，组织结构如图 13-2 所示。各个部门之间配合紧密配合、高效联动，使得教学和管理工作都得到了极大的完善，稳步推进学院融合发展转型升级，实现多方面的成绩突破。

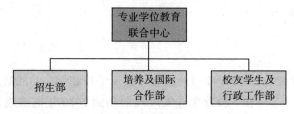

图 13-2 专业学位教育联合中心组织结构

（二）项目资源优化整合

1. 教学资源整合

（1）突出工、管学科优势，打造跨学科精品课程。管理类专业学位研究生复合型人才一体化培养模式整合了校内外立体化的教学资源，形成系统化、模块化、跨学科的培养方案，围绕培养目标，根据教指委指导性培养方案，充分考虑行业重点企业专家和师生、校友意见，利用学校优势专业资源，优选工科特色优势的技术课程和塑造管理能力的前沿课程，为学生提供系统化的知识结构，强化专业知识与管理知识的融合。

近年来学院动态调整课程体系，提供行业前沿的多样化、体系化的 51 门选修课程供学生自由选择学习，形成了全球化经营模块、智能制造与大数据模块、运作管理模块、能源与经济管理模块、投资与创业模块、营销管理模块、战略人力资源管理模块和技术转移模块八个模块和人文艺术一个专题，开发了近 20 门跨学科课程纳入课程体系，先后设立了"国防科技与工业管理""前沿科学技术导论：新材料与新能源""技术转移实务"等重点领域课程，拓展了学生的视野宽度，增加了知识厚度。

学院组建了能源、制造、信息技术等特色班级，定制差异化的课程，要求教师围绕管理实践，结合科技前沿增加教学内容，培养学生的创新意识。教学成果完成人编写的教材《高技术创业管理：创业与企业成长（第二版）》获得清华大学优秀教材一等奖，《项目管理（第 2 版）》入选国家级规划教材，建成"项目管理"国家级精品课程、市级优秀教学团队，取得了北京市教育教学成果奖一等奖等奖项（部分相关代表性教学成果见表 13-1）。

表 13-1 部分相关代表性教学成果

人员	成果名称	成果荣誉	取得时间
魏一鸣、吴水龙（通讯作者）、车越、朱珍珍	从中国的金风，到世界的金风——金风科技的战略转型之路	全国百篇优秀管理案例	2020 年
王兆华、佟岩、陈昆明、陈翔、吴水龙、张斌、王博、李晓慧、齐英杰	管理类专业学位研究生复合型人才一体化培养模式创新	北京理工大学优秀教育教学成果奖特等奖	2020 年

(续)

人员	成果名称	成果荣誉	取得时间
王兆华、佟岩、陈翔、陈昆明	理工科高校管理类专业学位研究生"创新—创业—创客"一体化教育培养体系建设	北京市高等教育教学成果奖一等奖	2018年
裘益政、佟岩、周雅婷	执偶然之果 寻必然之因：TCL与四川长虹的面板投资效果缘何天壤之别	中国专业学位教学案例中心优秀案例	2018年
马宝龙、胡智宸、王月辉、吴水龙、高昂	向世界开花——海信自主品牌的国际化进程	全国百篇优秀管理案例	2018年
王兆华、佟岩、陈翔、陈昆明	理工科高校管理类专业学位研究生"创新—创业—创客"一体化教育培养体系建设	北京理工大学优秀教育教学成果奖一等奖	2017年
骆珣	《项目管理 第2版》	"十二五"普通高等教育本科国家级规划教材	2016年
佟岩、邓路、杨浩	勿以增值喜，勿以减值忧——美中互利的并购估值变奏曲	全国百篇优秀管理案例	2016年
吴水龙、Shibin Sheng、洪瑞阳、白莹、洪淑芳	3M公司：如何创建品牌中的品牌	全国百篇优秀管理案例	2015年
佟岩、刘沛杰	济钢换股吸收合并莱钢——一波三折中寻找平衡	中国专业学位教学案例中心优秀案例	2015年
佟岩、邓路、刘冰冰	快钱：供应链变革助力"终端争夺战"	全国百篇优秀管理案例	2014年
李金林、陈翔等	理工科高校经济管理专业产学研联合培养研究生基地	北京理工大学教学研究项目	2014年
佟岩	MBA项目的全程情境式教学体系建设研究	北京理工大学教学研究项目	2014年

（2）应用体验教学，开发案例智库。包括案例教学、实地教学、模拟仿真教学等在内的体验式教学已经在管理类专业学位研究生创新型领军人才培养中被普遍应用，剖析真实案例、观察企业运行、提供决策支持。管理与经济学院出台8项制度，邀请专家培训，组织导师建立案例开发梯队，共同开发多项被同行高校普遍采用的经典案例。授课教师自主开发的27篇案例入选"全国百篇优秀管理案例"（见表13-2），其中，马宝龙教授及其博士生白如冰等人开发撰写的教学案例"Haier's High-End Brand Casarte: Can Multi-Branding Work?"（案例编号：9B20M203）被加拿大毅伟案例库收录并出版，开发4项中国专业学位教学案例中心优秀案例、入库案例，被同行高校普遍采用。学院连续七年获得"全国百篇优秀管理案例"组织奖。

表13-2 2014~2021年专业学位项目教师开发案例入选"全国百篇优秀管理案例"情况

序号	题目	作者	入选年份
1	"公关亮剑"——D公司品牌激活之道	易瑾超、孔宪佳、曹雯	2014
2	大象迁徙之困——首钢大搬迁的冲突与博弈	刘平青、史俊熙、蔡云亭、何波、李宪、胡金云	2014
3	去哪儿网"聪明你的旅行"——商业模式与价值创新	马宝龙、刘岭、权级慧、苏书园	2014
4	龙象共舞：十八年暗恋最终开花结果——三一重工与普茨迈斯特并购案	孟凡臣、李慧娟	2014
5	快钱：供应链变革助力"终端争夺战"	佟岩、邓路、刘冰冰	2014
6	3M公司：如何创建品牌中的品牌？	吴水龙、Shibin Sheng、洪瑞阳、白莹、洪淑芳	2015

(续)

序号	题目	作者	入选年份
7	"瓷饭碗"可否托起航天事业——航天W院基建部多元化用工的艰难探索	刘平青、王雪、王浩、史俊熙、王雨丝	2015
8	高端餐饮企业"御仙都"的涅槃重生——价值创新与体验营销	马宝龙、王逸仁、苏书园、权级慧	2015
9	"象"吞"蛇"之囧：华电煤业并购榆天化人员分流的过程与策略	刘平青、侯成平、陈洋、王雪、程波、高昂	2016
10	华为手机悄然"逆袭"的营销秘诀：整合营销传播	马宝龙、黄阅微、李晓飞、韩逍、王鸿	2016
11	E起轻生活：北汽新能源的商业模式创新之旅	冉伦、郑刚、夏立新、陈靖、王俊鹏、李鸿	2016
12	勿以增值喜，勿以减值忧——美中互利的并购估值变奏曲	佟岩、邓路、杨浩	2016
13	社创引擎，模式创新——恩派"公益生态系统"的"有机生长"	易瑾超、郑方圆、高鹤、王朔、杜兴翠	2016
14	4D系统，原力绽放——G公司团队"激活"之道	易瑾超、郑方圆、杜兴翠、姚莉	2017
15	海信与欧洲杯的激情碰撞：事件营销开启国际化新征程	马宝龙、李晓飞、毕雯雯	2017
16	组织土壤中，绽个性之花——国家电网新员工的融入过程	刘平青、庄超民、苑会娜、任静、雷泽婧、黄伟敏、文斌	2018
17	向世界开花——海信自主品牌的国际化进程	马宝龙、胡智宸、王月辉、吴水龙、高昂	2018
18	百年马应龙药业互联网变形记	尹秋菊、鲁静、颜志军、王立	2019
19	攘外必先安内——好未来与员工相互成就的故事	刘平青、刘东旭、赵莉、任格、刘凡	2019
20	"复心"之路：疫情后好未来员工的心理契约重构	刘平青、刘东旭、高昂、赵莉、许爽	2020
21	从中国的金风，到世界的金风——金风科技的战略转型之路	魏一鸣、吴水龙（通讯作者）、车越、朱珍珍	2020
22	工程类新产品如何落地生花：华电科工海上风电的开发历程	马宝龙、李纯青（通讯作者）、胡智宸、刘雨洁	2020
23	"一体两翼"：海尔集团的多品牌定位之道	马宝龙、白如冰、胡智宸	2020
24	养鲜界的洞天鲜境——容声WILL冰箱的诞生之路	马宝龙	2021
25	"变局盈利"—静博士美业集团组织能力进化之道	王奋、黄洁萍、邓剑伟、杨添安、仝昊天	2021
26	海信的"B"面：传统家电企业如何智慧转型	冉伦、贾琳、马宝龙、易瑾超、李晨睿、粟峥、冯银花	2021

（3）重视科研合作，成立学科基地。在科学研究方面，近五年来学院教师积极承担科研项目，已完成和正在进行的国家重点研发计划项目、国家自然科学基金创新群体、国家自然科学基金杰出青年项目、国家自然科学基金重点项目、国家自然科学基金智库项目、国家自然科学基金优秀青年项目、国家自然科学基金面上和青年项目、国家社会科学基金项目、国家重大专项项目、国家科技部、国家发改委、国家能源局和北京市政府等各类科研项目490余项。在已经完成的项目中，共获得教育部、国家能源局和北京市等部级科研成果奖10余项。近五年来，管理与经济学院教师发表的论文被SCI/SSCI收录400多篇，CSSCI收录100多篇。在学科基地方面，获批建设"985二期"国防科技管理与国防动员国

家哲学社会科学创新研究基地，获批建设北京经济社会可持续发展研究基地，获批建设能源经济与环境管理北京市重点实验室。在团队建设方面，魏一鸣教授带领的"能源经济与气候政策"团队于2015年获批国家自然科学基金创新研究群体。通过"985二期""211二期"的支持，在能源与环境政策、发展经济、海量国防科技多数据源的集成和挖掘、风险管理、创新政策与管理、国民经济动员以及国防技术监测等多个研究领域取得了一批重要研究成果。

在学科基地方面，国家批准建立了"985二期"国防科技管理与国防动员国家哲学社会科学创新研究基地、北京经济社会可持续发展研究基地。在团队建设方面，魏一鸣教授带领的"能源经济与气候政策"团队于2015年获批国家自然科学基金委创新研究群体。通过"985二期""211二期"的支持，在能源与环境政策、发展经济、海量国防科技多数据源的集成和挖掘、风险管理、创新政策与管理、国民经济动员以及国防技术监测等多个研究领域取得一批重要研究成果。

2. 教师资源整合

（1）建成了校内外100%"双师型"团队，成就高质量研究。经过多年的科研和教学实践，学院已经形成一支由长江学者特聘教授、国家杰出青年科学基金获得者、国家级教学名师等学术水平高、教学经验丰富的教师组成的100余人的师资队伍。近五年来教师积极承担科研项目，科研经费累计1.65多亿元。

累计聘请中国兵器装备集团等大型企业事业单位、政府部门以及优秀创业企业的高层次导师800余人，建成了100%"双师型"的导师队伍。

（2）优化人才框架，打破项目条块分割。在人才队伍建设方面，学院注重学科交叉和跨学科交流与合作，设立交叉学科研究基金，形成了29个导师小组，鼓励校内外导师打破不同专业学位项目的条块分割，定期组织交流研讨，积极参与跨学科合作研究，将学术前沿与产业发展深度融合。协同构建领军人才培养体系，在教学、科研、管理实践中密切合作，积极为国防动员、军民融合等领域建言献策，发挥高端智库作用。

（3）强化聘任培训制度，助力导师成长。学院高标准遴选具有博士学位或高级职称且具有实践经验的专家担任导师，针对重点发展方向，培养与引进长江学者特聘教授和获得国家杰出青年科学基金的青年学术带头人等高层次人才，优化导师培训长效机制，开展包含思政、道德等5个单元的岗前培训，制定了人才队伍的发展规划和发展政策，比如派青年骨干教师到国内外知名大学进修，同时实施聘用流动科研人员、"师资博士后"新机制等政策，形成政治素质过硬、业务能力精湛、育人水平高超的校内外导师团队。已聘请校内导师100余人，企业导师800余人。

3. 产业资源整合

（1）发挥工、管学科优势，集中校内外资源。发挥我校"工科基础雄厚、国防特色鲜明、学科体系完备"的特点，利用学校地处北京、区域教育资源集聚的优势，整合了校内外各方面资源，积极开拓、全力塑造北京理工大学品牌。创新融合发展模式，使得校内外资源充分联动、相互渗透，打破不同专业学位项目的条块分割，将学术前沿与产业发展深度融合。在课程方面，组织企业专家进课堂；在论文方面，鼓励学生从单位实践中凝练选题；在产学研合作方面，组织学生到实践基地开展实地研究；在课外活动方面，组织学生参访知名企业，参加创新创业竞赛，参与国际交流活动，等等。

（2）立足企业实践，发挥毕业论文知识整合作用。管理类专业学位项目论文选题均为应用型研究，要求学生立足本职岗位和管理实践，综合运用理论知识分析和解决一线工作中凝练的管理问题，服务于产业升级和行业特色。在导师小组制和双导师制的双重保障下，加强论文学术诚信意识的培养，每年开展论文写作的相关讲座4~5次。通过开题、中期、查重、盲评、答辩的全周期管理，论文质量不断提高。论文在答辩前100%参加校内盲评，答辩后抽检10%送校外专家进行评审，多节点、多角度提升论文质量。每年均开展论文写作相关指导讲座。以2020年为例，查重通过率达到99%，盲评通过率超过90%。论文成果体现了学生运用管理理论和方法分析解决本单位现实问题的能力，有助于为重点行业企业的疑难问题提供高水平的解决方案。

（三）全流程统一管理

1. 生源遴选

北京理工大学管理类专业学位在品牌影响力、知名度，招生规模和生源质量等方面都得到较大提升。品牌声誉突出，在全国形成了较好的社会影响力，专业学位招生人数呈增长趋势，不断迈上新台阶，生源结构如图13-3所示。

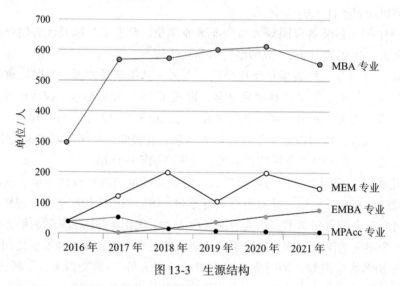

图13-3 生源结构

（1）提高声誉。依托学校和学院的社会影响力，专业学位项目取得了长足进步，品牌声誉卓著。2011年，管理与经济学院MBA项目通过AMBA认证，并且在《世界经理人》周刊主办的MBA项目评比中获"中国最具影响力MBA"第7名。2014年，MBA项目通过了国际MBA协会的再认证。2015年，管理与经济学院通过EQUIS首次认证，成为中国大陆地区第7所同时通过EQUIS和AMBA认证的学院。2016年，学院通过了中国高质量MBA教育认证（CAMEA），是我国第13所获得该认证的单位。2018年，学院通过EQUIS再认证。2019年，学院顺利通过AACSB认证，成为全球不超过1%、同时持有三大认证的院校之一。在2016年由教育部学位与研究生教育发展中心以第三方方式组织实施的专业学位类别水平评估中，北京理工大学MBA项目获评A-，与北京航空航天大学、南开大学、武汉大学等同处于前 7%～15%。

（2）共享渠道。各专业学位项目共享招生宣传渠道和资源，凭借复合型人才一体化培养的优秀成果吸引了大批高素质考生。创建线上与线下相结合的招生方式，吸引更多优秀生源。考虑到近年来考生逐渐向年轻化发展，偏好网络信息的特点，专业学位项目大力推进线上宣传：采用国际流行的瀑布流改版中心网站，以图片、招生资讯为主线，进行主题宣传；创建专业学位在线申请系统，实现无纸化操作，做到学校、考生双赢；创建官方备考QQ群，开设中心微博、微信平台，多方位、多角度宣传报道。与此同时，传统的宣传活动中加强针对性，从新生中选拔招生大使，提升与考生交流的说服力和亲和力；引导考生参与北京理工大学自主举办的专业学位公开课暨招生说明会、考生答疑会、名校巡展等活动。

平均来看，生源为本科"双一流"大学和学科的学生占比超过50%，录取率约为15%，体现出在考生中的巨大影响力。MBA项目在北京地区高校中招生人数连续五年排名第一，MEM项目连续五年在全国高校中招生人数进入前十位。以MBA项目为例，2020年我校申请人数超过6 000人，最终录取628人，录取比例只有10.5%。目前MBA项目在北京地区高校中招生人数排名第一，生源质量显著提高。

（3）选拔优才。学院采取提前面试与传统选拔相结合的方式，锁定优质生源，通过提前面试政策为工作年限长、备考时间短的具有优质生源特点的考生提供更多机会。加大生源选拔力度，以提高生源质量、提升品牌竞争力为核心，多角度、立体化考察生源背景和管理能力。总体来看，专业学位生源综合素质得到明显提升。

专业学位项目注重生源与培养目标高度契合，致力于培养具有较强专业能力和职业素养、能够创造性地从事实际工作的高层次应用型专门人才，北京理工大学管理类专业学位项目则更加聚焦于培养学校和学院优势行业管理岗位的创新型领军人才，优中选优。北京理工大学近年MBA生源平均工作年限、管理工作年限较前两年显著上升，管理岗位考生超过60%。考生来源60%以上集中在国防军工、智能制造、大数据、新能源等领域，与培养目标高度契合。近年来生源质量有了较大提升，集中在传统优势行业，以2020年为例，25%的MBA考生来自信息技术行业、机械电子行业，能源化工、物流交通等行业也占据了一定比例，充分契合了学校和学院的优势学科。近年来北京理工大学MBA生源工作年限、集中优势行业如图13-4、图13-5所示。

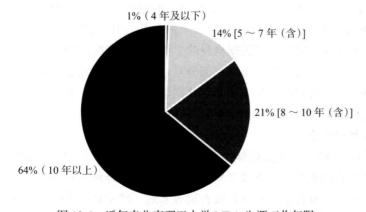

图13-4　近年来北京理工大学MBA生源工作年限

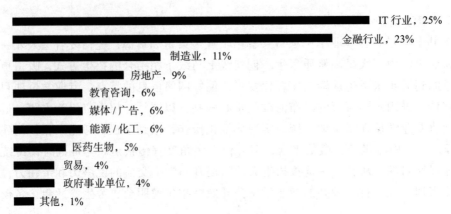

图 13-5　近年来北京理工大学 MBA 生源集中优势行业

2. 课程教学

（1）动态优化培养方案。融合 OBE 理念，将各教学环节看成一个整体，制定专业学位培养的全周期创新、动态优化培养方案，推行个性化学习，通过对各教学环节整合和对教学过程控制，实现整体培养目标，改进课程体系和教学方法，系统提升学生知识复合、能力复合和思维复合水平，强调对学生综合素质和能力的培养。学院开发了近 20 门跨学科课程，纳入课程体系，拓展领军人才视野；设置技术转移方向，助力科技成果进入经济社会主战场；强化不少于 6 个月、6 个学分的实习实践质量要求；与中石油、航天科工集团等重要企业联手建设了超过 30 家产学研基地，为学生提供创新实践平台；95% 以上的毕业论文应用前沿理论来分析企业实践问题，有助于为重点行业企业的疑难问题提供高水平的解决方案。

（2）改进教学方法。大力推进案例教学、移动课堂等以学生为中心的教学方法，充分锻炼学生的系统性思维能力和分析解决问题的能力。在复合型人才的一体化培养过程中，各专业学位项目积极开展行动学习、案例教学等教学方法的创新尝试。案例教学已经在管理类专业学位研究生培养中普遍落实，核心课程均采用案例教学，所选用案例既有成熟经典案例也有教师自主编写的真实案例，教师自主开发的案例已有 27 篇入选"全国百篇优秀管理案例"（其中一篇入选加拿大毅伟案例库）。与此同时，移动课堂、模拟仿真教学和行动学习等其他教学法也在不断完善，并充分融合人才知识体系中的理论基础与产业发展。例如，每年均组织师生前往中石油、北汽集团、腾讯等重点行业企业开展 5～7 次移动课堂。

学院采用线上线下立体化教学，使学生可以通过线上补充理论性知识，线下提高分析能力，保证了学习效果。第一，依托学校乐学平台开展日常教学工作。乐学平台采用 PPT 录播的方式，专业学位研究生可以根据自身的工作和学习情况比较自由地进行学习，并可以重复学习，有利于提高学习效果。第二，部分互动性较强的课程通过雨课堂、腾讯会议等形式进行在线直播，学生可以在线与老师和其他同学展开交流，延展了课堂，提高了讨论参与度。第三，通过线下案例分析、模拟讨论等将理论知识与实际经济问题相结合，提升学生的理论水平和系统性思维能力。

（3）引入创新实践。注重实践能力与创新意识的培养，通过培养过程的交叉融合与综合性多层次创新平台的搭建，突破课堂与实践的割裂，为管理类专业学位研究生提供创新创业的发展机会和支持。建设落实产学研联合培养基地，聘请高水平企业导师，促进管理类专业学位研究生"理论＋技术＋实践"的综合能力提升。

学院积极丰富第二课堂的创新创业活动，通过邀请企业专家报告产业前沿、组织与参加各项创新活动和赛事等方式，将创新创业教育融入育人体系，在理论知识与管理实践的碰撞中激发创新，极大地活跃了专业学位研究生的创新思考。学生踊跃参与，获全国高等院校项目管理大赛一等奖、全国大学生创业大赛 MBA 专项金奖、工业和信息化部创新创业奖学金一等奖、北京地区大学生优秀创业团队等国家级、省部级奖项，充分显示了管理类专业学位研究生的创新能力提升。例如，2018 级 MBA 路雪燕同学获 2018 年度工业和信息化部创新创业奖学金一等奖，王睿等同学的项目"下一代企业移动应用安全系统 ACR"获 2018 年全国大学生创业大赛 MBA 专项赛金奖。

新冠疫情防控期间，本着"停课不停学"的工作思路，学院以创新、创业为导向，不断为学生提供多样化线上学习资源。学院依托优秀的校内外导师队伍、企业战略合作伙伴、各届校友等丰富资源，先后启动了"经管之声""理享课堂""校友学堂"等侧重点不同的线上讲座、报告、论坛等，内容涵盖了学科前沿、时事热点、国学素养、行业动态等，吸引了大批学生在线学习。

（4）培养综合素质。在历次培养方案修订中，学院致力于将推动社会文明进步的思想不断融入学生培养过程，逐步在培养方案中纳入企业伦理、国学等方面的课程，引导学生在掌握专业知识的同时提高个人修养，提升综合素质。在每门课程的内容设计上，通过课程组督促教师间相互交流，通过师资培养提高教师的授课水平，通过案例剖析等引导学生对具体专业知识的掌握要以培养良好的职业道德为基础。在课程学习、论文培养等环节中，强调个人诚信和独立性。

学院在疫情防控常态化的背景下，建设了创新型线上线下协同运行体系，向学生及时推送社会学习资源，包括工业和信息化部中小企业局的企业微课等，多角度、多层次为专业学位学生提供学习机会。

（5）优化教学环境。学院的硬件设施先进、完备。设置了充足的教室和各种类型的活动室，配备了适当的教学辅助设施，保证了正常的教学、实验、案例讨论、学术报告以及其他各类学生活动的需要，深受师生好评。管理与经济学院在研究生楼与主楼设有 4 个专业学位专用教室和 9 个案例讨论室，每个教室都配备了电脑、网络、白板、投影仪、扩音系统等多媒体教学设备，满足教学活动的要求。为了促进教师和学生的相互交流，学院在主楼建有行为实验室和金融实验室，用于线上线下、视频会议等教师和学生的交流活动，学生的大型活动一般使用学校的公共资源，如中心教学楼一楼的报告厅等。

学院成立的管理与经济实验教学中心，于 2007 年经评审被认定为北京市级实验教学中心，下设管理信息系统实验室、信息与系统实验室、多功能专业教学实验室、管理仿真实验室、T-more 实验室，目前拥有能源与环境政策、系统与信息、国民经济动员、系统风险管理、管理决策与运筹、知识发现与数据分析、科技评价与创新管理等实验室（或中心），其中，国民经济动员中心为教育部"985"二期工程"国防科技管理与国防动员研究中心"哲学社会科学创新基地建设项目。这些专业实验室（或中心），在各个主要研究方向形成了高水平的创新研究团队，建立了高水平的创新研究支撑平台，取得了多项具有国内领先或国际先进水平的科研成果以及对国家重大战略管理提供决策支持的应用研究成果，为专业学位学生了解学科前沿、开展论文研究与创新管理提供了有利的支撑。

（6）完善疫情保障措施。疫情防控常态化背景下，线上线下相结合的培养体系对教师、学生等主体均是新的尝试，需要通过切实可行的保障措施应对可能出现的各种问题。第一，通过多种技术手段保障线上培养活动。在课程教学中，使用乐学、各种直播平台、微信群等，多工具保证教学活动顺利开展，落实课程方案和评价标准，保证教学质量。在论文培养中，及时通知师生各项工作节点，提供支撑服务。第二，线下活动做到及时响应，做好各项防控。对于一些课程学习、论文撰写以及其他方面的个性化特殊问题，首先通过线上一对一进行交流。如果问题无法在线上解决，属于指导性问题，由导师与学生线下交流；属于管理方面的问题，由行政人员与学生线下联系，如有必要，协助学生办理入校手续入校解决。

3. 论文培养

管理类专业学位项目均设置6学分以上的实践环节，要求学生参与不少于6个月的实践活动，并撰写高质量报告，论文选题均为应用性研究，要求学生立足本职岗位和管理实践，综合运用理论知识分析和解决一线工作中凝练的管理问题，服务于产业升级和打造行业特色。在导师小组制和双导师制的双重保障下，加强论文学术诚信意识的培养，每年开展关于论文写作的讲座4～5次，规范完善开题、中期、查重、盲评、答辩的全周期管理，保证了论文质量。论文在答辩前100%参加校内盲评，答辩后抽检10%送校外专家进行评审，多节点、多角度提升论文质量。

为了在疫情防控常态化的背景下保证论文质量，学院对开题、中期检查、评审、答辩等环节以及导师或导师小组的过程指导，均制定了线上工作计划或开展了线上工作。第一，按照学校要求督促导师与专业学位学生通过网络平台加强联系，尤其对于已进入论文培养阶段的学生，关注其毕业论文的进展。第二，依托学校图书馆平台，提供各类期刊、学位论文等资源，方便学生在课堂学习、论文撰写等过程中随时检索各种资料。第三，依托研究生院论文送审平台，对全部专业学位论文进行匿名评审，每份论文均由两位校内专家给出评审意见。在答辩前，还将由校外专家给出一份非匿名评审意见。通过强化评审环节，进一步提高专业学位研究生论文的质量。第四，对论文开题、答辩等工作制定线上流程计划，确保各项工作按照时间节点顺利完成。

4. 平台搭建

（1）实践平台。专业学位项目与多家重要企业联合建设了超过30家产学研基地，作为实习和实践教学基地。MBA项目先后建立了30余家实习和实践教学基地，EMBA项目与7家企业联合建立了长期固定的企业合作学习项目。实习基地和合作项目不仅为专业学位学生提供实习机会，还为专业学位学生的移动课程、企业参观等提供了有力的支持和保障。例如，2019年与北汽集团合作的"管理类专业学位研究生'一体化'培养创新实践基地"，获得学校研究生联合培养基地建设立项。

（2）创新创业创客平台。管理类专业学位项目均要求学生参与4次以上创新创业讲座，并为培养学生的创新能力提供指导。与此同时，学院与中石油、航天科工集团、北汽集团、优客工场等30余家重要企业建立长期战略合作关系，为创新创业实践搭建平台，累计聘请大型企业事业单位、金融机构、政府部门以及优秀创业企业的高层次导师800余人。成果完成人还承担了校研究生院"理工科高校经济管理专业产学研联合培养研究生基地"项目，将有关经验进行凝练总结，不断提升管理类专业学位研究生实践能力培养的水平。

（3）校友终身学习平台。为了给校友提供终身学习的平台，专业学位教育联合中心邀请具有多年工作经验的校友回校为在校学生进行职业发展经验分享，学院专业学位项目累计培养毕业生 8 600 余人，优秀校友主要集中在国防军工、智能制造等本校优势专业对应的行业、重点企业以及创新创业企业的管理岗位。如在领军企业担任领导岗位的中国商飞公司董事长贺东风、万达集团董事局主席尚吉永，创新创业取得突出成绩的欣纬智慧（北京）安全科技有限公司总经理张剑锋，等等。优秀校友们反哺母校，多次返校参与活动，搭建了校友论坛、电商平台和创投基地等创新创业平台，成为学生、校友们交流信息、分享经验的平台。一方面，为在校学生提供了更多交流机会，另一方面，也为校友自身的经验总结、校友单位的人才招聘等工作提供了平台。

（4）国际化发展平台。近年来，学院一直非常重视国际交流与合作，通过参加 AMBA、EQUIS 和 AACSB 等国际认证，提高学院国际化的水平；加强与国际知名大学的合作，搭建国际合作平台；优化整合国内外资源拓展管理类专业学位学生的全球化视野，提高学生的跨国管理能力。管理类专业学位项目开展了双学位项目、短期游学、暑期学习、交换学习、跨国公司实践等多种形式的国际合作。例如，与法国南特高等商学院开展"1+1"双学位项目，推行学分互认、共同授予学位；CIS 项目由中国、瑞士、印度三国共同举办暑期学校，轮流作为主办方组织专业学位学生考察当地企业，指导撰写管理实践报告；定期组织前往哈佛大学等世界知名学府进行短期访问交流。

四、特色优势

（一）理念创新

构建管理类专业学位研究生创新应用型人才培养模式，全链条双向产教融合，形成专业学位项目高质量发展"新动能"。呼应国家创新发展战略，推进人才培养全链条的产教双向融合，结合学科优势拓展国防军工、信息科技、能源环境等领域的教育资源，建立了累计超过 800 人的企业导师库和 30 余个产学研基地，推动科技成果进入经济社会领域实践，培养适应管理岗位的领军人才。

（二）体系完备

传承红色基因，优化管理制度和流程，形成育人团队与产业发展实践的一体化合力，构建校内外高质量导师团队"新生态"。在培养过程中校企联动、产教融合，有企业导师参与的课程占比超过 40%，校内导师与企业导师共同构成 29 个导师小组，围绕培养创新型领军人才密切合作，达到了家国情怀、社会责任和职业精神的"知行合一"。

（三）特色鲜明

专业学位项目核心特色主要包括：国际化、实战化、专业化、人性化。

1. 国际化

北京理工大学专业学位项目重视国际化建设，通过与国际知名商学院进行合作，让老师与同学们"走出去"。北京理工大学先后同美国华盛顿大学、法国南特高等商学院、瑞士沃州工商与工程应用技术大学、德国柏林工业大学等多所国外知名大学建立了合作交流关系，每年选派专业学位在读学生赴境外访问交流、进行学期交换、开展双学位学习，形成了国际化的育人环境。北京理工大学专业学位国际化建设在"走出去"的同时，更加重视"引进来"，自2011年起开展了国际MBA课程，采用全英文授课形式，由国际化师资进行授课。今后学院还将继续引进一批欧美本土以及具有海外背景的优秀全职教师，完善学院的专业学位教育资源，使专业学位项目在国际化方面得到多元化、全方位的发展。

2. 实战化

实战化要体现的不仅是专业学位的课程教育，并且还要解决中国管理实践问题，特别是在中国经济走向世界、在世界越来越有影响力的情况下的国际化经营问题。所以，北京理工大学强调的实战化包括以下几个方面：第一，课程设置环节具有实战化的模块；第二，聘请了大量具有一线管理经验的企业高级管理者作为任课老师，同时聘请企业导师作为学生的论文指导教师；第三，注重第二课堂及实习基地的建设，使学生可以参与各个企业总裁或高管的讲座，并到企业的现实项目中去进行相关环节的实习。

3. 专业化

北京理工大学依托管理与经济学院高水平的师资队伍，汇聚优秀教育资源和社会资源，成立专业学位教育联合中心，培养MBA、EMBA、MEM、MPAcc等领域拔尖创新卓越管理人才和高层次实用人才，造就一流的专业学位教育中心。

北京理工大学专业学位项目致力于培养富有全球化视野、社会责任感、高效进取和团队精神的卓越管理人才，打造优秀的专业学位教育品牌。

北京理工大学专业学位的专业方向有：全球化经营、财务管理、营销管理、人力资源、信息工程管理、项目管理、能源与环境政策、技术转移等特色专题模块。

4. 人性化

在专业学位教育决策、品牌经营管理过程中，体现以学生为本，所制定的政策和规则都要从学生角度着想，例如在专业学位项目的班型设置、专业方向设置和上课时间设置等方面，学生可以按照自己的实际情况自由选择。

此外，对于由学生自身原因造成的延迟入学、延期毕业，以及出国交流访问，等等，学校都是采取人性化管理，尽可能从学生角度进行考虑，妥善解决。

综合来看，学生就读专业学位后，学习体验效果良好，学院专业学位项目美誉度很高。

（四）成果显著

1. 桃李满园，涌现领军骨干

学院专业学位项目累计培养毕业生8 600余人，大批领军人才担任重要领导岗位服务国家战略、经济建设和行业需要。优秀校友主要集中在国防军工、智能制造等本校优势专业行业重点企业以及创新创业企业的管理岗位。

2. 社会赋能，服务国家战略

学院围绕国家重大战略需求，发挥学校军工传统优势，突出管理与经济学院专业学位教育特点和领域特色，强调专业学位教育的实践性，聚焦新兴前沿方向，致力于为政府机关、企事业单位高级管理者和科研领军人才提供高附加值的教育培训服务，全面发挥高端智库支撑决策作用，着力为国家新时代发展战略全局做出应有贡献。

3. 满贯认证，同行高度认可

依托专业学位项目的发展，学院成为全球不超过1%、同时通过AACSB、EQUIS、AMBA国际认证的培养单位之一，是全国工程管理专业学位研究生教指委委员单位。在2016年由教育部学位与研究生教育发展中心组织的专业学位类别水平评估中，MBA项目进入A类行列，与北京航空航天大学、南开大学、武汉大学等同处于前7%~15%。多次受邀参加专业学位全国性会议并做专题报告，接待北京航空航天大学、哈尔滨工业大学、厦大大学、同济大学等多所高校来校调研和学习管理类专业学位项目培养经验。

第十四章
教育高质量发展要求下的 MBA 案例教学效果提升路径研究

赖一飞[一]

　　自 1991 年我国高校试行招收和培养 MBA 学员以来，MBA 教育经历了探索、试验再到发展和完善多个阶段，到 2021 年恰好 30 年。这 30 年间，我国企业管理的思想与理论也发生着大变革，从早期的几乎"全盘照搬"逐步发展为独具中国特色的管理理念。作为专门为工商领域的各类企业培养和造就职业经理人的特殊的研究生教育，MBA 教育从一开始就与传统的高等教育有明显的区别，它以培养应用型、复合型和实践型管理人才为目标，着重提高学生实际管理问题的解决能力，其进行的是一种有意识、有完整学科内容、有自己独特方式的研究生教育。随着我国经济的高速发展，研究生教育在不断改革与进步，MBA 教育也在高校教学实践中不断摸索，根据时代的发展与要求逐渐形成了一套独具特色的教学模式与方法。案例教学法作为培养 MBA 人才的有效手段以及主要教学方法之一，早已得到管理学界的普遍认可和广泛应用。它将真实的管理情境带到 MBA 教学课堂，借助文字、音像等媒介手段，引导学员对案例中的问题进行剖析、探讨、评价以及进行决策。这一过程有助于提高学员的系统思维能力和综合实践能力，学员普遍能够掌握或提升应对现实管理情境的新问题、化解新矛盾的策略与技巧。

　　随着"十四五"时期的到来，我国教育进入了新的发展阶段，"建设高质量教育体系"成为"十四五"期间乃至更长一段时期的教育发展目标，这对 MBA 教育的改革与发展提出了新的要求。MBA 教育的高质量发展应体现在全面发展、创新发展、优质发展以及持续发展和安全发展等方面。然而，目前 MBA 教育的主要教学模式——案例教学模式在多年的发展过程中弊端渐显，存在教学设施无法满足教学要求、教师实践经验缺乏、案例质量与教学模式僵化，以及学生参与度不高等问题。因此，本文通过探讨 MBA 案例教学在案例选取与

[一] 赖一飞，武汉大学经济与管理学院副教授。

设计、课堂模式以及课堂配置等方面的改进方法，以期找到教育高质量发展要求下 MBA 案例教学效果的提升路径。

一、MBA 案例教学模式现存问题

经过 30 多年的探索与发展，我国 MBA 教育的案例教学模式取得了较好的成果。然而，随着经济日益增长，企业管理理念以及教育的发展阶段在变化，MBA 教育培育的主体范围逐渐扩大，由原来的管理高层向中层甚至基层员工延伸，学员的岗位结构也发生了较大变化，不少学员就职于政府、事业单位。学员范围与结构的变化导致学员攻读 MBA 的目标不一，在一定程度上导致了学员们在参与案例教学课程时积极性差异较大。除此之外，MBA 案例教学模式在做法上逐渐僵化，多方面条件没有得到进一步的完善，目前仍存在较多问题。

（1）案例可操作性达不到需求，教学方式缺乏新意，学生课堂参与积极性较低。目前，我国 MBA 教学案例大多是直接引用国外知名企业相关案例，缺乏符合我国国情的本土化案例。然而，国外企业所处的外部环境和内部环境与中国企业所面临的环境有着较大的区别，对于我国 MBA 学员来说，他们大多不够了解国外的市场环境，且大部分学员仅对自己所处的行业较为熟悉。由于教学案例的选取大多从教学角度出发，对于学员的社会实践以及认知水平考虑不足，即便教师进行引导，大量的、不同行业的公司案例对于学员们来说仍然较为陌生，最后难免落入教师教授为主，学员被动地接受的局面，学员难以参与到深度的讨论中，这也违背了案例教学的初衷。案例分析的独特之处应该在于所采用的案例可以向 MBA 学员展示课堂学习与实际商业环境的密切关系，学员通过分析与讨论，最终能将所学与实践融合。目前所使用的案例教学方法包括课堂研讨、专题讲座、组织辩论赛等，形式较为老套，缺乏新意，不利于提高学员的课堂参与度。据研究，组织学员进行角色扮演、模拟实战训练、撰写原创案例以及举办案例分析大赛等教学方式对于教学效果的提升有较大的作用，但由于其组织流程的复杂性以及对教学者和教学场地等的要求较高，目前这类教学手段和方法在我国 MBA 案例教学中的应用还较少。

（2）MBA 教育者的理论视野与实践水平有限，缺乏相应的培训经验。我国 MBA 教育者大多是来自经济学或者管理学等相关专业的教师，他们经历过严格的学术训练，主要带教的也都是学术型研究生，所以较擅长理论知识的授课。然而，大部分 MBA 教育者都缺乏企业生产、经营管理方面的实践经验，也缺乏培训职业经理人的经验，对于如何培养出优秀的企业管理者没有形成足够深刻的认识。因此，目前我国 MBA 学员所接受的教育模式与企业对于管理者的实际需求脱节。MBA 教师作为 MBA 案例教学的设计者和主导者，也是案例教学的执行者和灵魂人物，其自身的知识水平一定程度上决定了案例的格局以及案例教学的质量。案例教学的复杂性和要求远远高于举例教学，部分教师容易混淆案例教学和举例教学的区别，仅以具体案例来简单地说明相关理论，没有为学员开拓理论视野，缺少前沿性理念的点评，这将使得案例教学效果大打折扣。

（3）高校 MBA 案例教学课堂建设工作不到位，基础软硬件投入力度不够，教学安排欠妥。区别于传统的课堂讲授，案例教学中涉及互动讨论和反馈的各种教学手段，决定了其对教学场所、教学规模等有所要求。目前，我国大多数 MBA 教学单位仍然沿用传统课堂的教学设施，因此难以将座位布置成适合小组讨论的形式，且部分单位缺乏先进的交互式电子设备支持，导致交流互动干扰较大，课堂上学生难以和教师进行有效互动，从而对整体教学节奏、秩序以及教学效果造成较大影响。

二、MBA 案例教学效果提升"三聚焦"

（一）聚焦于高质量的课程案例，夯实案例教学的基础

MBA 案例教学模式早已嵌入到学员的各个培养环节中，通过案例教学，可以弥补理论与现实之间的脱节，再现企业是如何在复杂和动态的环境下艺术性地实施战略管理与运营管理的，让学生理解企业管理的基本理论和方法，摆脱"僵化"的知识。课程案例的设计与选取作为这一教学模式的核心，其质量的高低是影响教学效果的重要因素，聚焦于丰富案例种类以及提高案例质量，有助于提高教学效果，提高学员满意度以及社会认可度。

1. 丰富案例种类，全方位满足各项教学需求

大多数 MBA 学员学习新知识的首要目标为辅助所在企业实现利润最大化以及可持续发展。因此，学员在学习相关概念或案例时，通常会将其与自己所在的行业与公司的管理和发展联系起来，这就对课程案例的现实应用性提出了要求。基于此，在选取案例时，应重点关注案例与现实商业环境的关联性，注重案例的现实应用性。国外知名企业的案例固然更加完善与经典，但本土案例更能拟合真实的企业管理情境，尤其是中小型企业的案例，对于解决学员的现实问题更具启发性，因而能够更大限度地激发学员的兴趣、吸引学员主动思考，从而提升其分析解决现实问题、推理判断等能力。为了进一步改善案例教学课堂效果，MBA 培养单位可大力推进校企合作，鼓励相关课程的教师进驻企业，深入到企业经营管理的实际问题解决流程中，借此收集和改编更多本土化、接地气的案例。

MBA 教育旨在培养复合型、实践型管理人才，其中涉及对学员洞察力、判断力、创新能力、沟通能力、分析与推理等能力的培养。对于不同的教学目标，需要有大量多种类的优质案例作为支撑，以保障案例与教学目标的适配性，达到有的放矢的效果。教师应根据客观条件、教学目的以及预期教学效果，合理采集整理出各种类型的案例，如长案例与短案例、单案例与多案例、经典案例与时效性较强的热门案例等，并将其与教学的各项目标进行匹配，确保案例的适配性。此外，随着时代的发展和技术的进步，开发案例的类型不应局限于文字案例，还可以加大视频案例、多媒体案例等新形式的建设。通过丰富案例种类，让不同课程有高质量案例可选，进而有利于提高案例与课程内容的匹配程度，提升 MBA 案例教学的效果。

目前 MBA 课堂采用的案例大多数来源于共享案例库，这些案例往往是围绕特定教学理论和教学内容来建构的，相应的背景和过程信息较为笼统，不够细化，使得案例研讨容易局限于对既定理论知识的解释和验证，难以激发 MBA 学员的思维活力与张力。为了更好地把握研讨深度，应及时反馈案例的问题细节，根据学员构成特征和学习需求，开展动态的、持续的教学情境案例采编工作。为了更贴近学员平时所面临的管理情境，尽量采用来自 MBA 学员实践管理问题的案例素材开展案例教学。同时，根据学员的反馈，可持续地对案例进行跟踪与细节补充，从而不断地丰富案例种类和完善案例库，提高案例管理的高效性，为案例

教学效果提供保障。

2. 提升案例质量，全面提高学员满意度及社会认可度

MBA学员大多数都带着问题进入课堂，希望通过课堂学习找到解决自身实际工作难题的方法与路径。鉴于此，教师在设计案例时，应尽量确保案例的典型性、完整性和启发性，可从系统性、参与性和实践性等方面对教学案例进行设计与重构，主要做法集中于以下两点：一是重点关注与社会热点关联的企业问题，培养学员对当前时代背景下的热点问题、复杂管理问题的剖析和预测能力；二是围绕行业和企业发展的战略问题，塑造学员的大局意识与全局观念。通过了解学员构成特征，知悉学员的实际诉求，进而在案例中最大限度地展示工作环境中的真实问题，提升案例质量，从而提高学员满意度。

MBA教育的培养主体决定了社会主义核心价值观、企业社会责任感、国际观等教育要落实在MBA教育的各个环节中。案例教学作为主要的培养手段之一，融入价值观教育有利于培养学员的社会担当、提高其法律道德修养，从而提高企业的社会责任感等。因此，适当地选取与时代要求相契合，与我国商业运作、企业管理的实际环境相契合的案例，有助于帮助学员理解文化、政治制度和社会主体的不同，并将创新意识与社会主义核心价值观进行深度融合，把市场意识、责任意识、合作意识、法治意识、奉献和拼搏精神与社会发展的要求相统一。

（二）聚焦于多样化的案例教学形式，完善案例教学体系

MBA项目的教学过程中十分重视案例教学，但与日常化的传统教学不同，案例教学通常被认为是丰富课堂形式、活跃课堂气氛的工具。虽然大部分MBA的教学方案中出现了案例教学方式，但鲜有方案对其中的案例教学体系进行系统化、全面化的设计。在这些教学方案中，案例教学安排的课时远少于传统授课教学形式，形式上也较为单一，这也是案例教学课程的效果并不明显、在MBA培养环节中的渗透率不高的主要原因。

目前最常见的案例教学形式有开展小组讨论、进行案例分析展示和组织专题讲座。它们一般是以学员为主体，但课堂主导者仍是教师，学员通过搜集资料、整理分析、汇报讨论等环节参与课堂，教师通过确定选题方向、听取学员汇报、反馈评论等方式主导课堂。这类形式能够锻炼学员的逻辑思维、分析能力和沟通表达能力等。但上述案例教学形式在各类课程中应用广泛，缺乏新意，很大程度上无法激起学员参与兴趣。此外，单一的案例教学形式所能实现的教学效果有限，教师和学员为完成课堂任务往往会随意搜集二手资料、生硬套用分析模板，思维受到限制，因此，十分有必要在MBA案例教学过程中加入更多的形式。多形式的案例课堂不仅能够最大限度地激发学员的上课积极性，也能够实现多重教学目标，提升教学效果。同时，案例教学不应仅仅应用于课程学习环节，在管理实践、学员活动、测试考核、论文写作等环节也应该积极应用这种教学方式，创新案例教学形式，并在不同的培养环节使用合适的案例教学形式，这样也能够帮助实现案例教学向培养环节全面渗透，进一步完善MBA案例教学体系，推动教育高质量发展。下面介绍辩论式案例教学、情景式案例教学、实地调研式案例教学、多课程联合式案例教学和案例分析大赛等5种创新型案例教学形式。

1. 辩论式案例教学

辩论式案例教学是建立在多边互动基础上的，不同于常用的案例教学形式，辩论式案

例教学不仅是学员和老师之间的互动,更是学员和学员之间的互动。在这种形式的课堂营造了一种竞争性氛围,课堂的创新性和未知性更多,学生们无法套用固定的分析模板,必须更加深入地了解案例背景,才能应对对方可能给出的难题。因此,学员们的积极性、主动性和随机应变能力也将得到进一步提升。此外,辩论式案例分析也能深化课堂讨论,促进学员们的思维碰撞,激发出更多的灵感和火花,培养学员的反向性思维,通过不断地反驳、辩证、切磋,揭露各自认识中的矛盾,更加深刻地理解问题的本质。

2. 情景式案例教学

情景式案例教学是指模拟案例事件背景,如情境对话、角色扮演、即兴表演等,让学员身临其境,亲身感受事情经过,更好地探究事情原委。情景式案例教学要求聚焦实际问题,通常是将多个问题有机联系起来形成案例,进行系统分析。情景式案例教学的工作量比较大,需要依次完成情景设计、排练、情景呈现、学习研讨、反思总结等任务。但这种形式不仅让课堂有了色彩,增强课堂趣味性,使学员更加投入、注意力更加集中,也能够培养学员想象力和创造力,潜移默化把学员带入特定情境下,使其切实感受问题的矛盾和焦点,加深对知识点的理解和记忆。

3. 实地调研式案例教学

伴随着教育高质量发展的推进,学员对教学质量和深度的要求也越来越高,单纯的室内教学已经不能满足MBA教学需求。实地调研式案例教学往往建立在学校或教师与企业有较好的交流和合作的基础上,它能够最大限度缩短教学情境和现实情境的差距。这种形式的教学可以让学生产生新鲜感,同时也给他们提供了更好的交流平台,让他们深入实地了解案例企业的问题,或学习案例企业的优秀做法。这种形式下教师要尽可能不让调研只是停留在参观层面,要将MBA教学知识融入调研过程,以问题为导向引导学员进行更深入的思考,使得课程主题更加鲜明,课程内容更加深入人心。

4. 多课程联合式案例教学

单课程案例教学通常涉及的知识面较窄,整体性不足。多课程联合式案例教学是指通过将存在类似教育目标、包容性较强的几门课程联合起来,形成覆盖面广、系统性强的案例分析课堂。这种形式对案例质量要求较高,目前鲜有MBA课程方案中包含多课程联合式案例教学。但它能够培养学生的综合分析能力,使学员快速掌握多门课程的重点,并融会贯通,这是其他形式的案例教学难以达到的效果,因此亟待全面普及。

5. 案例分析大赛

大多数案例研讨形式是以老师的组织和引导为主,学员在案例分析中的自主性和独立性仍有所欠缺,无法使案例教学的效用最大化。案例分析大赛一般具有时间限制,训练强度也较大,能够全方位地考验学生,达到实战训练的目的。这种形式能有效锻炼学员的职业能力,帮助学员精准把握当代经济发展的趋势,使学生更好地运用专业知识,展现自我创新能力。

(三)聚焦于高水平的案例教学配置,强化教学功能与教学实力

MBA案例教学与传统教学有所不同,前者更侧重于实用性和实践性,后者则较为注重

理论和概念，这就对高校的教学配套设施、师资水平和其他软实力配置等方面提出了更高的要求。

1. 教学配套设施

目前，国外大多数商学院都建立了一套体系完整的、适合案例教学的硬件设施。但国内大部分 MBA 培养单位仍沿用了传统教学配置，无法满足案例教学中学员互动讨论的要求。在教室设置方面，建议采用 4～8 人的圆形课桌，有利于学员之间的交流讨论；在教学资料方面，要给学员提供资料全面、可靠的网络查询平台，以便学员在做案例分析时获得更加准确和详细的信息，避免被其他错误信息误导；在教学设备方面，要加大电子屏、可移动白板、互动交流电子设备、视频录制设备等设备的投入，案例教学中通常会包含多个问题，学员要随时记录想法和观点，因此对硬件设备要求较高。

2. 师资水平

教师在 MBA 案例教学中具有引导、点拨、反馈等方面的责任，这就要求教师不仅具有深厚的理论知识、出色的分析能力，更需要具备丰富的实战经验。我国大部分 MBA 教师虽然满足了前者，但在企业管理、商业运营等方面的实践经历较少，加之我国案例教学模式体系化程度不足，教师对案例教学模式也尚不熟悉，很难突破传统"赶鸭子"式的教学方式，使得案例教学水平达不到学员期望值，教学效果不佳。提升和改善 MBA 案例教学师资水平可以从以下两方面着手。一是加大师资培养力度，通过定期举办案例教学培训班，为教师提供交流平台；加强校企合作，鼓励教师参与企业项目，丰富实战经历。二是建立师资考核体系，落实教学绩效考核和奖励机制。

3. 其他软实力配置

仅关注学校是否具有先进的设备、充足的资金等外部实力是远远不够的，更应看重学校内部发展潜力。内部发展潜力除了师资队伍之外，还包括其他一些软实力，如学校与国内外企业的合作关系、教学基地的建设等。一方面，要加快建设 MBA 案例教学基地，教学基地是培养单位为加强学员实践能力培养，与行业、企业、社会组织等共同建立的人才培养平台，是产学结合的重要载体。另一方面，要加快与国际案例教学接轨，不仅要借鉴国外优秀的案例教学经验，也要逐步将国内优秀案例和教学方法推向国外，形成具有中国特色的案例教学体系。

三、结论

本文基于教育高质量发展的背景，聚焦于案例质量、案例教学形式和案例教学配置三个角度，探讨了 MBA 案例教学的效果提升路径，如图 14-1 所示。

在案例质量方面，本文从案例种类和案例内容两方面提出了改进建议：在案例种类方面，要注重现实应用性和适配性，同时也要加强案例管理；在案例内容方面，要从学员实际需求出发，提高学员满意度，也要从社会责任的角度，提高社会认可度。在案例教学形式方面，本文提出了包括辩论式案例教学、情景式案例教学、实地调研式案例教学、多课程联合式案例教学和案例分析大赛 5 种创新型案例教学形式，通过多样化的案例教学形式，实现案例教学的多重目标,促进案例教学向培养环节的全面渗透,推动案例教学体系的建设与完善。在案例教学配置方面,本文从教学配套设施、师资水平和其他软实力配置3个方面提出了改进建议,通过加大教学配套设施的投入、加强师资队伍的建设、增强其他软实力配置,为案例教学提供更好的保障。

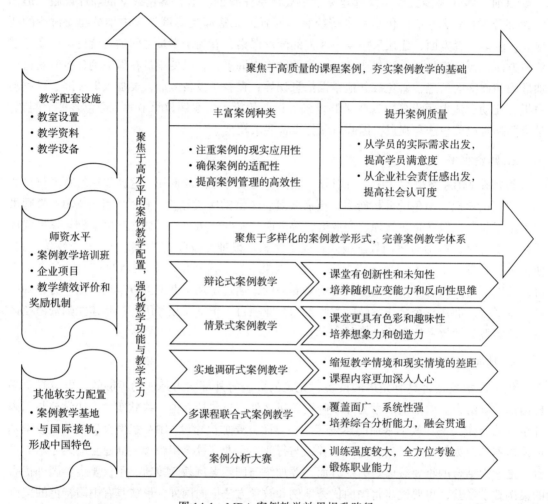

图 14-1　MBA 案例教学效果提升路径

案例教学已然成为 MBA 教学的重要手段和工具,在建设中国特色社会主义教育强国、建设高质量教育体系的时代背景下,如何提升案例教学效果、实现案例教学目标成为难点。各大高校、培训单位、教师团队要在不断地探索、磨合中,找到具有中国特色的案例教学方法,夯实 MBA 案例教学基础,助力人才培养。

参考文献

[1] 桂林理工大学 MBA 教育中心. 桂林理工大学 MBA 教育中心"党建引领创新创业教育"改革侧记 [J]. 学校党建与思想教育,2021(16):2.

[2] 孙芳. 案例行动学习法的教学模式构建与实证研究 [J]. 产业与科技论坛,2021,20(15):

144-145.

[3] 吴敏，王莉，张铠烁. MBA教学中单案例研究与多案例研究的比较分析[J]. 大学教育，2020（10）：132-134.

[4] 金镭，周鑫淼，章婧. 案例教学法在我国MBA教育中的应用现状及问题探析——基于教与学双视角的问卷调查与访谈数据[J]. 研究生教育研究，2020（4）：66-71.

[5] 周乐欣. 创新创业背景下MBA"战略管理"课程教学模式改革[J]. 科技创业月刊，2020（4）：141-143.

[6] 赖一飞，吴思. MBA研究方法与论文写作[M]. 北京：清华大学出版社，2019.

[7] 赖一飞，吴思，贾俊平. 创业项目管理[M]. 武汉：武汉大学出版社，2018.

[8] 宋耘. 哈佛商学院"案例教学"的教学设计与组织实施[J]. 高教探索，2018（7）：43-47.

[9] 汪莹，王亚楠，黄海珠，等. MBA案例教学改进对策研究：以中国矿业大学（北京）为例[J]. 学位与研究生教育，2017（3）：55-59.

[10] 赖一飞，胡小勇，陈文磊. 项目管理概论[M]. 2版. 北京：清华大学出版社，2017.

第十五章

同济大学"以学生为中心"的 MBA 协同培养模式创新

苏涛永[一]　徐　勤[二]　许倩倩[三]　施　骞[四]

一、使命征程，因育人而精进

（一）见证：因时代需求而生

同济大学的前身是1907年成立的德文医学堂，距今已有110多年的历史。同济大学是一所特色鲜明、在海内外有较大影响力的综合性、研究型、国际化大学，综合实力位居国内高校前列。同济大学经济与管理类教育始于1956年，是我国最早开办此类专业教育的高等院校之一。其后，于1984年成立经济管理学院，1998年与商学院合并为经济与管理学院。

同济大学是经国务院学位办于1993年首批认定的MBA专业教学正式单位之一。2003年，同济大学成为首批自定录取分数线和招生名额的院校之一。经过30年的发展，同济大学MBA项目形成了以国际化、专业化、实务化著称的办学特色。结合同济大学的传统优势学科，整合工程管理、服务运营管理和城市发展与管理学科优势，发挥多学科融合及社会服务的优势，逐渐形成了本项目自己的特色专业方向：工程管理、服务与运营管理和创新创业方向。

同济大学MBA教育坚持以习近平新时代中国特色社会主义思想为指导，全面贯彻执行党的教育方针，秉承学校的优良传统和踏实学风，落实立德树人根本任务，面向国家经济社

[一] 苏涛永，同济大学经济与管理学院 MBA/EMBA 中心学术主任，教授，博士生导师。
[二] 徐勤，同济大学经济与管理学院专业学位中心主任，副教授。
[三] 许倩倩，同济大学经济与管理学院 MBA 中心教务员。
[四] 施骞，同济大学经济与管理学院党委书记，教授，博士生导师。

会发展主战场、人民群众需求和世界科技发展等最前沿，将该项目的培养目标确定为：培养具有全球视野、社会责任感及创新精神，掌握现代经济管理知识和技能、践行可持续发展的业界精英和领袖。

同济大学 MBA 项目海外发展底蕴深厚，已与美国、英国、法国、德国等 28 个国家和地区的 80 所国际知名商学院建立了合作与交流的关系，积极派遣学院赴外学习，并招收国外留学生来华学习及交流；在国际认证方面，已获得 AACSB、EQUIS、AMBA 等国际权威认证及中国高质量 MBA 教育认证（CAMEA 认证）。本项目还针对不同领域开设了不同的项目，例如，2009 年与英国曼彻斯特大学合作了以项目管理为特色的双学位 MBA 项目；2010 年与美国凯斯西储大学合作了以金融为特色的双学位 MBA 项目；2018 年开始与美国明尼苏达大学联合推出了医疗技术与管理的双学位 MBA 项目。此外，2019 年，同济－曼海姆国际双学位 EMBA 项目名列全球第 11 位，是唯一一家上榜的中德合作培养高级工商管理人员的高端培训项目。

（二）闯关：为人才培养而进

自 1991 年 MBA 专业学位开设以来，同济大学 MBA 项目已为我国新中国建设与社会主义建设等输送了大批高层次、高素质、综合性的工商管理人才，为我国人才建设奠定了基础。同济大学 MBA 项目迄今累计培养校友已逾 10 000 人，为上海及长三角地区人才培养做出了重要贡献，特别是为汽车、房地产、建筑等相关领域培养了领军人才和行业中坚力量。

在我国研究生教育体系中，MBA 教育是其中不可或缺的关键一环。伴随着我国经济进程加快，科技社会发展，教育形态不断变革与重塑，教育领域中教育方法、教育媒介等都发生了深刻变革。在这一社会背景下，专业学位研究生教育培养被推上风口浪尖。如何培养国家与社会需要的高素质人才，如何改革升级 MBA 培养方案，以及如何提升专业学位教育总体质量，是高校 MBA 教育需要思考的问题。

MBA 学生是"不爱"学习的典型群体，由于在职学习的学习时间有限，并面临事业、家庭双重负担等，他们亟须进行管理知识体系的补充以助力职业晋升，对知识与实践的转化要求更高。传统的商科培养模式已经不适合现代教育的理念及要求，也无法满足社会和企业所需人才的要求。此外，传统的教学也带来了很多问题，本项目在人才培养的过程中也不例外，面临着诸多问题：理论与实际联系不紧密，课程与企业管理实践脱节，管理思维向创新思维转变不成熟，生源呈现低龄化趋势，学生背景参差不齐，等等。因此，面对新时代的人才需求以及技术变革，围绕 MBA 学生的特点开展教学改革，提高人才培养质量，探索一套实用且具推广价值的人才培养模式在当今教育环境下需求愈发迫切。

同济大学 MBA 项目紧随时代发展，瞄准国家战略，在思考中与时俱进、创新变革，努力贯彻"以学生为中心"的教育理念，改革课程体系，积极开展实践教学，搭建协同平台，创新培养方案，经过多年的积累，自 2015 年起，同济大学 MBA 项目推出特色鲜明的培养模式，即由传统的"以教学为中心"转向"以学生为中心"，系统设计并形成了"以学生为中心"的 MBA 协同培养模式，强调对学生知识、实践能力、创新能力、创新思维与人格的培养，积极探索和解决上述问题。

二、理念先行，以学生为中心

（一）基因：注入"以学生为中心"理念

美国教育心理学家布鲁纳于 20 世纪 60 年代提出了"以学生为中心"的主张。他认为学生应该从被动的、消极的知识的接受者，转变为主动的、积极的知识的探究者。传统的"以教师为中心"的灌输式教学模式，学生只能被动获得教师传递的知识，难以充分发挥学生学习的主观能动性。而"以学生为中心"的作为教育教学的主体，提倡教师引导学生主动学习，充分调动他们的学习热情。美国大学贯彻实施这一理念后，不仅有效提高了学生的学习能力，积极促进了学生的发展，也极大改善了美国的高等教育质量，使其成为高等教育改革的一个成功范例。

有学者提出，在我国专业学位研究生教育中也应积极深入贯彻"以学生为中心"的教育理念：以学生发展为中心，充分考虑学生发展的多样化，着重培养学术的终身学习能力、职业发展能力和创新能力；以学生学习为中心，根据学生的需求设计教学过程，以引导学生将所学内容与自身的实际研究工作紧密结合，逐步内化为自身的知识结构；以学生的学习效果为中心，进一步增强学生的社会适应能力和竞争力。

同济大学 MBA 项目受到"以学生为中心"教育理念的启发，坚持学生导向，面向学生需求进行教学与教育改革是本项目的根本立足点。在人才培养过程中，瞄准国家战略，紧随时代发展，锐意改革，深刻理解与探索"以学生为中心"教育理念的哲学内涵，遵循人才培养的规律，将"以学生为中心"的教育理念融合到课程设置、实践教学、教学管理、师资建设等教育过程中，并借此指导人才培养的实践。

（二）平台：整合"五大协同"资源优势

同济大学经济与管理学院在几任院长的领导下，以质量为核心，搭建"五大协同"的培养平台——院企协同、院政协同、学科协同、国际协同、教研协同，形成了适合人才培养的生态环境。同济大学 MBA 项目立足学院"五大协同"培养平台，进行人才培养与教育改革。

（1）院企协同。同济大学 MBA 项目在业界广泛征集校友导师，邀请校外师资和专家校友参与教学与课堂、学生活动，案例开发等，例如，嵌入式讲座、系列讲座、案例分析、案例写作、教练式职业规划、职场分享会等，通过移动课堂、第二课堂的方式，将课堂部分内容放到企业中，与企业家、企业管理者们面对面交流，分析与解决实际问题。

（2）院政协同。同济大学 MBA 项目响应国家创新驱动发展战略，与国家技术转移人才培养东部中心联合开展技术转移方向选修课程，如"技术专业基础""技术转移法律实务"等。此外，还整合校外优质资源，例如，创业基金会、产业孵化园、创业谷以及投资平台，营造良好的创新创业生态圈。

（3）学科协同。同济大学 MBA 项目与其他学院加强沟通，进行联合培养，与创新创业学院开发双创课程体系，如"科技创新前沿""机器人与人工智能""创业行动学习"等。邀请人文学院教师开设新课，如"诗·画身体与沟通""达者·勇者·智者：传统文化与人生智慧"，注重对学生的人文素养的培养和人格的塑造。同时，加深与其他学科的融合建设，共同举办一些学术讲座、案例分享等，推动交叉学科建设。

（4）国际协同。同济大学MBA项目积极丰富海外教师资源，推动海内外教师联动，共享师资走进理论课堂；与国际知名创业商学院合作课程建设，参加有影响力的国际创业赛事，了解国际最新创业思维模式及动向。同济大学MBA项目开放第二课堂，邀请一些拥有海外工作经验的企业实践专家参与课堂分享，拓展课内教学案例，并积极组织海外研学，探索行业前沿动态。

（5）教研协同。同济大学MBA项目的业界导师、校友导师以及案例中心的研究学者都具有丰富的实战经验，他们不仅传授已有知识，还会将研究成果运用在实际教学中。例如，充分运用经济与管理学院的强势学科——在全国第四轮学科评估中进入A+级的管理科学与工程的学科优势，将项目管理、物流管理、信息管理、供应链管理等作为几大特色诊断方向，配备具有丰富大型工程项目经验的教授作为指导老师，"工""商"结合，进一步深化教研协同。

（三）落地：建立协同培养模式

"以学生为中心"的协同培养模式是指同济大学MBA项目在办学和人才培养的过程中，以学院的"五大协同"培养平台为支撑，坚持以学生发展、学生学习、学习效果为中心，实行个性化教学，利用各种教学工具、方法和手段进行学习，创新教学方式，将理论知识与实践相结合，更加强调与重视学生的学习目的，进一步增强学生的社会适应力和竞争力，从而培养具备国际竞争能力、社会责任意识的高素质人才，如图15-1所示。

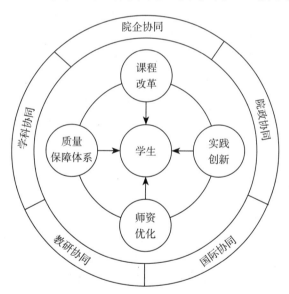

图15-1 同济大学MBA项目"以学生为中心"的协同培养模式

在培养方案和课程设置方面，结合国家战略、市场需求与学生需求，对本项目的培养方案以及课程设置进行持续的更新与优化。积极革新培养方案，通过全方位的教研方式实现更为高效的人才培养目标。在实践教学方面，连接理论与实践，提出"3D"实践坊的培养理念，通过案例开发、企业诊断与创业设计相互交叉融合培养，加强产学研结合和技术成果转化，为企业发展提供咨询和服务，使学生真正实现知行合一、学以致用。在师资队伍方面，采用双导师制，即校内导师和校外导师协同育人，并注重对师资的培训，强化案例教学，激发教学改革创新，提升教学效果。同时，构建教学与学习质量保障体系，全方位提升教学效率与质量。

三、模式改革，重协同而谋新

（一）加强学科融合，深化课程改革

1. 更新培养方案，优化课程设置

同济大学MBA项目广泛听取校友、雇主单位、学生等的意见，紧跟时代、国家经济发展、行业动态和学生的需求，不断进行培养方案与课程的更新。2017年，本项目对培养方案进行修订，在原有八大专业模块中增加了医疗管理、创新创业两个新的专业模块。此外，紧扣互联网思维、大数据分析、金融区块链等最新、最热的研究课题，2018年还新增了深受学生喜爱的"互联网思维与大数据分析"和"商业模式设计与创新"课程。紧随国家战略发展，以"一带一路"倡议为方向，开设了"一带一路商务机会与风险管理""一带一路项目投资"等系列课程讲座。2019年，又增开7门全新课程，如与人工智能相关的"可计算思维""基于人工智能技术的管理决策和商业应用"等。

自2013年在战略管理模块增设"创新与创业管理"课程起，同济大学MBA项目在创新创业方向上持续创新，为建立"双创班"特色培养方案夯实基础。2019年，同济大学MBA项目更新培养方案，联合同济大学创新创业学院，推出"双创"课程体系，增加学前先导模块，包括"创业项目路演""交叉创新思维沙盘"等课程；创新思维模块包括"商业模式设计与创新""可计算思维"等课程；交叉创新模块包括"科技创新前沿""机器人与人工智能"等课程；创业实践模块包括"创业行动学习""创业与创业投资管理"等课程。

2020年，本项目服务国家创新驱动高质量发展的战略，更新培养方案，与国家技术转移人才培养东部中心联合开展了技术转移方向选修课程，包括"技术转移基础""技术转移法律实务""科技成果转化政策解读""技术经理人职业素养"等，学习科技服务行业的发展运作，旨在培养高素质的技术管理人才。

2. 创新教学方式，提高教学效率

同济大学MBA项目的教育方式探索研究始终处于动态创新过程中。伴随着科技教育发展，同济大学MBA项目开设各类教育方式，线上课程如"慕课""微课程"等，各类讲座活动如嵌入式讲座、移动课堂、名家讲堂等，还有案例教学、行动学习法、第一课堂与第二课堂相结合等。以第二课堂为例，本项目从学生的需求出发，每年为学生量身定制海外短期体验学习，拓展学生的国际视野。除了常规的美国游学线路外，2017年9～10月，首次开辟欧洲法国、瑞士、德国三国"创新管理与工业4.0智造"主题游学。2018年，开辟以色列游学线路，带领学员前往以色列接受创新管理的先进理念，揭秘以色列创新企业成功的奥秘。2021年，受到习近平总书记在敦煌研究院座谈时的讲话的启发，同济大学首次组织"丝路商贸，文化交融"敦煌暑期研学，带领学生忆古思今，从古商贸重镇吸取文化和历史的力量，坚定文化自信，传播同济声音，畅想未来商贸的新模式、新挑战；还开辟"乡村振兴"主题研学，用脚步去丈量长三角新农村的发展，实地考察现代化新农村，将MBA课堂搬到

美丽乡村建设的第一线。

2016 年，同济大学 MBA 项目与美国百森商学院合作，开设五个模块的远程线上互动课程和线下创业学课程，采用合作教学的模式进行授课，将线上课程与线下面对面课程相结合，运用现代化信息技术，实现了远程课程的教授，丰富了教学方式。在线课程不仅达到了一对一的课程沟通效果，还增加了学生与任课教授的互动环节。新颖的教学方式，多元化的项目案例，让每个学生小组都能得到充分表现，并且在小组讨论中获得新的启发。

2020 年 9 月，同济大学 MBA 项目启动"双创行动学习"，在校友中进行调研企业征集、校友导师招募，与校内指导教师匹配。指导教师与学生成立"行动学习团队"，制订行动学习计划，采用行动学习法进行教学和实践，以学生为中心，基于创新创业项目，安排企业参访、组织小组讨论，开题启动和中期小结，将课堂理论应用于实践。通过行动学习，企业、指导教师和学生三方均从中受益，彰显了同济大学 MBA 项目专业化、实务化的特色：企业可以得到行动学习团队的优秀的解决方案，得到理论支持，打开企业发展的新思路；学生在调研和解决问题的过程中能够提高团队协作与解决问题的能力，提升创新创业思维，促进整体素质的发展；指导教师在帮助企业和学生进一步成长的过程中实现社会价值和自我价值。

3. 打通学科壁垒，探索管理新知

2018 年年初，同济大学 MBA 项目开创"学科融合、大道传承"名家讲堂，依托学校优势学科，邀请中国科学院院士、中国工程院院士走入同济大学 MBA 项目讲堂，不仅吸引了 MBA 学生校友前来参加，还受到了校内外各界人士的关注。

同济大学 MBA 项目积极引进前沿新知，在 2018 年春季学期举办"量子管理系列讲座"，吸引一批学生投入量子管理的学习当中。2018 年 12 月 15 日，"第二届量子管理（上海）论坛——量子管理理论研究与实践探索"在同济大学成功举办，参加会议者 200 余人，为量子管理的学术研究、企业实践和社会传播起到积极的作用。

2020 年，同济大学 MBA 项目与其他专业学位项目打破学科界限，选择同济大学优质师资，打造特色 3C 软技能通用精品通选课程。通选课程既体现学院学科特点，又涵盖个人、项目、企业与城市管理的内容，真正实现学科融合与精英培养。5 门跨项目融合选修课已列入各专业学位项目的 2020 级培养方案。此外，技术转移是高校科技创新服务产业发展的最主要途径，对促进企业创新能力和国家经济发展意义重大，2020 年 MBA、MPA 项目与上海市科学技术委员会合作培养技术转移方向学生，首批招生 15 人已完成。

（二）注重师资培训，优化师资队伍

1. 联合校内校外，双重导师执教

除了校内导师，同济大学 MBA 项目为了更好地服务学生，引入校友导师和企业导师机制，在学生入学、课程学习、论文写作、企业实践、职业发展等环节加入业界专家的指导和参与。根据同济大学 MBA 项目的办学需要和教学特点，从社会、企事业单位和其他院校聘请具有丰富教学和管理经验的人员担任外聘教师或讲座人。被邀请者必须为国内外业界或其他领域的著名专家、高管、高级专业人士或社会杰出人士，在相关领域具有特别专长和深入研究，并在社会上或同行中具有较高知名度或重要影响。外聘教师或讲座人必须拥护中国共产党，遵纪守法，具有良好的政治思想品质和职业道德，具有所承担课程的教育背景和专业

水平，符合专业学位的授课和讲座要求。目前，已有159名业界高管被聘为校友导师。校友导师与学生可通过微信、邮件、电话、会面等指导与交流，也会受邀来学校走进课堂，举办讲座和开展分享活动。

为了帮助学员规划职业生涯、同济大学MBA项目与国际教练联合会上海分会合作开展"教练式职业规划"项目，帮助学员建立生活和职业目标、启发他们探寻解决难题的方法和途径。该项目自2015年11月启动以来，至今已开展了七期。2018年共有173名学员参与了本项目并从中受益。

2. 丰富师资培训，全面服务教学

学院制定并完善《同济大学经济与管理学院关于资助教师出国交流的办法》，鼓励教师出国交流，目前全院共有105名教师拥有一年以上海外交流经历。为每位新进教师指定一位同一学科富有教学经验的老教师作为辅导教师，提供教学和科研上的帮助，使其能够尽快适应教学和科研的要求。同济大学MBA项目设立助教制度，聘请优秀的硕士研究生、博士研究生为MBA助教，深入MBA课堂，将学术培养和管理实践相结合，帮助MBA学生更加广泛、深入地学习前沿的管理学知识理论。

秉承学院的师资提升、学科聚焦、国际导向、应用为本的规划，任课教师多具有海外学习培训的经历，如在哈佛大学接受案例教学方法培训和在百森商学院接受创业教育培训。近五年来，共有14名教师参加了哈佛大学和百森商学院的教育培训。他们吸取先进教学经验，交流科研心得，同国外高校建立了紧密的联系。同时，同济大学MBA项目积极组织任课教师参加由全国MBA教指委和上海市MBA教指委组织的培训交流活动，与其他国内高校分享项目课程建设、人才培养等方面的经验。另外，为了加快一流大学和一流学科建设，实现高等教育内涵式发展，本项目积极组织教师和管理人员开展研究生教育研究与改革项目，不断提高教学质量和管理水平。

3. 强化案例教学，提升师资水平

学院出资与美国哈佛商学院合作建立了哈佛案例教学法培训项目，鼓励老师参加相关培训。同济大学MBA项目与学院案例中心一同协办"同济案例日"活动，邀请无锡会通、振华重工等知名企业的专家分享真实鲜活的企业实践案例。活动践行理论与实践相结合原则，深入企业开展原创案例研究，积极搭建企业与学院合作桥梁，为案例开发和应用提供合作平台，并对校企共建、联合育人的培养机制建设提供有力支持，鼓励教师和学生、企业一起开发和撰写高质量案例，推动案例教学水平提升，提升学生的综合素质和能力。

除了案例日活动，学院案例中心还积极举办教学案例、研究型案例讲座，尤其是新冠疫情期间举办多场线上企业参观和企业家系列讲座，深受广大师生欢迎。近三年，共有37篇优秀案例入选各大案例库，教师开发的案例入库近40篇，包括中国工商管理国际案例库、中国专业学位教学案例中心、毅伟案例库以及ECCH案例库，其中6篇入选"全国百篇优秀管理案例"。此外，MBA中心还组织教师参加案例教学培训和案例教学竞赛，同济大学MBA项目授课教师多次获案例教学竞赛奖。

4. 设立考评激励，促进教改创新

同济大学MBA项目推行激励制度，鼓励教师提高教学能力方面的创新和发展。每门课

结束后，本项目要求学生对教师的课程内容、所用教材、教学方法和课件质量等方面进行评价，对评价的结果进行数据收集和分析，并及时将学生的建议反馈给授课教师，以便教师可以根据测评结果改进自己的教学，提高教学和课堂质量。此外，还鼓励教师申报本校、上海市和国家的教学成果，对取得一定成果的教师和教学团队予以适度奖励。

为了促进教学质量提升，激发教学改革创新，本项目的十门核心课程建立了课程组，并设立课程组组长，要求每年至少召开2次课程组会议，会议主要是课程组老师针对课程的目标、课程内容和授课方式等方面的情况进行讨论，对教学方式、教学内容和案例教学等进行优化和更新，从而促进教师教学能力的提高，提升商科人才培养的质量，提高学生满意度与社会满意度，实现人才培养的内涵式发展。

（三）连接学术与实践，提出"3D"实践坊

依托"五大协同"培养优势，为了进一步加强跨界越科，充分连接学术与实践，最大限度缩短理论知识转化为实践能力的时间，使对MBA人才的培养实现"所学即所用"，2019年，同济大学MBA项目提出了"3D"实践坊的创新培养理念。通过案例开发（case development）、企业诊断（business diagnosis）及创业设计（entre preneurship design）相互交叉融合培养，助力学生实现真正的知行合一、学以致用。

1. 案例开发

同济大学MBA项目与学院案例中心携手共建案例库，邀请中欧案例库、全国"百优案例"作者走入同济大学分享案例撰写经验，鼓励教师结合MBA学生带来的企业问题开发案例。

2019年培养方案中增加的新课"案例实践与开发"，由具有资深实战经验的同济大学经济与管理学院老师和企业高管联合指导，借助学院案例中心的平台，在课堂上，帮助学生了解案例教学和案例开发的思想、案例的写作方法；在课堂外，带领学生深入企业参观调研，参访振华重工、上海申贝等企业，让学生将企业发展与国家发展紧密联系起来，培养学生的爱国情怀和时代使命感、责任感。邀请企业创始人亲身讲述企业发展变革、重组并购的故事，激发了学生浓厚的学习兴趣，并深度启发学生思考企业管理的精髓。回到课堂之后，学生结合自己的认识、管理的理论，将跌宕起伏的故事转换为文案，撰写优秀案例报告。通过企业走访、调研学习，近距离接触案例企业的高管及创始人，有助于学生对未来的职业生涯做出判断和思考。

2. 企业诊断

企业诊断作为新时代企业管理者应具备的重要素质与能力，自2013年起，同济大学MBA项目将企业诊断纳入学生考核范围之列，定期组织企业调研。MBA学生以学习小组的形式深入企业调研，调研结束后，撰写一份不少于5 000字的"企业调研报告"，由指导教师评定成绩后交MBA中心备案保存，完成后获得2学分。近年来，企业诊断分析越来越受到重视，同济大学MBA项目在企业调研前对企业、高管、学生做好协调、统筹工作，筛选出一大批优秀企业作为学生开展企业诊断分析的对象，如阿里巴巴、博世、上汽大众、光明乳业等一大批知名企业，学习优秀企业的管理方式和方法，并对企业发展面临的问题提出解决方案。

3. 创业设计

同济大学MBA项目积极推动学生创业，并为创业学生提供支持。学院于2008年在全

国高校中率先设立 MBA 创业基金。同时,与上海市天使基金同济大学分基金合作,为创业学生提供更多资金支持、政策咨询与社会服务。2011 年,成立同济大学 MBA 创业创新实践基地,2016～2017 年共孵化 7 个项目。2012 年,成立 MBA 创业俱乐部,并与同济大学研究生创业俱乐部携手,为创业项目的孕育搭建桥梁。2019 年,成立双创班,有针对性地配备跨学科创新创业师资,深度体验创新创业过程,践行同济大学 MBA 项目 "3D" 实践坊全新培养理念,着力培养具有全球视野、家国情怀和企业家精神的创新创业领导者。同时,为加快科研成果转化,促进产学研结合,自 2012 年起,学院每年组织一次 MBA 创业大赛。获奖的同济大学创业团队,最终通过终审和立项调查的同济大学创业团队将获得上海市大学生科技创业基金会(EFG)同济大学分基金的资金扶持,享受房租减免、项目申报、创业辅导等孵化服务。开展创业大赛以来,每年会有 2～3 个同济大学 MBA 创业项目受 EFG 同济大学分基金的资助。学院还指导和支持 MBA 学生参加全国 MBA 创业大赛、全国大学生挑战杯大赛、"创青春"全国大学生创业大赛等,屡创佳绩。

(四)健全管理制度,完善保障体系

1. 完善管理制度,细化管理流程

根据全国 MBA 教指委对 MBA 专业学位培养的基本要求,同济大学经济与管理学院制定了具体的教学管理工作流程,覆盖排课、课程服务、考务工作、成绩管理、答辩申请、学位申请各个环节,使得教务员在工作中有据可依。每年学期末,为了更好地服务学生,以学生的需求为中心,同济大学 MBA 项目依据学校和学院的教学管理制度的变化及时进行流程更新,例如,2020 年新冠疫情期间,根据学生需求建立了课程旁听制度。此外,本项目还制定了 "同济大学 MBA 研究生学习指南",并在每年新生入学时发放,让学生可以了解各项规章制度,在遇见相关的问题时可以随时参考。

为切实保证 MBA 的教学质量,学院在全面质量管理思想指引下,以教育部评估标准为依据,以实现同济大学 MBA 教育培养目标为导向,建立了以自我评估为主,以国内外质量认证和评估为辅的多元、开放、持续改进的教学质量保障体系。质量保障体系涉及全体教师、学生、行政管理人员、用人单位等,并且覆盖学生的录取、培养、论文、毕业全过程,如图 15-2 所示。

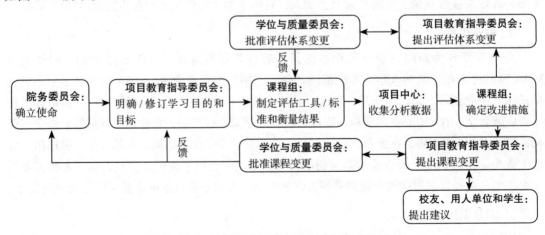

图 15-2 教学质量保障体系和课程管理流程

2. 持续改进课程，建立质保体系

本项目自 2013 年起引入学习质量保障体系（assurance of learning，AoL，见表 15-1），任课教师通过开展 AoL 测试，按照"监督－反馈－改进－跟踪"的流程设计，在教学过程中不断改进教学内容，提升教学质量。采用强有力的闭合循环和持续改进的工作模式，要求任课教师按照认证标准，针对每个教学目标打分，让教师在教学中发现问题，提高教学水平。

AoL 将课程教学目标与考核目标定量化，要求每位教师加入质量保障体系的闭环工作中，每次课程结束后结合考核结果考查学生在知识、能力和人格三个方面的达标率，针对达标率总结教学经验，并在下一次的教学过程中及时调整教学内容和教学方式，切实提高课程教学质量。

在构建学习质量保障体系后，学生对教学效果的满意度持续提高。同济大学 MBA 学生的学习满意度从 2015 年的 4.60 分提高到 2020 年的 4.76 分。

表 15-1 学习质量保障体系

步骤	流程	主要参与者及职责
一	明确项目学习目的	项目教育指导委员会（设计） 学位与质量委员会（批准）
二	将项目学习目的细化为可测量的学习目标	项目教育指导委员会（设计） 学位与质量委员会（批准）
三	将项目课程体系与项目学习目标一一对应	课程组（对应） 项目教育指导委员会（批准）
四	挑选追踪课程	项目教育指导委员会（建议） 学位与质量委员会（批准）
五	针对每条学习目标，制定具体测评标准	课程组（设计） 项目教育指导委员会（批准）
六	针对每条学习目标，确定具体测评方式	课程组（建议） 项目教育指导委员会（批准）
七	衡量学习成果	课程组（实施） 项目中心（支持）
八	收集、分析数据，以检测学生在学习目标实现中的表现	项目中心（执行） 课程组（复审）
九	根据学生表现的数据分析结果，制定改善方案	课程组（报告） 项目教育指导委员会（复审） 学位与质量委员会（批准）
十	落实改善方案，结束此轮工作	课程组（落实）

四、为国育才，守初心而前行

我国 MBA 教育始于 1991 年，是我国研究生教育体系中的重要组成部分，经过 30 余年的发展，MBA 培养院校从 1991 年的 9 所扩大到 270 余所，为国家社会和经济发展输送了一大批高层次的工商管理人才。然而，随着国家经济、社会与世界科技的发展，以及新的商业挑战出现，高校传统的商科人才培养模式面临严峻挑战，亟须创新。根据《国家中长期教育改革和发展规划纲要（2010-2020 年）》和《国务院办公厅关于深化产教融合的若干意见》等文件的精神，"新商科"人才培养人才要体现复合型、创新型和应用型特征。

在此背景下，同济大学 MBA 项目贯彻"以学生为中心"的教育理念，以学生的成长、成才和发展为中心，深入推进 MBA 的教育教学改革，以学院"五大协同"平台为支撑，创新人才培养的模式，提出"以学生为中心"的 MBA 协同培养模式，以期为我国 MBA 的教育和培养探索出一条有效的路径。首先，MBA 所在院校应转变传统商科育人理念，以协同育人、以学生为中心的新的人才培养理念，探索"新商科"的人才培养改革路径。其次，注重对 MBA 学生创新能力和创新思维的培养，例如通过优化课程设置、增加创新创业方面的课程、举办相关讲座、丰富第二课堂、开展企业调研、组织创业大赛等方式。此外，还要注重自身师资队伍的建设与优化，加强案例教学，同时借助企业资源，搭建各种实践基地和平台，连接理论与实际，助力学生实现真正的知行合一、学以致用。最后，建立和完善教学和学习质量保障体系，从而有计划、有步骤地完善高校 MBA 的人才培养体系，助力我国"新商科"教育的高质量发展与创新性人才培养。

为国育才，砥砺前行。在我国经济转型升级的历史浪潮和世界格局的风云变幻中，中国工商管理教育也亟须相应变革，并正经历着由跟随者变为追平者，继而扮演领跑者的角色变化。未来，同济大学 MBA 项目将会持续贯彻落实中央各项决策部署，把握社会主义办学方向，坚持立德树人为根本，牢记育人初心，严格按照教育部、全国 MBA 教指委的人才培养规范和质量标准进行教学培养，推进 MBA 教育改革。同济大学 MBA 项目也愿意继续以虚怀若谷的心态，与社会各界共谋发展，发力 MBA 教育创新，为我国经济社会实现高质量发展提供重要的人才保障，助推我国创新型国家建设的重大战略与高等教育强国建设目标落地。

参考文献

[1] 陈平，任蕾. 以提高岗位任职能力为导向、以学生为中心的专业学位研究生教学方法研究 [J]. 课程教育研究，2018（8）：218-219.

[2] 杨树元，唐玲. 以学生为中心的应用型高校教学模式构建和实践探索 [J]. 高教学刊，2021，7（17）：48-54.

[3] 徐勤，霍佳震，许倩倩，等. 连续扩招背景下 MBA 人才培养资源优化与质量提升研究 [J]. 经济师，2020（4）：29-30，32.

[4] 程永波，秦伟平，陈效林. MBA 全程双元协同培养模式的建构与实践 [J]. 研究生教育研究，2020（6）：7-12.

[5] 中华人民共和国教育部，中华人民共和国国家发展和改革委员会，中华人民共和国财政部. 教育部 国家发展改革委 财政部关于加快新时代研究生教育改革发展的意见 [R]. （2020-09-21）[2022-12-01].

[6] 中华人民共和国国务院学位委员会，中华人民共和国教育部. 专业学位研究生教育发展方案（2020-2025）[R].（2020-09-30）[2022-12-01].

[7] 中华人民共和国教育部. 教育部关于进一步规范工商管理硕士专业学位研究生教育的意见 [R].（2016-03-28）[2022-12-01].

[8] 中华人民共和国教育部,中华人民共和国人力资源和社会保障部. 教育部 人力资源社会保障部关于深入推进专业学位研究生培养模式改革的意见 [R].（2013-11-13）[2022-12-01].

[9] MBA China. 乘风破浪·点燃梦想 | 9 月 11 日同济大学 MBA 在线招生宣讲 [EB/OL].（2021-09-09）[2022-12-01].https：//www.mbachina.com/html/xw/2021 0911/351307.html.

[10] 央广网. 2020 年央广网教育峰会：同济大学 MBA[EB/OL].（2020-11-17）[2022-12-01].https：//edu.cnr.cn/eduzt/2020jyfh/pp/gx/20201117/t20201117_525332989.shtml.

第十六章

中山大学管理学院 MBA 课程竞投式选课系统

朱仁宏　姚海林

一、系统简介

课程竞投系统（course bidding system）是以校园网络为平台，以学生使用虚拟电子货币对课程进行竞价投标的方式，来分配稀缺的选修课座位的一种选课系统。

投点制在国外的商学院和法学院的选课中被广泛采用，用以解决当课程需求大于容量时公平且有效地分配选课名额。

不少国际一流的商学院早在十多年前便采用了这种选课模式，如麻省理工学院的斯隆管理学院，哥伦比亚大学商学院和芝加哥大学商学院等。虽然各院校的竞投系统在细节上有区别，但大体流程都是给每个选课的 MBA 学生分配相应的点数，让其对所选修课程进行投点。由于点数限制，不同的 MBA 学生对于相同课程的喜好程度不同，因此对选修课程所投的点数也会有差异。此系统以学生对课程的偏好为出发点，体现课程分配的合理性；以电子化的系统运作与网络操作，体现教务管理的效率性；以竞投方式让每位学生都能选择自己心仪的课程而又不能独占全部热门课程，体现对于稀缺资源分配的公平性。课程竞投系统使 MBA 学生在选课的过程中体会竞争并进行权衡，以确保自己最希望选修的课程能够选中。

竞投式选课系统的实质是一个虚拟的课程拍卖市场，在 MBA 教学中，拍卖的参与者就是 MBA 学员，学生在进行拍卖前会获得系统给予的一定点数的虚拟电子货币（e-coins），一般不同类别的学生获得的货币数量不同。拍卖的标的便是学院系统提供的可以竞投的课程，一般为选修课，学生可以根据给出的教学信息，如上课时间、授课教师等综合个人兴趣和未

○ 本案例由中山大学管理学院 MBA 项目学术主任朱仁宏副教授根据采访记录和公开资料拟稿，MBA 教育中心主任姚海林博士修改补充。作者朱仁宏和姚海林保留案例的署名权、修改权、改编权。

来发展方向，对课程进行竞投。由于不同的课程内容、不同的教师受欢迎程度不同，所以学生综合分析后在每门课上所投的点数必然会存在差异。

学生在规定的时间段内用虚拟货币进行课程的竞投，需要综合考虑自己的需求、课程的热门程度来决定自己的点数分配和竞价策略。美国西北大学凯洛格管理学院采取的是类似于荷兰式拍卖的"课程定价模式"，即在课程容量的范围内，以最后一个获得上课名额的学生的竞投价格作为该课程的价格，每个成功获得课程座位的学生只需支付此价格，超出课程价格部分的点数将返给学生。⊖例如，某学生对某门课程投了 200 点，此课程最低的成功竞投点数是 120 点，那么多出的 80 点将被退回。

其他院校的规则略有不同，但都优于原来的选课系统。竞投式选课系统相比原"先到先得"系统的最大进步在于：不以选课时间为唯一的决定因素，不仅使得并发数过大导致系统负担过重的问题得以缓解，而且更能体现课程名额分配的公平性。这既可以缓解系统拥挤导致崩溃的问题，又可以让那些在系统刚开放时不便选课的学生拥有公平选课的权利。

二、设立初衷

采取竞投式选课系统的院校通常具有学生人数多、选修课多和小班教学的特点。在中山大学管理学院 MBA 项目的不断发展过程中，随着学生人数的不断增加，学院也越来越重视学生的学习自主性，选修课程也越来越多，随之而来的是选课过程中发生的问题越发明显。

（一）公平性无法保证

课程主题的热门程度、老师的知名度、授课的质量和受欢迎程度都决定了选修课总有热门、冷门之分，早在 2010 年前后，管理学院 MBA 选修课已高达 40 门左右，然而最受欢迎的选修课不超过 10 门。每当选修课系统开放时，必定是一轮激烈的"秒杀"，时间合适的、网络条件好的，尤其是在校园网内的少量学生，兴高采烈地把最热门的课程全部收入囊中，这个过程不超过 15 分钟，而且常常因并发数过高而造成网络堵塞、系统崩溃。而后大部分的学生只能望洋兴叹，捡别人挑剩的课程，因此而引发的学生投诉持续上升。

（二）管理成本高昂

1. 课程空座率无法控制

一方面，抢到大量热门课的学生并不珍惜来之不易的机会，随意放弃某些他们其实并非真正想听的课程。另一方面，抢不到心仪课程的学生又不想勉强听其他课程。所以无论是教学资源还是学生时间，都存在令人心痛的浪费。

2. 教务管理难度很大

冲动抢课或被迫选择并非自己如意的课程的学生，他们对每一门课程的了解程度、与自己需求的匹配程度都很有限，所以不少人听了一次课后才发现这并不是自己想听的课程，又向学校提出换课申请，给教学秩序造成极大混乱，给教务员工作带来很大困难。

⊖ 陈平，刘醒云. 美国商学院课程竞投系统的研究与探讨[J]. 学位与研究生教育，2008（7）：68-73.

同时，我们还发现因缺乏有效的评估和激励机制，教师开发新课程以及提升教学质量的热情不高，"水课"较多，反正无论课上得好不好，最后 MBA 教育中心也总得把每一门课程塞满学生。

为彻底解决上述问题，经过详细的调研和讨论，中山大学管理学院从 2012 年开始在 MBA 教学中采取竞投式选课的模式，上线了国内第一个 MBA 选修课竞投系统。

三、系统设计

（一）竞投课程的设置

1. 课程的内容

由于 MBA 的必修课程是由教指委统一规定的，所以学生主要是针对选修课进行自主选课。中山大学选修课体系由两个维度构筑而成。在行业方向上，设立数个前沿课题相关的课程模块，如人工智能与大数据、大健康管理、金融科技、商业分析等，学生如果在某个模块修满了学分，可以获得课程证书。在职业方向上，设立"CXO 项目"，学生可以根据自己未来的职业发展方向选择一系列相关课程。"CXO 项目"的设立让学生在一个比较宽、比较厚的基础上又加上了一个比较深、比较精的优势。中山大学管理学院根据其对 CXO 体系的框架设想和构建，设计了 CEO/企业家方向、CFO 方向、COO 方向、CMO 方向、CHRO 方向、CIO 方向等，这就要求学院的教学管理能够有力地支撑 MBA 的培养方案。除完成必修课程外，通过选修课程的丰富组合，MBA 学生可以根据自己的学习方向和兴趣，选择自己喜欢的课程。更适应市场需求的课程模块、更适应学生职业发展需求的学习路线，打造出基于提升学生职场胜任力为核心的全新 MBA 培养体系，打通了学生职业发展方向与企业用人需求方向的精准连接。

2. 课程的质量

中山大学管理学院独特的选课及课酬制度，使得选修课的课程质量得以保证。

一改过去对课程内容和教学质量不加审视、只限制课程总数的做法，新的选课制度下不限制教师开课的申报，符合培养体系要求的全部课程都放在系统上让学生选，选够了人数的课程可以开班，不够最低人数要求的不能开班。

任课教师的课酬由基本酬金和浮动酬金两部分组成。浮动酬金按每个教师实际竞投的情况和课程结束后教学评估情况分别进行排名，两种排名情况的酬金各占 50%，排名分为 A、B、C 三个等级，按排名的情况进行支付，不同的等级对应不同的浮动薪酬。

竞争及奖励机制的引进，使得教师每次申报课程时会花费不少时间和精力去开发新课、优化旧课，以期在教给学生们知识的同时，也得到学生的支持和喜爱，这在很大程度上提升了 MBA 选修课程的质量。

（二）点数的分配

由于考虑到资源共享、好课共听，保证教学资源不被浪费，所以全日制的 MBA 项目和在职的 MBA 项目一起进行选修课的选择。但由于两种 MBA 需要选择的课程数目不同，为保证公平，自然不能分配相同的点数。本系统的方法是设定每门课的基本点数，如设定平均一门课为 50 点，那么需要选择 3 门课的 MBA 学员，将会获得 150 个点进行竞投选课；而需要选择 6 门课的 MBA 学员，就会分配到 300 个点进行竞投选课。

根据需要选修的课程数目的不同，分配不同的点数，在很大程度上保证了竞投的公平性。

（三）选课规则

为在保证学员自主选择选修课程的同时，保证每个学生都能选满课，修读完所需要的学分，选课过程分为两轮。由于课程足够多，只要学生的竞价策略出不出大问题，通常都能够在第一轮选中自己的最优组合。少数学生可能有一两门出价不具竞争力或者选到了那些不能成功开课的课程，系统会将点数退回并在第二轮竞投中完成选修课的选择。

两轮选课结束后仍未达到最低选课数量要求的同学，将由 MBA 教育中心进行课程人工分配。

四、系统效果

在中山大学管理学院 MBA 项目应用竞投式选课系统的 9 年中，一方面，比使用"先选先得"仅靠时间先后来选课的系统更好地实现了将修读选修课的自主权交给了学生，使学生能根据自己的个性特点和发展需要，自主选择修读相关课程，在激发学生学习积极性、主动性和独立性的同时，因材施教，有效地开发学生的潜能，助其完善知识结构体系，促进学生的个性化发展。另一方面，教师研发新课程、优化老课程的积极性得到充分调动，课程质量持续提高。

综合来看，中山大学管理学院 MBA 项目使用竞投式选课系统带来的积极影响有以下四点。

一是教师的品牌意识增强。由于拥有了上好每一节课、不断提升自己的知名度的意愿，再加上浮动薪酬设定方法的激励，教师对 MBA 课程重视程度的提高有目共睹，课程质量的优良得以保证。

二是学生上课情况改善。由于所修读的课程由学生自主选择，结合了自身的发展方向和兴趣，所以学生上课时的出勤率、课堂参与度和作业完成度都有很大程度的提升，期末的评教分数也有明显提高。

三是学生对竞投式选课系统认可。选课系统的使用体验和选课的公平性得到了 MBA 学员广泛的好评，几乎不再存在选课过程中学生反映系统崩溃、无法登录或者选课时间和工作时间冲突等问题。

四是 MBA 学生的社交圈子得以扩展。学生自主选课打破了原有的行政班级限制，使得MBA 学生能认识更多其他班级志同道合的学习伙伴。MBA 竞投式选课系统实施以来，学生在选修课方面的满意度迅速提升且一直维持在较高水平，基本没有再发生投诉。

中山大学管理学院是国内率先使用选修课竞投系统的院校，在系统上线的头几年，引起不少兄弟学校 MBA 项目同行的兴趣，引发了交流学习热潮，为中国 MBA 教学管理做出了有益的探索且取得了较好的效果。

五、学生反馈

"体会了一次如何将有限的资源价值最大化。选课涉及目标标的的选择，课程优先顺序的选择，点数安排，市场竞争对手调研，等等。"

"这是一个决策的过程，选到课程了就说明取得了成功。投的点数意味着付出的代价。总的来说，这个过程和人生也是相似的。"

"紧张。博弈，要有策略，需要收集全面的选课信息。"

"这是对博弈论的实践，很有趣。"

"很有特色，为了投上谭教授的"财务报表分析"，用1/2的点数去砸，但很值得。作为一个非财务类学生，掌握的是通过现象研究事物的实质。很好！"

以上是部分学生对竞投式选课系统的使用反馈。中山大学管理学院 MBA 课程竞投式选课系统将持续优化，为学生创造更好的选课体验。

第十七章

复旦大学 MBA 改革创新之路

复旦大学管理学院

一、复旦大学 MBA 招生工作改革

自 2011 年招生季起,复旦大学 MBA 项目开始实行"全面预录取"政策,对 MBA 招生政策进行重大改革。"全面预录取"政策的推出,不仅有效解决了考生在择校当中的盲目性,消除了考生与院校之间的信息鸿沟,更充分显示了复旦大学管理学院求贤若渴、努力挖掘优秀管理人才的决心。

复旦大学 MBA 全面预录取政策,是允许所有考生在参加全国联考之前,递交申请材料参加预审,预审分为背景评估、个人面试和小组面试三个环节(见图 17-1)。预审背景评估环节合格的申请人可以参加小组面试和个人面试。最后,根据考生背景评估与面试综合成绩,考生可获得相应的预录取资格,待录取分数线公布,考生考分超过其对应预录取资格分数线,即为拟录取。这是复旦大学 MBA 项目在目前全国联考"一年一考,考分当年有效,仅可申请一所学校"的规则下,针对 MBA 项目的特点推出的重要招生举措。这项举措最大限度地向国际通行的商学院申请制靠拢,可视为"准申请制"。希望来复旦大学管理学院求学的考生,通过此项举措,可以尽早了解自己是否符合复旦大学 MBA 项目的选才标准,从而在报考过程中拥有最大限度的自主选择权,极大降低了职场考生的机会成本。而复旦管院 MBA 项目也可以通过预审选拔出真正适合 MBA 学位学习的优质生源,可谓双赢。

2013 年,复旦大学 MBA 项目进一步改革创新,实现了从申请至录取的全流程电子化。相较以往考生至少需要两次前往学校领取、递交纸质申请材料,电子化申请从申请过程到材料评审过程,都通过先进的信息系统完成,既方便了考生,也保证了申请流程的公正透明。面试流程也全程采用电子化终端配合在线数据,使得考生在签到、分配环节随机"双盲"。

且由于减少了人工录分等环节，不仅结果的正确性有了保障，而且相较以往工作效率有了数倍的提升，录取结果发布周期从以往的 5 个工作日，缩短到 3 个工作日以内。

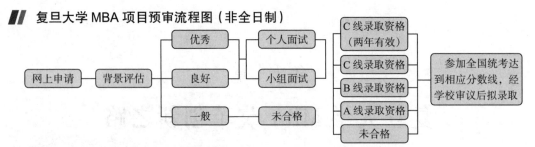

复旦大学 MBA 项目预审流程图（非全日制）

复旦大学 MBA 项目录取资格矩阵图

背景评估 优秀		个人面试			背景评估 良好		个人面试		
		优	良	一般			优	良	一般
小组面试	优	C线录取资格（两年有效）	C线录取资格（两年有效）	B线录取资格	小组面试	优	C线录取资格（两年有效）	C线录取资格	B线录取资格
	良	C线录取资格（两年有效）	C线录取资格	B线录取资格		良	C线录取资格	B线录取资格	A线录取资格
	一般	B线录取资格	B线录取资格	未合格		一般	B线录取资格	A线录取资格	未合格

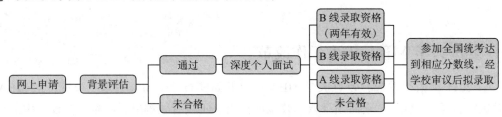

复旦大学国际 MBA 项目预审流程图（全日制）

图 17-1　复旦大学（国际）MBA 预审流程

随着预审、电子化等手段的使用，更多优秀生源加入关注、报考复旦大学 MBA 项目的行列中，在申请人稳定增长的基础上，我们能够将有限的资源精力更好地投入到提高选拔的标准和执行方面，生源质量得到进一步提升。

2018～2019 年，项目对招生标准进行了调整，新版标准以学院发展目标为指向，更加注重评价申请人的发展潜力。项目相应开发了"预审材料评分智能辅助系统"，能够智能评估申请材料中近 70% 的内容，并给出结果供评审教师参考。此举大大节约了评审教师查阅材料的时间，降低了差错率，提升了申请材料评审的效果，为项目预审面试环节保驾护航。

2020 年，面对新冠疫情的挑战，项目在极短时间内开发了专用的远程视频面试系统（该系统支持实名身份验证、双视角视频、全程视频保存回放，以及随机分组、无干扰巡考等功能），成为当年第一个使用专业面试平台的项目，在考试的安全性与考生体验方面均超越行业平均水平。

二、复旦大学 MBA 课程体系改革

复旦大学 MBA 项目拥有系统化、制度化的课程体系建设机制，以保证教学目标的实现

和课程体系的不断升级。该课程体系机制根据国家经济和社会发展需要，结合教育部、大学、教师、学生、雇主等多方的评估反馈，在螺旋式循环中持续改进和自我完善。在此课程体系建设机制下，复旦大学 MBA 项目每年都会对课程体系进行回顾，并适时进行调整，此外每隔若干年还会结合实际情况对课程体系进行大的改革。

（一）2008 年课程体系改革

2008 年，复旦大学对 MBA 课程体系进行了一次重要改革，改革的举措涵盖学分调整、课程调整、授课结构调整等方面。在此次课程改革之前，MBA 课程体系中的公共课程有 11 学分，占总学分比例达 23%，而专业选修课学分仅为 8 学分。在这样的课程结构下，学生普遍反馈在专业选修课上有深入学习的需求。从课程建设的角度，由于选修课的学分需求量低，任课教师开设专业选修课的意愿也不强，从而影响了选修课总体的供应量。通过此次课程改革，复旦大学 MBA 项目的公共课程从 11 学分大幅削减到 5 学分，而减少的 6 个学分全部增加到专业选修课学分中，使专业选修课达到 14 学分。通过这样的调整，不仅提高了学生对课程的满意度，也使得复旦大学 MBA 专业选修课的建设进入了一个蓬勃发展的新时期，为后续专业方向选修课群的建设打下了良好的基础。

在此次课程体系改革中，复旦大学还在 MBA 课程体系中增设了实践类课程，所要求的学分为 5 学分。实践类课程 5 学分中包括了整合实践项目 2 学分、讲座 2 学分和职业发展课程 1 学分。实践类课程的设置，重点突出对 MBA 学生实践能力的培养和对职业发展的促进。在整合实践项目中，MBA 学生需要以 3～5 人小组的形式，在指导教师（来自复旦大学管理学院）和实践导师（来自企业界）共同指导下，充分运用所学的管理理论和知识，完成一个行业分析报告和一个综合实践项目。在综合实践项目中，学生可以开展的项目包括咨询实践类项目、创业/商业设计实践类项目、案例比赛或商业竞赛类项目。通过在实践项目中的演练，可以提升学生综合运用管理知识的能力，以及在商业实践中的沟通、决策、领导和创新等各方面的能力。

配合着课程学分及课程内容的调整，复旦大学 MBA 项目还进行了授课结构的调整以及配套课外培养的强化。从 2008 年开始，复旦大学 MBA 项目在每学期的学期中间都设置专门用于学生实践的实践周，该实践周冠以"聚劲周"的名字。在"聚劲周"中，不安排任何课堂内的课程教学，取而代之的是丰富多彩的各类实践活动，开启了课堂教学之外的实践新天地。在 2008 年的"聚劲周"中，复旦大学 MBA 项目设计了知行篇、同悟篇和求索篇三个板块，通过有效整合专家教授、校友及企业资源，开展了包括名师讲堂、聚劲论坛、知微行远论坛、复旦 MBA 沙龙、爱心助学活动、班级 Study Trip 等各项活动超过 40 场。通过"聚劲周"的设置，可以使学生在知识、技能、视野上更快地提升和发展，为成为推动中国乃至世界经济发展的未来领袖做好储备。

此次课程改革之后，课程体系更贴近 MBA 学生多方面的需求，使学生能够在熟悉掌握本专业知识的同时，通过灵活生动的专业选修课和实践课，了解和知晓多学科的前沿理论概念，更大程度地拓宽知识面，开阔视野，提高自身的综合素质，使得全面培养的体系日趋完善。

（二）2015 年课程体系改革

2015 年，复旦大学 MBA 项目的课程体系再次全面升级，推出了在线必修课程和专业方向选修课群，形成了创新的 T 形结构课程体系（见图 17-2）。

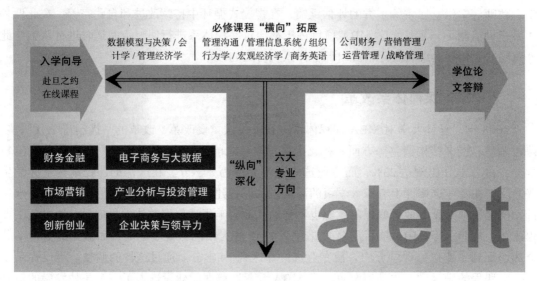

图 17-2　复旦大学 MBA 项目的 T 形课程体系

1. 互联网 +：在线必修课程

2015 年，复旦大学 MBA 项目把"互联网 +"运用到课程改革中，以学生的需求和课程的效果为出发点，打造"数据模型与决策""会计学""管理经济学"三门在线必修课程。

复旦大学 MBA 学生组成非常多元化，不同学生的教育背景及职业背景差异很大，对于管理领域的基础知识水平各不相同。当这么多元背景的学生坐在一个课堂学习时，不管是课堂的组织还是授课内容的把握，对任课教师都是很大的挑战。在此次课程改革中，复旦大学 MBA 项目与课程组合作，对三门课程进行重新设计，新的课程结构以"线上 1 学分 + 线下 2 学分"的模式进行授课，其中基础部分通过线上课程完成，而线下则进行更多的互动讨论和分享，形成"线上 + 线下"有机结合的课程内容结构。

不同于简单购买第三方在线课程，或者将课程完全搬至线上的做法，复旦大学 MBA 线上课程是对这三门课程内容的全新建设。每一门线上课程都经过该课程小组全体教师充分讨论，以合理安排"线上 + 线下"课程内容的结构。线上部分的课程时长为每门 10 小时，三门课程累计 30 小时。复旦大学 MBA 学生在入学前的 7、8 月份通过在线的方式学习，学完在线部分课程后需要参加统一的线下考试，只有通过考试的学生才可以进入线下课程的学习，并获得线上课程部分的学分。全新的课程安排使得学生可以根据自身的背景情况，灵活安排线上课程的学习时间、进度和投入度，享受线上教学带来的极大方便性。完成线上课程的同学在掌握了基础部分知识后进入线下课堂，使任课教师能在线下课堂更好地开展互动教学，从而提升教学质量和课程满意度。

2. 专业方向选修课群建设

复旦大学 MBA 项目从 2014 年开始进行 MBA 专业方向选修课群建设，到 2015 年正式推出了财务金融、市场营销、创新创业、电子商务与大数据四个专业方向选修课程群。专业方向选修课群的建设旨在帮助 MBA 学生进一步发展在某一专业方向的素养和竞争力，加深他们对该领域的理解，展示他们的专业实力，从而成为术业有专攻的高层职业经理人，未来也能依托扎实的专业实力成为专家型的领导者。专业方向选修课群的建设既能突出复旦大学MBA项目的培养特色，又能满足学生对专业方向领域深入学习的需求，提高复旦大学MBA项目的市场竞争力。

复旦大学MBA专业方向选修课群建设依托于复旦大学管理学院系科展开，每个专业方向均由资深教授担任方向课程组长，方向课程组长带领课程组老师共同建设具有前瞻性和专业性的方向选修课体系。每一个专业方向课程体系中均包括基础类、进阶类和综合类课程，课程内容相互递进，构成专业方向课程体系，每个专业方向课程体系包括8～10门课程。同时，复旦大学MBA项目也鼓励跨学科的课程，可以在不同专业方向兼容和互认。

复旦大学MBA学生可以根据自身的职业发展需求选择一个专业方向，根据该专业方向的课程体系要求，完成专业方向内基础类、进阶类、综合类课程。累计达到10学分，并能通过论文、创业项目等解决所在领域的管理实战问题，将获得该专业方向的证书。

专业方向选修课群的推出获得了学生的认可和好评，每年参与的学生占到总体学生的90%以上。经过若干年的持续建设和发展，目前的复旦大学MBA专业方向选修课群已经发展到了六个，在原有四个专业方向的基础上，又新增加了产业分析与投资管理、企业决策与领导力两个专业方向。

随着线上必修课程和专业方向选修课群的推出，复旦大学MBA课程体系已呈现出"两极深化"的布局。"3门线上必修课程–13门核心必修课–专业方向选修课"，这一布局使得学生可以通过由浅入深、从基础到进阶课程的合理阶梯，循序渐进地打下扎实的管理理论功底，提升实践能力，同时拓展个人职业兴趣和专业领域，形成了独特的T形结构体系。

三、复旦大学MBA行动学习之创新

复旦大学MBA项目一直坚持"学以致用，致用于学"的教育理念，早在2005年，复旦大学MBA项目就在IMBA项目中开展了商业实践项目，首个项目是与沃顿商学院合作的Wharton-Fudan Global Consulting Practicum，为国际商务管理选修课。

2008年，为帮助IMBA学生将管理理论与商业实践相结合，全面提升学生综合运用管理知识的能力，MBA项目实施教学改革，在IMBA学生中全面开展复旦MBA商业咨询实验室（iLab）项目，设置了2学分的必修课。iLab从企业的需求出发，围绕企业的发展开展专项咨询或研究工作。MBA学生作为企业的外部智囊，帮助企业剖析实际问题，提供解决方案与思路，从而为企业的发展助力。

2016年，MBA项目调整了实践类必修课的学分结构。针对iLab项目中学生缺乏系统的商业咨询理论及咨询实务工具做支撑的问题，在新版的课程体系建设中，iLab实践学分从原有的2学分提高为3学分。除了2学分的咨询实践项目之外，开设了1学分的咨询实务课程，邀请资深咨询行业专家和学院资深教授为学生传授商业咨询理论和最佳实践案例。咨询实务课程的开展配合iLab项目的进度，安排在项目前和项目中逐次展开，使学生能够将理论应用于实践，进一步提升iLab项目的实施效果。

从2005年到2021年，复旦大学MBA项目成功地与232家合作企业开展了284个iLab项目，共有1 177名学生参加。项目涵盖国际化战略、市场进入、公司财务、营销、竞争者分析、渠道管理、品牌策略、电子商务、商业模式创新、投资分析、供应链和公益项目等多方面。合作企业包括IBM、英特尔、LG、华为、葡萄牙电信、埃克森美孚、康宁、米其林（中国)、正大集团、复星集团、百胜餐饮集团、麦当劳（中国）、汉堡王（中国）、Popeyes、来伊份、上房集团、景瑞控股、默沙东、辉瑞、赛诺菲、中金公司、东证资管、德之馨、连卡佛、丝芙兰、科蒂集团、VIPABC、超星集团、清晖管理、博世、沃尔沃等中外企业。复旦大学MBA学生在实战中将管理知识综合运用，正所谓知行合一，达到学生、学院和企业的共赢。

作为多元化、富有影响力的行动学习项目，iLab始终走在国内商学院的前列，并不断寻求创新和突破，主要特点如下。

第一，iLab项目种类丰富，国际合作伙伴跨越亚洲、欧洲、大洋洲及美洲。复旦大学MBA项目不断创新iLab形式，iLab品牌影响力逐年提高，并且与全球多家商学院展开合作，打造更多样、更广阔的全球iLab平台，合作学校和国际组织包括美国麻省理工学院、欧洲里斯本大学和芬兰国家商务促进局、澳大利亚昆士兰大学、泰国朱拉隆功大学Sasin管理学院，为MBA学生提供了6种不同类型、各具特色的iLab项目进行选择，如表17-1所示。

表17-1 复旦大学MBA iLab项目概览

iLab项目类型		项目周期	团队成员	指导老师
全球商业咨询项目	复旦–麻省理工学院中国商业咨询项目	3个月（3~5月）	2位复旦大学MBA学生+2位麻省理工学院MBA学生	双方老师共同指导
	复旦–芬兰国家商务促进局商业咨询项目	4个月（3~6月）	5位复旦大学MBA学生	复旦大学管理学院老师指导
	泰国–中国商业咨询项目	4个月（3~6月）	3位复旦大学MBA学生+3位朱拉隆功大学MBA学生	双方老师共同指导
	澳大利亚–中国商业咨询项目	4个月（3~6月）	5位复旦大学MBA学生+5位昆士兰大学MBA学生	双方老师共同指导
	葡萄牙–中国商业咨询项目	2个月（7~8月）	3位复旦大学MBA学生+3位里斯本MBA学生	双方老师共同指导
国内商业咨询项目		4个月（3~6月）	5位复旦大学MBA学生	复旦大学管理学院老师指导

第二，iLab合作企业行业分布广泛，研究课题丰富多元。近几年顺应时代发展、紧跟学院战略，聚焦科创前沿，激发跨界创新思维。经过16年的发展，iLab项目吸引了232家中外企业的共同参与。近几年，顺应新的时代特征，iLab项目在行业以及研究课题的选择上也相应进行聚焦，紧随新的时代趋势。例如，学院在2020年启动了科创战略，并迅速开展了一系列科创管理专题研究。紧跟学院科创战略，2021年iLab项目再升级，行业聚焦高科技、生命科学、医疗健康、大数据等，课题涵盖科创行业发展战略、数字化转型、新常态下的全球供应链趋势、中国市场进入与扩张策略、财富管理、组织文化架构、数字化营销、传统企业的升级转型和商业模式研究等，服务企业涉及中国、芬兰、泰国等多个国家，致力于让每一位有前瞻性的优秀管理人才都能从iLab项目的实践中持续创新、突破自我。

第三，建立了一套完整的项目管理和课程评估体系，不断提升iLab项目质量。复旦大学MBA项目始终坚持以学院使命为导向开展各项工作，发挥教学指导委员会的作用，加强对教学支持资源的管理和配置；瞄准进入世界级领先商学院的目标，全面提升学生的培养质量，鼓励创新，培养具有国际视野又深谙本土情势的优秀人才。除教学指导委员会之外，

iLab 项目还设立了 iLab 委员会，由 MBA 项目学术主任、执行主任、指导老师和国际事务团队组成，负责实践课程建设、定期组织召开会议，对合作企业提交的项目是否符合 MBA 培养目标、筛选项目、评估结果以及改进建议、iLab 项目改革和发展等进行讨论。

iLab 项目从合作企业招募、项目筛选到项目开展建立了完整的管理流程，并提供中、英双语说明以保证项目立项、项目中期汇报、项目终期成果汇报等每个重要节点都达到预期的效果（iLab 项目管理流程（英文版）见图 17-3）。此外，通过学习管理系统（Learning Management System，LMS）对 iLab 团队进行统一管理，包括各项通知、重要事项提醒、课件共享、团队作业上传、指导老师对 iLab 团队的评估、学生自我评估以及对团队成员的评估等，学生可以及时看到指导老师的建议和意见，并在后续项目开展中改进和提高。同时，我们建立了一套项目评估体系，包括中期评估和终期评估，学生、指导老师和合作企业共同参与。来自企业和指导老师的中期评估意见及时反馈给学生，终期评估（指导老师评估、合作企业评估、学生互评等）的各项数据作为重要依据，计入 iLab 学生个人成绩，从而从各方面保证 iLab 项目质量。以 2016～2021 年为例，iLab 合作企业的终期评估平均分均在 90 分以上，2021 年的平均分更高达 95.4 分（见图 17-4）。

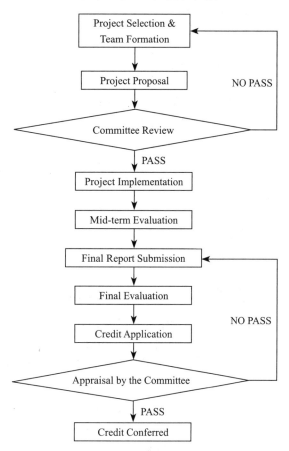

图 17-3　iLab 项目管理流程（英文版）

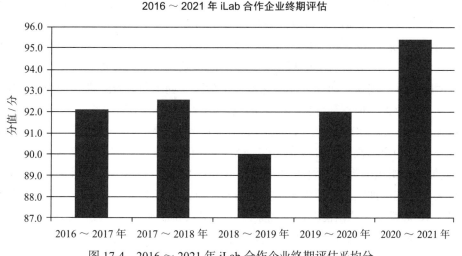

图 17-4　2016～2021 年 iLab 合作企业终期评估平均分

四、复旦大学 MBA 项目的国际化创新

复旦大学 MBA 项目持续深化国际合作和交流，开拓多渠道的国际交流模式，通过长期、中期、短期国际交流相结合，为 MBA 学生提供更加丰富的国际学习机会，提升项目的国际竞争力。

（一）长期交流项目：第二学位

国际交流与合作一直是学院发展战略的重要组成部分。自 2009 年以来，复旦大学管理学院与美国麻省理工学院斯隆管理学院、耶鲁大学管理学院和加拿大约克大学舒立克商学院合作，为 MBA 学生提供第二学位项目的学习机会。学生在第一学期期末提出申请，通过对方学院选拔即可在第二学年赴海外就读第二学位，在对方院校所修学分可根据规定转为复旦大学学分。在复旦大学通过论文答辩并完成两校学位要求，即可获得两校硕士学位。2011 年至今，共有 63 位学生分别攻读美国麻省理工学院斯隆管理学院管理学硕士学位、耶鲁大学管理学院高级管理硕士学位、加拿大约克大学舒立克商学院 MBA 学位。能够在一个平台跟三所北美顶尖的院校进行第二学位的合作，目前只有复旦大学 MBA 项目。

（二）中期交流项目：国际交换

复旦大学管理学院积极发起和参加各类国际商学院组织。学院 2007 年加入了全球知名商学院学生交换的国际组织 PIM，积极开展高水准的 MBA 学生交流交换项目，目前国际合作院校已达到 60 多所，遍布欧洲、北美、大洋洲、亚洲和非洲，包括加利福尼亚大学洛杉矶分校、新加坡国立大学、法国巴黎高等商学院、西班牙 IE 商学院等全球顶尖商学院。2011 年至今，共有 491 名 MBA 学生参加了国际交换项目。

（三）短期交流项目

1. 海外短期课程

为拓宽 MBA 学生的国际视野，丰富 MBA 选修课的内容，自 2012 年开始，复旦大学 MBA 项目逐步开拓与其他国家和地区商学院合作的海外短期课程。近年来，围绕复旦大学 MBA 选修课程体系六大专业方向，复旦大学 MBA 项目开设了以下寒暑假海外短期课程：美国耶鲁大学"领导力和战略"课程、英国伦敦商学院"金融与投资"课程、以色列特拉维夫大学"战略思维与创新"课程、美国麻省理工学院"创新与有效管理"课程、美国斯坦福大学和加利福尼亚大学伯克利分校"创新创业"课程、新加坡游学项目、韩国游学项目。海外短期课程为 2 学分，MBA 学生通过选拔，分赴海外商学院参加为期 5~10 天的海外短期课程。此外，作为全球高端管理联盟（GNAM）组织成员学校，复旦大学 MBA 学生可以申请 32 所成员院校组织的为期一周的 Global Network Week（GNW）短期课程，成员院校包括美国耶鲁大学、美国加利福尼亚大学伯克利分校、加拿大不列颠哥伦比亚大学、英国牛津大学、西班牙 IE 商学院、法国巴黎高等商学院、德国欧洲管理技术学院、意大利博科尼大学、以色列理工学院、爱尔兰都柏林大学、新加坡国立大学等国际一流商学院。

2020 年以来，由于新冠疫情的持续影响，线下海外短期课程无法开展，复旦大学 MBA 项目创新设计了线上与线下相结合、理论与实践并重的混合课程。例如，已成功开展的"以色列战略思维与创新"课程，将以色列的科创战略作为核心，探索新的商业模式、企业发展策略并带领学生们进行实战案例分析，通过以色列企业全球化以及对中、以商业模式的洞察，让学生们在学习以色列创新创业模式的同时，带入中国视角进行思考，进一步理解以色列的创新文化。这一创新的课程模式得到了指导老师和参与学生的一致认可和好评。

从 2012 年至今，复旦大学 MBA 项目已开展的海外短期课程如表 17-2 所示。

表 17-2　复旦大学 MBA 项目海外短期课程

年份（Year）	项目（Program）	合作院校（Partner School）
2012	Portfolio Management	SKKU
2013～2016	Doing Business in Emerging Markets: Latin America and Mexico	Tecnológico de Monterrey Campus Guadalajara
2013 年至今	The Global Network Week（GNW）	GNAM
2015	Creative Disruptions: The Story of Indian Entrepreneurship	Indian Institute of Management Bangalore
2015 年至今	Strategic Mindset and Innovation	Tel Aviv University
2015～2020*	Global Perspective and Strategic Vision	National University of Singapore Business School
2015～2020*	Doing Business in Korea	Korea University
2017	Entrepreneurship	University of Cologne, Faculty of Management, Economics and Social Sciences
2017 年至今	Leadership and Strategy	Yale University School of Management
2018～2019	Finance and Investment	London Business School
2019 年至今	Innovation and the Effective Manager: The MIT Advantage	MIT Sloan School of Management
2020*	Innovation and Entrepreneurship	Stanford & UC Berkeley

* 为 2020 年受疫情影响，暂停进行的海外短期课程。

2. 国际大赛

复旦大学 MBA 项目一直致力于培养扎根中国、放眼全球的青年精英和未来领袖，坚持"学以致用，致用于学"的教育理念，为学生提供许多在行动中学习的平台与机会。积极组织学生参加国际赛事是复旦大学 MBA 项目丰富学生管理实践、拓宽学生国际化视野、提升学生全球竞争力的举措之一，旨在帮助学生将复旦大学 MBA 所学与商业实战成功连接，在学以致用中提升国际视野及知识内化能力，从而实现在"知识""能力""视野""资源"和"责任"五个相应维度的成长和积累。

通过与全球知名商学院学生同台竞技，复旦大学 MBA 学生在国际赛场上展现了独特风采与强劲实力，也在国际视野、知识储备及个人能力上得到极大提升。在历年来的国际大赛舞台上，复旦大学 MBA 项目屡获佳绩（见表 17-3）。

表 17-3 复旦大学 MBA 学生参加国际大赛获奖情况

序号	时间	主办方	大赛名称	参赛学校	奖项
1	2013年2月28日~3月4日	泰国朱拉隆功大学 Sasin 管理学院	The mai Bangkok Business Challenge® @ Sasin	新加坡国立大学、泰国朱拉隆功大学、加利福尼亚大学洛杉矶分校、复旦大学管理学院等 63 支代表队	小组最佳商业计划书和最佳演讲
2	2014年3月20日~3月22日	美国波士顿大学	2014 Annual Grand Business Challenge in Digital Health	麻省理工学院斯隆管理学院、哥伦比亚大学商学院、加利福尼亚大学洛杉矶分校、杜克大学、复旦大学管理学院等 16 支一流商学院代表队	冠军
3	2014年11月4日	印度尼西亚 PPM 管理学院	The 5th PPM Regional Business Case Competition 2014-PT. BCA-Employer Branding	新加坡国立大学、泰国朱拉隆功大学、菲律宾君雅蹈大学、印度尼西亚 PPM 管理学院、复旦大学管理学院等校的 61 支代表队	季军
4	2015年4月29日~5月2日	美国耶鲁大学管理学院	2015 The Yale-Geithner Challenge	GNAM 成员院校	亚军
5	2016年7月	泰国暹罗商业银行 (SCB) 和朱拉隆功大学 Sasin 管理学院	SCB Future Leader Challenge 2016	全球近 30 所商学院的 80 支队伍参加预赛，最终北京大学、香港中文大学、台湾交通大学、复旦大学等学校的 12 支队伍进入半决赛	并列第二名和复赛 24 小时案例冠军
6	2017年3月	泰国朱拉隆功大学 Sasin 管理学院	SCB Future Leader Challenge 2017	全球 30 个国家和地区的 80 所大学的 220 支队伍参加预赛，最终复旦大学、香港中文大学、香港科技大学等大学、新加坡国立大学、新加坡管理大学等校的 12 支队伍进入半决赛	5小时案例冠军
7	2018年4月13日~15日	美国耶鲁大学管理学院	The 6th Annual Yale School of Management Integrated Leadership Case Competition (ILCC)	耶鲁大学管理学院、牛津大学赛德商学院、新加坡国立大学、香港科技大学、一桥大学、复旦大学管理学院等多支国际商学院队伍	亚军
8	2018年10月31日~2019年4月30日	全球高端管理联盟 (GNAM)	The 4th Annual Global Network for Advanced Management Investment Competition	耶鲁大学管理学院、新加坡国立大学商学院、首尔大学商学院、德国柏林 ESMT、SDA 博科尼管理学院、复旦大学管理学院等 24 支队伍	Performance Prize 环节亚军
9	2019年10月~2020年5月	全球高端管理联盟 (GNAM)	The 5th Annual Global Network for Advanced Management Investment Competition	耶鲁大学管理学院、新加坡国立大学商学院、首尔大学商学院、IE 商学院、巴黎高等商学院等 24 支队伍	证券分析 (Security Analysis Prize) 环节亚军
10	2020年2月20日~22日	泰国朱拉隆功大学 Sasin 管理学院	The mai Bangkok Business Challenge® @ Sasin 2020	剑桥大学、康奈尔大学、埃塞克斯高等商学院、IE 商学院、清华大学、香港中文大学、新加坡国立大学、新加坡南洋理工大学、复旦大学管理学院等 208 支队伍	进入决赛四强，获得 Best Presentation 项奖

第十八章

坚持三个面向、聚焦财经特色的 MBA 人才培养模式探索与实践：

以上海财经大学 MBA 项目为例

魏　航[一]　陈志俊[二]　徐松伟[三]　吴云珍[四]

一、引言

（一）MBA 人才培养背景

MBA 教育起源于美国，迄今经历了百年的发展历史，整个教育模式逐步走向成熟，形成了较为完善的培养模式体系。MBA 教育作为一种应用型管理学专业学位教育，其目标是通过硕士研究生的培养方式"造就管理者"。因此，它与传统的学术型研究生的教育模式有着本质差异，MBA 教育所培养的"管理者"不是以掌握某一学科的专业知识为目标，而是以具备从事企业经营管理所需的职业技能和职业品质为宗旨。

与之相对应，我国 MBA 教育在改革开放政策的推动下，起步于 20 世纪 80 年代。随着我国经济的持续高速发展和企业的迅速成长，对高水平的工商管理人才产生了巨大的需求，为 MBA 教育发展提供了动力和良好的客观环境。1991 年，国务院学位委员会批准设置 MBA 专业学位，首批共 9 所试点培养院校开展 MBA 教育。经过 30 多年的不断探索与改革，在我国的经济发展取得举世瞩目的成就的同时，我国 MBA 教育也与中国经济一并接受了考验与成长，走出了一条以人为本、中国特色、不断创新的内涵式发展之路，也成为发展最为成熟的专业学位项目之一。

[一] 魏航，上海财经大学商学院常务副院长、MBA 中心主任，教授，博士生导师。
[二] 陈志俊，上海财经大学商学院人力资源管理系主任、MBA 中心学术主任，教授。
[三] 徐松伟，上海财经大学商学院 MBA 中心执行主任，讲师。
[四] 吴云珍，上海财经大学商学院国际商务硕士中心执行主任，助理研究员。

根据习近平总书记关于教育的相关重要论述、全国研究生教育会议与全国教育大会精神、《中国教育现代化2035》和《专业学位研究生教育发展方案（2020-2025）》，全国MBA教指委组织制定了《工商管理专业硕士学位教育发展"十四五"规划》，为MBA教育继续改革创新提供了路线图。规划明确指出，要主动适应党和国家事业发展的需求，打造新时代的MBA教育新模式，要以社会主义市场经济现代化建设需求为本，形成以创新型人才培养为目标的教育体系，积极推进国际化，打造产教学研有机转化的创新培养模式。本文通过梳理上海财经大学开展MBA教学的经验过程，为财经类院校进一步开展MBA人才培养提供借鉴和启示。

（二）MBA人才培养面临的挑战

当前，中国特色社会主义进入新时代，中国经济已由高速增长阶段转向高质量发展阶段，经济结构优化升级加快，新经济、新业态不断涌现。我国经济正逐步从大规模生产走向以数字经济、人工智能为核心的生产和服务经济，新的经济模式对高层次应用型人才的需求日益多样化。为了主动顺应新一轮科技革命和产业变革，瞄准国家重大战略需求、产业转型升级方向和供给侧短板，提升供给能力和供给质量，为建设创新型国家提供强有力的人才支撑，MBA人才培养的体系必须进行创新、改革和优化。

在此过程中，MBA人才培养面临诸多挑战。首先，面对复杂多变的生态、经济、政治、文化和社会环境，传统的商科教学模式和管理模式难以适应新环境的要求。当前世界经济低迷，逆全球化思潮抬头，不确定性大大增强。比如，中国和美国之间的摩擦，多边贸易的受阻，经济全球化也面临着巨大的挑战。同时，国内经济转型正处于关键阶段，一些企业、行业发展受困。商业环境存在不确定性、易变性、复杂性、模糊性的特点，在工业4.0的进程中仍然存在且并未得到有效解决，给商学教育带来了很多风险和挑战，传统的教育培养体系很难让学生去解决、应对新型的商业问题。

其次，中国经济飞速发展，传统的教学内容和手段无法满足新时代对人才的需求。如何面向国家重大战略、回应时代要求，适应数字化、生态化、新型全球化等趋势对企业变革的影响，对MBA人才培养提出了新的问题与挑战。例如，在数字科技与人工智能的时代，我国已经成为数智领域的全球领先者，是世界消费领域数智技术的主要投资国以及领先的技术应用国。由于财经类院校学科构成的天然局限，在一定的程度上造就学生知识结构不完善，固有的学科群较难提供更大助力，这就对MBA"造就管理者"的培养方式提出了更多的挑战。

最后，产、教、研三方脱节，是人才培养过程中存在的普遍问题。如何通过多维整合，不断完善院校与科研院所、行业企业联合培养人才的有效机制，推动教育链、人才链与产业链、创新链的有机衔接，是高校人才培养质量提升面临的巨大挑战。目前的商学研究与商学教育无法做到动态跟踪企业实践，商业研究领域处于半封闭状态，进而使得理论与实践愈发背离。如何更好地去面向未来，如何能够更好地利用全世界优秀的资源和优质的资源去推进MBA的发展，如何能够结合中国实践、对接国家以及企业的重大需求，实现学以致用和理论联系实际，是MBA人才培养尤其是财经类院校MBA人才培养急需研究和解决的问题。

二、建设内容及成效

为了应对新时期 MBA 人才培养的重大挑战，上海财经大学 MBA 项目根植中国，立足上海，按照党和国家的战略部署，对标世界一流商学院，坚持"三个面向"的办学方针，即面向现代化、面向世界和面向未来，积极探索并构建具有鲜明财经特色的 MBA 人才培养体系。从面向现代化出发，服务国家重大战略和社会发展需求，回应时代要求，适应数字化、生态化、新型全球化等趋势对企业变革的影响，不断助力职业素养提升和实践能力提升。面向世界，从全球吸纳师资力量并产出世界领域优秀的科研成果，实现人才培养及其标准的国际化。面向未来，以市场需求为基础，持续改进人才培养方案和课程体系建设，以更加开放的教学方式、手段和平台，实现产教融合，构建培养生态圈。通过坚持"三个面向"，聚焦财经特色、围绕学生发展，融会贯通人才培养、商学研究和社会服务全部环节，构建了系统化、全方位、全流程的多课堂融合的 MBA 人才培养模式，培养了具有深厚财经素养的商界精英人才，具有积极的借鉴意义。

（一）坚持面向现代化，构建新时代 MBA 人才全面发展体系

MBA 项目在符合教育规律和一流标准的同时，坚持面向现代化。坚持立德树人，提升学生面向现代化的综合能力，重视促进学生德智体美劳全面发展；通过"四课联动"聚焦财经特色，助力培养和提升学生面向现代化的职业素养与综合能力，使学生成为能快速适应科学技术事业和经济建设发展的精英人才；鼓励学生通过多样化的方式服务社会，学以致用，知行合一，全面培养学生的实践能力，构建新时代 MBA 人才全面发展体系。

1. 坚持立德树人，夯实育人根基

（1）强化第一课堂的立德树人核心作用。第一课堂教学是学生获取知识、培养能力、提升素养的主渠道。培养服务社会主义现代化建设需要的高层次综合管理人才，需要坚守课堂教学主阵地，推动各类课程资源与思想政治理论课同向同行，形成协同育人效应。上海财经大学 MBA 项目始终坚持把立德树人作为办学核心，以高素质教师队伍为依托，不断夯实一流人才培养体系内涵，以期培养具有坚定正确政治方向，懂得专业，精通管理，善于经营，能够适应我国社会主义市场经济发展需求的商界精英人才。

（2）构建课程思政与思政课程协同育人。作为课程思政建设工作"主力军"的教师队伍，其对课程思政的认识和理解程度、认同和接受程度，将会对课程思政的育人效果产生最直接的影响。2021 年，上海财经大学等 10 余所高校入选"上海高校课程思政领航计划"，通过加强案例库建设，引导专业课教师积极探索育人元素，做到专业知识与思政元素的"无缝"对接。上海财经大学 MBA 项目依托于学校实施"上海财经大学思想政治理论课综合改革 2.0 方案"，构建与国家战略、学科特色、"金课"建设相融合的课程思政群。在提高思想政治站位和话语体系上下功夫，与基层党组织建设等相结合、与高校"三全育人"理念相融合。其一，打造符合学科特色的"示范"课程，形成品牌；其二，设立教师教育与发展中心和案例中心，探索"双师"同堂制度，构建"思政能力"与"教学能力"双线提升的师资建设体系，打破教师交流壁垒，推动课程思政专题研讨交流，夯实课程思政基础；其三，成立课程思政工作小组，构建全员参与的立体保障体系。

（3）加强思想政治考察，建立师德建设长效机制。构建"1+N"师德制度体系："1"是制定关于进一步加强教师思想政治工作及师德师风建设的实施意见，明确任务书、时间表、路线图；"N"是制定若干配套文件。在教师考核体系中单列思想政治与师德指标，对教师岗位聘任、职务晋升、项目申报和评优奖励实行师德不合格"一票否决制"。

（4）构建具有思想引领意义的中国特色课程群。基于"凭思想引领、以责任担当、因素养卓越"的培养理念，为使中国特色教育贯穿于人才培养体系中，开设了以培养商界精英们的社会责任感为目的的"商业伦理与社会责任""中国宏观经济政策分析""商法""学术诚信是学业的底线"等责任系列课程；还开设了注重文化传承与创新的"中国系列"课程，以"思想中国"为引领，"艺术中国"和"文化中国"紧随其后，并于2022年推出"经济中国"，该系列课程将中华优秀传统文化与社会主义核心价值观的学习践行、家国情怀的培育、专业的深度学习融合起来，将人文精神、科学精神与商学精神的培养深度融合起来。

2. 聚焦财经特色，提升专业素养

（1）打造特色专业方向，引领MBA教育模式创新。2020年推出的培养方案以科技财经、数智商学为内核，实现面向未来的商业人才培养需求，重新梳理了课程与培养模式，加入数智时代的特征，引入智能化模拟教学平台，全新推出"商务大数据分析""数智时代的金融科技""数智时代的创业投资""数智时代的战略型财务管理"四大专业方向，通过数智赋能帮助MBA学生打造敏锐的数字意识，培养MBA学生灵活利用数智实现跨场景融合的才能，并帮助MBA学生拥有思辨性的前瞻视野，从而把握未来机遇，驱动未来商业模式的创新型发展。其中新设的"数智时代的金融科技"方向，旨在通过"人工智能和量化投资""区块链：技术驱动金融、商务和社会""金融大数据挖掘"等课程，同时依靠上海财经大学优势学科与国家级金融虚拟仿真实验中心，理论与实践双驱动，培养掌握前沿金融科技知识，具备深厚财经素养的战略型金融科技与管理人才；与全球领先的费用管理企业SAP Concur合作推出的"数智时代的战略型财务管理"方向，扎根上海财经大学优势学科，依托SAP Concur的全球实践经验和业界领先创新性，数智驱动、跨界协同，推进战略型中国企业财务官的培养；开设"商业实践前沿"系列讲座，将理论与实践、专业素质与综合素质的提升深度融合起来，并通过标准量化评估促进学生综合能力的提升。

（2）开设多样化第二课堂，凸显财经特色人才培养。第二课堂是第一课堂的延伸、拓展与补充，项目设立专门的学生事务办公室，开展高频和高质的贴合商业的应用型讲座，对课程理论内容做出有益补充，提升学习效果，发挥高校智库作用，近五年来合计共开设近千场讲座。其中不仅有面向社会公益性质的商界精英系列讲座，还有针对金融投资班开设的实践导师下午茶与金融界校友导师互动类活动，以及紧跟时代发展特色、创新推出聚焦专业方向推广的圆桌谈话类栏目"上财黝黝说"和全新升级打造金融财经领域高端对话平台、以金融行业话题为主题的"浦江财享会"系列论坛。2020年年末，"浦江财享会"邀请到意大利经济发展部前副部长米凯莱·杰拉奇先生，充分解读商科新思维，将产业发展、地缘政治及企业创新有机地结合起来。

（3）创新学习俱乐部制，集成提升办学特色。为金融界人士提供一个传递最新金融资讯、解读前沿金融问题、交流当下业内信息的高端对话平台，打造颇具影响力的品牌讲座。2020年上海财经大学以"大变局之世界与中国"为主题，开展16场金融家俱乐部活动，从

多元视角聚焦经济与金融。编撰3期《金融家》期刊,涵盖7场活动内容实录,同步推出《FM·金融家|有声沙龙》栏目12期,出版发行汇编文集《观势破局·中国经济新常态》。相关活动对校友、在校生及社会人士开放,不仅达到培养在校生的目的,也服务社会,提升了品牌影响力。部分金融家俱乐部活动如表18-1所示。

表18-1 部分金融家俱乐部活动一览表(2020~2021年)

序号	主讲嘉宾	活动主题	时间
1	管清友(如是金融研究院院长、首席经济学家)	类滞胀临近,如何跑赢通胀	2021-06-16
2	杨学山(工业和信息化部原副部长)	数字经济的发展态势与变革方向	2021-06-10
3	邹传伟(万向区块链首席经济学家)	金融基础设施升级、数据要素市场和金融科技前沿	2021-05-28
4	张宇燕(中国社会科学院学部委员、世界经济与政治研究所所长)	世界经济形势与展望	2021-05-14
5	孙明春(海通国际首席经济学家)	全球宏观与金融市场新趋势	2021-04-23
6	李绍先(中东问题专家、宁夏大学中国阿拉伯国家研究院院长、中国现代国际关系研究院原副院长)	中东大乱局及"一带一路"背景下中国的应对	2021-04-16
7	鲁政委(兴业银行首席经济学家、华福证券首席经济学家)	新格局、新机遇	2021-03-22
8	何亚非(国务院侨务办公室原副主任、外交部原副部长)	当前国际局势和大国关系	2021-03-5
9	鞠建东(清华大学五道口金融学院紫光讲席教授)	中美贸易争端与世界新秩序	2021-01-15
10	施东辉(上海证券交易所原资本市场研究所所长、复旦大学泛海国际金融学院教授)	中国资本市场:过去30年的总结与未来10年的展望	2020-11-27
11	米凯莱·杰拉奇(意大利经济发展部原副部长)	美国大选后,中美欧贸易与地缘政治关系	2020-11-22
12	余永定(中国社会科学院学部委员)	双循环和中国国际收支结构调整	2020-10-20
13	魏加宁(著名经济学家、国务院参事室金融研究中心研究员)	从两次疫情冲击比较看宏观经济政策取向	2020-09-21
14	李迅雷(中泰证券首席经济学家、中国首席经济学家论坛副理事长)	大循环与双循环背景下的政策取向与投资机会	2020-09-7
15	黄胜强(海关总署原党组成员、国家口岸管理办公室原主任、海南自由贸易港专家咨询委员会专家)	国际贸易新格局和新规则与我国对外开放	2020-08-27
16	彭文生(中金公司首席经济学家)	"后疫情时期"非典型经济复苏	2020-07-23
17	高西庆(中国投资有限责任公司原副董事长、总经理兼首席投资官)	中西法制史的比较	2020-06-30
18	王缉思(北京大学博雅讲席教授、国际战略研究院院长、国际关系学院教授)	大变局与中美关系	2020-06-18
19	田国强(美国得克萨斯州A&M大学经济系Alfred F. Chalk讲席教授)	疫后世界大变局与中国战略选择	2020-06-11
20	曹远征(中银国际研究公司董事长、中国银行原首席经济学家)	疫情冲击下的世界经济与金融	2020-05-22
21	陈志武(香港大学冯氏基金讲席教授、亚洲环球研究所主任、耶鲁大学前金融经济学教授)	赢者通吃的世界里如何投资理财	2020-05-15
22	陈浩武(北京大学原研究员,长江证券公司创办人)	中日两国现代社会转型的比较	2020-05-8
23	贾康(华夏新供给经济学研究院院长、财政部原财政科学研究所所长)	疫情冲击下的目标、挑战与机遇——兼论"全球经济"与"新经济"	2020-04-28

3. 服务社会需求，整合实践能力

（1）开设金融投资班，服务区域经济发展。金融投资班旨在培养掌握前沿金融科技知识，具备深厚财经素养的数智时代战略型金融科技与管理人才。上海财经大学MBA项目针对金融投资班开设"高级金融市场与交易管理"和"数智时代的金融创新"两大方向课程。其中既包括投资学、金融衍生品和金融工程、公司并购与重组等专业理论课程，也包括金融科技与风险控制、金融大数据挖掘、程序化交易与实现、人工智能和量化投资等与实践结合极为紧密的前瞻性课程，助力培养以先进深厚的商学理念为体，以金融和管理教育的全新平台为用，懂管理、知金融、拥有前瞻性视野、能结合当前国际经济形势做出科学判断的复合型金融管理者。随着人工智能、大数据、云计算、物联网等新技术对整个金融行业的重塑力越来越强，金融行业数字化转型加速，金融科技领域人才缺口待补。上海财经大学MBA项目紧跟国际金融科技动态前沿，依靠上海财经大学优势学科与国家级金融虚拟仿真实验中心，培养学生的创新能力与实践能力，致力于培养金融业未来领袖。

（2）强调知行合一，利用整合实践推动人才培养。以专业实践为导向，重视培养学生综合运用商学相关理论知识发现、分析和解决问题的能力，上海财经大学于2014年正式启动整合实践项目。经过七年的发展，项目在企业数量和质量、学生参与人数、指导教师队伍、论文贡献度、案例成果等方面都有了较大进步。参与的MBA学生在授课老师的带领下组成小型咨询团队，与企业管理者针对企业现状在半年的时间内共同调研、分析问题并提供有效解决方案。通过将理论化的课堂知识与现实中的企业案例有机结合，不仅提升了学生的职业综合素养和实践整合能力，使其站在更高维度全盘审视企业生存发展之道，厘清商业社会运行规律，也为合作企业发现、解决现实问题提供方案，助其在商业竞争中取得优势，达到项目参与者多方共赢的目标。例如，为上海某知名驾校的商业模式优化研究制订了切实可行的落地方案；帮助校友文创企业的连锁发展解决了服务流程管理问题，使其成功从一家门店发展到全国共有十多家门店；2018年开展"陇南成县电商扶贫"项目，实现当年"双11"期间农特产品全国销量达到五万单，精准扶贫得到原国务院扶贫办的高度肯定；2019年关于"滇西丝路电商发展研究"的项目报告，选入红旗出版社出版的《E路奔小康》。

（3）依托"中国MBA师资开发及办学能力建设计划"，助推中国大学MBA办学能力。该项目由淡马锡基金会和全国MBA教指委共同发起，致力于开发并提高中国大学MBA办学能力、院长领导力以及教师教学水平。二期的目标是帮助中国9个省份的10所大学分别建设10个具有较高水平和较好质量的MBA教育项目，期望这10所MBA培养院校今后能带动所在地区其他管理院校的发展，提高中国经济发展和企业管理水平，培养质量更高、数量更多的管理人才。其间，上海财经大学对口帮助新疆财经大学MBA学院和浙江工商大学MBA教育中心，选派富有MBA教学实践经验的骨干教师帮助新疆财经大学来沪师资进行教学能力培训，并派遣教师代表前往新疆财经大学进行示范教学、交流经验。上海财经大学和新疆财经大学还定期组织行政管理人员进行交流学习，共同提升办学能力，共同提升财经类院校MBA师资水平和办学能力，并以此为契机，对财经类院校特色差异化发展模式进行有益探索。

（二）坚持面向世界，构建 MBA 人才国际化培养体系

1. 引培并举，打造国际化师资队伍

（1）建设国际化师资队伍，探索国际化人才队伍建设模式。自2004年起，上海财经大学MBA项目率先打破过去国内高校为海外高层次人才开辟体制外"特区"的传统做法，把在全球范围内配置的高层次领军、杰出和优秀人才资源直接纳入体制内建制，实行了旨在对接国际先进学术标准、提升人才培养质量和知识贡献水平的全方位教育教学改革。目前学院全职师资团队中，有36名教师毕业于美国杜克大学、宾夕法尼亚州立大学、西北大学、印第安纳大学，以及加拿大多伦多大学等海外高水平研究型大学。

（2）以国际化示范学院为抓手，汇聚国际优质教育资源。项目多管齐下，借助各种力量，不断拓宽学院与海外一流高校、研究机构、国际组织的合作渠道；不断完善聘请外国专家担任联合系主任和特聘教授的人才合作模式，为学院师生提供更多与世界知名学者合作交流的平台。例如，聘请荷兰蒂尔堡大学商学院院长Kees Koedijk教授担任国际化示范学院副院长，并且在五个专业领域分别聘请了全球知名的专家担任外籍联合系主任、学术顾问。

（3）构建师资力量持续强化机制，推动教学水平不断提升。依托学院教师教育与发展中心，以"建设结构合理与协作奋进的师资梯队，敬业、忠诚、高水平与稳定的师资队伍，具有国内外竞争力的师资队伍"为战略目标，以特色商学育人文化为基石，以增进职业成就感为宗旨，为教师提供定制化的商学教学能力发展支持项目。优化赋能工作坊，为教师提供经验分享和学习课堂管理的平台，稳步推进教学研修项目"国际卓越计划"，围绕教学内容及在线教学技能开展线上培训，在哈佛GloColl和百森ELI研修项目的基础上，新增牛津EMI研修项目，全方位提升教师国际化课程授课能力。设计一对一带教项目执行方案，以产出为导向，以协同为原则，同步推进商学课程研讨组工作。

（4）以杰出人才建设为核心，引领师资团队攀升。形成以具有国际视野和国际化办学能力的管理层为引领、以"常任轨"教师为重点、以海外特聘教授为支撑、以专业方向讲师为特色的国际化师资队伍。坚持"高质量、多元化"评价体系、注重学科差异性、保证程序公平公正等原则，重视教育教学业绩考评，尊重教师发展规律，激励教师追求卓越。持续推进"创新团队"和"人才计划"项目，提高研究成果积累与学术影响力，增强优质师资队伍的稳定性与凝聚力。

2. 国际交流与合作，拓宽人才培养国际化视野

上海财经大学MBA项目与国际顶尖商学院、一流机构建立长期密切的合作关系，广泛开展合作交流。项目与荷兰伊拉斯姆斯大学鹿特丹管理学院、新加坡管理大学李光前商学院、美国杜兰大学弗里曼商学院、英国格拉斯哥大学亚当·斯密商学院等合作开展"MBA+X"项目，与美国哥伦比亚大学、法国蒙彼利埃大学、斯洛文尼亚卢布尔雅那大学、英国南安普敦大学、荷兰蒂尔堡大学、日本名古屋商科大学等合作开展"海外交换生"项目，与斯洛文尼亚卢布尔雅那大学、法国昂热高等商学院、希腊雅典阿尔巴商学院、意大利米兰理工大学、澳大利亚昆士兰大学等合作开展"短期国际访学"项目，与英国爱丁堡大学商学院、英国剑桥大学嘉治商学院、美国弗吉尼亚大学达顿商学院、加拿大多伦多大学罗特曼管理学院等合作建设"海外学习模块"，以此加大国际合作力度，不断提升人才培养的国际化水平。同时，招收海外留学生，积极拓宽适应中国国情的国际化发展路径，并在2018年开

设 MBA 全日制全球班，通过国际联合培养、中外合作项目、海外专家团队等方式，积极邀请世界级大师、学术骨干、国际高水平专家来校授课。

3. 商学认证与排名，构建国际化规范体系

2012 年 4 月，上海财经大学正式通过 AMBA 现场认证，并获得为期五年的资格；2013 年 4 月，上海财经大学成为首批通过中国高质量 MBA 教育认证（CAMEA）的五所院校之一；IPIN 2016 中国大学薪酬排行榜和 IPIN 2017 中国大学薪酬排行榜显示，上海财经大学学生毕业五年平均薪酬仅次于清华大学，为内地高校第 2 名；2017 年，上海财经大学正式通过 AACSB 国际认证与 AMBA 再认证；2020 年，上海财经大学首次通过 EQUIS 国际认证。在《彭博商业周刊》发布的 2019～2020 年全球最佳商学院排名中位列亚太地区第 5 名。在英国《金融时报》发布的 2021 全球 MBA 项目百强排行榜中，上海财经大学 MBA 项目位列中国内地第 4 名，其中毕业生薪酬增幅位列全球第 2 名。上海财经大学围绕办学使命和发展目标，以高质量商学教育认证为指引，以评促建，不断完善规范的国际化人才培养体系，持续提升人才培养质量。

（三）坚持面向未来，打造可持续发展的 MBA 人才培养体系

30 多年来，上海财经大学 MBA 项目始终坚持面向未来的培养理念，紧跟经济社会发展形势，遵循人才培养规律，深化教育教学改革，不断探索创新，打造可持续发展的 MBA 人才培养体系，为国家和社会发展锻造和输送了无数管理人才。

1. 坚持市场需求，助力课程体系改革

上海财经大学 MBA 项目以市场需求为指引，依据市场发展的不同阶段，为社会经济发展培养和输送符合时代需要的工商管理人才。在 30 多年的发展历程中，先后经历三大发展阶段：1991～2000 年，这个时期主要以学习西方 MBA 教育教学模式为主，以适应中国经济发展迫切需要解决的人才培养重能力、抓机遇、抢时间的现实；2001～2010 年，在中国正式加入世界贸易组织之后，世界经济与中国经济特别是与中国市场加快融合，社会经济成分、组织形式、就业方式、利益关系和分配方式发生新的变化，对于高层级应用型人才的需求急剧增加，这个时期主要以探索商学理论及其与中国实践有机结合为主；2011～2020 年，科学技术不断进步，新经济新业态不断涌现，我国经济发展已由高速增长阶段转向高质量发展阶段，经济结构优化升级加快，对高层次应用型人才的需求呈现出多规格、高层次、跨学科等特点。为适应新时代经济发展对商界精英的需求，MBA 项目积极探索数智时代高层次应用型商科人才培养体系的创新，通过重构培养体系，积极推动商界精英适应数智变革与创新，为中国经济发展提供面向未来的人才支撑。

在遵循经济社会发展需求的基础上，上海财经大学 MBA 项目围绕自身办学使命和发展目标，自 2014 年起引进了 AACSB 认证中的学习质量保障（assurance of learning，AoL）体系（见图 18-1），通过国际化评价标准，以评促建，不断完善和迭代课程体系。在这个过程中，项目明确了学习目标和学习成果指标，绘制了课程地图，完善了课程教学大纲，并制订了详细的评估计划；同时形成了课程或独立检测层次、学习成果指标层次、学习目标或项目层次和学院层次的持续改进报告，并付诸实施。将持续改进作为保障体系的内生动力，围绕培养目标，瞄准一流水平和经济社会发展需要，不断迭代升级。

第十八章　坚持三个面向、聚焦财经特色的MBA人才培养模式探索与实践：以上海财经大学MBA项目为例

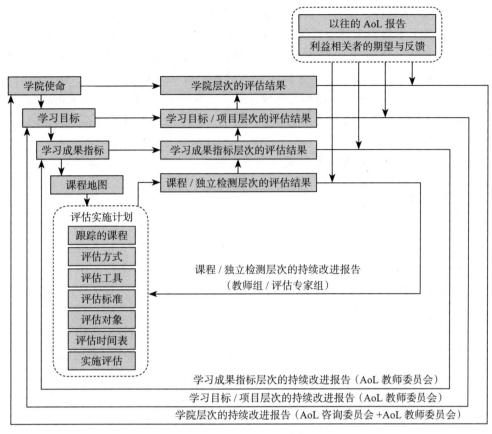

图 18-1　学习质量保障体系

在 2011 版培养方案中，整体引入国外模块化课程设计理念；在 2018 版培养方案中，基于认证专家、教指委及其他相关方调研，集中改进了商学核心模块，强调以学生为中心的个性化培养。2020 年，项目又对培养方案进行了优化，融入时代特色，改进特色方向设计，强调数智赋能和商学合一。

数智赋能：数字化、信息化和智能化是当今世界发展的主要趋势，技术驱动下的产业变革、公司再创业、管理再创新构成新一轮商业竞争的焦点。项目不仅在原有的方向模块中加入数智时代的特征、引入智能化模拟教学平台，更全新推出"数智时代的创业投资""商务大数据分析""技术驱动的金融创新"三个方向。

商学合一：专业学位强调人才培养知行合一，项目将企业力量纳入人才培养过程，例如，与全球领先费用管理企业 SAP Concur 合作，把原有的"财务与会计"方向升级为"数智时代的战略型财务管理"，扎根上海财经大学优势学科、依托 SAP Concur 的全球实践经验和业界领先的创新性，"跨界"设计国内领先和实践驱动的财务战略课程体系。

2. 坚持开放办学，推动教学模式创新

项目始终坚持开放办学，在不断完善和迭代课程体系的同时，不断鼓励和帮助任课教师创新教学方法和教学模式，利用智能化模拟教学平台、案例教学与案例开发、仿真模拟决策等，帮助学生解决实际问题，真正实现教学相长。

引入智能化模拟教学平台，将数智时代的特征渗透进教学过程。自 2014 年以来，共

引进 23 个模拟教学软件，累计开设近 100 门次模拟课程；同时与哈佛中心（上海）合作，基于哈佛中心线上平台，为师生提供高质量的线上课程、教学案例以及在线模拟软件等海量数字化教学资源，使用过 10 个模拟软件开展教学，共使用哈佛案例 4 171 人次。例如，Capstone 模拟软件的应用能帮助学生体验决策过程，参与战略决策制定，仿真战略流程；Everest Simulation 能帮助学生学习如何有效地组建、参与和领导团队；MarkSimos 营销在线强化学生的战略市场营销思维，有助于在无风险的市场环境中锻炼各种市场营销的新技能，提高现实中的工作效率。

深耕案例开发，重视成果转化。成立商学案例中心，在案例教学和案例研发方面不断加大投入，鼓励教师积极参与，同时将商学研究作为人才培养的重要基础。由专职案例研究员深入企业，开发优秀案例，从招生预面试到第一课堂，充分发挥案例教学的积极作用，进行充分交流、讨论与分享。作为教学方式改进和创新的重要举措，每年举办一次案例教学师资培训，邀请毅伟商学院教授进行案例教学和研发的示范与指导，已有校内外 300 多位教师参加培训且收益颇丰。2014～2020 年，开发优秀教学案例 60 余篇，16 篇入选全国"百优案例"，18 篇入选中国工商管理国际案例库，开发用于预面试的案例及微信小案例累计 1 436 篇。

建设数智商学实验室，对接国家及社会经济发展需求。协同政府机构及知名企业，探索数智商学的新理论、新方法和新实践，打造数智时代下的商学交叉学科创新高地，引导并激发学科交叉研究，推动数智时代 MBA 人才培养改革与创新，为跨界融合的复合型、高层次、应用型人才提供平台。此外，发挥金融实验室、行为观察实验室、商务分析数据实验室的作用，依托学校科研实验大楼，建设多形态开放交互的智慧教室、教学实验室及直录播教室。

3. 坚持产教融合，构建培养生态圈

MBA 项目始终坚持产教融合，积极摸索共建共享、多维发力的产教融合之路，构建培养生态圈。利用校内外资源，强调知行合一，从知识体系完善和学术研究反哺两个基点出发，内部搭建产教融合平台，外延拓展实习、实训基地，以期培养符合经济社会发展需要的高素质专业人才，助力区域经济发展。

以优质行业资源为依托，探索从商学知识体系中拉近产教距离的"双师同堂"新模式。"双师同堂"是一种"行业专家＋任课教师"协同授课的实践教学方式，将企业实践与商学教育有机融合，把行业前沿资讯融入日常教学当中，深化企业与高校产学合作，帮助学生近距离了解优质行业中企业家的实战经验、创业经历、管理智慧以及如何践行企业社会责任等业界实践，将抽象的管理理论具象化为鲜活的企业经营之道，让学生在整合知识结构的同时获得更多实践经验。例如，上海振华重工（集团）公司创始人分享了创新之路，引发学生深思；走进叮咚买菜、SAP 中国研究院、远东股份等，让学生感受到企业科技创新的魅力。五年来，合计邀请了 200 余位行业专家走进课堂，覆盖课程 150 余门次。

以知识体系、学术研究为基础，利用平台和载体推进产教融合，学院积极筹建实践研究院。研究院将坚持"四个对接"，即对接高校智力优势和学科前沿，对接高端人才培养需求，对接上海产业发展需求，对接企业发展关键问题。研究院下设专项研究中心，如新零售研究中心、新制造研究中心、新金融研究中心、新服务研究中心。研究院同时强调"三真"

原则，即"研究真问题、开展真实践、做出真研究"，以此来真正了解专业领域新朝向，把握行业发展新趋势，适应人才需求新变化，成为产与教共建、共研、共享的在国内具有一定影响力的公益平台。

以创业学院为平台，打造"匡时创业班"项目，聚合中外优质高等教育资源，开启创业实践教育全新模式。每年招收 50 余名有强烈创业意愿的学生及校友，培育了百余项创新创业项目，获得国家级、省（市）级多项成果奖。在 2020 版培养方案中，设立"数智时代的创业投资"方向，建立创新创业课程体系。上海财经大学已举办七届创业大赛，以理论结合实践，实现多方位实践育人，持续深化教育方式改革，推进人才培养范式升级，大力提升学生的创新精神、创业意识和实践能力。

以"财经 E+e"为平台，实现校企合作育人，协同创新，反哺母校发展与财经人才培养。"E"（entrepreneur），即杰出校友、社会优秀企业家与创业者，"e"（elite）意寓未来的"精英"，即全日制学生。培养对象"e"在"E"导师的协助下，完成为期两年半的课程。每个学期进行一次学生和导师的双向评估，"e"在完成相应结题报告后拿到与之相应的学分，"e"需修满学分才能进入下一个阶段的学习。学校根据"e"每个阶段的综合表现和创业情况提供奖学金，具备优秀企业家素养的"E"导师，不仅要充分利用自身丰富的从业经验和广泛的行业资源，也要将应当坚守的社会主义核心价值观和优秀的企业家精神融入交流之中，引导"e"树立正确的世界观、人生观、价值观。以实现校企合作育人，协同创新，力争培育出具有高尚道德情操、社会理想和恪守商业伦理的财经领域精英人才。

三、总结与展望

（一）回顾 MBA 教育发展历程，成效显著

2021 年，我国 MBA 教育发展迈入第 30 年。截至 2021 年 5 月，全国共有 270 多个 MBA 培养单位，60 多个 EMBA 培养单位。目前，我国 MBA 教育年招生规模稳定在 4 万人左右，报考人数逐年稳步提升。一批高水平院校的 MBA/EMBA 项目已在国际排名中名列前茅，可与国际同行在同一平台上对话，教育质量得到国际同行认可。随着 MBA 教育的质量保障体系不断完善，培养院校在探索中不断总结 MBA 教育发展规律，凝练自身特色，加强基础能力，对标国内外高质量要求。我国 MBA 教育正在走出一条以人为本、中国特色、不断创新的内涵式发展之路。上海财经大学 MBA 项目通过 30 多年探索与实践，也逐步形成了面向现代化、面向世界、面向未来，聚焦财经特色，围绕学生发展，融贯人才培养、商学研究和社会服务，系统化、全方位、全流程的多课堂融合的 MBA 人才培养模式。

（二）服务国家战略需求，打造新时代的工商管理教育新模式

当前，我国 MBA 教育增加了领导力、创新创业、社会责任、企业家精神等内容的比重，重视案例教学发展，注重产教融合，但缺乏与经济社会转型发展相适应的系统方案，招生考试机制缺乏有效性，基于教育理念的教学方法创新不足，实践环节针对性相对较弱，存在流于形式的情况，学位论文考核标准不完善，缺乏实事求是的创新探索。上海财经大学商

学院应以培养引领经济发展的世界级领袖为 MBA 教育的新目标。MBA 教育要面向国家重大战略、回应时代要求，适应数字化、生态化、新型全球化等趋势对企业变革的影响，重点培养创新型人才，不断提升商学院及工商管理教育的影响力，体现 MBA 毕业生的社会责任与担当。

（三）以开放合作为动力，深化产科教融合，探索新型办学模式

MBA 教育要推动科教融合、产教融合与理实融合，在科研－教学－学习的过程中进行知识的创新、传授、传播和传承；坚持产业需求导向与教育目标导向相统一，着力提高学生的综合素质和适应能力。要创新办学模式，构建产研融合生态系统，把产教融合、协同育人理念贯穿人才培养全过程；坚持理论联系实际的马克思主义学风，坚持问题导向，坚持理论与实践相统一，学以致用，用以促学，夯实学生的理论基础，扩大知识面；加强实践教学，提升学生分析问题、解决问题的能力。同时，MBA 教育还应推进中外合作办学改革，深化教育国际合作，鼓励开展中外学分互认、学位互授和联授，提升在线教育的国际影响力。

参考文献

[1] 中华人民共和国中央人民政府.中华人民共和国国民经济和社会发展第十四个五年规划和 2035 年远景目标纲要 [R]. 2021.

[2] 国务院学位委员会，教育部.专业学位研究生教育发展方案（2020-2025）[R/OL].（2020-09-25）[2022-12-01]. http://www.moe.gov.cn/srcsite/A22/moe_826/202009/t20200930_492590.html.

第十九章

"知行"思想引领下的北京交通大学 MBA 创新创业人才培养模式与实践

刘颖琦[一] 陈睿君[二] 邱 奇[三] 李 娜[四]

自 2014 年 9 月李克强总理首次提出"大众创业、万众创新"以来,创新创业精神就越来越受到各界重视,创新创业活动日益成为创新驱动发展、经济增长方式转变等的重要动力,而创新创业教育与实践也成为高等教育改革、人才培养的重要抓手之一。加快培养创新人才已经成为中国教育事业改革和发展的重要内涵,创新创业教育也已经成为国家教育体系的重要组成部分(付军,杨续波,成立平,2014)。党的十九大报告提出:"创新是引领发展的第一动力,是建设现代化经济体系的战略支撑。"近年来,党和政府十分重视高校创新创业人才培养问题,自 2015 年 5 月国务院办公厅发布《关于深化高等学校创新创业教育改革的实施意见》以来,全国高校掀起了创新创业人才培养的热潮,与之相关的理论和实践成果也不断涌现(庄志英,魏金明,2020)。

在政策的激励之下,高校创新创业教育改革通过示范、创业大赛与孵化基地以及产学研合作等方式逐步推进(刘颖琦,李苏秀,宋泽源,2018)。教育部自 2016 年开始举办"互联网+"创新创业大赛以来,为学生搭建了双创实践平台,提供了丰富的创业资源,激发了学生的创新创业热情。为了更好地将创业经验转化为创业知识,教育部先后评选了包括北京交通大学、北京大学、清华大学等在内的 50 多所高校作为创新创业典型经验高校。在此基础上,融合了微软、腾讯、百度等创新企业,构建了产学研实践创新体系,丰富了产学研相结合的双创教育与实践体系。

[一] 刘颖琦,北京交通大学经济管理学院企业管理系主任,教授。
[二] 陈睿君,北京交通大学经济管理学院博士研究生。
[三] 邱奇,北京交通大学经济管理学院 MBA 中心主任,副教授。
[四] 李娜,北京交通大学经济管理学院 MBA 中心执行主任。

虽然我国的创新创业得到了政府、企业、高校的共同参与和努力，创新创业教育改革在持续不断地推进，创新创业实践平台在不断得到完善。但是，现阶段我国的高校教育还处于以技能教育、对岗就业为主的阶段，大部分高校在创新创业教育方面还缺乏理性认识和必要条件，而且创业教育还远没有融合到系统化的人才培养体系中，要实现创业型人才培养目标，需要将实践环节和教育环节进行有机地结合（刘艳 等，2014）。

鉴于此，本研究在探究创新创业教育与实践理论的基础上，基于知行合一的理念，结合中国高校创新创业教育特色，构建"知行"思想下的创新创业教育与实践体系。同时，本研究以易捷生态为例，展示北京交通大学知行体系下的创新创业教育成果，为未来进一步推动创新创业教育的理论发展提供借鉴。

一、创新创业教育与实践的理念与理论基础

（一）创新创业教育与实践的基本理念

创新创业教育是指培养有关创新和创业的意识、思维、能力、实践的综合素质，最终使教育者拥有一定创新创业能力（张涛，2006）。我国创新创业教育旨在响应国家战略与社会发展的需要，不仅要培养创新创业型人才，还要提升以人才为核心的创新创业实践成果转化。国内外创新创业相关文献都提到了实践活动的重要意义，而对于不同的高校而言，创新创业的理论和实践在不同情境中具有不同的倾向和比重（刘艳 等，2014）。

自古以来，中国在教育问题上就十分关注"知行合一"。孔子要求弟子"讷于言而敏于行"（《论语·里仁》），反对"言而过其行"（《论语·宪问》）；墨子主张"强力而行"，认为"士虽有学，而行为本焉"（《墨子·修身》）。辩证唯物主义的认识论认为，人们的思想、观点是在社会实践中形成的。创新创业的思想、观点不可能自发形成，必须通过有效实践，有意识、系统地培养。在知行关系中，"知"是"行"的前提，"行"是"知"的目的。不"知"而"行"，会使"行"失去方向；但只"知"不"行"，"知"也就会失去意义。将知行合一原则运用于构建创新创业教育工作体系过程中，既要将创新创业课程教学目标与创新创业实践教育目标相结合，又要把"能否将二者有效地结合起来"作为评价创新创业教育工作水平的标准。

因此，本研究认为创新创业的一个基本理念在于：知和行的有机组合，即以知促行和以行促知——这也解释了创新创业教育不仅在于"教育"，还在于"实践"。也就是说，在中国高校创新创业教育中，应当强调"创新创业教育与实践"这一概念，以此强调"知"与"行"的相辅相成。"创新创业教育与实践"的意义在于，帮助受教育者充分了解和挖掘其创业意识和创新思维，并通过一系列创新创业教育与实践，为受教育者提供一种可以应用于实际工作、学习、生活的行动指南，以适应不确定性高、选择多元化的未知环境；此外，帮助学员创造机会、发现机会并采取行动。

（二）基于创业思想与行动的创新创业教育理论

创业思想与行动（entrepreneurial thought & action，ET & A）理论作为一种促进学生发现和挖掘机会的方法，该方法以 Timmons 的创业模型为理论基础，强调"干中学"的实践理念，构建了学习（learn）、行动（act）、塑造（build）三位一体的创业教学实践。通过激发

内在的想法，将所思所想付诸实践，然后在行动的基础上重塑，激发新的思维模式的产生，形成良性循环。这一过程还涉及自我检视、团队建构、创意分享、资源配置等，贯穿于"学习 – 行动 – 塑造"逻辑之中。

对这套理论的应用，可以从科学的角度将理论教育与实践应用相结合，并从系统的角度为创新创业教育提供反馈，使理论与实践形成互动，进一步提升创新创业教育与实践体系的价值。

二、"知行"思想下的 MBA 创新创业教育与实践体系

在开展 MBA 创新创业教育的过程中，北京交通大学专门召开全校性研讨会组织师生进行深入讨论，结合我国创新驱动发展战略，思考和探索创新创业教育在高等教育中的基本理念，逐渐厘清了在高校中开展创新创业教育的基本认识，即创新创业教育是为国家培养具有社会责任感和使命感，拥有创业意识和创新思维，掌握创新创业方法，引领产业发展的高端创新创业人才。创新创业教育的显著特点和对高等教育本身的重大意义是使命引领、知行合一、聚焦产业，建立跨越这些界限的机制和模式是开展创新创业教育的必经之路，也是深化高等教育教学改革的必经之路。

在此基础上提出的"知行合一、使命担当、产业特色、成果导向"的创新创业教育基本理念（见图 19-1），解决了创新创业教育中如何有效依托行业优势，培养未来引领产业发展的研究生创新创业高端人才的问题。明确了以成果导向教育为理念，将思政元素贯穿始终，在研究生创新创业素质模型测评的基础上，整合行业特色优势资源，构建知行合一的研究生创新创业教育实践体系，为国家培养具有社会责任感和使命感，拥有创业意识和创新思维，掌握创新创业方法，引领产业发展的高端创新创业人才。

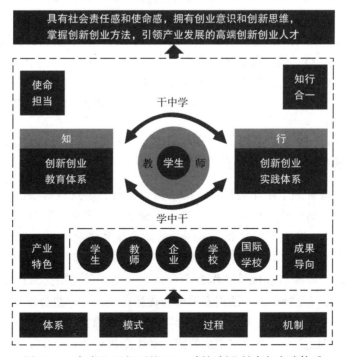

图 19-1 "知行"思想下的 MBA 创新创业教育与实践体系

（一）通过顶层设计，将思政教育融入研究生创新创业课程与实践教育中，突出"知行"中的使命担当责任与意识

本阶段，MBA教育将素养、能力与专业"三位一体"地融入研究生创新创业教育实践体系中，始终坚持课程思政与实践育人相促进，使命担当与修身铸魂相融合。素养部分将中国特色社会主义理论与实践研究、自然辩证法概论、伦理道德贯穿其中；能力和专业部分围绕北京交通大学经济管理学院工商管理、应用经济和管理科学与工程三个一级学科涉及的中欧班列、扶贫实践、战略性新兴产业以及产业绿色可持续发展等方面，将使命感教育贯穿始终，以使命担当精神激发学生的成才动力，引领学生自觉适应祖国未来发展需要。

学生们在创新创业学习和实践过程中，对如何成为有责任感的创新创业人才关注度显著提升。90岁高龄的徐寿波院士将自己的200万元积蓄全部捐给学院用于人才培养的事迹，在课堂内外引发广大师生持续热议，这种奉献精神使大家备受鼓舞。2018年，MBA学生们发起建立教育关怀基金——学长关爱基金，此外还涌现出像服务于听力障碍儿童的耳朵树等10多家社会创业企业。

（二）通过搭建"三级模块"教育平台，基于素质教育，突出实践导向，培养研究生全方位"知行"能力

本阶段，在新的创新创业教育与实践体系中，主要是以学生能力培养和素质提升为导向，加强体验式学习，注重师生互动，推行项目化创新创业实践，从而促进以素养、能力、专业提升为导向的三级模块落地。学生们在创作的过程中，将学到的创业理念和创新意识运用于实践中，同时在实践中获得能力的提升。

在"知"的方面，改变以往碎片化的课程设置，以通识必修课形式开设研究生创新创业基础课程，以专业课形式开设不同专业背景的创新创业系列课程，以通识选修课形式开设商业分析、商业智能、大数据管理与应用等新课程及交叉课程。形成以创新创业能力培养为主线，学生因需选择，"点、线、面、块"融为一体的课程体系。

同时，搭建综合素养实践平台和学术及实践创新平台来促进学生"行"的培育。以训练、竞赛、创新创业实践三环节为基本思路，为学生创新创业活动提供理论和实践支持。

（三）整合"校内、校友、国际"三方资源，形成产业引领的创新创业支撑平台，内外驱动研究生创新创业教育跃升发展

本阶段，以经济管理学院作为平台，围绕优势学科、重点科研项目，在学生创新创业素质测评的基础上，结合学生已有的专业基础，聚焦产业方向，整合校内优势学科（如运输、计算机等）资源，形成不同专业、不同学科的学生和老师共同上课的新型课堂组织模式，推动分类培养和特色产业化培养模式落地。

聚焦国家需求，以经济管理学院作为平台，充分发挥学校在交通运输以及物流学科领域的资源优势，立足行业特色，关注国家需要和优势产业，充分整合校友、合作企业、国内外合作院校的各种资源，实现资源的"三融合"（跨专业资源、校内外资源、国内外资源的融合），以及校企的"四走进"（企业家走进校园、学生走进企业、学生走进市场、学生走进项目）。同时，加深与产业内龙头企业（中国中铁、京东方、海信等）的合作，为学生"走出

去"的实践提供更多机会。

此外，MBA教育积极并轨国际，2015年起北京交通大学与美国罗切斯特理工学院合作办学，推出了全国首个企业管理"创新与创业"硕士学位教育项目，同时开展"MBA+创新创业硕士"合作项目。通过合理利用外教资源、中外办学资源及国际项目资源，全方位提升学生的国际竞争力，最终通过"跨专业资源，校内外资源，国内外资源"的三融合，实现引领产业发展的研究生创新创业教育和人才培养模式的创新，内外联动提升研究生创新创业教育和实践的质量。

三、北京交通大学创新创业教育中的实践与创新案例：北京易捷生态的绿色创业

北京易捷生态创始人王长保是北京交通大学2016届MBA毕业生。2019年至今，他专注自然生态恢复、环境保护，与中科院、国家生态环境部、湖南林业科学院等十余家机构合作研究、推广沙漠生态植物的药食两用、健康食品源，以及野生植物沙米的农艺化，以解决世界粮食短缺的民生问题。同时，他还专注专利实用技术的应用转化，孵化北京交通大学激光驱鸟器项目、研产湖南林业科学院的蓖麻沙漠种植、推广内蒙古农牧业科学院的菊芋固沙及效益综合项目等。公司的架构及核心产业如图19-2所示。

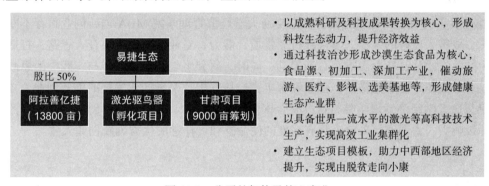

图 19-2　公司的架构及核心产业

在发展的过程中，北京易捷生态将沙漠叠加产业群分为了植被生态到健康生态再到娱乐生态的转变与进化，如图19-3所示。其中，植被生态包括科研加工、林下产业、经济林带和防风固沙；健康生态主要围绕医疗养老、旅游探索、沙产景观和生态食源展开；娱乐生态主要围绕影视基地、沙漠温泉、鸟瞰沙林和选美会址展开。

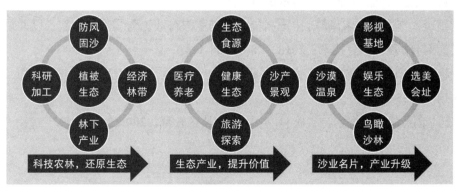

图 19-3　沙漠叠加产业群总览

随着产业群的建成，北京易捷生态的治沙效果也初见成效，实现了植被原生态恢复、林带形成、林农间作的生态闭环，以及林药间作、以农养林的经济效益平衡（见图19-4）。

图 19-4　叠加产业群初级产业

四、尾声与展望

经过多年的精心设计和运营，北京交通大学经济管理学院MBA创新创业教育不断创新与优化，取得了良好的效果。学院践行"素质、能力、专业"三大模块育人思路，打造了有创新力的教学团队，社会影响力日渐提升；同时，研究生创新创业教育与实践中的思政引领效果显著，支撑平台有效搭建，创业资源丰富，培养出了引领产业发展的创新创业人才。未来北京交通大学经济管理学院将持续整合国际和国内资源，提升MBA创新创业教育的国内和国际影响力，为国家培养更多具有高度的使命感和责任感的优秀创新创业人才。

参考文献

[1] 付军，杨续波，成立平. 基于"知行合一"的高职创新创业教育体系探讨[J]. 当代教育论坛，2014(2):87-92.

[2] 庄志英，魏金明. 新时代高校创新创业人才培养政策研究与启示：以福州大学为例[J]. 创新与创业教育，2020，11(1):66-71.

[3] 刘颖琦，李苏秀，宋泽源. 中国高校创新创业教育理论与实践的创新：以北京交通大学为例[J]. 现代教育技术，2018，28(6):108-114.

[4] 刘艳，闫国栋，孟威，等. 创新创业教育与专业教育的深度融合[J]. 中国大学教学，2014(11):35-37.

[5] 张涛. 创业教育的探索与实施[J]. 中国职业技术教育，2006(24):47-49.

第二十章

结果导向、项目驱动、能力训练：
"战略管理"项目式教学创新与实践案例研究

陈卫东[一] 孟玥[二]

中国的 MBA 教育为中国培养了大批经营管理人才，从早期简单移植、机械模仿西方教育模式，到如今根据中国国情和对工商管理高层次人才的需求，以创新驱动发展，在一定程度上引领了我国研究生专业教育的发展方向，也在推动我国经济大力发展的过程中，起到了不可替代的作用。围绕提高我国学位与研究生教育质量，培养复合型、创新型、应用型人才这一主线，深入探索我国特色 MBA 教育发展规律，推动我国 MBA 教育教学成果创新，实现内涵式发展，需要每一位 MBA 教育工作者的努力。

MBA 和"学术型"硕士相比，对能力的训练与提升重于知识的传授，目的是培养思维能力导向的企业领军人才，是面向现实问题的"管理"，而不是偏向理论的"管理学"，其核心是在学会学习、掌握学科知识和管理技能的基础上，培养其系统思维、批判思维、创新思维，提升解决问题和战略规划的能力。不同的培养对象和培养目标，决定了 MBA 专业课程的设计和教学体系的不同，改革创新 MBA 教学模式是应对新时代 MBA 教育高质量发展面对新形势和新要求的挑战的重要途径。

为了提升企业高层管理者战略管理与综合管理的能力，天津大学依托自身新工科人才培养平台及项目式教学改革，建设了高质量的"战略管理"项目式课程，开展了面向未来、强调创新、打破传统的个性化、模块化的人才培养模式，以伦理道德为基准，以学习与观察能力、系统思维与创新思维为核心能力素养，为产业界输送高质量的管理人才。

[一] 陈卫东，天津大学管理与经济学部教授，博士生导师。
[二] 孟玥，天津大学管理与经济学部研究生。

一、"战略管理"课程现存问题

虽然各高校在 MBA 专业课程设置上有所不同,但"战略管理"作为企业成败的关键是每个 MBA 学生的核心课,也是"四新"(新工科、新医科、新农科、新文科)建设背景下创新人才培养的必修课或选修课。"战略管理"课程不同于一般专业课,具有开拓性、实践性、创新性等特点,本质是培养具有顶层战略设计思维的高级管理人才。目前,高校"战略管理"课程教学模式普遍落后,仍以讲授式、案例式教学为主,学生被动式接受知识,仅通过期末考试成绩作为评判学生的唯一标准,忽视了学生思维能力的训练及理论实践的一体化培养,导致教学与现实脱离,无法满足未来社会发展对复合型、高层次人才的需求。"战略管理"课程现存问题主要表现在以下三个方面。

(一)教学方式:缺乏商业应用情景

商业价值的发现离不开商业情景,在缺乏商业应用情景的情况下,学生对战略管理说教式、案例式的教学方式,缺乏关注度、参与度与兴趣。传授的战略管理知识不能及时在实践中得到应用,人才培养与产业需求契合度不高,学生无法获得现代企业战略管理实用技能,也无法达到产业界的用人标准。

(二)教学内容:缺乏项目体验感悟

目前,教育教学的现状是课程被划分为一系列系统性、专业性不断提升的结构内容,以知识讲授为主,评价方法单一且封闭,学生普遍存在学习没兴趣、不会学习、知识学了很多但不知道怎么用等问题。当学生无法真正融入课堂,无法在真实的项目体验中学习新知识时,容易使系统的知识碎片化,很难保证学习效果。

(三)学生学习主观能动性低,思维能力亟待提升

传统讲授式的教学模式仍以课本为中心,以教师为主体,学生作为学习的旁观者,过分依赖教师,只能跟着教师的思路走,一般不主动发言,更别提质疑老师。这种过于程序化的教学模式,课堂气氛沉闷,使得教师与学生、学生与学生间缺乏沟通,学生主观能动性低,不能主动积极地进行思考与表达,不利于学生综合素质(如团队协作精神、战略性思维、沟通表达能力、创业创新能力等)的培养。

二、项目式教学模式创新

(一)理论基础

1. 人本主义理论

罗杰斯的人本主义理论有两个观点,一是自我实现,即人对于自我发挥和完成的欲望,人类具有学习的自然倾向或学习的内在潜能;二是人有自我实现的需要,并以此促进人的发展与成长。罗杰斯注重学习者情感需要和情感体验,认为在教学过程中,应以学生为中心,

在明确学生主体地位的基础上，充分了解并尊重学生的兴趣、动机的发展规律，强调学生的价值和自我实现，促进学生个性化成长，这是其自我实现教育目的的必然产物。

2. 建构主义理论

建构主义理论在人本主义理论的基础上，进一步强调充分发挥学生的主体性，使其主动将知识经验进行建构并不断生成新的理解。建构主义理论认为学习是引导学生从已有知识经验出发，构建（生长）出新的认知，教学就是要通过情景式教学和合作学习以及问题研究性学习等激活这一过程，让学生在自我体验、反思、实践的过程中自觉构建知识图谱，促进终身学习。建构主义理论的主要观点如表 20-1 所示。

表 20-1　建构主义理论的主要观点

建构主义	知识观	动态的知识
	学习观	学习的情景性
		学习的社会主动性
		学习的主动建构性
	学生观	学生经验的丰富性、差异性
	教学观	情景式教学
		合作学习

3. 杜威实用主义教育理论

美国著名教育家约翰·杜威在实用主义教育理论中从"教育即生长""教育即生活""教育即经验的继续和不断的改造"三方面论述了教育的本质，认为教学过程不仅仅是学生掌握知识的过程，更是训练学生思维能力的过程，极力否认了传统教学中学生被动学习，将学生"移除"课堂的模式。该理论的突出特征表现为"做中学"，认为真正意义上的教学应该是在认识个体成长规律、教育发展规律之上的创新实践。

（二）项目式教学模式

1. 教学理念

项目式教学（project-based learning）从理论上讲是人本主义、建构主义、杜威实用主义相结合的产物，是一种以结果为导向、以项目为驱动、以学生为中心、以教师切身指导和学生共同参与为基础的任务型、互动性、体验式的人才培养模式，实现了从知识传授、解题技能培养转向思维方法、解决问题能力培养的跨越。通过使学生参与围绕现实世界中可能面临的挑战和问题，引导学生面向未来开展学习，拓展学生的思维和学习视野，使学生在理解学科基本知识的基础上，学会应用知识解决真实项目问题，最终以成果展示或现实产品为呈现形式。它是将学习过程转化为从实际环境体验获得知觉、从观察现象获得思考问题的动力，以及归纳与整理提升认知的过程。

2. 项目式教学推进的三阶段学习模型

项目式教学将理论学习与项目实践有效结合，通过梳理知识模块，设计以项目为链的模块化课程体系，具有系统性、高阶性的特点，其推进过程主要分为三个阶段，如图 20-1 所示。

一是基础与技巧，项目开始于一个具有挑战性的真实问题，学生需要持续的探究、思考解决问题的方法。

二是整合与进阶，学生通过直接、自主参与问题解决过程，在独立思考和学习的过程中，通过协作学习取长补短，促进颠覆性思维训练和创新设计，不断反思、修改规划方案。

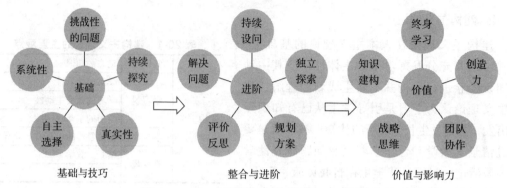

图 20-1 项目式教学推进的三阶段学习模型

三是价值与影响力，学生在项目实战中整合碎片化的知识点，进行知识建构，建立多元思维，提升团队协作、沟通交流和项目管理的综合能力。

三、"战略管理"课程教学设计

（一）课程概要

"十四五"时期，中国经济转型升级，市场区域和产业结构的壁垒正在被打破，中国企业既要抓住发展机遇，更要勇担高质量发展的使命，从单纯追求规模扩大和利润增长，转向价值创造，追求可持续的成长和发展。面对转型期的个人和企业成长，战略的明确与实践是至关重要的。"战略管理"作为一门战略性、系统性、应用性较强的课程，汇集管理科学和经营实践，从本质的角度对企业经营展开探讨，其远超出企业组织层面的概念，目的是在剖析企业未来环境变化趋势的基础上，明确企业战略定位和发展方向，重视战略的规划与实施，为企业创造新的价值。

本课程参照欧洲、北美等地创新人才培养的趋势与特点，结合新时代对 MBA 培养的能力要求，创新"战略管理"教学模式，这是以学生为中心，根据教育教学基本规律和学生学习规律，科学梳理课程知识图谱和逻辑链条，基于经典项目式教学模式，通过"课前——深度自主学习，课上——充分集中研讨，课后——有效思维训练"完成一个完整的战略管理方案的实践性项目而进行的教学活动。

（二）教学目标

本课程通过优化教学内容和改进教学模式，启发学生用具体战略理论分析企业实践行为，并不断反思，实现知识图谱和项目孵化的双螺旋式发展。使学生了解在企业组织内制定战略的方法与过程以及实施战略过程中可能遇到的具体问题，从而将理论知识转化为应对复杂性和不确定性的战略管理能力，培育具有卓越学习能力、思维能力和工作能力的人才，并解决教学中理论和实践相结合的教学难题，具体如表 20-2 所示。

表 20-2 人才培养目标

维度	指标	具体内容及体现形式
学习能力（学习如何学习）	知识迁移	将课程所学理论、方法应用于新问题、新情景的能力。战略分析、战略制定、战略实施理论与方法的迁移，能够做到触类旁通，举一反三
	知识应用	利用课程所学知识解决现实问题的能力
思维能力	创造性思维	能够深入思考，并提出新的观点、方法、途径等，可以通过报告、导图的方式体现
	战略性思维	洞察历史、现在、未来的能力，善于挖掘事物的内在联系和结构
	系统性思维	全面、深入地思考问题，善于从功能和结构两方面把握事物的整体效应
	批判性思维	善于思考，并敢于质疑、提问、争辩
工作能力	决策能力	能够根据既定目标全面评估，并做出最优决策的能力
	团队协作能力	项目分组、组内分工合作，同他人进行富有成效合作的能力
	沟通表达能力	沟通表达的逻辑性、准确性，表达具有感染力

（三）教学内容建构

1. 课程思政建设，教学内容更新

在"战略管理"课程教学内容设计上，更加注重教学内容的更新，将前沿理论成果与当前时代背景和国内外经济形势相联系，将知识传授和思维方法与政府颁布实施的主要政策相结合，将课程思政融入日常的战略理论学习和企业实际应用分析中，引导学生深入社会实践、关注现实问题，进而提升学生的价值认同感、爱国主义情怀、社会责任感与专业自豪感。比如，个人和企业乃至国家在应对突如其来的疫情时，应该做出什么样的战略调整，维持企业的生存与发展；在国家大力倡导创业创新的大背景下，创业者如何应用已掌握的有关战略分析的方法、战略规划设计的工具等，更好地进行创业定位与创业分析。

2. 基础概念、理论体系间的横向迁移

"战略管理"课程内容可以分为战略分析、战略制定和战略实施三大部分，战略管理过程就是这三部分不断循环、不断调整的一个过程。其中，有关战略分析部分的学习内容涉及企业战略决策原理和方法，包括利用五力模型、PEST 模型、SWOT 分析等对企业的宏观、中观、微观环境和内部组织进行分析，确定企业愿景、使命；战略制定包括业务层战略、公司层战略、并购与合作战略等；战略实施关注企业如何根据既定战略调整组织控制以及社会责任等具体要求，执行既定战略，具体包括公司治理、组织结构、企业家精神与企业文化建设、财务与人力资源等方面。对每部分教学内容进行梳理，以实现教学目标明确、理论与实践无缝衔接，教学模式与教学内容有机匹配等预期效果。在具体实践中，启发学生围绕知识点的整合、迁移与应用实现创业，或者分析现有企业实践行为，从企业战略分析和调研入手，为现有企业做战略规划。

3. 基础理论与项目应用的纵向贯通

本课程采用任务型、互动体验式的项目式教学，打破了讲授、情景教学和案例教学等传统的教学模式，突出结果导向和能力提升，强调理论的综合应用和学生的"获得感"。MBA 学生的一个显著特点是具有一定的企业实践经验，但是相关理论、概念缺乏，思维能力欠缺。本课程通过项目训练，在已有实践的基础上帮助学生形成知识图谱，进一步在掌握战略管理基本框架和方法的基础上实战提升学生战略管理思维能力，实现螺旋式上升，通过项目式教学架起

了封闭式的知识传授和开放式的实践问题之间的桥梁，达到基础理论与项目应用的纵向贯通。

（四）"战略管理"项目式教学的实施过程

1. 学生团队组建

本课程团队组建基于三个原则：一是让学生组成以兴趣为基础的团队，专注于项目内容，这对学生创业至关重要，学生可以根据自己的工作领域或对养老、健康、环境、经济等方面的兴趣自行组建团队；二是团队人数，团队成员以 5～6 人为宜，进行头脑风暴，全方位调动每位团队成员的积极性，确保其能真正参与到项目中，成员过多易出现"搭便车"现象，成员过少无法保证项目的顺利实施；三是教师要根据学生的特点保持团队的平衡，比如内向和外向，注重细节和顾全大局，等等。本课程从人际关系、思考模式、情绪与情感三方面总结特征，具体如表 20-3 所示，让学生根据这些特征形成自我认同，自我选择或者由教师分配团队，形成包含各种特征的团队。

表 20-3　学生特征维度及具体表现

维度		具体表现
人际关系	社交	外向、合群、社交自信；内向、社交恐惧
	影响力	有控制意愿、想法独立；接纳、遵从共识
思考模式	分析	批判、数据推理、行为分析；不会深究、不会分析
	创意与变化	创新、追求变化；墨守成规、喜欢规律、传统
	组织	前瞻思考、关注细节；注重眼前、不喜欢琐碎
情绪与情感	情绪	轻松、乐观、抗压；敏感、忧虑
	行动力	追求成就、果断；追求平稳、谨慎决策

2. 自学课程内容

教师提前发布"战略管理"课程教学内容，学生进行自主学习、理解，将学生被动接受知识（注入式）化为主动学习（启发式），以学生参与和思维能力提升作为培养目标，给学生提供了一个更具有弹性的学习空间。学生通过阅读大量资料，在学习的过程中自主构建知识，突破授课教师指定参考书目的限制，由教师授课这一单一的注入式知识获取渠道转变为书籍、论文、案例、视频、知乎、百度文库、公众号、与人交流等多元化的主动式知识获取渠道，学生获得知识花费的时间增加，知识留存率提高。图 20-2 中的学习金字塔知识留存率超过 50% 的，学生的主观能动性都很强，且都是学生以小组形式主动参与学习。

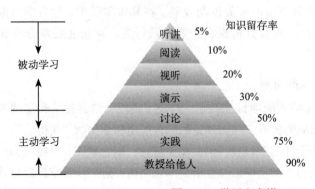

图 20-2　学习金字塔

3. 项目导入，提出问题

学生依据自身需求和兴趣，自主进行选题，教师从战略管理教学的整体目标出发，为学生提供可选项目，指导学生选题。选题基于以下两个原则：一是选题难易适当，应保证在学生努力的基础上可以实现，激发学生的积极性；二是选题要紧扣理论知识和时代背景，既能体现战略管理基础概念和框架的教学，又能提高学生解决实际问题的能力。表20-4为2020～2021年第1学期MBA教学班十个项目小组的战略管理分析选题，问题是开放式且具有挑战性的，高度还原现实情境，让学生自主学习、亲身体验。

表 20-4　团队项目选题

组别	项目名称
第一组	沪上叔叔茶饮战略管理分析
第二组	安心计划项目战略管理分析
第三组	女性职业共享平台战略管理分析
第四组	飞天创新科技战略管理分析
第五组	并联机器人战略管理分析
第六组	养老社会计划中心战略管理分析
第七组	伴老之家战略管理分析
第八组	创立企业培训公司——基于"陪伴式训练营"的核心产品设计战略管理分析
第九组	知嘛健康科技战略管理分析
第十组	房地产大数据企业战略研讨方案

4. 设计项目方案，教师指导

项目团队负责人组织成员收集资料、课下展开讨论，整理分析意见，最终在教师指导下结合课程教学内容制定出项目战略管理方案。教师结合教学要求，剖析项目问题情境，在传道、授业、解惑的基础上，发挥并强化其组织、指导、引领及纠偏作用，突出基础理论的综合应用，鼓励学生创新，重在实践的基础上提升学生对新形势下企业战略决策过程的思考，并以此作为教学和科研手段，强化理论素养水平和提升思维能力。

项目方案设计时，普遍存在以下三个问题，也是影响项目实施的关键：一是团队中部分学生参与度低，不善讨论，导致问题研究深度受限；二是大量的思考、准备工作需要在课下完成，教师只是一个引导者，但学生对教师依赖性很强，主动学习的积极性不高；三是学生只局限于项目表面的内容和问题，答案大多是能够在书本中得到的，创新性不高，不贴合项目实际。

针对以上问题，本课程做了如下改进：一是调控团队人际关系，对于参与度过低、不善讨论的学生，教师在课下对其进行鼓励，向其提出改进意见；二是给学生足够的时间让其与团队成员和老师共同讨论，进行头脑风暴，要求学生录制视频、拍摄照片等记录项目讨论过程，并作为考核内容；三是教师对项目进行适时适当干预，循序渐进地引导学生处理难题，或抛出一两个问题让学生自主学习，给学生制造一些困难，比如"在制定战略时，是否考虑到了利益相关者，利益相关者的态度如何影响战略的可接受性？""结合有关市场经济和市场竞争的观察，谈一谈你对这个项目的看法，并说服投资人投资"等。

5. 学生展示与课堂交流

教师要求项目团队制作PPT展示战略决策内容，这一过程主要是教师和学生一起互动、交流与分享。

在学生展示环节，教师根据课程教学要求，针对学生应掌握的知识点，结合学生展示的内容找出存在的问题并给予指导，纠正学生战略管理概念上认识错误的地方，同时给学生一些创新性的想法，让学生进一步完善解决方案。在这一过程中，鼓励其他团队成员提问和质疑，进行课堂交流，同时其他团队要根据展示团队的汇报及回答问题情况进行评价，这也是整个授课过程中最有价值的地方，既为学生提供了交流机会，又促使学生对项目实施进行深入思考，进一步达到学习的目的。

比如，部分学生在制定项目战略进行创业时，采用与领先者相同的价值链在市场中竞争，这种做法显然是错误的，这时教师就需要围绕知识点、结合项目，对学生进行有针对性的指导，指出错误，并让学生深刻理解，同时教师在考核测评时，会纳入此知识点作为考题。

6. 考核测评

项目式教学评估的关键在于采用综合性的评价方式，本课程从过程性评价和最终评价两方面入手对学生学习效果进行评价。其中，过程性评价与项目实施过程高度相关，教师通过过程性评价对下一步教学行动做出调整，改进教学内容，对学生的阶段性成果做出反馈，学生也能通过教师的帮助与支持更好地实施项目，产出更高质量的成果。最终评价包括学生对知识的掌握情况和应用情况、项目可行性和商业价值以及团队互动情况，包括笔试、教师评价和团队成员互评。其中，笔试重点考查学生所在团队和其他团队项目实施过程中出现的错误，促使学生认真听讲，真正融入课堂，避免蒙混过关，使学生有所收获。教师评价注重项目产业化收益和项目完成过程，不在乎学生犯错的多少，也并非按照能力的高低对学生排名，而在乎学生思维能力的提升，即学生的成长。团队成员互评重在考查学生在团队中的参与程度以及团队协作和沟通交流能力。

7. 课程反馈

在学生选定的项目中，"女性职业共享平台"项目、"养老社会计划中心"项目市场前景广阔，具有很大的商业价值，学生已开始进行创业。"战略管理"项目式教学获得了学生的广泛好评，学生评价说："找到了读 MBA 的感觉，钱真是没白花，这种上课方式是我想要的。""我感觉这种项目式教学方式的学习效果很好，学生不仅学到了知识，还有了实践经验，思考问题的角度也不同了。""我已经拓展了我的企业战略管理知识，同时可以将其应用于企业实际中，这给了我宝贵的经验。"

四、项目式教学实施中的注意事项

（一）教师角色的转换

项目式教学虽以学生为主体，但对教师要求更高，教师不再是简单的知识传授者，更是项目实施的指引者。教师需要明确自身定位，由传授、灌输变为引领、组织、协调、纠偏，清楚地认识到学生被动式学习知识是不行的，而是引导学生主动探究项目解决方案。主要表现在以下三个方面，一是行为上，例如调整课堂活动和评估方法；二是认知上，例如解决问题和制定决策、方案；三是情感上，例如处理压力、关系和冲突问题，当学生遇到困难或瓶颈时，教师还应给予其信心和情感上的帮助。

（二）明确学生主体地位

学生习惯于传统讲授式教学模式，极易存在重知识和理论、轻实践和能力，主观能动性低，不善、不愿、不敢发言，过度依赖教师和书本等问题。一方面，教师要引导学生学会正确学习，加强学生主动学习、协作学习的能力。另一方面，基于真实项目的学习能改变学习习惯，学生需要查阅大量资料，允许学生通过提出问题、辩论、设计计划和反思，寻求项目解决方案，让学生意识到自己才是学习的主人。

（三）协作式学习

项目式教学的一个主要特征就是协作式学习，团队协作是重要评估内容。"协作"被定义为持续和共同努力，学生会互相参与各自的工作任务，并互相提供建议，优秀的团队和良好的运行模式能起到事半功倍的效果，提升团队的整体智慧。组建项目团队时，要特别注意团队内学生性格和行为的差异，在出现矛盾或分歧时，教师应出面协调。让学生学会协作解决问题，不仅能使学生增强责任感和主动学习，还能提升沟通表达和人际交往能力。

（四）与传统教学模式相结合

项目式教学法并不代表完全否定和摒弃传统教学法，而应将二者有机融合，平衡教学大纲的深度和广度，学生有自己的发言权和选择权，实现在项目体验中完成对知识点的梳理、讲解，让学生学会利用课程知识解决现实问题，帮助学生形成知识图谱，同时达到提升学生思维能力的目的。

（五）注重项目的选择与设计

项目的选择与设计直接影响学生的学习效果，在项目选择上，要求项目难易适中，具有探究性、创新性和实践性，强调团队协作，并符合学生核心素质能力发展的要求。在项目设计上，需要教师在确立课程总体教学目标和内容的前提下，将其细化、分解成一个个小知识点，并合理穿插在项目实施过程中，逐步实现教学目标。

五、结论

传统教育教学通常是以"课堂、教师、书本"为框架，忽视学生实践经验的构建和商业价值的发现以及战略性思维能力的培养，缺乏战略管理实际场景的应用。建立以产业需求为导向、以项目为主体、理论应用一体化的课程体系，培养能够引领未来产业界和社会发展的领导型人才，成为新时代 MBA 教育发展的迫切需求。

"战略管理"作为天津大学新工科人才培养平台及项目式教学改革建设的重点建设课程，是一门结果导向、项目驱动、能力训练的课程，实现了教学内容和教学模式的创新，教学质量得到显著提高。这种教学结构的改变，揭示了教学方式、教学模式以及教学过程与学生发展进程之间的因果联系，是教学上的一种有意义的探索。

本课程创新构建"项目、学生、实践"为中心的教育教学方法体系，强化理论内容和创新环节的训练，形成标准化的教学体系。在教学内容上将时代性、课程思政融入基础理论，重新梳理并丰富了战略管理理论体系，提升了学生掌握知识的系统性，避免了知识理解上的碎片化。在教学模式上采用项目式教学，强调真实的项目体验，将学生亲身经历战略决策的过程作为教学手段，打破了传统教学中学生被动接受知识的范式。学生通过此课程，能够将所学知识应用到实际中，解决企业战略管理问题，提升企业核心竞争力；通过教师引导，能培养、提升学生的战略思维能力，形成高瞻远瞩的大局观，轻松应对企业的环境挑战及各项经营管理问题。

从学生学习效果和学生反馈来看，学生能够积极配合教师开展课程项目式教学，增强了学生的体验感、紧迫感和责任感，进而提高学生对知识的欲望，获得了专业知识与思维能力的同向提升。

为了进一步提高战略管理项目式教学的教学质量，未来需要与创业基金和创新创业大赛结合起来，为有较好商业前景的项目提供资金支持，通过项目实践内容与课程标准化教学体系的融合、支撑，打造更适合学生学习、更受学生欢迎的高质量"战略管理"课程。

参考文献

[1] 袁丹，雷宏振. 我国 MBA 教育培养的融合模式探索 [J]. 研究生教育研究，2014（4）：81-84.

[2] 刘振天. 从外延式发展到内涵式发展：转型时代中国高等教育价值革命 [J]. 高等教育研究，2014，35（9）：1-7.

[3] 张千帆，曹翠翠. 高校 MBA 教育品牌战略实施研究 [J]. 高等教育研究，2013，34（5）：62-65.

[4] 徐立清. 地方应用型本科人才培养标准的设计思路与实现路径 [J]. 高等教育研究，2017，38（5）：81-85.

[5] 聂晶晶. 采用项目式教学模式提升教学效果：以"商业空间设计"课程为例 [J]. 中国大学教学，2017（8）：73-75.

[6] HOSSEINZADEH N, HESAMZADEH M R.Application of project-based learning (PBL) to the teaching of electrical power systems engineering[J]. IEEE transactions on education，2012，55（4）：495-501.

[7] 刘海燕. 向"学习范式"转型：本科教育的整体性变革 [J]. 高等教育研究，2017，38（1）：48-54.

[8] DU X, NAJI K K, EBEAD U, et al. Engineering instructors' professional agency development and identity renegotiation through engaging in pedagogical change towards PBL[J]. European journal of engineering education, 2020, 46(1): 116-138.

[9] 张驰，刘海骅，练宸希，等. 人本主义视角下和谐导学关系的重构[J]. 现代教育管理，2019（7）：107-111.

[10] 白逸仙. 建构主义学习理论与创业型工程人才培养：英美高校人才培养模式变革的案例研究[J]. 高等工程教育研究，2014，148（5）：46-51.

[11] 徐娟. 论杜威《民主主义与教育》中的实用主义教育思想[J]. 海外英语，2020（7）：190-191.

[12] FRANK M, LAVY I, ELATA D. Implementing the project-based learning approach in an academic engineering course[J]. International journal of technology and design education, 2003, 13(3):273-288.

[13] SHEKHAR P, BORREGO M. Implementing project-based learning in a civil engineering course: a practitioner's perspective[J].International journal of engineering education, 2017, 33(4):1138-1148.

[14] PAN G, SEOW P S, KOH G. Examining learning transformation in project-based learning process[J]. Journal of international education in business, 2019, 12(2): 167-180.

[15] 张淞，田蓉辉. 基于知识重构的传统文化课程群项目式教学[J]. 教育观察，2018，7（11）：19-21.

[16] 黄明燕，赵建华. 项目学习研究综述：基于与学科教学融合的视角[J]. 远程教育杂志，2014，32（2）：90-98.

[17] 肖红军. 面向"十四五"的国有企业高质量发展[J]. 经济体制改革，2020（5）：22-29.

[18] 赵炬明. 论新三中心：概念与历史：美国SC本科教学改革研究之一[J]. 高等工程教育研究，2016（3）：35-56.

[19] ZAROUK M Y, OLIVERA E, PERES P , et al. The impact of flipped project-based learning on self-regulation in higher education[J]. International journal of emerging technologies in learning, 2020, 15(17):127-147.

[20] KORKMAZ G, KALAYCI N. Theoretical foundations of project based curricula in higher education[J]. Cukurova University faculty of education journal，2019, 48(1): 236-274.

[21] BARAK M, GOFFER N. Fostering systematic innovative thinking and problem solving: lessons education can learn from industry[J]. International journal of technology & design education, 2002, 12(3):227-247.

[22] ENNIS R H. Problems in testing informal logic critical thinking reasoning ability[J]. Informal logic，1984, 6(1):43-52.

[23] 陈理宣，董玉梅，李学丽. 课程思政的内生机制、实现路径与教学方法[J]. 国家教育行政学院学报，2021（8）：80-86，95.

[24] 彭正梅，伍绍杨，付晓洁，等. 如何提升课堂的思维品质：迈向论证式教学[J]. 开放教育研究，2020，26（4）：45-58.

[25] 赵炬明，高筱卉. 关于实施"以学生为中心"的本科教学改革的思考[J]. 中国高教研究，2017（8）：36-40.

[26] MOSQUERA J C, SUÁREZ F, CHIYÓN I, et al. Some Web-based experiences from flipped classroom techniques in AEC modules during the COVID-19 lockdown[J]. Education sciences, 2021, 11(5):211-230.

[27] WILCOX K C, LAWSON H A. Teachers' agency, efficacy, engagement, and emotional resilience during policy innovation implementation[J]. Journal of educational change, 2017, 19(2): 181-204.

[28] DAHLGREN M A, CASTENSSON R, DAHLGREN L O. PBL from the teachers' perspective[J]. Higher education, 1998, 36(4): 437-447.

[29] 彭正梅，伍绍杨，邓莉. 如何培养高阶能力：哈蒂"可见的学习"的视角[J]. 教育研究，2019，40（5）：76-85.

[30] BAKER M J. Collaboration in collaborative learning[J]. Interaction studies, 2015, 16(3): 451-473.

[31] MIHIC M, ZAVRSKI I. Professors' and students' perception of the advantages and disadvantages of project based learning[J]. International journal of engineering education, 2017, 33(6A):1737-1750.

[32] TONG Y, KINSHUK, WEI X F. Teaching design and practice of a project-based blended learning model[J]. International journal of mobile and blended learning, 2020, 12(1): 33-50.

第二十一章

MBA 课程思政"三化"教学模式创新：
"三维"课程思政案例的应用

冯 梅[一] 魏 钧[二]

2016年12月，习近平总书记在全国高校思想政治工作会议上指出，做好高校思想政治工作，要因事而化、因时而进、因势而新。要使各类课程与思想政治理论课同向同行，形成协同效应。2020年5月，教育部印发了《高等学校课程思政建设指导纲要》，对高校课程思政建设进行全面部署，课程思政建设成为教育教学改革的重中之重。全面推进课程思政建设，就是要寓价值观引导于知识传授和能力培养之中。以习近平同志为核心的党中央为深化高等教育改革指明了方向，也为以课程思政引领教育回归"初心"提供了根本遵循。

研究生教育重在引导学生深度探究，以专题学习和理论探索的方式，以科学进步和历史发展的眼光，立足于现实，着眼于未来，深入思考专业课程所蕴含的学科逻辑与时代价值。MBA作为我国最早的专业硕士学位，肩负着为国家培养高层次应用型文科人才的重任。在新文科专业方向细分、教育工具理性凸显的背景下，大力推动MBA思想政治教育与专业教育有机融合，已成为更好发挥MBA协同育人效应的重要渠道。

就MBA教学模式而言，案例式教学作为一种寓互动性与研究性于一体、以案例为载体的教学模式得到了广泛运用，虽然MBA专业课和通识课的教学方式比较灵活，但案例式教学的特性依然使其能够将典型事实与理论依据很好地结合起来，有效发挥企业实践经验与专业理论知识"同频共振"的协同效应。相应地，在课程思政教学改革的背景下，如何在教学案例中更好将思政元素与学科知识有机融合，就成为MBA课程思政教学创新所要重点解决的问题。

在MBA教学实践中，课程思政在融入专业课程时常出现内容"散"、手段"弱"和形

[一] 冯梅，北京科技大学经济管理学院应用经济系主任，教授，博士生导师。
[二] 魏钧，北京科技大学经济管理学院教授，博士生导师。

式"板"的问题，具体表现为思政元素零散分布于课程之中，难以形成合力；教学手段单一，缺乏智能化的教学辅助手段；教学形式刻板，书本化的宣讲已经无法引发学习兴趣。因此，探索课程思政与MBA案例教学的深度融合势在必行。提升课程思政的吸引力和感染力，运用新媒体和新技术使课程思政及其教学案例"活"起来，已成为新时代MBA课程思政教学模式创新的重要命题。

一、MBA课程思政教学存在的问题与原因

（一）课程思政教学内容"散"

MBA专业课程强调理论与实际深度结合，多采用案例分析、现场展演等方式深化对企业管理实践的阐述。依托教学案例，通过对各种"好"或"不好"的真实管理事件的比较与分析，可以更好地从中抽象出一般性的、凝练出系统性的管理学理论，从而达到在现实图景中活化专业知识的教学目的。但在课程思政教学改革的背景下，教师尝试将专业知识与思政元素融合起来时，却常常感到在内容设计上具有难度。

在讲授专业课程的过程中，就某一教学实例传递若干思政元素成为不少教师的选择，或举例，或引导，或延伸，或研讨。最常见的情形：一是在课程的开头，教师选择以思政元素提出背景与概念内涵的讲解为开端，引出当前课程对应的章节及知识重点；二是在课程的结尾，教师选择以思政元素具体表现与现实意义的阐述为结尾，对此节课所讲授的专业知识进行高度总结与凝练升华。在授课过程中教师也会尽可能地通过分析，建立思政元素与专业知识的关联。但无论是哪一种情形，都是授课环节中对思政元素的零散嵌入。一方面，教师很难透彻地对思政元素进行挖掘，并将其与专业知识自然衔接；另一方面，MBA学生很难深刻地对思政元素进行领悟，并灵活地以其为引导进行企业管理实践。于是，教学陷入了两难境地：兼顾则蜻蜓点水、浅尝辄止；取舍又唯恐偏颇、不得周全。

因此，系统的课程思政内容设计是保障课程思政教学质量的基础。内涵丰富、能同时整合思政元素和专业知识的教学载体成为MBA课程思政教学模式改革的关键所在。在课程思政教学改革的背景下，如何基于现有管理案例的教学载体形式，在整合企业实践经验与专业管理理论的基础上，进一步整合思政元素，开发出兼具科学性与灵活性的课程思政案例，是亟待解决的现实问题之一。

（二）课程思政教学手段"弱"

MBA专业课程强调将专业理论知识与企业管理实践的交互立体化，多采用课上理论教学、课下实践教学的模式塑造案例教学场景。依托课上多媒体与课下实地参观相结合的教学手段，培养学生自主"消化"专业知识的能力，并在企业经营管理的真实环境中实现内在的融会贯通。但课程思政教学对教学手段的要求远不止"课上""课下"的结合，由于思政元素通常具有强烈的时代性特征与隐性特征，"走马观花"的案例实践常常难以达到思政育人的效果。

在进行一般性的思政元素分析时，教师通常会采用更为生动的方法来传递教学话语。

常见的教学手段：一是在课程思政的课上教学环节，通过新闻播放、政策图解等方式，展示特定行业或特定类型企业所处环境中蕴含的思政元素；二是在课程思政的课下教学环节，带领学生前往企业进行实地参观，通常包含核心功能区参观、主题座谈等环节，对企业文化或经营管理全过程中体现出的思政元素进行分析与探讨。但相比当前专业课程迅速发展的线上教学手段，课程思政教学手段的现代化、信息化程度还有待提升。一方面，网络化学习成为常态，课程思政正处于发展初期，没有成熟有效的学习平台，缺乏立体化的教学手段，使得教师只能凭借课上有限的时间进行思政元素的分析与讲授；另一方面，MBA学生相比于其他学术型硕士，通常有着更加强烈的网络化学习需求，对学习云平台、线上教学组织等形式的教学手段有着更高的接受度。于是，长期来看，组织理论学习、开展教学演示、组织教学观访等手段的集合已不再能动态性地适应课程思政的教学要求。

因此，多元化的课程思政教学手段是保障课程思政教学实效的重要支撑。全方位、多样化、线上线下相结合的教学手段成为MBA课程思政教学模式改革的基础所在。在课程思政教学改革的背景下，如何利用信息化技术革新教学手段，在注重课堂自由引导的同时融入广泛信息，在通过多渠道传递精简教学话语的同时，产生在不同场景调动学生交流、沟通、设问、探讨思政元素的育人效应，是亟待解决的现实问题之二。

（三）课程思政教学形式"板"

MBA专业课程强调对理论知识的系统讲解与分析，教师习惯于讲授科学规律和专业理论。在环节设置上通常更多地考虑基于案例分析对企业管理实践进行立体化讲解，对于思政元素的融入，则多为概念性的引入和政策性的分析，点到为止。当前，MBA教学改革注重优化学科专业结构，专业课程体系向深入化、精细化发展，但专业、思政对话分离的现象却依然存在，这对有效发挥专业课程应有的整体育人价值形成了一定的阻碍。

在开展课程思政教学的过程中，教师常将针对思政元素的讲解作为课堂教学中的案例分析模块出现。最常见的教学形式为配合讲解的PPT图文式的案例分析，一是梳理思政元素产生的政策背景，二是阐述思政元素的一般概念与科学内涵，三是分析宏观视角下思政元素的现实意义。总体来看，课程思政教学易呈现出流程化、环节化的特征。一方面，课程思政教学应达到为MBA学生依据理论指导企业实践的过程提供更高层次的价值引领的效果，但仅仅依靠概念化的刻板教学，难以真正实现价值塑造；另一方面，课程思政教学应做到形式丰富，为各种类型的MBA学生提供多样的课程思政学习渠道，如果将不同专业间的课程思政教学模式生搬硬套，就可能造成思政教育与专业教育相互分离、相互脱节的问题。于是，课程思政就常常受制于课本式的案例分析，导致教师无法有效挖掘并展现思政元素所蕴藏的深刻内涵和专业课程所蕴含的价值范式。

因此，思政元素、企业实战与管理实践的多形式融合是建立课程思政教学渠道的重要基础。寻找合适的教学载体开发方式，将立德树人的目标与课程设计、讲义编写、课程实践等形式有机结合成为MBA课程思政教学模式改革的重点所在。在课程思政教学改革的背景下，如何有效设计"第一课堂"环节，在思政元素隐形化、深度化的基础上，进一步打开"第二课堂"空间，将思政元素与专业知识融合并深入至课堂教学的每一个角落，是亟待解决的现实问题之三。

二、"三维"课程思政案例开发的形式与选择

(一)"三维"课程思政案例的逻辑框架

"三维"课程思政案例体系的内核在于以"思政育人"为着力点培养"时代新人"。从构建方法上来看,一是通过共识、共创、共享开发"一维"文字案例;二是通过共商、共话、互拍、互感,施行"企中校""访中学"开发"二维"企业案例;三是通过"赛中课""干中学"举办"三维"案例大赛。在MBA教学实践中,该课程思政案例体系形成了从教学理念到教学载体,再到教学模式的系统化创新路径,即推进教学理念时代化,以思政为抓手,打稳教学根基;推进教学载体立体化,以案例为渠道,聚合教学资源;推进教学模式交互化,以赛道为依托,激活教学实效,有效重构了MBA课程思政教学模式的框架。

在MBA教学实践中,"三维"课程思政案例的具体应用思路主要包括两个层面,一是发挥教师先锋模范作用,坚持将专业课程中的爱国主义精神、科学精神等正确价值范式贯彻到底,引导学生传承"科教报国、追求卓越"的红色基因,做新时代的奋进者;二是邀请企业家进课堂讲述匠心筑梦的奋斗故事,充分展现企业骨干践行社会责任、融通产业发展与立足国家需求的精神底色,引导学生强化"开拓创新、履职尽责"的理想信念,做新征程的开拓者。该案例体系能够充分考虑MBA学生的实践经验背景和理论学习需求,进行连贯性教学指导,在充分结合案例式教学与行动式学习方法的基础上,将传统"第一课堂"的文字案例教学环节拓展至具有极高关联性、即时性的"企中校""赛中课"环节,进一步构建了多元教学并线连贯的课程思政案例全新模式,如图21-1所示。

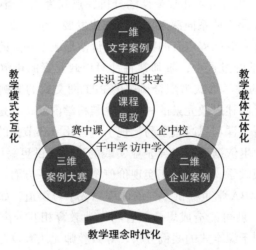

图21-1 "三维"课程思政案例的逻辑框架

(二)"一维"课程思政文字案例的开发

以"案例正文+思政说明"为基本结构的课程思政文字案例,凝练课程思政研修底色,凝聚专业前沿授课素材。

一是在课程思政案例内容设计上,案例正文与课程特定章节的知识结构相对应,为写实与白描确已发生的专业或企业热点事件,辅以图表对事件进行故事性描述,具体化其中蕴

含的精神信仰与正确价值观，是具有高度可读性的教学素材；思政说明则以问题为导向，通过对案例正文素材的凝练与挖掘，构建"知识目标－思政目标－启发思考题－知识依据－知识解析－思政辨析"的连贯模块，是包括具体教学计划的教师备课素材，旨在将专业知识与思政元素聚合并深埋于案例中，建立用"小故事"讲好"大道理"的教学载体设计逻辑。

二是在课程思政案例开发上，重在形成共识，建立案例研讨组群，鼓励教师紧跟党建工作重点，结合对管理学前沿问题的探讨，营造蕴含管理学价值范式的课程思政研讨氛围；重在推进共创，建立案例投稿机制，对应教学周期，以学院为平台征集案例，鼓励教师积极投稿；重在实行共享，建立案例评审评优机制与案例库，形成案例规范，提高案例使用率，推进各专业课程间课程思政教学资源整合，旨在建立用"中国故事"书写"家国情怀"的教学载体开发逻辑。

(三)"二维"课程思政企业案例的打造

通过企业家进课堂、学生进企业等方式，打造以"校企圆桌访谈""企业党建特色网点"为基本形式的课程思政企业案例，并依托信息化手段将其转化为配套视频案例，形成多角色的课程思政交流模式。

一是打造"校企圆桌访谈"形式的课程思政企业案例，强调施行共商，进行主题商讨，鼓励授课教师围绕时政要闻，结合课程要点深度挖掘案例专题并开发大纲；强调开展共话，建立"教师－学生－校外专家"对话渠道，进行小规模圆桌探讨或多人线上访谈，活化研讨环节；强调合作互拍，形成多元拍摄方案，依托固定拍摄班底制作便利化、高质量的视频案例；强调交流互感，于拍摄后复盘，形成党建要闻与课程知识评论，并据此设计启发思考题，实现"企业即课堂＋企业家进课堂"的教学效果，凸显全景案例教学的核心特色。

二是打造"企业党建特色网点"形式的课程思政企业案例，强调建立"企中校"，与企业合作策划设计党建特色网点，打造融合党建、服务社会、思政进企业的系列网络专题用于课堂教学，以教师为主导运用现有理论，联系国家需求、行业背景、企业实际进行理论分析；强调实现"访中学"，依托企业党建特色实体，引导学生走进企业，以企业家为主导现身说法，鼓励学生结合专业知识进行现场发言，对所见、所闻、所想进行及时反馈，深化对于思政元素的理解，实现思政再进课堂的双重教学效果。

(四)"三维"课程思政案例大赛的举办

拓展第一课堂视角与第二课堂空间，打造以"场外分析＋场内比拼"为基本形式的课程思政案例大赛。强调在行动学习中，以"专业实践"为落脚点磨炼"知识利器"，造就跨领域的学科视野，塑造全局性的专业思维。

一是课程思政案例大赛的场外环节设计上，强调开展"赛中课"，遴选典型、客观、生动且包含党建文化的课程思政案例，鼓励学生赛前结合专业知识自主搭建理论分析框架与设计展演方案，通过专家盲评初步判断学生运用马克思主义的立场、观点、方法学习专业知识的能力；强调依托赛前指导，鼓励教师基于对专业课程与思政元素的教学实践，作为战队导师与学生开展针对性、启发式沟通，引导学生自主选择分析视角并思考事件深层内涵，完成"提出问题－分析问题－解决问题"的全过程学习，充分实现从"授鱼"向"授渔"的转化。

二是在课程思政案例大赛的场内环节设计上,强调"干中学",参赛队伍以两两比拼的形式进行成果展示和回答评委的提问,在学行并举的竞赛平台上,实现从感悟党建文化、理解专业理论到认知经济社会发展需求的双循环学习;强调场上对抗,鼓励学生基于对国家、行业或区域政策的理解,通过现场展演自主构建模拟性、全局性的知识场景,体验思政要素的逻辑递进,感悟案例中的情感、思想和价值观念,充分实现从"见微"向"知著"的转化。

三、"三化"课程思政教学模式的机制与方法

(一)"三化"课程思政教学的逻辑框架

"三化"课程思政教学模式是教学内容、教学形式和教学手段的结合,旨在通过系统设计、综合应用,实现思政元素与专业知识的融合。一是以课程思政案例作为思政元素建设的核心承载,将零散的课程思政内容,聚合为一体化的教学资源。二是借助网络平台手段开发课程思政学习平台,实现数智化育人。三是以训战式教学把书本式宣讲变为场景化实践。通过"三化"课程思政教学构建 MBA 教学新生态,使得课上和线上相结合,国内经验与国际交流相呼应。

以 MBA 教学为例,教学形式分课上与线上、国内实践与国际交流。如何做到让课程思政在不同层面各有侧重,又相互统一呢?借助"聚合化"的课程思政教学模式,可以各有不同侧重,形成有机整体。在课堂上,可以重点塑造政治认同,突出党建引领作用。在线上,可以展现家国情怀,以丰富的题材引发学生的学习兴趣。在国际问题研讨中,重点强调人类命运共同体的理念与实践,扩展学生的国际视野。在实践教学中,紧紧围绕着"中国故事"来展开,增强学生的"四个自信"和实践能力。有了体系化的设计,在不同的课程思政教学环节中,就可以突出不同的核心内容,围绕一条主线去组织实施,既有教学章法,又便于学习掌握。可见,借助聚合的教学内容、实用的教学形式、丰富的教学手段,MBA 课程思政引领的教学新生态才能逐步构建。"三化"课程思政教学的逻辑框架如图 21-2 所示。

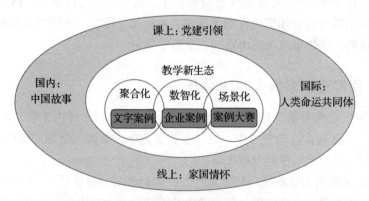

图 21-2 "三化"课程思政教学的逻辑框架

"三化"课程思政教学模式能够顺利推进,需要具备内在动力机制。为了实现课程思政教学的"聚合化",结合 MBA 教育教学特点,将工作重点放在建设蕴含思政元素的教学案例,采取"共识、共创、共享"的步骤进行组织实施,形成师生共同开发的格局,极大地提

高了课程思政案例开发效率。课程思政教学内容的"数智化"建设,可以突破课堂教学的"单一化"瓶颈,通过云学习的线上教学手段,满足MBA学生碎片化时间的学习需求,还可以以数据跟踪和分析学习为特点,不断完善课程思政线上内容和呈现形式,让课程思政学习自主发生。为了走出"照本宣科"的课程思政教学困境,通过"场景化"的教学形式和活动安排,构建知识应用场景,来丰富书本知识的学习。设计课程思政案例大赛的教学场景,用"训战结合"的教学模式,让MBA学生将现有理论运用于实战场景之中,达到"现学活用"的教学效果,让思政元素深入人心。只有系统地设计课程思政教学内容与实施机制,才能确保教学模式顺利实施与高效运营。"三化"课程思政教学模式的构建如图21-3所示。

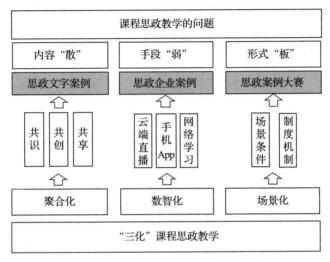

图 21-3 "三化"课程思政教学模式的构建

(二)"聚合化"课程思政教学

"聚合化"的课程思政教学难点在于找到适合的教学载体,就MBA教学而言,以课程思政文字案例作为教学载体,就可以满足聚合化教学的要求,实现教学内容有聚焦、教学组织不散乱(见表21-1)。

表 21-1 "聚合化"的课程思政教学

阶段	原则	具体方法或工具
第一阶段	共识	课程思政案例开发交流会 课程思政研讨群
第二阶段	共创	开发标准与开发手册 评价标准和互评办法
第三阶段	共享	课程思政文字案例库 课程思政企业案例库

一是深化课程思政文字案例的"共识"。通过不断交流研讨,形成良性互动格局,是构筑课程思政共识的有效手段,能够起到教育启迪的作用。比如,营造课程思政案例交流氛围,建立课程思政研讨群,都有助于培养政治认同和人文精神。互动是产生共识的推动器,借助线上和线下的不同互动形式,构建立体的交流机制,营造开放轻松的交流氛围,是良好互动的关键,也是共识形成的条件。

二是建立课程思政文字案例的"共创"。没有规矩,不成方圆。课程思政案例的开发标准包括文字案例和视频案例,是实现课程思政案例共创的前提。就文字案例而言,"案例正文+思政说明"的方式是一种有效的写作模式,而对于视频案例而言,"现场实地+现身说法"的模式更便于操作。此外,还需要制定详细的标准要求,如编写《课程思政案例开发编写手册》、组织课程思政案例开发培训等都是有效的推动方式。形成案例的互评标准和开发规范，就有了案例共创的基础和准则。需要强调的是，要明确开发的原则，要以展现中国特色社会主义新时代特征为核心，将思政元素深深根植于案例中，使课程思政案例成为价值引领的依托，成为激发家国情怀的支点，成为融合知识理论的场域。

三是形成课程思政文字案例的"共享"。以案例库的形式实现共享，有利于全体授课教师和学生同步学习分享。同时，建立课程思政案例库可以推进专业的思政教学资源整合，融为一体。构建课程思政案例库，需要明确案例库结构和运行平台，最为理想的是开发案例库软件，使共同检索成为可能。课程思政案例库的形成，将成为课程思政教育生态的重要构成。课程思政案例库的另一种构建形式，就是编制课程思政案例集，开发不同主题的系列案例，形成小型案例库，由于其主题鲜明集中、内容聚焦，更易为 MBA 师生所广泛使用。

（三）"数智化"课程思政教学

"数智化"的课程思政教学是指借助网络平台组织教学，一方面智能化地完善教学资源，另一方面智能化地优化学习体验。它是教学新生态的重要组成部分，主要通过线上学习得以实现。

一是开发课程思政文字案例学习平台。学生可以利用碎片化的时间完成自主学习，教师则可以借助云平台组织多种形式的教学，比如开设云讲座，通过学习数据，掌握学生的学习规律。文字案例学习平台可以精准推送学生所需思政元素，成为课程思政教学的有力保障。网络平台将成为课程思政的重要支撑，可以大大改善教学效果，更加贴近新时代的学习需要。

二是开发课程思政视频案例学习平台。视频案例学习平台可以推送和展示师生拍摄的视频，运用新媒体激发大家的创作活力，十分契合 MBA 学生的学习习惯，深受大家欢迎。在学习平台的后台，学校利用平台数据，可以发现学生学习规律和关注热点，实现精准投入与持续开发，对课程思政案例的建设极为有利，对教学内容的迭代发展和教学方式的创新转变起到积极推动作用。

（四）"场景化"课程思政教学

促进课程思政教学的"场景化"，需要在"硬件"和"软件"上下功夫，就 MBA 教学而言，应进一步践行"将课堂变成赛场"的课程思政实践教学思路。

一是应拓展实训教学方法，强调"做中学、赛中练"，完善课程思政课下赛事和赛制，如设计"课程思政案例大赛"，在比赛场景中，培养学生立足新时代进行分析思考，在实践中给出"中国答案"，从而深化家国情怀和文化自信。将"战"和"训"相结合，举办各类针对比赛的培训和分享，学生既有需要又感兴趣，起到了很好的教学效果，实现"以赛促学"的教学目标。

二是在硬件方面优化校内教学的物理场景，建设适合实战的专用教室，搭建场景平台。组织课程思政案例大赛对教室有了新的要求，因此安装三屏联动的 LED 教学背景屏幕就显得十分必要。这种屏幕能够营造出大赛环境，让 MBA 学生有课堂竞技感，提供场景化的实战环境；建设沙盘模拟教学场景，为课程思政创造物理场景，也是一类重要的场景建设。

三是在软件方面强化对于战队中师生的培训，这对于课程思政教学内容的应用和深化无疑是至关重要的。需将训战式教学融入课程思政教学设计中，组织教师进行教学观摩，录制完整的课程思政案例大赛的比赛现场，供师生学习借鉴。围绕特定课程思政训战主题，邀请企业家作为战队"企业导师"现身说法，通过对企业一线管理经验的简述，将企业经营理念与目标中的思政元素具体化，全面提升教师的课程思政案例大赛指导水平，进而提升学生的实战能力。

四、MBA 课程思政教学实践与成效

依托"三维"课程思政案例，MBA"三化"课程思政教学模式在推广应用方面已取得了较为显著的教学成果。冯梅等人于 2020 年《中国高等教育》15/16 期发表教学论文"以思政案例为载体的高校课程思政教育教学初探"；成果《案例式行动学习：MBA 教学与培养方式创新》获评北京科技大学第 28 届教育教学成果奖特等奖；成果《经管类课程思政教学模式创新：融合党建的"四维"案例式教学》获评北京科技大学第 30 届教育教学成果奖一等奖。

基于"一维"课程思政文字案例，"聚合化"课程思政教学成果不断涌现，为课程思政构筑了坚实基础。2020 年，一门课程入选教育部课程思政示范课，主讲教师成为教育部课程思政示范课名师，一门课程入选北京科技大学首批"课程思政特色示范课程"，这是"三化"课程思政教学模式改革的一项标志性成果。师生共创模式下产生的课程思政案例《"中美贸易战"背景下拉动内需的重要意义》入选新华网课程思政案例库，并在"新华思政"教学资源服务平台上面向全国高校开放，学习人次近万。此外，该案例获评北京科技大学课程思政优秀教学案例，并入选《北京科技大学"课程思政"案例选编》，于 2020 年出版，成为国内首本课程思政案例集，具有极强的示范意义。

基于"二维"课程思政企业案例，"数智化"课程思政教学建设在助力课程思政科学施教方面效果显著。建立了视频案例专家教室、全景案例网页平台与手机客户端，服务于各届 MBA 学生，注册用户逾千。依托视频案例专家教室和全景案例平台，2019 年，北京科技大学经济管理学院联合中国银行辽宁分行主持策划设计党建特色网点，开发系列主题视频案例，用于 MBA 专业课程线上教学，实现企业即课堂、企业家进课堂。其中，全景案例平台涵盖战略管理、创新管理、运营管理、商业伦理等多个模块，涉及汽车制造业、航空航天设备制造业、新闻和服务业、软件和信息技术服务业等多个行业分类，多达上百篇的视频案例，平台拥有支持学生自主上传视频案例与教师匿名评审等多个功能。此外，该全景案例平台已取得"肆现（STAR）微课堂信息管理平台 V1.0"的计算机软件著作权。在 AMBA 和 AACSB 国际认证当中，认证官在认证评语中对"肆现"教学（STAR）和学习平台给予了高度评价，认为平台化、科学化的教学设计，有利于精准施教和科学执教。

基于"三维"课程思政案例大赛，"场景化"的课程思政教学取得了丰富的训战教学成果，学生的实践能力得到快速提升。2020 年，北京科技大学经济管理学院首创并牵头主办了北京科技大学首届课程思政案例大赛，赛道覆盖工、理、文、经、管、法六大学科，吸引七大学院近百名学生参赛，其中 MBA 战队荣获最佳贡献团队奖，被光明网、央广网、凤凰网、搜狐网、腾讯新闻、百度等多家主流媒体报道，教育部经济学专业教育指导委员会秘书长邱海平对大赛给予了极高的评价，认为课程思政案例大赛起到了创新性示范引领作用。在

全国管理案例精英赛上，北京科技大学 MBA 战队连续多年成绩领先，先后获得 1 次全国总冠军、2 次全国亚军、3 次全国季军，4 次包揽华北/北京赛区冠军。学生们能在大赛取得辉煌成绩，有赖于课程思政训战教学模式的培养。

从实践效果看，课程思政"三化"教学模式有效解决了三方面问题。一是解决了课程思政教学内容"零散化"问题，通过聚合化的课程思政案例开发与教学，将思政元素融入知识点，实现了课程思政的整体规划和系统建设，使教师有了课程思政的稳固抓手，学生有了深刻认知课程思政的良好渠道。二是解决了课程思政教学手段"单一化"问题，通过平台化的教学软件，以数智化手段为学生提供多元化的学习路径，利用学生的碎片化时间，迎合当代 MBA 学生的学习习惯，形成线上线下融合的多维课程思政教学。三是解决了课程思政教学形式"书本化"问题，通过场景化的教学设计与实践，以训战式教学方法强化学生对思政元素的理解和对专业知识的学习，去企业向实战学习经验，避免"死记硬背"的书本化学习。

课程思政建设是全面提高人才培养质量的重要任务，习近平总书记在全国高校思想政治工作会议上强调，要把思想政治工作贯穿教育教学全过程，努力开创我国高等教育事业发展新局面。在研究生培养中，科学有效的课程思政教学模式，能够促进思政教育工作的发展。MBA 课程思政的"三化"教学模式，是建构全方位、多层次、立体化的课程思政教育模式的一次有效尝试，对于我国研究生课程思政教学改革具有一定的推动意义。

第二十二章

产教融合，知行合一：
华东理工大学"五维一体"的行动学习教学改革探索

侯丽敏[一] 汪金爱[二] 陈万思[三]

一、教学改革背景

如何更好地提升商科教育有效性一直是备受关注的话题，无论国内还是国外，企业管理者和学术界都对传统的管理教育模式提出了很多批评，管理教育以及学术研究与管理实践的脱节成为最突出的问题（Pfeffer，Fong，2002；Mintzberg，2004）。这一点在中国的表现更为明显，作为推动中国经济快速发展的引擎——中国企业面临着很多管理难题，这些问题的解决也使得中国企业的管理能力有了大幅度的提升。同时，随着企业的进一步发展，国际化进程以及新的商业模式正在不断出现，对于管理能力和教育培训提出了更高的要求，传统的管理教育包括主流的案例教学模式等在中国的适用性也受到了一定挑战（梁能，2006），推出适合中国情境的管理教育创新具有更为重要的现实意义。

基于这一背景，华东理工大学商学院于2011年率先在实践性要求极高的MBA、EMBA教育中引进了针对真实商业问题的行动学习方法，并进行了系统化的消化吸收和改造，积累了丰富的经验，也取得了一些较为明显的成果。行动学习在英国瑞文斯教授提出以来，获得了国内外企业的广泛认可，尤其是通用电气（GE）公司的"群策群力"在CEO杰克·韦尔奇的推动下大获成功，成为全球企业界普遍采用的教学方式（Ulrich，et al.，2002）。行动学习也成为MIT斯隆商学院、哈佛商学院等国际顶尖商学院组织变革、领导力等EMBA、EDP、MBA等课程教学的主要方法（汪金爱，吴柏钧，2014）。据调查，美

[一] 侯丽敏，华东理工大学商学院、党委书记，教授。
[二] 汪金爱，华东理工大学商学院副教授。
[三] 陈万思，华东理工大学商学院案例中心主任，教授。

国三分之二以上的高管领导力培训项目使用了行动学习,《商业周刊》杂志认为,行动学习是领导力发展中最新出现但发展最快的组织工具。美国当代杰出的组织理论与领导理论大师沃伦·本尼斯甚至认为行动学习是未来组织发展的一种潮流(Marquardt, Marquardt, 2011)。

为此,华东理工大学商学院通过经验总结以及大胆尝试,从最初的MBA项目的小型探索开始,通过不断总结经验教训以及与国际国内商学院和企业培训教育机构如管理咨询公司、企业大学等交流合作,逐步将行动学习拓展到了MBA、EMBA、MPAcc(会计硕士)、MEM(工程管理硕士)、MF(金融硕士)等全部专业学位硕士项目中,并向本科生和学术型硕士延伸。制作了全国第一门行动学习慕课在线课程,面向全国高校开放,作为全校通选课,行动学习也以线上线下(O2O)融合的方式面向全校研究生和本科生开放。经过十多年的发展,行动学习已经成为华东理工大学商学院最具特色的教学创新模式以及最为突出的标志性品牌项目之一,在打造MBA等各专业学位项目和商学院差异化特色方面发挥着重要作用。更为关键的是通过行动学习教学模式,可以将真实的企业问题引入课堂,将高校与企业以及学生、教师、企业管理者等包含在教学过程之中,实现了产教融合与知行合一的目的。通过每年牵头举办的行动学习国际论坛,以及全国行动学习联盟的教师培训工作等,进行国内外行动学习教育模式的知识交流和传播,影响全国高校商学院管理者与教师、企业大学与人力资源管理部门以及管理咨询与培训机构,从而实现更高的社会价值。

国外研究显示,行动学习教育在高等教育中难以持续发展的最大问题是缺乏系统性的支持、师资队伍短缺以及高额的投入(汪金爱,吴柏钧,高松,2015)。在当今普遍强化科研绩效考核的背景下,高校教师更加看重科研项目与论文发表,需要投入大量精力了解企业实践的行动学习难免会分散其精力,因此行动学习很难吸引年轻教师投身其中。除此之外,行动学习项目的持续发展,也需要一定激励与制度保障,确保长期可持续发展。面对这些困难和挑战,华东理工大学商学院十多年来持之以恒、不断探索,在初期仅有行动学习理论课程和实践项目的基础上,提出了围绕真实管理实践问题的行动学习理论、行动学习实践、学生毕业论文提炼的"三维一体"模式。之后,为了进一步强化行动学习在教学和学术研究方面的挖掘,加速教学成果的转化进而激发教师团队的参与热情,提出了包含教学案例开发与学术论文转化、专业理论课程优化的"五维一体"行动学习教育新模式。行动学习教学创新模式在华东理工大学商学院的不断发展演化过程,本身也是一种不断学习、动态优化的"行动学习"过程。

经过十多年来的探索与发展,行动学习模式在华东理工大学商学院中的应用,尤其是在MBA、EMBA、EDP等学生普遍具有较为丰富管理实践经验的专业学位中的应用,较好地实现了管理理论与实践以及管理教育与产业界的双重融合,理工科学生的加入等尝试也成为当前国家大力推进的"新商科"与"新工科"教育融合的新方向。行动学习以团队学习方式针对真实的商业问题进行质疑反思并提出解决方案的方法,也非常适合创新创业教育,成为"双创"教育的新方向,华东理工大学商学院MBA等行动学习实践项目中有一半左右来自创业型中小企业,这一比例还在逐年提高。本文将对这一持续十多年的教学模式进行阶段性总结,着重探讨"五维一体"行动学习教育新模式的构成、发展以及未来设想,为行动学习在商学院、企业大学、咨询培训以及类似机构的拓展提供指导和启发。

二、教学改革内容

(一)"五维一体"行动学习教学创新模式

华东理工大学商学院的行动学习教学模式经过多年的发展,逐渐提炼并形成了自己的特色,构建了较为系统的"五维一体"行动学习教学创新模式(见图22-1)。这一模式以真实的商业问题为学习的出发点和目的,通过行动学习的质疑(questioning)、反思(reflecting)、行动(acting)以及特定行动学习研讨工具等的结合实现了五个维度的拓展。通过这五个方面的分层训练,实现学生培养中的能力素质提升,同时也给参与项目的企业带去解决方案,提高其组织学习能力。参与的教师除了指导学生之外也帮助学生提炼出了论文选题,同时有助于教学案例开发甚至学术论文的发表等。学生、教师、企业管理者等经由行动学习实践深入互动、相互学习、相互促进,最终达到管理教育与实践结合的知行合一与产教融合。

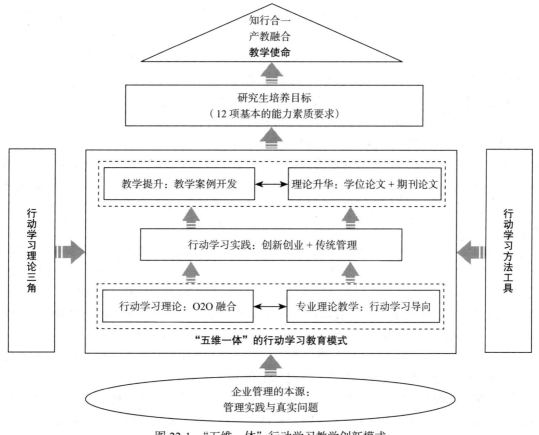

图22-1 "五维一体"行动学习教学创新模式

(1)行动学习理论课程。面向全体专业学位硕士研究生的行动学习理论课程教学,帮助学生了解行动学习的基本理论、主要应用和行动学习教学工具等。从而奠定理论基础,改变学生的思维模式,让学生掌握基本的行动研讨和问题诊断与决策等学习工具。

(2)行动学习导向的专业课程学习。将行动学习方法引入到其他专业理论教学,如战略管理、组织行为、市场营销等课程中,改变传统的讲授或者案例教学模式,提高学生的参与度和对真实管理问题的关注。同时,通过这些专业课程的学习,提高学生的专业知识水平,为后续的行动学习实践项目等奠定基础。

(3)形式多样的行动学习实践。在以上理论学习的基础上,通过行动学习实践项目来帮助企业解决真实的管理问题。不同背景的学生组成项目团队,开展为期4~6个月的长时间调研,与企业方管理者等一道进行团队质疑与反思,制定初步的解决方案并与企业讨论,并在实践之中不断优化。行动学习实践项目是整个"五维一体"的核心所在,起到衔接前导性的理论学习与后续结果输出的作用,学生毕业论文选题的开发以及教学案例和学术论文等的提炼也都来自这一实践项目。

(4)MBA毕业论文选题提炼。长时间的团队学习过程中,学生对于真实的企业管理问题会有非常深入的了解,在此基础上,指导教师可以作为小组中部分学生的学位论文指导教师,挖掘MBA学生的毕业论文选题。利用之前企业调研中获取的一些数据、部分问题的诊断和解决方案,在更为聚焦和侧重于学术与实践的基础上形成毕业论文,达到行动学习实践项目结果输出的进一步升华。

(5)教师教学案例开发与学术论文转化。行动学习实践项目不仅可以让参与其中的学生提炼出MBA论文选题,还可以在指导教师的推动下进行教学案例的开发和一些教学研究甚至学术性更强的研究性论文的拓展。行动学习实践中的问题往往是企业面临的重要、迫切的问题,可以将它当作教学案例的决策问题撰写相关的决策信息,在与课程理论结合后撰写教学笔记用于课堂教学。另外这种团队学习过程也是很多教学理念进行检验的绝佳场景,可以撰写相关的教学论文或者开展团队学习等相关的学术研究。

团队学习是这一模式的核心,通常由背景差异较大的5~10名学生组成行动学习团队。团队成员的背景差异带来了多元化的管理视角,为更好地解决企业管理问题奠定了基础。团队学习中的研讨方法是推进学习进程和提升学习质量的重要保障,质疑、反思以及团队引导等需要重点关注(Cho, Egan, 2009;阎海峰 等,2020)。对于真实的企业疑难问题,企业自身并非没有应对方案,只是现有的多种方案并未达到预期的效果,因而需要通过引入外部人士带来的行动学习质疑与反思来重现、审查现有方案,再次对管理问题进行外部视角的思考。行动学习的最终学习效果体现在参与团队的学生个体和企业方两个层面:学生个体经由行动学习在思维、知识以及团队协作、沟通力、领导力等方面得到提升;参与项目的企业通过这一过程可以拓宽视野、改善管理过程,同时也学会了行动学习方法实现企业组织学习能力的提升(Dilworth, Boshyk, 2010;Marquardt, Marquardt, 2011)。

"五维一体"行动学习教学模式所体现的产教融合主要体现在三个方面。第一,通过行动学习实践项目与企业建立密切联系,通过师生和企业方的参与对当前正在发生的企业疑难问题进行深入调研和分析,为了提出更好的解决方案,对于所在行业的研究也包含其中。同时,初步拟定的方案在与企业方联合的项目行动中不断优化,这一过程进一步强化了与教学与产业的融合。第二,对于创业类项目,这种产教融合更为全面,为了确保创业企业的生存发展以及系列问题的更好解决,目标企业、竞争对手以及其他行业研究会更为深入,所研究的问题也更具战略性,部分学生甚至会全程参与到创业过程之中。第三,在行动学习理论课程、植入行动学习理念的专业理论课以及Living Case教学中,要求学生面向现实中的企业应用行动学习方法进行思考,从外部专业人士和内部管理者融合的视角考察存在的问题,团队学习带来的多维度质疑与反思、分析与诊断以及方案制定过程可以大幅度提升学生对行业的了解。

（二）"五维一体"行动学习教学的内容及进展

1. O2O融合的行动学习理论教学

本项目从2011年开始面向MBA等专业学位研究生开放，并逐渐扩展到商学院所有专业学位和学术型研究生以及本科生群体，MBA等教学要求较高的专业学位成为商学院新型教学模式的试点。近几年，全校通选课面向全校本科生和研究生开放了行动学习理论课程，华东理工大学的各级学生都可以通过这一课程了解行动学习的基本理论和方法。行动学习成为华东理工大学各类学生了解商业实践，并在走向社会时拓展思维、团队协作的"独门"利器。在学校研究生院的支持下，于2018年组织校内12位行动学习理论授课教师、行动学习实践项目导师和校外行动学习讲师等，完成了国内第一门行动学习慕课的录制，于2019年春季在中国大学慕课（爱课程）和超星上线，目前选课学习人数累计达2万多人次。编写的第一本全媒体行动学习教材《行动学习：激发管理潜能》由高等教育出版社于2020年出版。

为了强化行动学习理论教学的效果，采取了线上线下（O2O）教学融合的方式，既有线下的团队研讨式教学，也有基于慕课平台的线上自主理论学习，线上线下融合，帮助学生强化基本的理论与工具。理论课程教学也是发现与挖掘后续行动学习实践项目，与学生的管理实践建立联系的关键途径。参与理论学习的学生挖掘自身所在企业或者与其密切关联的企业，用于下一步更为深入的行动学习实践项目，可以为"五维一体"模式的稳健运转奠定坚实的基础。通过多年来的经验积累，我们发现这一阶段是挖掘行动学习实践项目选题最为重要的环节，好的实践项目选题是后续行动学习实践、教学案例开发、MBA论文选题和教学研究等成果输出的关键。

2. 行动学习导向的专业理论课程学习

在掌握基本的理论、工具和方法的基础上，本项目也将行动学习的理念和教学方法植入到了各类学生的专业理论课程的学习之中。可以通过以学生为中心的自主式团队学习，改变传统教学中较为沉闷的现象。即使是商学院主流的案例教学方法，对于已经发生较长时间的案例往往存在时间滞后以及信息较为单一的现象，越来越难以引起年轻学生较大的兴趣。而且由于互联网的快速发展，学生可能通过网络获得了案例企业更多的发展与决策信息，对案例讨论问题兴趣不高或者有迥异的看法，一定程度上会影响案例教学的效果。但在行动学习中，反而可以利用学生不同的观点以及网络信息，通过团队研讨的方式进行充分挖掘，推动学生进行信息搜集并参与讨论和学习。

更为重要的是在专业理论课程学习中植入行动学习的思想，可以通过团队学习和质疑、反思等，联系管理实践中真实的商业问题进行研讨，提出针对性解决方案并不断优化，形成基于行动学习的理论课程教学，学生的自主学习能力和对不同章节甚至不同课程理论知识的整合能力得到显著提升，同时也强化了对理论的理解和适用情境的把握，理论学习不再是相互之间缺乏关联的碎片，而是解决真实问题的系统性工具。目前这些方法已经应用到了管理学主要的核心课程，例如市场营销、人力资源管理、战略管理以及战略模拟、创业模拟等实验仿真类课程的教学之中。

3. 基于真实管理问题的行动学习实践

参与行动学习的学生通常是带着问题而来，MBA、EMBA、MEM等专业学位的学生更是如此，多年工作后、在步入管理岗位后对于企业内部的问题会更为关注。即使是没有工作经历的学术型研究生甚至本科生，他们对于自己曾经参与的学生组织，以及学校等机构中存在的管理问题也会较为困惑，行动学习刚好可以针对现实中的这些疑难问题提供解决方法。与较为静态和具有一定时间滞后性的管理案例问题不同，现实企业中重要、紧迫的问题可以提供更为真实的学习情境，学习过程中所提出的方案更被企业所看重因而更有价值，学生因此获得了更大的成就感以及为企业贡献自己力量的使命感。经过多年的发展，本项目形成了三种类型的行动学习实践项目，对应三大类行动学习实践问题。

（1）成熟型企业管理问题。这类问题数量最多，主要应用传统的行动学习实践项目类型，主要包括国有及民营企业管理中出现的市场营销、生产运营、人力资源管理等职能管理层面的问题。一般由学生或校友所在的企业提供管理实践的问题，通常由 5～10 名具有不同背景的学生组建行动学习团队，配备 1～2 名专业教师，通过 6 个月左右的现场调研、团队研讨等提出解决方案并在实践中优化。

（2）创业企业管理问题。这类问题适用于创新创业行动学习实践项目，通常来自 MBA、EMBA、MEM 等学生自己或者校友的创业企业。这一类问题既有成熟型企业面对的类似问题，也有企业整体运作以及商业模式、股权与投融资、高管选择、发展方式等战略层面的问题，问题的难度和整合性较高。这类行动学习实践以创新创业青年领袖行动学习会的形式进行，同一企业项目可以组建不同的团队展开内部比拼或者针对不同问题进行较短期的调研、分析与诊断、提出建议报告，并有校内外专家联合指导。

（3）跨国企业管理问题。华东理工大学开展了国际化合作办学项目，在 Living Case 行动学习实践中，来自中国与德国的教师选择跨国企业的管理问题，三国学生组成行动学习团队进行跨国合作，分析与诊断企业存在的问题并提出解决方案。跨国合作以及跨文化管理是这类问题最为显著的特征，由于方案的实施相对较为困难，因此以调研、分析诊断为主，但也给跨国教学提供了很好的学习机会。Living Case 也是华东理工大学商学院行动学习历史最为悠久的形式，2008 年左右即开始运作，但运作的范围通常限制在国际合作办学项目之中。

4. 基于行动学习实践多样化成果输出：毕业论文、教学案例、学术论文

为期 6 个月左右的行动学习实践会对企业管理问题进行非常深入的现场调研，后续学生可以针对获得的企业数据和定性访谈等进行更进一步的提炼，进行理论升华或者教学方式的改进。实践导向的行动学习项目如果结合严谨规范的学术方法，可以获得通常很难触及的大量宝贵的一手资料，在此基础上可以进行各种类型的学术探索，为参与的学生和教师等形成多样化的输出成果。因此，"五维一体"的教学改革模型中最后两个维度体现在以 MBA 学生为主的毕业论文选题提炼与撰写，以及参与教师的学术型论文、教学案例开发以及管理教育研究等方面。

对于 MBA、EMBA、MEM 等专业学位研究生，现有的毕业论文也主要基于其工作实践，但往往受制于个人的视野以及数据的不足，撰写过程并不理想。行动学习实践则提供了难得的机会，企业方对问题进行了全面深入的交流，5～10 人的行动学习师生团队可以提供不同的视野，并在项目中开展自主学习获取目标企业以及行业数据，指导教师也可以进行针对性的理论指导，这些举措为后续毕业论文的选题、数据获取、行业与企业分析等奠定了

基础。毕业论文写作如果可以和行动学习实践相结合，学生的参与积极性会大幅度提升。当然这种毕业论文的提炼在同一个项目中并不会太多，一般以项目提出者为主，项目提出者通常也在该公司担任中高层职务，这一方面促进了行动学习实践项目的顺利开展；另一方面，项目提出者为了自己的毕业论文，也会想方设法建立企业内部的跨部门衔接并获得更高质量的数据。

对于指导教师，一方面可以在行动学习实践项目的指导过程中挖掘相关信息，撰写更加深入企业内部和更加真实的行动学习教学案例，为后续专业课程的理论教学提供鲜活的案例；另一方面，指导教师也可以进行学术论文的撰写，针对企业问题进行质性研究或者通过问卷调查等进行量化实证研究。对于学生和教师，来自真实世界的研究问题与来自文献中的问题不同，前者具有较高的社会价值甚至更大的理论意义。为了进一步提升行动学习教学效果和品牌特色，华东理工大学商学院内部也出台相应政策鼓励教师团队和参与学生撰写行动学习案例，将每次行动学习项目整理成案例汇编进入数据库，择优选择出版发行或投稿到中国管理案例共享中心、中国工商管理国际案例库等知名案例库中。华东理工大学商学院参与行动学习实践的20多位指导教师目前已撰写了大量相关教学案例，先后有多篇案例被这些案例库接收入库，入选全国优秀管理案例多篇。更为重要的是，在MBA等专业学位以及其他缺乏管理实践的教育项目中，教师的教学水平得到了较大幅度的提升，对于真实的企业管理也更为了解。

三、教学改革现状

经过十多年来的不断探索，行动学习已经成为华东理工大学商学院最为突出的品牌特色之一，"五维一体"行动学习教学体系建设、形式多样的行动学习实践、不断完善的制度保障和师资团队建设确保了项目的持续进步和创新。同时，华东理工大学商学院从一开始就积极参与国际国内商学院、企业大学等教育机构、管理咨询等实践领域的交流和对外传播，在全国工商管理专业学位研究生教育指导委员会、教育部高等学校工商管理类专业教学指导委员会的指导下，已连续举办8届行动学习国际论坛，牵头成立全国行动学习联盟并受全国工商管理专业学位研究生教育指导委员会委托进行全国教学培训，获得了国内外高校、企业大学以及企业咨询培训机构的广泛关注。作为发起机构，与上海市MBA教育指导委员会一起牵头成立了行动学习分委员会，积极推动以行动学习为主的教学改革并强化与产业界的联系。

(一)"五维一体"行动学习教育体系的建设及应用

2011～2013年为探索阶段，首先针对MBA、EMBA项目中的行动学习教学提出了行动学习理论、行动学习实践、学生毕业论文提炼的"三维一体"的教学模式。在这一模式的指导下，开展MBA、EMBA这两项教学要求较高的教学创新探索。2016年，开始将行动学习理论和方法导入主要专业理论课程的教学方法改革之中，并鼓励行动学习实践结果转化为教学案例开发、学位论文以及学术论文发表，在侧重于实践教学的基础上进行理论升华，形成更加全面的"五维一体"教学模式，扩大到学校本科生和各类研究生的培养过程中，以及创新创业教育和竞赛指导中。截至 2020 年年底，累计近 6 000 名 MBA、EMBA 等专业学位研究生和各类学术型研究生接受了行动学习理论课学习，面向全国开放的行动学习慕课课程累计选课人次已高达 2 万多人。

为了强化学习效果，行动学习实践项目坚持"少而精"的方式，在初期探索发展阶段，每年在 MBA 和 EMBA 项目中各自开放不超过 10 个项目供学生选择。2017 年开始拓展行动学习实践项目，每年挑选 10～20 项企业管理问题作为选题，包含"创新创业青年领袖行动学习会"以及国际合作的 Living Case 等项目，累计完成行动学习实践项目 300 余项，参与学生超过 2 500 人。大部分专业理论课程引入了行动学习方法，营销管理、人力资源管理、知识管理、战略管理、战略模拟与领导力等课程通过团队学习解决真实的企业管理问题而广受学生欢迎。在行动学习理论升华以及学术转化方面，2020 年，阎海峰教授主持联合核心团队成员和企业界专家，编撰了国内第一套全媒体行动学习教材《行动学习：激发管理潜能》，目前团队成员已开发行动学习教材及专著 2 部、会议论文集 1 部，发表学术论文 17 篇（见本章附录）。开发教学案例 34 篇，并有 3 篇案例荣获"全国百优"案例、1 篇案例入选加拿大毅伟商学院案例库，出版《行动学习实践案例精选》著作 1 部；基于行动学习实践项目的 MBA、EMBA 学员学位论文转化超过 50 篇。

（二）形式多样的行动学习实践项目

作为"五维一体"教育模式的核心环节，行动学习实践是衔接理论以及其他成果转化的纽带，因而采用了灵活多样的形式，很多举措在国内外具有一定的创新性。主要包括面向成熟企业的传统行动学习实践、面向创业企业的"创新创业青年领袖行动学习会"、面向跨国企业的 Living Case 三种类型。

1. 面向成熟企业的传统行动学习实践

在专业学位研究生教育项目中通常按照 2 学分的选修课程进行安排，学生、企业、教师等提出项目申请书在学院内由行动学习的资深教师团队进行评选、择优开展，最终实施的项目从早期的每年 8 项左右已经拓展到现在的每年 20 余项，项目规模和合作企业都实现了较大幅度增加。早期项目中国有与合资等成熟型企业的管理问题较多，近年来创新创业项目逐年上升，已累计达到 80 项左右。

2. 面向创业企业的"创新创业青年领袖行动学习会"

"创新创业青年领袖行动学习会"采取较为灵活的方式，项目开展的时间相对较短。目前已连续开展 11 期，参与学生近 600 人、创业企业项目 30 余项。通常由校友创业企业或者其他创业类企业提出创业过程中的管理问题作为行动学习实践项目选题，每个项目由 2～3 名本科生以及专业学位或学术型研究生等组建的团队进行时间相对较短的团队学习，对企业管理问题进行诊断并提出解决方案。这种项目形式灵活，一个项目对应多个学生团队可以进行团队之间的比拼，可以更好地激发学生的参与感和学习热情。

3. 面向跨国企业的 Living Case

这类行动学习在华东理工大学商学院历史最为悠久，主要是在国际合作办学项目中，面向跨国企业开展的中国、德国、俄罗斯合作的 Living Case 类行动学习实践。最早由华东理工大学商学院时任副院长黄庐进教授与德国汉堡大学 Bodo Abel 教授联合创办，费鸿萍、侯丽敏、秦一琼等多位教师先后参与项目指导，每年联合华东理工大学商学院和德国汉堡大学、布伦瑞克工业大学，以及俄罗斯圣彼得堡国立财经大学等大学，提出企业专题研究课题，由三国学生组成联合团队进行行动学习式的 Living Case 研究，对企业实际问题进行调研、分析与诊断，最后提出解决方案。很多企业问题来自大众、沃尔沃、宝马、壳牌等知名跨国企业，行动学习项目开办 10 年来累计完成企业项目 106 项，参与学员共 655 名，其中中国、德国、俄罗斯学员分别为 319 名、157 名、179 名，成为国内行动学习项目进行国际合作的成功典范，这种多国合作的行动学习项目在国际上也具有一定的创新性。

（三）教师团队建设、制度建设与激励

国内外研究表明，行动学习能否成功实施和传承的关键在于是否有一支经验丰富，并且对行动学习充满热情的教师团队，除此之外也要从制度层面确保教师团队的利益以便长期坚持下去。为此，自行动学习引入我校以来师资队伍建设与培训成为确保项目实施的重点，20 多名包含工商管理、管理科学与工程、会计学以及经济学等学科的资深教师成为核心团队成员，每年进行团队讨论交流并外聘专家进行专门培训，包括行动学习实践项目的开展、行动学习研讨、质疑反思、管理模拟等。教学团队中 6～8 名教师长期负责理论课程教学，所有成员每年都会指导 1～2 项的行动学习实践项目。

同时，商学院多年来也持续进行了专门针对行动学习项目的制度建设，行动学习理论课按照 1 学分、实践课按照 2 学分的 MBA 教学计算工作量和课酬，专业课程在导入行动学习教学方法时，采取前三年增加课酬系数等方式强化激励。行动学习研究论文、教学案例都会参照商学院论文发表等相关制度给予一定的绩效计分，促进行动学习从实践向理论和更进一步的教学质量提升转化。通过制度层面的保障而不仅仅是教师的兴趣爱好驱动，教师和学生才会长期坚持并探索创新方式，在确保华东理工大学在行动学习领域领先地位的同时继续扩大社会影响力。

（四）持续性的国际论坛与行动学习联盟师资培训

在强化我校自身行动学习教学改革的同时，我们也注重与社会各界的联系和知识经验的输出，扩大行动学习在国内商学院、企事业单位的应用推广。我校联合全国 MBA 教育指导委员会以及上海市 MBA 教育指导委员会等部门连续主办了 8 届行动学习国际论坛，邀请了 MIT 斯隆商学院副院长黄亚生教授、行动学习之父瑞文斯教授以及研究机构在美国和英国的其他专家，通用公司、华为公司、中化集团等知名企业的主管和咨询公司负责人，以及上海交通大学、中山大学、浙江大学等国内商学院的管理者进行专题报告与互动交流。行动学习国际论坛已经由早期的双年会改进为每年召开，每次会议都会吸引 200～300 名高校教师、企业管理者以及管理咨询与培训机构的专家参会，成为国内最具影响力的行动学习国际论坛。同时，也是全国商学院教师、企业培训专家以及商科教育管理者们互动交流的重要平台，成为为数不多的管理学术界与实践界互动交流的综合型会议。作为国内行动学习的先行者，在全国 MBA 教指委的支持下成立了国内高校行动学习联盟，并负责行动学习以及创新创业教育师资培训，获得了良好的社会效益。

四、经验总结

推行行动学习教学改革的十年中,商学院管理层、指导教师以及教学管理人员和参与的学生等,曾被无数次问及华东理工大学商学院成功的秘诀何在,这一问题也无数次回荡在商学院管理层和教学团队的脑海之中。在国内大学中,一项较大规模的教学改革往往在几年之后难以为继,陷入一项"改革"接着另一项"改革"的境况,但却缺乏持续迭代的勇气。在国外,企业界的行动学习项目成功率较高,但在高校中的行动学习项目最终也面临着与许多中国高校中的类似的命运(汪金爱,吴柏钧,高松,2015)。为此我们对华东理工大学商学院行动学习教学变革的经验教训进行总结,供同行参考,也激励自己继续进行探索。

第一,学院领导的高度重视和参与。在中国高校中,学院管理层往往具有更好的号召力和资源的调配能力,较为市场化运作的商学院更是如此。除了改革项目的发起领导外,后续管理层的支持也是一项改革长期发展的关键。华东理工大学商学院行动学习项目十年来获得了连续三任院长和主管领导的支持,才走向了不断发展壮大、自我更新的发展道路。

2010~2011年,时任院长吴柏钧教授率先在MBA、EMBA项目中引入行动学习方法,作为打造两个项目品牌特色的重要举措。同时,引入咨询公司帮助进行项目设计并首创行动学习国际论坛,成为行动学习发展和交流的重要阵地。吴柏钧教授升任学校副校长后继续支持项目发展,继任院长阎海峰教授扩大了行动学习的范围和项目来源,行动学习项目数量每年超过20项,创新创业类项目以及"创新创业青年领袖行动学习会"发展较快,并组织编撰了国内第一套全媒体行动学习教材《行动学习:激发管理潜能》以及面向全国上线首门行动学习慕课课程。之后,马铁驹教授和侯丽敏教授等全力支持行动学习的发展宣传,除了以上项目在广度和深度上进一步扩大之外,面向MPAcc、MF、MEM等新开设的专业硕士学位项目全面覆盖行动学习,行动学习实践项目开始与光明乳业等企业开展专项合作,基于行动学习的教学案例开发取得了突破性进展,"五维一体"的教学模式基本成型。尽管经历了三任院长和管理层的更替,但对于行动学习项目的支持一如既往,以MBA、EMBA等专业学位为核心,再向其他专业学位和本科生、学术型研究生拓展的基本思路得到保持;制度化建设以及对于参与教师团队的持续支持等措施,确保了项目的可持续健康发展。

第二,教学师资团队的组建和支持。国内许多行动学习项目的失败表明,无论发起项目的教授与管理层当时的热情有多高,如果缺乏较大规模的教师团队的支持和参与,后期运作都将越来越困难,甚至陷入无以为继的境界。美国佐治亚州立大学的行动学习项目曾经也很成功,但在发起人Willis教授2005年退休后无人接任,最终不了了之(汪金爱,吴柏钧,高松,2015)。

因此,华东理工大学商学院行动学习项目从一开始即扩大宣传,通过学院领导支持、外部咨询机构授课以及外派教师参加相关培训和会议等,扩大了学院内部的支持力量,每位MBA核心课程的授课教师基本掌握了行动学习的理念和教学方法。专门设立的激励措施等,也吸引授课教师参与并应用行动学习改造传统课程授课,长达三年期的激励措施可以确保新方法的引入和固化。目前,已组建了包括工商管理、管理科学与工程、经济学、会计学等专业的20多名教师构成的行动学习理论和实践项目指导的核心团队,理论教学教师引导项目发展,通常也会进行一些教学研究;实践项目指导教师成为指导项目、扩大宣传的关键。同时,也不断吸引资深教师和年轻教师的加入,从而确保了行动学习教师团队和整个项目的良性发展。

第三，系统化的教学体系和激励政策。从最初懵懵懂懂发展形成的行动学习"三位一体"模式到后期拓展形成的"五维一体"教学模式，商学院基于行动学习确立了较为清晰的定位，并扩大项目的影响面和利益相关者的参与量，明确了行动学习项目不是与学生、教师、管理团队割裂的"试验性"项目，而是与各个参与者"利益"相关的教学创新，这样才可吸引学生和教师的不断参与。

在课程体系设置上，分层分类进行，MBA等专业学位项目全面普及行动学习理论授课，本科生和学术型研究生则通过线上线下模式尽可能扩大影响、确立行动学习的理念和方法。行动学习实践课程则主要面向专业学位研究生并且择优选择，确保项目的参与度和成功率。专业课程教学则通过激励政策引导教师采用，打破原有的教学模式，使得教学与产业和学生的关联度更高。行动学习实践项目尽管参与的学生只有5～10人，但考虑到项目的复杂性和持续的时间较长，按照MBA完整课程计算工作量和课酬；专业理论课程教学模式改革通过前三年的系数调整引导老师采用并固化；基于行动学习的教学案例和教学研究论文也会参考学术论文发表等给予相应的奖励。这些激励政策是确保项目可持续发展的制度保障，否则项目的发展将受到参与教师的个人热情和学院管理层的调整的影响。

第四，良好的实践项目和企业合作。行动学习的起点是真实企业的管理问题，这些问题的重要性、紧迫性等使得参与者沉浸在其中，提高了学习效果。因此，实践项目的选题和质量以及合作企业的支持尤为关键，也是项目成功和学习质量的重要保障。为了确保项目的质量，早期行动学习项目控制在10项以内，甚至每年5～6项，以较为知名的大型国企、合资企业等为主。后期随着项目发展和教师、学生的能力不断成熟，课题来源拓展到了民营企业、创业类企业等，每年的项目数量超过20项，管理的难度也急剧上升。如何激发学生提供更好的行动学习课题尤为重要，行动学习理论授课成为解决这一难题的重要途径，另外也拓展了与外部企业的合作。除此之外，行动学习实践项目的成功也与企业高层的支持有关，因此在项目开发阶段尽可能选择MBA、EMBA学生担任中高层职位的或者自己家族的企业，对于缺乏自主权的大型国有企业、合资企业等项目的选择则较为谨慎。

五、未来展望

瑞文斯教授所提出的行动学习理论本身具有很高的开放性（Revans，1980），我校所提出的"五维一体"教学创新模式也保留了这一特征，各个维度的发展还在不断完善之中，尤其需要结合学生特征和教育环境的变化做出及时的调整。我们认为未来需要强化以及可能存在的创新机会主要体现在以下几个方面。

第一，行动学习与创新创业教育的结合需要进一步探索，开发更多的创新创业课题，加大理工科等不同学科背景学生的参与力度。在提升创新创业教学成果的同时也可以加大创新创业项目的转化，帮助学生掌握行动学习团队研讨的思想与方法，并应用到创新团队和创业过程之中。我校也在行动学习教育的基础上，积极探索基于行动学习的创新创业教学变革。

第二，随着信息技术的发展，行动学习与计算机商务模拟（simulation）教学的结合也是未来发展的重要方向，需要增强这方面的融合。计算机商务模拟可以提供企业战略管理以及运营、市场营销、财务管理、人力资源管理等职能管理的全过程训练，参与学生可以通过企业高管团队以及职能层的具体岗位的仿真，以行动学习方式提升学习效果。我们在MBA学生和本科生等的战略模拟、创业模拟的教学中积极引入行动学习，强化团队质疑反思与动态优化，使得模拟教学不仅仅是一种游戏，而成为更加逼近现实的企业战略管理或者创业过程体验。

第三，行动学习实践项目在现有三种类型的基础上，需要继续保持一定的创新。行动学习实践项目的指导可以引入一定的外部企业管理专家。学生团队尽早与企业团队融合而不是孤军作战，开发高质量并且企业支持度高的实践项目至关重要。也可以与咨询公司或者企业管理专家等联合，进行企业定制化行动学习项目的开发与指导，将行动学习与企业咨询紧密结合，提高实践项目的行动效果。

参考文献

[1] 陈伟兰, 谷昀, 陈菲. 行动学习法及其在我国的应用研究 [J]. 福建行政学院学报, 2009（3）: 15-21.

[2] 高松, 汪金爱, 林小桢. 行动学习：理论、实务与案例 [M]. 北京：机械工业出版社, 2014.

[3] 梁能. 警惕管理教育中的哈佛型病毒 [J]. 北大商业评论, 2006（1）: 122-125.

[4] 汪金爱, 吴柏均. MBA情境化教育的新思路：行动学习的发展及国内外典型应用案例分析 [J]. 管理案例研究与评论, 2014, 7（6）: 511-528.

[5] 汪金爱, 吴柏钧, 高松. 行动学习在欧美管理教育中的应用及其对中国MBA教育的启示 [J]. 学位与研究生教育, 2015（10）: 58-64.

[6] 阎海峰, 侯丽敏, 陈万思, 等. 行动学习：激发管理潜能 [M]. 北京：高等教育出版社, 2020.

[7] BOSHYK Y, DILWORTH R L. Action learning: history and evolution [M]. London: Palgrave Macmillan Basingstoke, 2010.

[8] CHO Y, EGAN T M. Action learning research: a systematic review and conceptual framework [J]. Human resource development review, 2009, 8(4): 431-462.

[9] DILWORTH R L, BOSHYK Y. Action learning and its applications [M]. London: Palgrave Macmillan Hampshire, 2010.

[10] PFEFFER J, FONG C T. The end of business schools? Less success than meets the eye [J]. Academy of management learning & education, 2002, 1(1): 78-95.

[11] MARQUARDT M J. Optimizing the power of action learning: solving problems and building leaders in real time [M]. Palo Alto, Calif.: Nicholas Brealey Publishing, 2004.

[12] MINTZBERG H. Managers, not MBAs: a hard look at the soft practice of managing and management development [M]. San Francisco: Berrett-Koehler Publishers, 2004.

[13] PEDLER M. Action learning for managers [M]. England: Gower Publishing, 2008.

[14] TUSHMAN M L, O'REILLY C, FENOLLOSA A, et al. Relevance and rigor: executive education as a lever in shaping practice and research [J]. Academy of management learning & education, 2007, 6(3): 345-362.

[15] ULRICH D, KERR S, ASHKENAS R, et al. The GE Work-Out: how to implement GE's revolutionary method for busting bureaucracy and attacking organizational probrems-fast! [M]. New York: McGraw-Hill Education, 2002.

附录

项目团队成员行动学习研究成果统计

年份	论文题目 / 书名	期刊 / 出版社 / 会议	作者
2022	行动学习实践案例精选	格致出版社	侯丽敏，阎海峰，陈万思
2020	行动学习：激发管理潜能	高等教育出版社	阎海峰，侯丽敏，陈万思，郝聚民
2021	宁高宁领导下的中粮集团战略变革实践	管理学报	苏勇，王芬芬，陈万思
2019	世界咖啡：一种有效的团队学习方法——以中粮大悦城行动学习为例	清华管理评论	陈万思，周伯承，杨百寅，杨朦晰
2019	基于行动学习的S连锁餐饮企业服务质量提升策略分析	人才资源开发	陈万思，吴琦，王婷婷，赵蕾
2019	基于行动学习的"四维一体"创新创业金课建设	第二届全国大学生创新创业实践联盟年会优秀论文 一等奖	郑庆寰，陈万思
2017	以行动学习推进专业学位创新创业教育：以华东理工大学商学院为例	化工高等教育	陈万思，汪金爱，邹怡
2016	行动学习视角探析教师课堂角色——以组织管理学角色扮演教学为例	中国教育技术装备	李晓蓓
2015	行动学习在欧美管理教育中的应用及其对中国MBA教育的启示	学位与研究生教育	汪金爱，吴柏钧，高松
2015	以行动学习整合企业领导力开发	企业管理	高松，费舒霞
2015	MBA行动学习教学中的教师角色分析	教育教学论坛	刘红丽
2015	行动学习的知识创新机制研究	上海管理科学	费舒霞，高松，庄晖
2015	行动学习中的团队探索	上海管理科学	庄晖，高松
2014	MBA情境化教育的新思路——行动学习的发展及国内外典型应用案例分析	管理案例研究与评论	汪金爱，吴柏均
2014	行动学习在MBA教学应用中的问题与对策	黑龙江高教研究	杜伟宇，沈丹
2014	基于行动学习法的风险管理案例教学改革探析	化工高等教育	郑庆寰
2014	行动学习：理论、实务与案例	机械工业出版社	高松，汪金爱，林小桢等
2013	传统MBA教育模式的反思与创新	上海管理科学	庄晖，高松，汪金爱
2012	以行动学习为核心的"三位一体"MBA培养模式中教师角色的转换	上海管理科学	庄晖，高松，叶青
2012	商学院教育变革：行动学习的国际经验和中国实践	2012首届中国行动学习国际论坛	高松，汪金爱
2011	基于行动学习解决企业人才流失问题	中国人力资源开发	陈万思，郝聚民，潘奇琦

第二十三章

改革创新三十年,砥砺奋进再出发:
哈尔滨工业大学 MBA 发展之路

哈尔滨工业大学 MBA 教育中心

一、哈尔滨工业大学 MBA 教育简介

哈尔滨工业大学是我国最早建立经济管理类专业的院校之一,是国家首批试办 MBA 教育的九所院校之一,也是我国东北地区第一家通过 AMBA 国际认证的院校。

自 1991 年开办以来,历经 30 多年的发展,哈尔滨工业大学 MBA 教育依托哈尔滨校区和深圳校区,发展为两地招生,生源覆盖全国。截至 2021 年,累计招生 5 700 余人,授予 MBA 学位 3 900 余人,为国家及地方的发展建设做出了巨大的贡献,成为我国高层次管理人才的重要培养基地。哈尔滨工业大学 MBA 教育项目早在 2000 年就第一批通过国家试点评估,其中,教学效果评价为 90.90 分,名列全国第二。2012~2021 年,在经济与管理学院全体教师的共同努力下,顺利地获得了国内外对商学院和专业硕士学位的最高级别认证——AMBA 认证、CAMEA 认证、AACSB 认证。这说明不论是哈尔滨工业大学 MBA 教育项目的品牌影响力,还是办学实力,哈尔滨工业大学的 MBA 教育项目都走在全国最前列。

MBA 教育在过去的 30 年里,配合经济与管理学院"建设世界一流、亚洲领先的研究型经济与管理学院"的发展愿景,与经济与管理学院一起成长,走过了成长期(1991~2000 年)、快速发展期(2001~2012 年)和向国际一流商学院迈进期(2013 年至今)。在这个过程中,依托学院的学科优势、国际和国内的优势资源,哈尔滨工业大学 MBA 教育项目持续提升办学水平和国际化水平,从过去老牌的工科院校 MBA 教育项目转型为服务于粤港澳大湾区建设、特色突出、持续跟进管理知识变革的时代前沿 MBA 教育项目。在学院的带领下,在创新精神的驱动下,哈尔滨工业大学 MBA 教育在人才培养、学位建议和招生工作中都做出了一系列改进。

二、调整战略定位，服务粤港澳大湾区建设

随着世界多极化、经济全球化、社会信息化、文化多样化的深入发展，全球治理体系和国际秩序变革加速推进，新一轮科技革命和产业变革蓄势待发，粤港澳大湾区建设是新时代国家改革开放下的重大发展战略，对国家实施创新驱动发展和坚持改革开放肩负重大意义。瞄准粤港澳大湾区科技助力创新、金融激活创业、政策引导创业的大趋势，哈尔滨工业大学分别于2018年和2019年在深圳开设了全国首个金融科技MBA教育项目和创业投资（创业管理）MBA教育项目，旨在为粤港澳大湾区培养更多优秀的金融科技相关人才和创新创业人才，助力粤港澳大湾区打造核心竞争优势与持续发展能力，实现深度创新与变革。

金融科技（financial technology，FinTech）学科以大数据与商务分析、人工智能与电子商务等优势学科方向为阵地，依托国家A类学科——管理科学与工程，通过运用大数据、云计算、区块链、人工智能等高新技术来改进金融体系效率。金融科技是粤港澳大湾区的重要产业方向，深圳是整体布局的重中之重，通过与哈尔滨工业大学金融科技研究院、国际商学院一起入驻深圳前海深港基金小镇，通过"前海深港基金小镇+哈尔滨工业大学（深圳）校区"多空间授课，金融科技MBA教育项目旨在面向大数据、互联网和人工智能环境下的新金融科技，培养掌握新型金融科技知识、具有金融领域前瞻理念的高级金融管理人才，助力金融人创业或转型，弥补大湾区金融科技发展的人才缺口，满足大湾区对掌握金融科技前沿知识人才的需求。金融科技MBA教育项目在项目设计和知识体系设计上极具特色，鼓励最前沿的知识和理念融入课堂，将最新的学术成果融入MBA教育项目教学中，形成了全新的知识体系和培养模式。其中，代表性的新型课程包括：区块链与金融科技、金融监管科技、电子商务与数字经济、智能金融、量化投资技术与方法和商务数据分析等在商业活动中与技术有关的新型知识体系。同时，一大批本土和海外培养的优秀学者先后加入师资队伍中，传授先进的知识，并不断优化项目的课程体系。在短短三年的发展时间中，哈尔滨工业大学经济与管理学院金融科技MBA教育项目受到了国内外教育界和商学院的高度关注与认可。2020年，在MBAChina和《经理人》杂志共同举办的中国商学院教育盛典中，哈尔滨工业大学经济与管理学院金融科技MBA教育项目荣获"2019年度中国商学院最佳金融MBA教育项目TOP10"第3名，并蝉联2020年度"最佳金融MBA教育项目TOP10"第3名。同年，金融科技MBA教育项目荣获AMBA & BGA最佳创新战略奖提名，是亚洲唯一一所获得该奖项提名的商学院。

创业投资（创业管理）MBA教育项目旨在培养掌握创业理论与实践，具有国际视野、创新意识、创业思维和创业领导力的高素质人才，为大湾区经济增长注入活力。项目课程设置侧重于创新创业、初创企业领袖、投资机会等方面。项目课程主要包含创业与机会、创业金融、创新与转型、战略领导力、人工智能在商务中的应用等创新创业方向的新型知识体系。该项目与美国百森商学院、瑞士西北应用科学与艺术大学、美国加利福尼亚大学圣迭戈分校、美国得克萨斯理工大学等国际院校合作开设相关课程，该项目开设了诸如数字经济、人工智能、科技前沿动态等技术前沿课程。借助哈尔滨工业大学的工科优势，项目邀请相关领域的专家为学员介绍技术前沿，拓展学员视野、帮助学员发现创业（投资）机会，也将通过哈尔滨工业大学的校友平台，为学员寻求更多的合作与发展机会。该项目还提供丰富的创业实践内容，包含创业项目设计、创业大赛、企业实践等。另外，创业投资（创业管理）

MBA 教育项目安排学生前往瑞士等国游学、参访企业、实地学习，全面提升学员实践技能。在 2020 中国商学院教育盛典中，哈尔滨工业大学创业投资（创业管理）MBA 教育项目荣获"特色 MBA 教育项目奖"，项目正在为大湾区的经济发展注入源源不断的活力。2021 年 4 月，"创业投资（创业管理）MBA 教育项目"正式更名为"创业投资与管理 MBA 教育项目"。

三、整合学院优势资源，优化师资团队

金融科技 MBA 教育项目和创业投资与管理 MBA 教育项目依托经济与管理学院优势资源，建立了一个由国际一流学者深度参与的教学团队，其中创业投资与管理 MBA 教育项目更是融入了优秀创业企业家校友资源，通过邀请创业导师保证创业实践与理论的互通与支撑。具体而言，金融科技 MBA 教育项目引入美国宾夕法尼亚大学沃顿商学院模块是该项目的一大特色。通过与沃顿商学院的深度合作，邀请沃顿商学院教授来华授课，学生更有机会联合金融行业高管共赴美国沃顿商学院免学费参与"金融科技与创新"海外课堂。该课程依托全球顶级师资，带领金融界高管领略全球金融风云变幻，感受多元理念碰撞，探寻金融创新精髓，直击风险防控要素，洞悉全球金融创新趋势，学习国际最先进的金融科技知识，了解人工智能、区块链等最新科技的发展趋势，领略全球市场中的技术与商业新机，课程结束后由沃顿商学院颁发结业证书。在学习之余，学生可以通过参访行业领袖企业，与业界人士进行深度的学习与交流，开启国际金融之窗，拓宽职业发展路径。以 2018 级金融科技 MBA 教育项目为例，哈尔滨工业大学经济与管理学院院长叶强教授带领 2018 级金融科技班学生赴美参加沃顿商学院"金融科技与创新"海外课堂。通过这次课程学习，学生不但体验了世界顶级商学院的教学环境、来自国际知名学者的授课，还学习了最前沿的金融科技知识，开阔了国际化视野，对职业生涯产生重要影响。

创业投资与管理 MBA 教育项目通过邀请 20 余位来自珠三角、长三角、京津冀地区的公司创始人、上市公司或准上市公司负责人和资深投资人，搭建起一个实力强大的创业导师团队。创业导师通过参加 MBA 活动、与学生交流和创业指导等方式关注、帮扶和激励更多创业学生探索创业实践路径，最终实现学生创新创业能力的提升。基于创业投资与管理 MBA 教育项目的独特性和创业导师团队优势，该项目要求学员在完成学术毕业论文的同时，在创业导师的指导下，根据自身实践经验和兴趣方向，结合创业管理理论，完成一份商业计划书或创业报告。通过搭建创业导师与 MBA 学生之间的交流平台、明确创业导师的职责，创业导师制度的创新实现了优秀商业思维与前沿学术理论的融合发展。

其中，2020 年 10 月哈尔滨工业大学首届创业投资（创业管理）MBA 教育项目创业导师研讨会的举行更是为打造创业投资与管理 MBA 教育项目这一品牌特色项目提供了重要支持，也为凸显哈尔滨工业大学发挥一校三区的优势，进一步完善创业投资与管理 MBA 教育项目的教育体系，促进 MBA 教育项目的长足发展凝聚更多的智慧和力量。通过建设创业投资与管理 MBA 教育项目，经济与管理学院期望达到培养、提高"创业者"的心理、管理、经营素质，增强其驾驭市场应变能力的目的。开办创业投资与管理 MBA 教育项目是哈尔滨工业大学 MBA 服务和建设粤港澳大湾区，打造具有全球竞争力的创新创业环境的重要体现。

四、依托国际化认证项目，推进课程质量持续改进

在 MBA 教学质量管理过程中贯彻持续改进的思想，是实现教学质量自我改进、自我完善的重要措施。哈尔滨工业大学经济与管理学院坚持以国际认证为抓手，推动学院 MBA 教育项目的内涵发展与持续改进。目前，哈尔滨工业大学经济与管理学院已获得 AMBA 认证、CAMEA 认证和 AACSB 认证。

以 AACSB 认证为例，哈尔滨工业大学 MBA 教育项目严格按照 AACSB 持续改进、不断提升的理念，优化提升 MBA 课程。全面贯彻 AACSB 认证标准中的学习质量保证体系（AoL）闭环评价标准。通过引入 AoL 标准，保证经济与管理学院和教师能够持续改善 MBA 各个项目的课程设计以及教学效果。通过课程结束的教学评测，学院可以评估 MBA 学生的学习目标实现情况，激励项目教师设计改进方案，并为每位学生提供反馈和指导。在每一门 MBA 课程中，通过学习质量保证体系明确各 MBA 教育项目应培养学生具备的能力和技能，并设置了一整套方式、方法及标准指导教师通过教学使 MBA 学生具备相关的能力和技能。MBA 教育项目的每一位教师在授课前需要对应 MBA 教育项目的学习目标及课程地图，根据自身课程内容及授课特点设计其相应的评测方法及评测标尺。每个学习目标需对应一个评测方法，例如，课堂随堂小测试、书面作业（如案例分析等），期末考试卷面成绩、期末试卷中某个题目（如一个案例分析、论述题等），课堂正式演讲，等等，每种评测方法需对应一个评测标尺。课程结束后，教师需要根据教学大纲所选取的学习目标及评测方法和标尺，对该课程学生学习目标达成情况进行评测，填写学习质量保证体系评测表，并于每学期期末考试结束后两周内提交到学位项目教学秘书处。

在学习质量保证体系中，教师职责融入课程传授的各个方面，包括确定课程目标，设计课程内容，选取评测工具，进行课程评测，等等。哈尔滨工业大学 MBA 教育项目旨在通过规范的课程管理流程最终实现将学生培养成能够应用或创造管理思想与工具的商业英才与领袖。

五、加强学位论文的过程管理，提升学位论文质量

哈尔滨工业大学 MBA 教育项目在 30 多年的发展过程中，一直秉持和发扬哈尔滨工业大学"规格严格，功夫到家"的优良传统，坚持强化过程管理，健全 MBA 学位论文管理规章制度，坚持严把 MBA 学位论文质量关，把 MBA 学位论文作为培养学生独立思考和分析问题能力，以及综合运用课程所学知识、理论和技能解决问题的研究能力的重要环节。MBA 教育项目每年都会举行数次 MBA 论文研讨会，推动提升论文导师指导水平、优化学位论文过程管理方案。MBA 教育中心每年会邀请具有丰富的 MBA 论文指导经验的指导老师为学生开设论文写作全流程的培训课程和讲座，积极引导学生在课程学习阶段对自己感兴趣的选题方向的基础知识与理论进行重点学习和梳理，并根据自身工作经验与自身所在行业的实践问题进行提炼和资料收集，为开展论文写作夯实基础。好的选题和开题是整个学位论文顺利进行的基础，哈尔滨工业大学 MBA 教育项目中，MBA 学位论文的选题和开题由导师审阅、评议小组审查评议、开题答辩多个环节严格把关，确保 MBA 论文选题的正确性和论文开展的可行性。MBA 学位论文审核是保证质量的重要一环，哈尔滨工业大学 MBA 教

育项目中，学位论文审核包含导师审核、评阅人初审、修改、答辩委员会评阅审核以及学位分委员会和校学位会等多个环节审核，坚持树立良好的学术道德，保障学位授予质量。同时，MBA 教育项目严格执行导师遴选标准，实行导师负责制度，严格实施导师管理制度和考核制度，对于指导论文质量通过率低的导师实施减少或暂停 MBA 学生指导的责任监督制度。同时，哈尔滨工业大学图书馆和经济与管理学院资料室拥有信息化的文献资料库，有专职教师为研究生在论文写作过程中查阅文献资料和数据提供帮助和指导。

哈尔滨工业大学 MBA 教育项目的学位论文管理在 MBA 教育 30 年的发展历程中，构建了 MBA 学位论文质量的保证体系，为社会培养了一大批具备独立研究和分析能力的高水平管理人才，并且绝大多数 MBA 学生都能按时毕业，获得 MBA 学位。今后，哈尔滨工业大学 MBA 项目将进一步强化 MBA 学位论文工作管理过程，确保 MBA 学位论文质量，提高人才培养效率，向着国内领先、世界一流商学院的目标挺进。

六、关注品牌推广，提升项目知名度

哈尔滨工业大学 MBA 教育项目在 2017 年以前以哈尔滨校区招生为主，凭借哈尔滨工业大学在东北地区的优势地位，一直保有充足且高质量的生源。招生工作以组织招生考试为主，在品牌建设和招生宣传方面稍显薄弱。在"一校三区"的办学格局下，哈尔滨工业大学 MBA 教育于 2017 年恢复在深圳招生。深圳作为国家改革前沿和创新前沿城市，吸引了 20 余所国内知名顶尖商学院开展 MBA 教育项目，这使得在深圳地区的招生工作竞争异常激烈。为了争取更优质的生源，市场化的营销方式也被我校纳入招生工作之中。因此，品牌建设和招生宣传已经成为我校 MBA 招生工作的核心环节，MBA 教育中心重点从以下几个方面开展招生宣传工作。

线上线下同频宣传，提升项目知名度。为满足学生对于哈尔滨工业大学 MBA 教育项目的了解需求，MBA 教育中心老师积极开展"线上+线下"的品牌宣传活动。在线下，招生组老师每年在深圳市、广州市、珠海市等核心城市开展 30 场左右的宣讲活动。与考研培训机构主动沟通，为培训机构的潜在生源进行报考指导，提升生源群体对于哈尔滨工业大学 MBA 教育项目的了解度。通过介绍项目特色，吸引考生报考哈尔滨工业大学 MBA。同时，MBA 教育中心还与 MBAChina、MBAedu 等知名线上媒体开展合作，在其网站上公开发布招生信息，积极参与网站方举办的项目巡展。依托媒体传播的社会影响力，哈尔滨工业大学 MBA 教育项目的优势为大众所熟知，这有效提升了哈尔滨工业大学 MBA 教育项目的品牌知名度。

践行疫情下的社会责任，提升 MBA 教育项目影响力。2020 年新冠疫情的暴发对全球经济和社会生活产生重大的影响。哈尔滨工业大学作为百年名校，国之大器，践行疫情下的社会责任责无旁贷。面临全球性的突发公共卫生事件，金融科技 MBA 教育项目导师带领学生成立社会问题调研团队，充分利用大数据分析和社会调查方法，为疫情防控及经济恢复发挥智库作用。例如，题为"新冠疫情对人口活动和经济影响的大数据分析"的调查，通过对我国 200 座城市的新冠确诊数据与居民市内出行规律等方面进行大数据分析，研究疫情对人口活动的影响、对短期内 GDP 的影响及各地区差异等，该项调查分析受到社会广泛关注，被官方网站和自媒体等转发 20 余次。同时，调研团队通过对广东省 524 家企业调研和分析，发布《广东省企业受新冠疫情影响调查报告》，为政府扶持中小企业的复工复产政策提供科学分析的依据。

另外，根据疫情防控政策，在疫情暴发初期学生无法正常上课，部分企业员工居家待命。针对这一困境，MBA教育中心整合经济与管理学院的优势资源，结合疫情期间线上工作的优势，精选了具有代表性的MBA名师面向全国开设在线公益公开课，每次公开课的在线观看人数都过千。这一举措不但解决了学生短期内不能入校学习的困境，也为广大民众提供了疫情期间丰富精神文化生活的学习方式，同时也进一步扩大了我校MBA教育的影响力，为数万名讲座受众播下名为"哈工大MBA"的精神种子。

建立精英校友网络，关注品牌推广。在哈尔滨工业大学30多年的MBA教育培养中，最好的宣传品牌就是历届MBA教育项目的毕业生们。他们遍布于全国各省市，就职于政府关键部门、各大银行及金融机构、国有大中型企业、外资企业、民营企业等。其中包括但不限于在国家部委与省、市政府部门任职的领导，"全国十大杰出青年"荣誉获得者，管理特大型国有企业与知名民企的企业家和高级管理人才。丰富的校友网络是30多年来MBA发展的卓越成果，也是哈尔滨工业大学MBA教学质量和品牌形象的印证。基于此，哈尔滨工业大学MBA教育中心更加积极地推进精英校友网络的建设，并在各地组织协调成立精英校友网络联合会，以期吸引更多有志青年加入哈尔滨工业大学MBA教育项目的学习和实践中，提升品牌影响力。

同时，中心积极邀请符合条件的校友加入MBA教育项目的培养环节。例如，邀请优秀企业家担任创业投资与管理MBA教育项目的指导教师、参与学位论文评审、答辩和授课环节等。优秀企业家校友对培养环节的深度参与，能够更加高效地反馈MBA教育项目中的不足和改进空间，快速提升办学质量，加强校友与在校生的情感沟通，形成良好的品牌影响力扩散效应。

七、鼓励学生自主管理，赋能第二课堂

自2017年以来，随着招生规模的逐年扩大，MBA教育中心的管理效率提升问题成为需要解决的迫切问题。为了培养学生的实践能力、提升学生的商业化思维，同时为提升管理效率等问题，中心在学生活动的组织和管理环节进行了一系列改革，提出了学生"自主管理"的管理思想。实践证明，学生自主管理的实施，对于提高MBA学生的培养质量、赋能第二课堂，发挥了明显的辅助作用。

在班长任命方面，过去中心老师根据学生的基本信息确定班长人选，出现部分班长人选主观意愿低，学生管理工作效率较低的问题。针对这一情况，MBA教育中心在2021年对班长任命制度进行了改革，制定了《哈工大MBA、MEM班长任命制度（试行版本）》。该制度以学生自我推荐、中心初选进行试用。试用期满，经学校老师推荐正式任命班长职务，并下发正式的任命函给予鼓励。这一制度充分考虑到班长任命制度的公平性，有效解决了任命后不作为的问题。

为更好地发挥MBA联合会在学生"自主管理"方面的作用，与班长的任命机制类似，2017年哈尔滨工业大学MBA教育中心制定并实施了《哈工大经管学院MBA联合会秘书处任命制度（试行版本）》，通过竞聘机制确定联合会人选。竞聘机制不但为有服务意愿的学生

提供了锻炼的机会，同时竞聘过程为学生提供了面向全体师生展示才华的平台，充分调动了学生的积极性和工作热情。联合会成立后，为了更好地培养学生的统筹能力及商业化运作能力，年会及迎新典礼活动由联合会主办，通过筹集场外商业赞助的方式解决活动经费问题。中心发挥指导和意识形态审查的作用。制度改革的最初阶段，联合会负责人对于新的工作方式表现出为难的情绪，在中心的辅助和引导下，目前已经形成稳定的校企合作模式，筹集活动经费已不再是难题。

组织学生参加全国管理案例精英赛，是我校MBA教育培养学生商业实践的一个重要环节。在这个赛事中，哈尔滨工业大学MBA教育项目硕果累累，战绩辉煌。由惠晓峰教授、高艳茹副教授和姜明辉教授带队，在2014年（第二届）和2015年（第三届）分别获得全国冠军和亚军，在2018年获得全国季军。为使学生在参赛过程中能够获得最大收获，中心为参赛学生做了充分的辅助准备工作，邀请有参赛经历的学生分享参赛感受，邀请有经验的带队指导教师对赛事流程和注意事项进行讲解。为了给学生提供良好的参赛条件，中心为带队老师和学生提供经费支持，并带领参赛学生提前到达比赛场地适应环境，稳定参赛队员的情绪，树立比赛信心。同时，中心除派出带队教师外，也会派出总指导，进一步提高学生参赛的战略水平。学生们在比赛中开阔了视野，结交朋友，在比赛中展现学校风采，搏击最美舞台。

聚力推动团建，培养凝聚力。为消除学生间的陌生感和距离感，培养团队凝聚力，哈尔滨工业大学MBA教育中心号召并组织学生们参加亚太地区商学院沙漠挑战赛，并由中心主任和教师亲自带队参赛，鼓舞学生士气。来自100多所院校、4 000多名商学院的精英共战沙漠，在沙漠的跑道上用力量与汗水奔跑，展现工大人的青春活力。在"沙9"和"沙10"挑战赛中，哈尔滨工业大学的勇士们取得骄人成绩，夺得"亚沙赛"最高荣誉"沙鸥奖"。参赛队员赛后总结："越是不平凡的时期，越能见证平凡的力量""犹豫、绝望、想放弃的时候，感谢有你，在这一刻深刻地鼓励着我的沙友"。

八、结束语

随着中国经济改革开放后40多年的高速发展，哈尔滨工业大学MBA教育项目走出了一条"改革–创新"的发展之路，遵循"融汇中西文化，创造管理新知，培育社会栋梁，贡献国家发展"的学院使命，为国家培养了一代又一代的经世致用的人才。哈尔滨工业大学在东北地区，履行人才培育基地重任，为国有企业混合所有制改革和城市经济迭代转型提供人才保障；在华南地区，定位于服务粤港澳大湾区建设，持续跟进管理知识变革的前沿，培育满足社会需求的新型人才。

潜心总结30多年的办学经验，凝心聚力再出发。在面向国际一流商学院发展的路上，哈尔滨工业大学MBA教育将继续贯彻习近平总书记致哈尔滨工业大学建校100周年的贺信精神，保持初心，赓续哈工大人的精神血脉，弘扬哈工大人潜心治学的光荣传统。秉持着持续创新的精神，与国家建设同频、与经济发展同步的作风，勇立潮头，展名校担当，为中国实现2035年远景目标贡献力量。

第二十四章

坚持立德树人，培养卓越儒商：
山东大学推进 MBA 教育高质量发展的工作案例

山东大学 MBA 教育中心

一、序言：儒商是中国商人的优秀传承

历史学家吕思勉认为，在中国，思想界的权威，无疑是儒家。儒家思想影响了政治、经济、思想、文化等，商业也深受影响。儒家在商业方面的理想是"经世济民"，出发点和落脚点都是儒家文化，以儒家"仁义"为核心价值，追求利国利民，主动回报社会，常怀助人之心，营造和谐、融合的人际氛围，通过经商聚财来实现人生价值。儒商体现的经世济民的商业理想，体现了我国商人中一部分具有崇高的价值追求和精神境界，历经千年的一种可贵的精神传承。

子贡（端木赐）是孔子的得意弟子之一，在曹国和鲁国之间从事商业活动，经商致富，他是孔子"最为饶益"的弟子，也为儒家学说宣扬天下提供经济支持，成为儒商的鼻祖。范蠡、白圭等通过诚实劳动和经营致富，开创、丰富了中国儒商精神。后世商人深受儒家文化及儒商精神影响，如晋商及徽商等典型，坚持诚实守信，深受信赖，不断获得财富和商业成功。儒商将"诚信"奉为经营之道的根本，晋商作为讲求信用的儒商群体，坚持立业处世以诚信为本，同时极重视为人之道，认为人品最重要。徽商以"贾而好儒"著称，坚持"以德治商、以信接物"的经营理念，以书生之道起家，将"宁可失利，不愿失义"作为信条，获得顾客信任。诚信在儒家文化中占重要位置，影响了千年来的中国商人。尤其是改革开放以来，儒家文化与世界文化融合，使得当代中国商人传承儒商传统美德，同时具备了全球化视野格局及现代管理知识，成为"新儒商"。

山东大学管理学院从 1985 年建院，积极培养现代管理人才，1999 年开始招收培养 MBA 学生，成立了 MBA 教育中心；2009 年开始招收培养 EMBA 学生，成立了 EMBA 教

育中心。山东大学是山东省最早具有 MBA 教育办学资格、山东省唯一具有 EMBA 教育办学资格、山东省唯一具有 MBA 自主划线资格的高校。自 2017 年起，每年招生人数 600 人左右，招生规模位居全国前列。自 2019 年起，山东大学在青岛校区国际创新转化学院、威海校区商学院、济南校本部经济学院招收 MBA 学生，形成了"一校三地四院"办学格局。

在 20 余年的发展中，MBA 教育中心在学校指导下，在人才培养、课程建设、案例教学、产教融合、导师队伍建设等方面进行了一系列积极探索实践，育人质量及品牌影响力不断提升。山东大学 MBA 教育经过 23 年的发展，立足"孔孟桑梓之地，文明礼仪之邦"的齐鲁大地，依托底蕴丰厚的百年名校，汲取齐鲁文化营养，坚持弘扬"以德治商、崇实务本"的儒商精神，倡导"经世济民、兼善天下"的儒商文化，诠释"以儒行商"的精神内涵，高举儒商旗帜、打造儒商品牌，为构建和谐社会、促进社会经济文化发展做出突出贡献。

二、高举儒商旗帜：山东大学 MBA 教育的初创阶段（1999～2009 年）

山东大学 MBA 项目从 1999 年开始招生，是全国较早开展 MBA 教育的院校之一，是山东省最早具有 MBA 培养资格的院校。在十年的发展中，山东大学 MBA 教育坚持以人为本、科学发展，倡导智慧创新，不断加强儒学与商界的交流与合作，突出和强化"立德崇实、大爱儒商"的教育特色，为社会培养 3 000 余名具有"诚信、团结、坚韧、创新"精神的高素质管理人才。

在这一阶段，MBA 教育在建立完善教育体系和工作机制的基础上积极探索，在全球经济一体化的时代背景下，中国经济迅速发展，行业精英及企业管理者需要努力承担起智慧创新、诚信经商的责任，儒商精神正成为现代经济文明和商业文明的灵魂，弘扬儒商理念、构建和谐社会已成为企业家追求的最新境界。

作为新时代儒商文化的高地和儒商成长的摇篮，山东大学 MBA 教育认真做好特色定位，制定培养方案，从软硬件配置到师资安排等十多个方面进行规划设计。经过十年的发展，山东大学成为山东省规模最大、设施最全、影响力最强、具有较高知名度的 MBA 培养院校。时任管理学院院长、MBA 教育中心主任徐向艺教授认为，山东大学 MBA 教育依托百廿名校深厚底蕴，注重 MBA 学生管理知识与实践经验的融合，战略思维和全球视野的培养，实战技能和创新能力的提高，逐步形成课堂学习、企业实习、案例教学、国际交流的培养模式，营造出"宽松融洽、进取向上、和而不同"的学习氛围，积累了丰富的 MBA 管理人才培养经验。

立体化、全方位的 MBA 教育模式，使得 MBA 学子拓宽视野，学以致用，实现山东大学 MBA 教育在众多培养院校中卓尔不群，逐渐形成了卓越的儒商品牌。2008 年 9 月 28 日，2008 年度国际儒商论坛在曲阜隆重举行，时任管理学院副院长、MBA 教育中心副主任刘洪渭教授带领 MBA 联合会的学生出席了此次论坛并做了精彩演讲。论坛的主题是：儒家智慧与社会财富。论坛首先在孔庙举行了隆重的孔子诞辰祭祀大典，人们可以在先师孔子生活、讲学的地方近距离感受璀璨的儒家思想和优秀中华传统文化。

刘洪渭教授阐述了对儒商的认识：中国经济三十年的高速发展举世瞩目，成绩的取得不是依靠照搬西方的管理方式，而是得益于中国式的管理。成功的经济背后必然有成功的管理，成功的管理背后是成功的文化。儒家文化在社会发展中居于相当重要的地位。在中国，主要是儒家文化在起着规范和示范作用。然后，刘洪渭教授从管理的角度分析了儒家文化的支撑作用。儒家文化的价值规范和伦理观念会增强人们的群体意识，舒缓人际关系的紧张氛围，形成和谐的人际关系，从而支撑一个稳定的架构，打造一支强有力的团队。山东省大企业特别多也正源于此。同时，儒家文化对化解危机、构建和谐社会等也都起着积极而重要的作用。最后，刘洪渭教授通过与以岳麓书院为代表的湘潭文化的比较对儒家文化进行了反思。山东省虽然出了很多宰相、大臣式的执行者，但领袖式人物太少。刘洪渭教授建议，在我们继承儒家"和谐、仁爱"思想的同时，也应学习湘潭文化中"敢为天下先"的精神，为我国创新型国家、创新型社会的建设做出更多的努力。

经过十余年发展，2009年10月31日，山东大学MBA教育十周年庆典大会暨2009"一品景芝杯"山东儒商风范人物、山东大学MBA精英人物颁奖典礼在济南珍珠泉宾馆人民会堂举行。山东省时任副省长贾万志、全国MBA教指委副主任委员赵纯均及山东大学校领导等出席典礼。同时，贾万志、朱正昌共同为2009年获批的山东大学EMBA教育中心揭牌。典礼上，贾万志在致辞中希望山东大学MBA教育在山东省经济建设强力发展的大背景下创造出更加辉煌的业绩，续写山东大学发展的新篇章。贾万志为"2009山东儒商风范人物"称号获得者，海信集团董事长周厚健颁奖。在"新儒商"论坛上，陈炎做了题为"儒家、道家与日神、酒神——中国与西方文明的结构性比较"的专题报告，从民族心理结构、民族文化结构和民族社会结构三个方面阐释了中西方文明的差异。

山东大学MBA教育十周年庆典系列活动由山东大学与《大众日报》联合主办。活动以"立德崇实、大爱儒商"为主题，以"经世济民、兼善天下"为口号，通过山东省最有影响力的媒体《大众日报》进行发布和宣传，高举儒商旗帜，塑造儒商形象，打造儒商品牌，推进山东大学MBA教育的发展。

三、打造儒商特色：山东大学MBA教育的成长阶段（2009～2019年）

山东大学MBA教育围绕培养目标，推出众多适应市场需求的培训项目，并在多地设立MBA教育实践中心，利用地缘优势，为经济发展地区的企业推出MBA实践课程，推出了多种特色班，培养企业急需的高层次管理人才。顺应了教育发展的趋势，积极与国内外高校建立密切的科研合作关系，推进了MBA教育的国际化进程，加快了教育发展的步伐，形成了本土教育国际合作的教学特点。

2019年10月19日，山东大学MBA教育20周年庆典暨管理学院第二届校友回归日活动在山东大学中心校区圆满举行。全国MBA教指委秘书处办公室主任王萍，山东大学常务副校长、山东大学校友会副会长王琪珑，50余位企业家及业界高管，MBA兄弟院校代表，MBA教师代表，MBA历届校友代表及在校生共计400余人出席了庆典活动。回顾山东大学MBA教育历程，从明德楼到知新楼，时光荏苒，转眼山东大学MBA教育中心已创立20个年头。20年风雨兼程，山东大学MBA教育不断发展壮大，展现出山东大学MBA人坚韧厚重的气质、勇于进取的气魄，取得丰硕成果。山东大学MBA教育20周年庆典暨管理学院第二届校友回归日活动的举行，是对MBA教育和山东大学同心同向、共同发展的又一次深度诠释。

校友们充分激发思维、交流经验，结合行业特色、时代特色，创造出更多优质的商业智慧结晶，并为学校发展建言献策。全国 MBA 教指委秘书处办公室主任王萍在致辞时表示，经过长足发展，中国 MBA 培养院校不断发展壮大，年招生规模达 4 万人。山东大学 MBA 教育自开办以来，秉承学校"学无止境 气有浩然"的校训，依托管理学院深厚的教育资源，形成了较好的办学规模，建设了一支团队化的教师队伍，构建了职业化的管理体制，完善和创新了科学的 MBA 管理模式，为培养全球化背景下具有创新创业精神的当代儒商，树立儒商旗帜，打造儒商品牌，构建和谐社会，促进社会文明做出了突出贡献，同时也为推动山东地区商业文明的建设贡献了自己的力量。MBA 教育中心经过 20 年的发展，也已成为国内领先的 MBA 专业培养中心，学科建设、师资力量、教学水平均取得了长足发展。在全国第四轮学科评估中，山东大学管理学院工商管理学科获评 A 档，这为 MBA 项目的质量提升与品牌发展夯实了基础。庆典过程中，还举行了"山东大学 MBA 教育 20 周年功勋人物""我心中的 MBA '三好'老师"颁奖仪式，"山东大学 MBA 校友会成立暨授牌仪式"，以及"MBA 校外合作导师聘任仪式"。山东大学管理学院教授丁荣贵以"企业不仁，人才不义"为主题，解读了 VUCA[①] 环境下企业、项目、人才之间的新关系。成长和成事的根本问题是认识论问题，新时期呈现企业社区化、人才角色化、项目平台化的特点。学校与企业都应围绕这个特点在后期的教学研究与发展中加强探索，为企业的发展与人才的成长铺就道路。

四、构建儒商生态圈：山东大学 MBA 教育的发展阶段（2019 年至今）

以山东大学开办 MBA 教育 20 周年为契机，MBA 教育发展进入新的高质量发展阶段。2020 年 7 月，全国研究生教育会议召开，习近平总书记做出重要指示，强调研究生教育在培养创新人才、提高创新能力、服务经济社会发展、推进国家治理体系和治理能力现代化方面具有重要作用。各高校需坚持"四为"方针，提升导师队伍水平，完善人才培养体系，加快培养国家急需的高层次人才。教育部于 2020 年 9 月正式印发《专业学位研究生教育发展方案（2020-2025）》，提出凸显专业学位研究生教育在学科专业体系中的地位，健全产教融合育人机制，显著提升教育质量水平等要求。

为全面贯彻落实习总书记重要指示和全国研究生教育会议精神，按照《山东大学关于加快学位与研究生教育改革发展的意见》《山东大学推进专业学位研究生教育发展的实施方案》等要求，我校将继续坚定社会主义办学方向，全面贯彻党的教育方针，落实立德树人根本任务，加快推进 MBA 教育高质量发展，以培养服务社会主义现代化建设需要的高层次经营管理人才为目标，不断提高服务国家经济社会发展需求的能力。

（一）山东大学 MBA 教育发展成效

一是构建了一个完善的育人模式。凸显"一个中心、两个结合、三个主体、四个强化"特点，即坚持以学生为中心，坚持"课程学习、实践训练和学位论文相结合""案例式教学、体验式教学和互动式教学相结合"的培养方式，加强了"教师引领、业界参与、学员互动"资源平台建设，实施开放性、交互式、多元化培养，实现"强化理论、强化思维、强化方法、强化能力"的培养目标。

[①] VUCA 是 volatile、uncertain、complex、ambiguous 这四个单词首字母的缩写。

二是修订完善了一套科学的培养体系。根据学校专业研究生教育发展实施方案，修订培养方案，优化课程体系，在公共课、专业基础课、专业课之外，构建非学位课程四大模块：全球视野模块、综合素养模块、管理技能模块、时代前沿模块，以更好适应时代发展和社会需求。同时，建立 16 个专业课程组，全面提升课程教学质量。

三是推动加强了一系列案例教学研究与开发。更好地发挥案例教学在 MBA 教育中的作用与优势。积极引导师生共同开发教学案例，多篇案例连续四年入选"全国百篇优秀管理案例"。中心指导支持 MBA 学生连续六年参加"尖峰时刻"商业模拟大赛，荣获全国一等奖 1 项、全国二等奖 2 项、全省一等奖 6 项。

四是探索运行了一种多点办学工作协同机制。面对一校三地办学新格局，MBA 教育中心在办学机制方面积极探索，建立完善工作协调沟通机制，积极协同推进招生、培养、学位等相关工作的统一进行。2020 年 11 月，山东大学工商管理硕士（MBA）新一届教育教学指导委员会成立，对 MBA 培养工作开展研究咨询、指导评估和交流合作。

五是培养造就了一大批优秀管理精英。山东大学在 20 余年中培养了 5 870 余位 MBA 毕业生，他们在各重要岗位为企业发展和社会进步做出卓越贡献。

六是推动了工商管理及相关学科的发展。MBA 教育高质量发展对于工商管理及相关学科的发展起到积极推动作用，教学科研人员可以通过和企业家直接互动、切磋交流、教学相长，对于案例开发应用、基于中国企业实践的高水平学术研究起到了很好的推动作用，为山东大学工商管理学科获评 A 类学科做出了重要贡献。

（二）山东大学 MBA 教育发展趋势及挑战

随着我国发展进入新时代，面对国内经济转型升级、国际贸易环境日趋复杂带来的机遇与挑战，专业学位研究生教育日益重要，MBA 教育站在了新的历史起点。MBA 教育要贯彻落实习近平总书记对研究生教育的重要指示批示及全国教育大会、研究生教育工作会议等会议精神，坚持正确办学方向、更加主动服务社会需求、支撑引领经济社会发展、建设创新型国家，做出新的更大的贡献。

1. 新时代 MBA 教育发展趋势分析

面对新发展阶段和新发展格局，我校 MBA 教育需要更加主动响应国家战略和社会发展需求，梳理借鉴国内外商学院尤其是 MBA 项目的发展趋势和实践经验，分析明确发展目标和培养方向。

首先，经济社会发展对 MBA 教育提出了高质量发展的要求。随着我国经济社会发展进入新常态，新产业、新业态的不断涌现，经济社会进步对专业人才的培养质量提出了更高要求，特别是新商科发展背景下，新产业、新业态及工商企业不断创新成长，对专业应用型和跨界融合型人才的需求不断增加。因此，提高 MBA 教育整体质量，应当不断完善培养体系，重视整合型课程，紧跟产业变革与商业创新步伐，更加强调贴近企业实践，提供整合多学科知识、解决综合性问题的训练，从而提升培养人才的实践胜任力。

其次，新阶段全球化发展要求 MBA 教育突出国际视野和跨文化交流能力的培养。世界一流的商学院，鼓励采用讨论式教学及团队项目合作等创新型授课方式，为 MBA 学生制定全球性发展规划，通过海外交换访学及国际实习等方式帮助学生扩充海外资源储备，拓宽国际视野。国内对标高校已经基本完成商学院或 MBA 项目的系列国际认证，将国际化视野作为发展重点，提高国际师资比例，并与国际知名院校开展 MBA 联合培养项目，注重培养国际化商科人才。通过国际认证，进一步提升组织机构建设，以认证促发展，以评促建，评建结合。因此，MBA 培养中需更加重视培养全球视野，提升跨文化沟通与跨文化管理的能力。

最后，多学科交叉及产教融合育人成为 MBA 教育发展的主要导向。通过调研，我们发现国内对标高等院校都在适应新形势、新发展、新理念等方面进行了有益的探索。通过整合校内外各种优质资源，将管理学科与工科、文科、理科联合互通，构建起以商学为核心的学科共融培养体系；努力实现产学研"融通创新"，院校与企业、行业相互联结；形成无边界发展格局，实现平台化、网络化的开放办学。在"双一流"建设过程中，更加注重打造 MBA 教育的精品化、影响力和示范性，在人力、财力、空间及政策条件等方面给予保障和支持。

2. MBA 教育高质量发展面临的挑战

新一轮科技革命和产业变革背景下的 MBA 教育强调以人为中心，实现软技能培养和学科融合，基于大数据运用新技术，培养创新型国际化复合型领导者。通过对 MBA 教育的国际化趋势、国内外高校经验以及社会发展需求等方面综合分析发现，我校 MBA 教育现状与高质量发展目标要求之间还存在不匹配的问题，目前主要面临以下挑战。

（1）对于数字时代及新变化的响应速度和力度不够。现有 MBA 的培养方案、课程模块等，对于不断涌现的新技术、新产业发展的反映不充分，创新投入程度不够。MBA 教育应当向学生讲授最前沿的科技创新成果，提高 MBA 学生对于数字时代新变化的主动意识和应对能力。当前 MBA 教育的教学体系及案例教学的建设进展不能完全满足教学培养的需要，高水平案例及中国特色案例不足，尤其是反映中国企业新发展及创新实践的案例较少，案例库建设力度需要继续加强。

（2）推动多学科交叉融合发展效果不显著。目前，MBA 教育与我校各学科交叉融合发展不够，跨学科交叉融合的人才培养体系尚未建立，与新文科、新工科、新医科等发展结合不紧密，缺少互动协同，没有充分发挥综合性百廿大学的资源优势。现有 MBA 授课团队多集中在管理学院，课程设置仍以管理经济为主，与国家高新技术产业前沿发展方向及学校优质学科资源的融合力度不足，未体现学科交叉的前沿性。

（3）服务国家重大战略及社会发展的能力及主动性不足。MBA 培养对国家重大战略如"一带一路"建设、"区域经济合作及自贸区建设"等参与意识和能力不强，服务社会发展的范围及影响力有待提升，应在服务山东省经济社会发展的基础上，充分发挥多地办学优势，对接长三角、粤港澳大湾区等建设，做出更多、更大贡献。

（4）国际化合作尚待深化推进。MBA 国际化进程亟待加速，尤其需要加强国际化师资建设，对接国际优质教育资源。目前，我校 MBA 教育尚未完成 AACSB 等三大国际认证，与国内外高水平商学院的项目合作不够深入，海外访学、跨国实习、国际赛事等国际化合作机会不多，我校 MBA 的国际影响力和品牌竞争力不足。

（5）一校多点办学格局仍面临多重挑战。我校 MBA 教育目前已经在济南、青岛、威海三地开展，将来还有意在苏州和深圳开展教学活动。这种安排对于发挥山东大学工商管理学科和综合性大学的优势，向企业家传播先进的管理知识和理念，提升企业家的领导力和企业的国际竞争力，服务国民经济发展主战场意义重大。同时，由于一校多点办学，在拓展新发展空间的同时也带来了新挑战,尤其是优质资源较为分散,尚未完全形成协同效力。

3. 国内高校 MBA 教育情况

通过调研发现,国内对标高校都在努力理顺机制,加大资源配置力度,打造和提升 MBA 品牌。目前国内对标综合性大学一般由管理学院、经管学院或商学院负责并具体承担 MBA 教育的运营发展,结合工商管理学科的发展,不断增加投入和优先配置资源,加强 MBA 教育中心的组织职能,加速提高 MBA 品牌提升和质量建设。大多数高校设立 MBA 教育中心,统筹负责招生培养、管理服务、学位授予等工作,保证全校资源集中优化使用并明确"责权利"。学校支持 MBA 教育中心创新发展,合理分配发展基金,充分调动项目发展的积极性和主动性,实现校院与 MBA 教育中心的双赢发展。

(三) 山东大学 MBA 教育高质量发展目标

为适应国际发展趋势、响应国家战略需求及服务经济发展主战场,MBA 教育应该打造"管理+"特色的教育模式,凸显产教融合培养的突出特征,体现专业性与学术性的高度统一;需要更加注重提升人才培养质量和增强实践创新精神,努力培养具有国际视野、家国情怀、富有职业胜任力的专业应用型和创新创业型的高素质管理精英和商界领袖。

在新的发展阶段,工商管理学科发展坚持"守正创新",深耕中国特色管理实践,努力建设成为最具中国特色的管理学科,做中国管理思想和实践研究的引领者。随着工商管理学科的发展,MBA 教育中心将进一步落实"管理+"的教育理念,积极服务国家战略和社会发展,坚持以 MBA 学生发展为中心,坚持产教融合导向,构建知识技能和多学科交叉融合培养体系,注重提升实践能力和创新创业能力,将 MBA 教育打造成为重要的管理学理论实践相结合的重要载体。

因此,我们明晰了山东大学 MBA 教育的发展目标:坚持立德树人、守正创新、产教融合、追求卓越,立足齐鲁大地、根植百廿山东大学,聚焦高质量内涵发展,传承弘扬儒商精神,努力培养具有开放格局和国际视野、厚植家国情怀和社会责任、最富创造精神和创新能力的高素质工商管理人才。

(四) 山东大学 MBA 教育高质量发展主要举措

为进一步促进我校 MBA 教育发展,充分发挥百廿山东大学的深厚底蕴和地域特色优势,实现高质量跨越发展,需要加强顶层设计和统筹谋划,强化 MBA 教育中心职能并理顺内部治理体系,完善多校区办学的体制机制,加大支持力度和条件保障等。现对 MBA 教育的机构设置、治理机制、发展路径、重点工作等方面提出如下建议。

1. 加强顶层设计,强化中心职能,统筹项目发展

目前,山东大学 MBA 教育按照"一校三地四院"格局开展,应加强 MBA 教育中心的职能,构建科学治理体系,推动教育标准统一,实现一校三地一体化发展,同时发挥各自特色,打造我校非全日制学位教育发展的品牌项目和特色亮点。

按照教育部相关规定,借鉴对标高校组织架构,结合目前一校三地共同开展 MBA 教育的实际情况,特设置由山东大学 MBA 教育领导小组、MBA 教育中心、招生考试委员会、

教育教学指导委员会、学术委员会、学位评定分委员会、MBA 教育中心办公室及相关教学点等组成的组织架构（见图 24-1）。

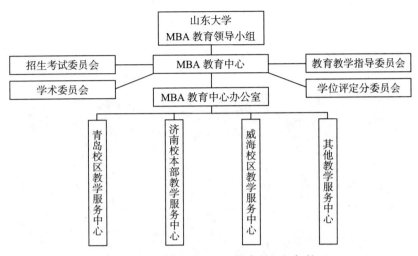

图 24-1 山东大学 MBA 教育的组织架构

MBA 教育中心的职能包括但不限于以下几方面。

（1）品牌推广：建设与维护 MBA 教育的品牌，加强对内、对外的宣传交流与推广合作，促进品牌提升。

（2）招生拓展管理：有序开展 MBA 招生宣讲、咨询、复试安排、招生录取等工作；完成招生计划指标，不断提升生源质量。

（3）教学培养管理：完善 MBA 培养方案、课程体系、教学方法；优化师资选聘、培训和考核；开展教学过程管理，建立及完善教学质量保证体系，保障教学质量，做好课程安排、课堂管理、课程通知单发放、课程评估、学生考勤、考务安排及管理、成绩管理、学籍异动办理、答辩审批等工作；加强案例教学及案例库建设。

（4）学生管理服务：管理好学生事务、班级建设、学生综合测评、活动组织等；做好职业发展，开展职业测评、职业咨询、职业规划、职业培训、就业与招聘服务等指导服务。

（5）合作交流：定期参访国内大中型企事业单位，实现校企之间的良性合作；开展国际交流，组织国外交流项目的开展及外教的选聘；加强与 MBA 教育指导委员会秘书处、研究生院各办公室和学校其他相关部门的沟通及联系，与国际的合作办学单位的联系、与大中型企事业单位及行业部门的联系与沟通等。

（6）校友工作：做好校友信息的收集、校友的联系、校友返校活动组织等工作，与学校、学院校友办公室保持密切合作。

（7）认证规划：对 MBA 项目改革进行调研，制定初步方案，为学校领导决策提供参考；开展国内及国际评估认证，根据各项评估认证要求组织开展相关工作，实现以评促建。

2. 完善治理机制，统一培养标准，确保质量提升

MBA 教育中心落实教育部及学校关于专业学位培养要求，不断完善内部治理制度，加强统筹协调和管理监督职能，协同管理各教学点，以统一标准开展 MBA 教育，同时充分发挥多校区优势，理顺运行机制，推动高质量创新发展。

为确保培养过程、师资水平与教学质量的一致性，在山东大学MBA教育指导委员会的指导下，由山东大学MBA教育中心统一领导实施并监督一校三地教学服务中心开展教学培养及学位授予工作。

首先，制定并执行统一的培养方案。由山东大学MBA教育指导委员会制定统一的MBA培养方案，各教学服务中心按照培养方案统一开展教学、中期考核、开题及答辩等各环节培养工作。

其次，加强导师团队建设，整合师资团队，统一进行MBA授课教师的选聘、培训及管理工作。

再次，强化教学全过程统一管理。MBA教育中心统一监督并管理各个教学环节。各教学服务中心应严格按照培养方案开展教学安排，统一开展课程考核。严格做好课程成绩管理并规范开展中期考核。完善MBA考核机制，保证和提高MBA培养质量，加强MBA培养过程管理。统一组织导师遴选及选报，认真组织论文开题及答辩工作，进行学位评审。同时，做好档案管理。

最后，探索建立MBA信息管理系统。MBA教育中心结合学校要求，开发适合一校三地MBA教育管理的研究生信息管理系统，涵盖学籍管理、指导老师遴选录入、学生选报指导老师、培养计划制订、选课、成绩录入及管理等内容，实现与学校研究生管理信息系统进行有效对接，以保障MBA教育中心对各教学服务中心做到有效指导和监管。

3. 响应国家需求，优化学制设置，加快人才培养

为响应中央关于加快培养社会发展急需人才的重要指示，山东大学参考对标国内外高校MBA教育经验，在确保人才培养质量的基础上，对现行MBA学制进行调整，由3年改为2年，充分体现实践创新人才培养的针对性，缩短实践时长要求，减少学生时间成本，提高MBA项目竞争力并高效利用学校办学资源。

从我校情况来看，报考及录取的MBA学生大多数为企事业单位青年骨干，工作任务重、责任大，岗位流动性强，兼顾工作与学业的压力较大。同时，学制时间长但非全日制学生在校时间较少，降低了学校教育资源的利用效率。针对MBA项目开展的多次调研及多渠道的意见反馈显示，学生普遍倾向于缩短学制。

MBA学制调整将在学校研究生院指导下，发挥MBA教指委以及课程组的作用，以学生为中心优化课程模块，保障培养质量。2020年对培养方案调整后，增加了专业实践、创新创业教育、海外学分等环节比重。经综合分析及调研，MBA学制调整为2年，可将第四学期选修课灵活安排至第二、第三学期，不影响整体培养计划和进度。

MBA学制调整可以优化精简课程教学设置，有利于吸引更多优秀生源，推动MBA项目高质量发展，同时高效利用学校教学资源，助力学校事业发展。

4. 构建高质量教学体系，加强案例库建设

课程体系是MBA教育的重要组成部分，高质量特色鲜明的课程体系和育人模块设置是推动高质量发展的重要内容。MBA教育中心将围绕"立德崇实、大爱儒商"育人理念，高举儒商旗帜，弘扬儒商精神，结合山东大学综合优势，构建具有自身特色和风格的课程体系，打造"齐道儒商大讲堂""国际汇智讲堂"，在全国MBA教指委指导下，加强课程组建设。

参考国内外高校成功经验，案例教学是MBA教育的重要组成部分和基础保障。因此，需要进一步构建高质量案例教学体系，深入经济发展主战场，走进企业研究发展实践，推动"走出去"和"引进来"相结合，邀请知名企业家和优秀创业者走入课堂，介绍贴合当下的企业管理做法，分享经验。同时，充分发挥MBA理论联系、指导实践的平台优势，以MBA教育中心案例库建设为抓手，加大案例建设专项的教师资源投入及相关保障力度，继续做好"全国百篇优秀管理案例"的建设和申报，打造顺应时代发展和新技术发展的优质案例资源，打造具有儒商特点的教学体系和富有时代特点的教学模块。

5. 落实发展战略，加强文化引领，弘扬儒商精神

山东大学MBA教育应响应国家发展战略及服务社会需要，落实学校发展的六大战略，不断提高人才培养质量、提高服务社会发展的能力，在服务山东乃至全国经济社会发展中体现自身力量、贡献和智慧。山东大学MBA教育基于根植齐鲁大地、弘扬儒商精神的办学目标，组织MBA学生开展学习传承中华优秀传统文化尤其是儒商精神的系列活动，学习落实习近平总书记给我校《文史哲》编辑部全体编辑人员回信的重要指示精神，推动MBA学生

深入理解中华文明，从历史和现实、理论和实践相结合的角度去深入理解和实践如何更好地坚持中国道路、弘扬中国精神、凝聚中国力量，贯彻文化引领战略，坚持"立德崇实、大爱儒商"理念，实现儒与商的融会贯通，稳固中国儒商文化的重要基点。

6. 构建资源网络，加大支持力度，强化保障措施

MBA教育中心通过构建资源平台，突出山大特色，全面提升MBA培养质量，打造共建、共创、共享的可持续发展的教育共同体，推动构建山东大学特色MBA教育模式。参照国内双一流高校，为保障项目的正常运转和做强做优我校MBA教育，学校应加大对MBA项目的投入和支持，提供保障运行、提高质量及发展改革等方面的资源。MBA教育基金划拨MBA教育中心，按照招生额度和培养情况等统筹各培养单位统一进行管理。同时，为提升我校MBA品牌的影响力与美誉度，激发学生的学习积极性与主动性，MBA教育中心拟设立MBA教育专项奖学金。

7. 推动国际化战略，拓宽国际视野，加强合作交流

MBA教育需要主动适应全球化的时代背景，落实国际化战略，努力拓展国际化发展的平台。按照高质量发展要求，配合区域经济发展及"一带一路"倡议，积极开展国际合作。一是组织有针对性、实效性、示范性的海内外研学项目，积极与国际一流高校如新加坡南洋理工大学等合作，打造精品访学项目，规范访学人员选拔，提升访学交流的时效和影响力，推动学生成长与事业发展；二是提升国际师资比例，定期邀请国外高水平教授进行专题讲座、集中授课等，打造线上线下学习平台，介绍管理理论及实践的前沿发展，关注文化差异，充实国际课程资源，拓宽国际视野；三是探索与国外一流高校开展多种形式的合作交流，聚焦"一带一路"倡议及沿线国家发展最新需求，提高国际化水平并提升山东大学MBA教育的国际影响力。

进入新时代，MBA教育将积极响应国家社会发展需要和学校事业要求，坚持统一标准，统筹一校三地发展，优化资源配置，加强专业人员配置，探索高质量内涵发展模式，提高落实国家战略及服务社会发展的实力效能，助力学校"双一流"建设和"由大到强"的历史性转变，努力培养能担当实现中华民族伟大复兴大任的高素质管理精英和商界领袖。

第二十五章

把工商管理案例写在祖国的大地上：
南京理工大学 MBA 多元行动体验式案例教学探索

刘 东[⊖]

一、尴尬的座谈会

2012 年三月中旬，MBA 的春季学期刚开学不久。作为学院 MBA 教学管理和发展的一个常规环节，我们照例开展了一次关于 MBA 新生的教学研讨座谈会，随机邀请了一部分 2011 年下半年入学的 MBA 新生学员来参加座谈会，主要是了解他们的学习情况，以及对于学校和学院的教学管理等各方面的意见和建议。

一开始座谈会的气氛还是很热烈融洽的，各位学员都纷纷发表了自己的看法，提出了一些中肯的建议，当然也提出了一些批评意见，但整体上对我们现有的教学管理等评价还是很不错的。忽然，有一位学员说，现在课程上所讲授的那些案例都是国外大公司诸如世界 500 强公司的成功案例，这些当然也很好，里面确实有很多可以学习借鉴的东西，但问题是这些内容往往都是大公司才可以搞起来的，我现在所在的公司规模远远没有那么大，根本就用不了，所以这些案例压根儿就不适用。

另外一位学员则接着说："我在单位里是纯粹搞技术的，以前确实没有怎么接触到经济管理这些东西，现在来到经济管理学院攻读 MBA 学位以后，确实学到了不少东西，但是有个问题，刚开始学习的时候就有案例讨论的作业，这些案例里面涉及了太多的管理知识，我都没有学过，这些相关的课程有的是刚开课，有的是下一学期才开，所以我觉得这个案例内容的安排是不是有点不合理？案例教学的安排是不是应该跟我们的课程教学进度结合起来，要不然，我们都没有学过这方面的知识理论就来讨论案例，那就完全不着边际了。"

这样一来，话匣子打开了，整个座谈会的话风陡然转变，其他一些学员也都放下面子，

⊖ 刘东，南京理工大学经济管理学院 MBA 案例中心主任，副教授。

直言不讳地谈到了现有案例教学中存在的各种问题，例如案例教学时间分配不够，来不及研究思考；老师直接下结论比较多，学员分析不足；教学案例过多，反而成了浮光掠影、走马观花；有的学员则认为在目前的案例讨论过程中，互动探讨交流不足，不同学员的不同意见和观点没能充分展现与交流；等等，甚至有的同学还说了一些有点偏激的话。

这让我们觉得很尴尬。因为学院一直以来都是很重视MBA案例教学的，我们甚至规定了所有的MBA课程，每门课程必须保证每次大课有一个小型案例讨论，每四次大课必须有一个大型的案例讨论，我们还专门组织MBA任课教师进行了案例教学方法的培训学习。按理说我们当时在MBA案例教学方面的实践，已经是算比较好的了，为什么各位学员还有如此多的尖锐的批评意见呢？

也许，我们可以自我解释，认为这些MBA学员比较年轻气盛，说话比较冒失，不留余地。但无论如何，实事求是来说，这些学员的意见无疑是他们心声的真实流露，而且其中很多观点确实也是有一定道理的。所以，尴尬归尴尬，我们仍然要真实面对。

二、纯案例课程的开设

（一）案例教学改进研讨

这次座谈会后不久，我们把座谈会的资料整理出来，然后组织MBA教学相关的主要领导和老师召开了一次研讨会，会议主题就是MBA案例教学的改进问题。

在研讨过程中，大家对于MBA案例教学的更多细节问题有了深入的研究和发现。学院紫金工商教育中心的老师特别把最近几年的MBA生源数据统计资料整理出来给大家参考。大家发现，随着MBA教育事业规模的发展，再加上EMBA招生的分流，MBA生源年龄呈现出越来越年轻化的倾向，而且其岗位职务分布开始趋向于中层化，甚至有部分是基层管理人员和基层技术人员，这就意味着他们的管理知识和经验其实是相对薄弱的。我们在现有的MBA教学中所设置的案例教学环节，其中暗含的假设是这些学员已经有了比较好的管理知识基础和比较丰富的管理经验，但实际上我们很多的学员是纯技术岗位出身，无论是管理知识还是管理经验其实都是比较缺乏的。所以当教师们在各自的课程中开展相对综合性的案例教学之时，很多学员就会暴露出管理知识匮乏的问题，这确实也影响了案例教学的效果。

（二）纯案例课程的设计思路

鉴于此，我们经过反复的思考和研究，并且跟学校研究生院沟通交流，最终决定开设一门纯粹的工商管理综合案例课程，这门课程的设计思路如下：

（1）这门课程纯粹以案例讨论为主，不专门讲授理论知识。

（2）课程设置在所有的MBA必修和选修课程之后，以便于课程学员们都具有较好的、全面的经济学与管理学的知识基础。

（3）课程前导中增加对于案例分析讨论方法的介绍和学习，以便提高案例分析讨论的效率和保证案例分析讨论的效果。

（4）采用团队小组方式来进行案例分析，根据课程实际学员人数进行适当分组研讨。

（5）以分组—小组研讨—小组案例成果撰写—小组案例分析演示—小组间相互评论—

教师点评总结的顺序来进行。

（6）案例内容选择为综合性的管理案例，来自不同行业，以决策导向型案例为主，由此鼓励MBA学员锻炼决策分析和制定的综合能力。

（7）一般而言会提供3～4个案例，每个案例由3个不同的小组来进行分析研究，小组之间彼此独立，各自提出其分析思考结论，然后进行汇报。汇报中必须接受台下其他小组、其他学员的质疑或者提问，以此来形成小组之间、学员之间的互动。

（8）案例指导教师对各个小组的内容和表现按照一定的评分标准进行打分，同时各个小组之间也相互盲评，最终进行汇总判定，作为小组的学业成绩，由此可以引入一定的竞争机制。

（三）课程导入及其效果

接下来，我们就立即着手在MBA教学中引入这一课程。当然具体操作中还涉及MBA课程教学计划、MBA培养计划方面的调整，我们也跟研究生院进行了深入的沟通，同时也跟相关课程的授课老师进行了相应的协调，最终在不特别增加MBA学员的课程学习时间的情况下将课程开展起来。

在开设完成了几个MBA班的工商管理综合案例课程教学之后，我们又对参与课程的学员进行了调研和访谈，询问了解他们对于课程的看法和课程的体验感受。访谈的结果让我们非常高兴，整体上学员对于该课程的综合满意度达到了9.35分（满分为10分），95%的学员都表示在该课程学习中确实学到了知识，掌握了技能，开阔了眼界，提升了对于管理决策的思考与分析的能力。

另外，有一些学员还特别提到，这样的课程相当于对整个MBA课程的一次总复习，效果非常好，因为以往各科课程的学习时间安排得比较紧凑，教学进度也比较快，很多管理理论知识虽然也都学习了，但是来不及深入细致地进行消化吸收，也不知道这些管理知识具体怎么运用。而这门工商管理综合案例课程相当于是对此前所学的各科知识的一次全面检阅，案例本身是综合型案例，需要综合运用管理领域各科的理论知识，而由于课程考核形式的压力，也迫使各位MBA学员在紧迫的时间内快速地复习此前所学的各科知识，并及时地运用到案例分析和问题解决当中去，这样的"强制复习和强制运用"效果非常好。而且，这个综合案例分析课程安排在其他各科管理课程学习之后进行，这也使得大家都能站在一个较高的管理理论共识水平上来分析和解决问题，这就让大家的分析探讨都能够有内容、有深度、有见解、有启发，从而受益匪浅。

有了这样一些教学实践的调研结果来作为支撑，我们对MBA教学与培养计划进行了相应的调整，将工商管理综合案例课程设定为每位MBA学员的必修环节，并且将课程学分设定为必须取得的学分之一，同时还分派专任的教师来负责这门课程的教学，从而更好地保证了工商管理综合案例课程教学的效果。

三、把案例写在祖国大地上

（一）来自座谈会学员发言的启发

随着工商管理综合案例教学课程的深入开展，各届MBA学员的参与积极性也都被调动起来。由于MBA学员必须兼顾工作和学习，在案例课程教学中，很多小组为了在第二天的课程演示中能够提交一份完美的案例分析报告，往往加班到深夜甚至凌晨，让任课教师颇为感动。

但随后的一次MBA教学座谈会上一位学员的发言，给了我们关于如何继续改进MBA案例教学课程体验的新的启发。这位学员说："现在的工商管理综合案例课程的学习模式的确很好，大家都很愿意投入时间精力去一起研讨分析，也从中收获很多，但仔细回忆反思，总觉得还缺少了点什么，那就是感觉这些案例材料虽然也都很真实，很多也都是国内企业的实践案例，但是这样纯粹书面文字的研究总觉得有隔靴搔痒之感，实际上我们各位学员自己所在的企业或者朋友的企业都存在各种各样的管理难题，我们能不能就把身边的企业问题也拿出来进行案例分析研讨呢？"

这位学员的一点即兴建议，却给了我们很大的启发。与其学习研讨别人的案例，不如自己来编写案例。能不能让MBA学员自己来做案例？

（二）我们的MBA学员能胜任吗

工商管理的案例材料都是由相关专家、学者、教授、老师亲自担纲，或者带领学生，经过对企业的实际调研走访、查找查证相关的资料，对材料进行合理的选择和编排，最终才能够编撰成为一个易于学习和研讨的工商管理案例。如果让MBA学员们自己来调研走访，自己采编案例，那么这其实是一个很好的经济管理理论与实践相结合的学习、思考、观察、调查、分析、探讨的全方位体验过程，这既符合行动学习的理论，也符合认知学习中的体验学习原理。更重要的是，能够让MBA学员学以致用，行走在祖国的大地上，深入更多的企业中，去了解经济管理中更实际的问题，去提出更加契合中国国情和企业现实的工商管理解决方案。我们当时只是基于如何提升MBA学员的学习体验和学习效率而提出这样一个行动式学习的构想，现在回头来看，也契合了习近平总书记2016年在全国科技创新大会、中国科学院第十八次院士大会和中国工程院第十三次院士大会、中国科学技术协会第九次全国代表大会上提出的"把论文写在祖国的大地上"的殷切希望。

但在当时，我们所提出的这样的学习任务，其难度对于MBA学员来说其实是相当高的，非常具有挑战性。国外的诸多商学院所公开发表的或者其教学过程中所使用的内部案例，基本上都由他们的任课教授专门去调研收集整理编写而成，国内很多院校早期的MBA教学中也都是采用国外的案例来进行教学，后来基于结合中国国情、探讨中国特色企业管理实践特点的需要，也大都开始编写自己的MBA教学案例，甚至专门成立了自己的工商管理案例中心，设置专门的岗位和配备突出的师资力量来重点进行工商管理案例的采编工作。即便如此，大家都还感觉到案例采编这项工作是非常不容易的。那么，我们的MBA学员能够胜任这项学习任务吗？

（三）案例调研编撰项目的设计与保障

多年的教学经验告诉我们，要给学生压降学习任务是容易的，但是要让学生保质保量甚至优质优量地完成学习任务，却是比较困难的。为此，我们建立了MBA案例调研编撰项目，并进行了精心的准备和安排。

（1）参与项目的学员对象设置。MBA案例调研编撰项目面向每届MBA的第二学年的学员来进行，时间跨度上从第二学年的秋季学期中的10月左右开始启动，次年的4、5月结束。这个时间段的MBA学员已经经过了第一学年的较为完整的管理理论知识必修课的学习，正进入选修课的学习和毕业论文选题酝酿准备开题阶段，比较适合开展这样的综合型与研究型自主学习项目。

（2）项目前的全员动员。在学习项目正式启动之前，通过MBA任课教师、MBA班主任对MBA学员进行动员宣讲，解释该项目的意义，宣扬行动式体验学习模式的价值（等到后来该项目进展到下一届的时候，我们还采用了请上一届MBA学员来做学长经验分享会的方式，来开展该项目的动员活动）。

（3）教学师资的支持。MBA案例调研编撰项目仍然采取项目小组团队的方式来进行，为了给学习小组提供充分的支持，我们在全院遴选了一批富有案例调研编撰经验、管理研究和咨询经验的专家教授作为案例调研的导师，通过双向选择，为每个MBA案例调研小组配备一位导师，指导和支持他们的案例调研任务。

（4）学习资源的滚动配套。在最初开展这个项目的时候，我们整理提供了一套MBA案例调研模板，包括案例正文模板与案例使用说明书模板，还编写了MBA案例调研过程指南，以此来指引MBA学员的项目开展。模板的作用在于对MBA学员的调研过程、内容、完成质量提出适当的规范和要求，提示和指引他们所需开展的工作以及所需研究的内容方向，以降低MBA学员开展调研活动的难度，但并不限制和约束MBA学员的创新和创造性发展。

（5）调研目标企业的多元来源。MBA案例调研编撰项目的开展，最基础的前提就是要有愿意配合调研的目标企业。对此，我们一方面强调发挥调动MBA学员各自的社会资源、社会网络关系的作用去进行多方联系约访，另一方面我们也通过学院以及各位导师的社会资源来提供目标案例企业进行补充，来保证每个MBA案例调研小组都有可以去调研的目标案例企业。当然，后来的实践表明，其实我们的MBA学员的社会网络关系还是非常广泛的，只要发挥其学习的主动性和能动性，他们都能够找到合适的目标案例企业，并最终圆满地完成案例调研学习任务。

（6）调研项目的过程控制。案例调研本来就是一个耗时较长的过程，再加上MBA学员各自都有不同的工作，要能够凑在一起完成这项复杂的系统化学习任务，项目小组自身的组织协调难度其实是非常大的。虽然这个学习项目主要由MBA学员自主完成，但由于项目时间跨度较长，所以过程控制是非常必要的。为此，我们设置了一个项目中期检查的环节，要求各个项目小组提供项目进展的中期报告资料，这样也能够促进和保障各个项目小组的进度与质量。

（7）项目成果的质量考核。我们在结合清华大学、北京大学等国内院校关于管理案例质量评估标准的基础上，加以自身的特色指标，综合形成了MBA案例调研编撰项目的评估标准，在项目结束后由学院紫金工商教育中心组织专家学者对各个项目小组的案例成果进行综合评估和打分。

（8）项目开展的激励措施。除了以行动学习体验的内在激励来对MBA学员进行鼓励之外，我们还对成果优异的小组进行了学分方面的奖励。

（四）与时俱进、紧跟时代：案例调研方向的引导

一方面，从原则上说，我们对于各MBA案例调研小组自主选择的调研企业以及调研主题方向并没有特别的设定，这也是为了充分发挥他们的自主灵活积极性。但从另一个方面来

看，要把工商管理案例写在祖国的大地上，无疑更应该关注那些与国家发展和社会要求息息相关的主题方向，作为工商管理专业教育的初心，也应该向广大 MBA 学员们指出与经济管理密切相关的，国家、社会、民族所关注的那些方向与问题，因此我们也适度地向 MBA 学员提出一些关于企业选择和案例调研方向的参考建议，例如：

- 2018 年，我们建议 MBA 学员在案例调研时重点考虑高质量转型发展的问题；
- 2019 年，我们建议 MBA 学员在案例调研时重点考虑智能制造和互联网升级发展的问题；
- 2020 年，我们建议 MBA 学员在案例调研时重点考虑新冠疫情后企业面对危机和挑战的问题；
- 2021 年，我们建议 MBA 学员在案例调研时重点考虑关键技术与材料供应受到制约以及"双循环"新发展格局下企业应对调整与持续发展的问题。

（五）案例调研编撰项目的效果与总结分析

通过这样的一些辅助措施的保驾护航，我们的 MBA 案例调研编撰项目进展总体上还是比较顺利的，90% 以上的小组都能够按期完成案例调研项目，80% 以上的小组在项目成果的综合考评中获得中等以上的评价，当然每年也都有一两个项目小组的项目成果评价为不合格或者勉强合格，这也是在所难免的，但整体上来看项目开展效果还是不错的，借由案例调研项目的开展，小组团队成员们选择了自己感兴趣的企业并进行了实际的调研参访，很多 MBA 学员借此机会深入了解到了与自己从前所在行业或企业完全不一样的新的行业与新的企业，极大地拓宽了自己的眼界。借由案例调研，MBA 学员能够和企业的中高层管理者乃至企业家们进行面对面的交流沟通，也非常真实地了解到了企业家和管理者的管理理念、管理思想、所面临的问题、处理问题与决策的方法模式等，这对一些来自中基层的 MBA 学员或者来自纯技术岗位的 MBA 学员来说，无疑是一次非常难得的经历和体验。此外，在联系协调案例企业的过程中，不仅锻炼了 MBA 学员的社会沟通联系能力，其实也借此帮他们巩固或者扩大了他们的社会网络。

在案例项目结题中，我们要求各案例小组的 MBA 学员不仅要完成工商管理案例正文内容的编写，还要站在 MBA 案例授课教师的角度，完成该案例的使用说明书的撰写，这看起来似乎有点不合理，但我们正好是借这种换位思考的方式，让 MBA 学员能够更深层次地思考什么样的管理实践问题需要什么样的管理理论和方法来对应解决，而一个现实的管理实践问题又可以从哪些管理理论和方法层面来进行分析思考，这其实也相当于对他们学习与掌握的管理知识、方法和经验的二次发掘，而在这个过程中，作为 MBA 教师，我们也可以从中发现或者得到一些关于 MBA 管理知识与方法教学的启发或参考。

更进一步，从我们的角度来说，我们不仅仅是强调项目本身的文本报告的完成品质，我们更关注于这个过程中的各位 MBA 学员的行动学习体验和内在感受，这才是对他们未来的成长和发展更为重要的内容。

事实上也确实如此。通过这个 MBA 案例项目的开展，MBA 学员对于经济管理的相关理论有了更深刻的认识和把握，同时也更加真切地、零距离地了解到不同企业的经营管理的实际情况和实际问题，不仅拓展了知识面，更加深了对于管理实践的真实体验。同时，各个小组的 MBA 学员有了更多的时间和机会去相互了解、共同走访调研、一起探讨交流，很多学员彼此之间甚至由此成为挚友,这样的经历,对于他们未来的事业和人生,无疑都是一笔宝贵的财富。

四、加点难度,来点挑战

(一) 报告模式的不足和 PK 模式的提出

我们最初的 MBA 案例调研编撰项目是采取文本报告的方式来结题的,每个案例小组各自调研自己所选定的目标企业,进行现场实地走访访谈,收集相关资料数据,并整理汇编形成报告进行提交和评审。这种方式看起来很合适,没有什么问题,但后来我们发现,其实各个 MBA 案例小组的调研成果都有很多闪光点值得学习,而且从我们与 MBA 学员的沟通也发现,有一些 MBA 学员反馈说:"我们辛辛苦苦花了很长时间完成了报告,最后当然也拿到了一个看起来不错的分数,但是除了这个分数,其他什么都没有,好像也没有什么别的意义了,我们虽然需要这个分数来拿学分,但其实我们也需要听一听专家教授们对我们的这份工作的一些评价和建议,看看我们做的到底哪里好、哪里不好,也可以给我们一些指点。说实在的,我们在调研中确实发现了现实经济中企业所存在的很多问题,我们也提出了一些解决的思路或者方案,但是这些思路或者方案到底是否可行,或者还有什么缺陷和不足,实际上我们自己也不明确,自己心里也有一些怀疑,毕竟我们也不是那种特别有经验的资深管理人员,如果有更多的专家学者、教授能够给我们再点拨点拨,或许我们对这些问题的思考会更深入、更有意义。"

这样的一些反馈意见提醒我们,行动体验式的学习不能止步于行动之后的一个评价,还应该有后续的评价反馈和再学习的后续行动。那么,这个后续的行动应该怎么来设置呢?最初,我们简单而直接的想法就是可以针对这些案例请一些教授来撰写评语,然后汇编成册发给大家去继续学习。后来又觉得,这样的方式还是比较简单,而且是单向路径的沟通模式,可能效果不一定会好。那么,是不是可以开一场案例调研的汇报分享大会,让各个案例小组团队彼此之间都能有相互的学习和分享,而且也可以有专家的点评?有同事提出,要不,我们也模仿现在比较流行的比赛模式,来一场关于 MBA 案例的校园 PK 赛?以赛促学、以赛促教,结合当前年轻人喜欢互动、喜欢 PK、喜欢尝试的特点,这一思路最终得到了大家的一致认同。

(二) MBA 案例校园 PK 赛的赛制模式设计

接下来我们反复优化,制定了具体的 MBA 案例校园 PK 赛的赛制模式,整体框架如下。

(1) 在现有的各 MBA 案例小组所提交的报告中进行初选,除去少部分案例报告确实比较差的,原则上大部分的案例报告小组都能够进入到 PK 赛环节,以确保参与过程的普及性;比赛日程安排提前半个月左右的时间通知各个参赛小组,便于各个参赛小组进行相应的准备。

(2) 每个参加 PK 的小组均需依据其案例报告制作比赛专用的 PPT,所有参赛小组的案例报告汇编成册,发送给每个参赛小组进行提前学习和了解,这也是一个分享交流的过程。

(3) 比赛采取两两结对 PK 的方式进行,赛前提前一小时进行抽签,决定 PK 对手,增加比赛的难度和挑战性。

（4）比赛流程采取比较通用的形式，首先是一方陈述主题，另一方提问并辩论；然后是另一方陈述主题，对方进行提问和辩论；接下来分别是在场观众的互动提问环节，然后是专家评委的提问和参赛小组的答辩环节，并由专家评委进行打分；最后会有一个评选和颁奖环节，包括专家总结点评，以及最后的优胜获奖小组代表的发言。

（5）同样，我们为每个参赛小组依然安排了相应的比赛指导教师，为其 PK 赛参赛过程进行全程的指导和辅导。

（三）PK 赛的保障与辅助措施

为了鼓励更多的 MBA 学员积极参与，避免这场 MBA 案例校友 PK 赛变成少数参赛队员的个人秀场，我们还从制度设计上加以保证。一方面，我们将参与 PK 赛过程追加纳入各个小组的案例调研编撰项目的考核当中作为考核标准之一，对 PK 赛表现优异者按照一定规则标准给予一定的学分奖励；另一方面，我们把现场观摩 PK 赛纳入 MBA 课外综合考评项目之列，现场观摩 MBA 案例 PK 赛可以视为参加一次学术报告讲座，可以完成相应的学分任务。

这一系列的制度设计和安排，我们主要着眼于：①推动和吸引更多的 MBA 学员参与；②提升案例 PK 赛的品质内涵，把这个比赛办成一次高质量的行动学习体验和互动交流式学习活动；③在形式和过程方面契合当代年轻人群的心理和兴趣，提升他们的参与感、体验感和满意度。

南京理工大学 2021 年"紫金 MBA 案例大赛"

五、大众普及与精英选拔并行

（一）关于因材施教的进一步反思

着眼于大众参与的 MBA 案例校园 PK 赛获得了预料之中的成功，事后的调研反馈也表明大多数学员认为这样的学习交流方式形式生动活泼有趣，PK 赛中所获得的知识面广、信息量大、整体学习效率高，也比较符合MBA学员个人的兴趣偏好，而且在这个过程中，也加深了MBA学员彼此之间的相互了解，还激发出了部分MBA学员的潜能，让其同班同学刮目相看。

无形之中，这样的效果也在一定程度上达到了我们所期望的MBA教学能够因材施教的目标，但MBA教学的因材施教目标并不仅限于此。面向几乎全体MBA学员所进行的案例PK赛在一定程度上能够实现对于部分较为优秀学员的高标准的培养要求，但这仍然只是比较有普及意义的，并不能真正满足那些更优秀学员的学习发展的要求。

（二）精英选拔培养的思考

近年来，在全国兴起了各种管理类的竞赛或挑战赛，其中也不乏针对研究生包括MBA学员的赛事活动。我们有了上述的MBA案例校园PK赛的经验，就可以很容易地从中选拔具有发展潜力的优秀学员去参加这类的工商管理赛事活动。实事求是地说，MBA学员的学习目标呈现多元化分散的特点，MBA学员彼此之间的能力水平相差也比较大，而且MBA学员普遍属于在职学习，职业岗位的差异也导致各自可用学习时间模式的差别，所以即便是有能力、有意愿参加更高层次的管理赛事活动的MBA学员，也不一定有充足的时间来参与。而我们的MBA学员经历了前面的MBA案例校园PK赛之后，一方面展现和提升了各自的能力，另一方面也得到了参与此类比赛的经验，对于自身如何合理安排时间也有较好的经验，所以就便于我们从中组织选取能力强、意愿足、时间充分的MBA学员来参加这样的比赛。

当然，精英选拔不仅是对个别学员的重点培养，也是对其他学员的激励和启发，我们注重对赛事活动进行宣传和总结，并适时灵活地组织参赛队员进行参赛总结汇报分享，这也相当于以精英选拔参与赛事活动反哺支持大众普及层面的MBA教育。

六、总结与展望

我们的MBA案例教学发展实际上是基于对MBA学员不断的教学调研与反馈，在实践中一步一步摸索，不断改革创新，一路走来，到现在大体上形成了一套MBA案例教学的模式，这种模式以行动式教学理念为指引，以多元化的学习体验为核心，循序渐进，步步推进，既注重针对所有MBA学员的普及性教育，也考虑到适应于部分MBA精英学员的因材施教的发展提升要求，并力求做到两者的平衡与互补，更重要的是我们要求MBA学员以"干中学"的理念，投身到实际的经济管理当中，结合中国国情，把工商管理的案例写在祖国的大地上，真正培养出适应于中国经济发展的企业管理精英人才。

到目前为止，我们的MBA案例教学取得了较好的效果，但我们还有更多的工作需要去完善和提升，包括案例师资的培养，相关制度与规则的优化，运作流程的改进，以及来自学校和学院的配套支持，等等，乃至包括更多的人力的投入。

展望未来，一切都会更美好！

第二十六章

商以富国，公能日新：
南开大学 MBA 教育的探索与深耕

袁庆宏[一]　杨玉武[二]　李　季[三]

"商以富国"，是南开大学创立之初设文、理、商三科，并逐步确立"文以治国，理以强国，商以富国"办学理念之时，对商科办学理念的高度概括，体现着南开大学创始人经世致用、实业救国、教育兴国的教育初心，也是南开大学创始人对兴办商科教育（或称管理教育）的根本目的和社会意义做出的独特回答。

"公能日新"，是对南开大学校训"允公允能，日新月异"的简略表达。"允公允能，日新月异"是南开大学创办人严修先生和老校长张伯苓先生共同制定的，是南开大学办学理念的凝结和治校传统的升华。所谓允公允能，是强调既有公德又有能力，即德才兼备。张伯苓先生的本意是要使南开大学的学生具有"爱国爱群之公德，与服务社会之能力"。所谓日新月异，是希望受教育者不但要能接受新事物，而且要成为新事物的创始者；不但要能赶上新时代，而且要能走在时代的前列。

南开大学的 MBA 教育是南开大学商科教育的重要组成部分，是南开大学百年商科的繁茂大树上开出的生机盎然的新花。作为国内首批九所 MBA 项目试点院校之一的南开大学，其 MBA 教育也是中国 MBA 教育 30 多年发展的一个缩影。南开大学 MBA 教育，传承南开大学百年商科之底蕴，秉承"商以富国"之理念，将公能教育的精神深深融入 MBA 教育的培养目标和培养过程，经过南开大学商科人的不断探索和锐意创新，把南开大学发展成为我国学科齐全、特色鲜明、成果丰硕的工商管理人才的重要培育基地，30 多年来已为社会培养工商管理硕士超过 8 000 人。下面对南开大学 MBA 教育持续探索与深耕的特色进行梳理。

[一] 袁庆宏，南开大学商学院专业学位教学中心主任，教授，博士生导师。
[二] 杨玉武，南开大学商学院企业管理系讲师。
[三] 李季，南开大学商学院企业管理系副教授。

一、根植百年商科底蕴，"商以富国"铸魂 MBA 教育

（一）秉承创始人教育初心，孕育 MBA 优良基因

选择一所大学，大家要看它长期的资源积淀，要看它深厚的人文底蕴、综合学科的整体优势，以及它与时俱进的创新能力。历史悠久、底蕴深厚的百年南开，正是这样一所学校。南开大学在建校之初就创立"文以治国，理以强国，商以富国"的办学理念，并坚守至今。

百年南开，百年商科。南开大学 1919 年成立时，就设文、理、商三科，逐步确立了"文以治国，理以强国，商以富国"的办学理念。1923 年，南开大学设立了普通商学系、银行学系和会计学系，开设经济学原理、会计学、货币与银行、商业地理、公司理财、商业组织与管理、广告学等 30 门商学课程。1924 年，学校做出规定，商科学生毕业论文必须选择中国问题。同年成立的南开大学商学会以"研究吾国商场需要、出产品质、顾客心理、商事习惯……学理与事实并重"为使命，"知中国，服务中国"的办学宗旨深植于南开大学商科教育之中。

百年商科，这是一份厚重的历史积淀。为了探索工商管理的课程体系和人才培养模式，探索工商管理学术研究的路径，无数学者付出了辛勤的劳动，给后人留下了宝贵的财富。20 世纪 20 年代学科初创时，美国耶鲁大学经济学博士何廉教授回国任教，为南开大学商科学生开设公司理财课程，并积极致力于商学及经济学课程的中国化和合理化建设；抗战南迁之时，美国伊利诺伊州立大学社会学博士陈序经教授曾主持以南开大学商科为基础组建的西南联大法商学院，使商科薪火得以相传。这些大师们的思想和努力，都凝结在南开大学百年商科历史中。这段历史激动人心，也成为日后支撑南开大学 MBA 教育发展的深厚底蕴。

（二）改革开放之初率先恢复商科，夯实 MBA 教育的现实根基

改革开放之初，南开大学在全国率先恢复管理学科。1980 年，南开大学授命陈炳富教授担当恢复南开大学商科的创始人，筹备建立企业管理系。陈先生发扬光大"商以富国"的理念，提出要创建具有中国特色管理学理论和实践的历史使命，与众不同地把南开大学管理系定名为管理学系，系统提出了理论与实践相结合、定性与定量相结合、古今相结合、国内外相结合的教研指导思想和"智圆行方"的育人理念。伴随中国经济的复苏发展和腾飞，南开大学商科在师生共创和坚持不懈的教学科研攻关中，由小到大，由大到精，逐步形成国外先进经验与中国国情相结合，民族精神、民族文化与成功管理实践相结合的管理教育体系，造就、培养和指导了一大批中国自己的管理学者和实践专家。这些发展成果为南开大学在 20 世纪 90 年代初期的 MBA 兴办和迅速壮大，奠定了学科思想、课程体系和师资队伍的现实基础。

（三）参与中国 MBA 模式探索与设计，持续走在管理与创新前沿

MBA 项目是南开大学商科教育的重要组成部分。南开大学既是中国 MBA 教育的先行倡导者，也是积极参与者。

南开大学恢复商科以后，高度重视并积极探索专业学位研究生教育工作，在 20 世纪

80年代初期就尝试引进北美MBA教育项目。早在1983年，南开大学探索的中国与加拿大MBA项目合作方式，被称为"南开—约克模式"受到各方重视并加以推广，由此开创了中国MBA合作办学的先河。

南开大学积极参与中国MBA办学模式的设计。长期任教于南开大学的钱荣堃（1917～2003年）先生，在20世纪90年代初被国务院学位委员会指定为MBA项目论证召集人，主持我国MBA学位模式的设计。1991年，"全国试办MBA学位协作小组"的第一次会议在南开召开。1991年，中国开始设置和试办专业学位教育之时，MBA教育成为中国第一个专业学位教育项目，而南开大学是中国MBA教育首批试点的九所学校之一。

二、秉持"公能"精神，注重培养全面发展的MBA精英

（一）"知中国，服务中国"，以"公能"精神融入育人全过程

创办之初的南开大学，秉承教育救国的理念，在办学思路上力求结合本土文化和西方文化的优长，解决中国的实际问题，既不"全盘西化"，也不盲目保守。1928年以后南开大学推行的"土货化"改革便体现了这种价值取向。张伯苓主持制订的《南开大学发展方案》中提到"已往大学之教育，大半'洋货'也"，指出今后南开大学发展的基本方针是"土货化"，即建设"以中国历史、中国社会为学术背景，以解决中国问题为教育目标的大学"。这种基于本土创新的战略调整，让南开大学办学、研究气象焕然一新，取得了更大的成就。所谓"知中国，服务中国"，只有充分了解国情、从现实出发才能推进改革，促成实质性的进步。可以说，在南开大学，"土"是一种精神，"土"的精神就是"公能"精神。南开大学创始人的这些理念和经验，也在南开大学商科教育的长期发展中得到充分体现。

2019年年初，南开大学建校百年前夕，习近平总书记视察南开大学时，充分肯定南开大学爱国奋斗、公能日新的光荣传统和办学方向。南开大学商学院以"培养服务中国、影响世界的商科精英，发展面向实践和未来的管理知识"为使命，MBA教育坚持"允公允能，日新月异"的校训，目标定位"配合国家发展战略，以京津冀为重心，涵盖高铁四小时达及的区域市场"。

（二）重视通识教育，关注学员继续成长能力的养成

MBA教育的培养对象是一批在社会和经济领域中有着高示范性和影响力的群体，学员年龄较大较成熟并已形成相对稳定的价值观体系。MBA教育要培养具有"公能"精神、高度社会责任感的商业精英，而不是培育单纯追求企业利润和个人财富增长的精致的利己主义者。"公能"教育需要对于学员们的更本原的能力层和更深刻的价值观等有所触动，并产生积极有效的引导。

从1991年正式开办MBA教育项目以来，南开大学针对MBA培养群体的特殊性，围绕"立德树人"培育宗旨，抓住全面提高人才综合能力这个重点，持续进行一系列创新性探索。南开大学发挥自身的文理综合的学科优势，强调MBA人才培养中的通识教育，拓宽学员的思维宽度，提升学员的文化认知能力、历史认知能力和科学认知能力的水平，鼓励学员创新性思维和批判性思维的养成。注重的不是学员毕业前后年薪与职务的进阶，而是其完成

学业以后的继续成长能力,包括终身学习的能力、自我批判的能力、真正的自省能力等素质的养成。例如,商学院苏宜教授展示的"天文之美",让同学们感受到"天文奥秘中闪耀出的人类理性光芒",从而使"心灵体验到一种极度的充盈";而哲学院阎孟伟教授讲授的"论科学文化与人文文化",介绍文艺复兴时期已有萌芽而工业革命之后相互对峙的两大派别,引发同学们对于与自然生命相对应的价值生命的深刻反思。MBA 中心通过对于毕业校友的持续追踪,关注那些已经在企业实践中取得成绩后还能继续做出贡献的校友,来验证 MBA 教育对于人才继续成长能力培养的真实效果。

(三)凝练商学院使命,确立呈现"南开品格"的 MBA 培养目标

传承南开大学历史,突出优势和核心能力,关注经济社会转型所带来的重大变化和环境因素,南开大学商学院在使命提炼过程中,突出"南开精神(Nankai spirit)""创造与创新(creativity and innovation)""责任(responsibility)"和"领导力(leadership)"等关键词,最终将使命确定为"引领创新,服务社会,培养允公允能的管理精英",南开大学 MBA 中心是这一使命的集中体现者和率先践行者。

南开大学 MBA 项目精心设计了自己的培养目标,是"培养具有深厚人文素养和竞争气质的 LEADER 型管理精英"。LEADER 型人才是对 MBA 学员能力的要求,具体含义包括:通过培养学员持续的学习能力(learning)、不懈创新的探索精神(exploration)、把握先机的行动理念(action)、追求卓越的持续动力(development)、坚毅果敢的执行能力(execution)、勇于担当的责任意识(responsibility),来达到培养商界管理精英的目标。

南开大学 MBA 教育的培养目标是:要求学员通过 MBA 阶段的学习,最终要在意识品格、行为标准、领导力以及专业管理技能等方面得到全面提升。具体体现在:着力培养 MBA 学员厚重的人文素养和科学精神;培养学员以国家、社会发展为己任的社会责任意识和伦理精神;开发善于求索的终身学习能力和领导能力;尊重个性发展并发挥南开大学学科优势,培养学员在某个或某些专业领域的专业管理技能。

与上述培养目标和能力相匹配,南开大学 MBA 教育通过一系列具象情境和细微安排,嵌入到招生宣传、前期面试、入学教育、课程培养、论文指导、毕业答辩,以至于毕业后持续互动的全过程之中。

三、探索 MBA 教育规律,构建高质量培养支撑体系

南开大学 MBA 项目的质量保证体系,是以其明确的商学院使命与愿景、敬业优质的师资团队建设,以及稳定高效的 MBA 项目组织与服务模式为基础的。

(一)理论研究与实践应用之间的知识旋转门

MBA 教育是商学院各成分中最接近实业界的桥头堡,也是最可能充分汲取实业界宝贵实践经验的转换池。成功的 MBA 教育活动应该与成功的商学院科研活动相辅相成、相得益彰。一方面,优秀管理者长期积累的实践经验、独特见解和深邃洞察,是提炼管理理论的宝贵矿脉;另一方面,理论工作者有着各不相同的学术背景,善于汇集和运用厚重理论知识,

透视和分析现实问题。在实践知识和理论知识都在快速增殖的时代背景下,两种人群和两种知识需要高度的对流与交融。为了发展管理理论,我们需要推动知识的旋转门。

南开大学 MBA 项目的创新探索是推动管理知识旋转门的运行。所谓管理知识旋转门,是指为管理学者和实践者共同搭建管理理论与实践的互动共创平台,倡导管理实践者(广义上包括案例企业管理者、学员的实践导师、毕业生中的校友导师)加入管理知识的"创造与应用的共同体"。

推动管理学的知识旋转门,需要管理实践者和理论工作者都放下成见,消除认识隔阂,进行深度交流,实现知识共振、知识共创、知识共融。MBA 教育更像一个合作转换平台,这个平台促进了理论与实践的转换成长,促进了教师与学生之间的共同成长,也促进了学生和学生之间的互促成长。南开大学 MBA 项目的一系列教育方式创新,正是在此发现下催生的。知识旋转门效应,对于开展 MBA 项目的研究型大学商学院,意义应该更加明显。

(二)国际视野与本土实践之间的互动统一

从南开大学创立之初倡导洋为中用的"土货化",到改革开放以来践行的"四个结合",再到探索国际 MBA 教育为我所用的"南开-约克"模式,最后到中国 MBA 教育创办以来结合自身优势与特点的 30 多年持续深耕,南开大学的 MBA 项目一直注重国际视野与本土实践之间的互动探索,既能积极对标国际先进标准,参与主流国际认证,又能结合中国国情,扎根中国大地,发挥自身优势,呈现出富有南开大学商科特色的 MBA 教育体系,如图 26-1 所示。

对标国际标准	扎根中国大地	发扬南开大学商科特色
深化 AACSB 国际认证,持续优化学习质量保证体系(AoL)	以问题为导向,培养学生知中国、服务中国的能力	培养服务中国、影响世界的商科精英 发展面向实践和未来的管理知识
持续深化国际联合办学 提升中加国际会计项目 推进中法电子商务项目 提升国际师资/学生比例	坚持爱国主义教育 聚焦中国现实问题 加强社会实践调研 深化校企联合教学	商科金专计划:国家(省部)级一流本科专业 商科金课计划:国家(省部)级一流课程 专业方向融合+控制规模+职能整合+专业淡化 商科研究生培养质量提升工程 选拔非商学院学生攻读商科专业 面向校内外学员开办创新创业班

图 26-1 构建以 MBA 教育为核心的南开大学"新商科"培养体系

在对标国际标准方面:南开大学商学院在通过"中国高质量 MBA 教育认证"之后,先后通过 AACSB 认证和 AMBA 认证,为南开大学的 MBA 教育质量的提高提供了体系保证,成为高质量保证的重要背书。2021 年 9 月,南开大学商学院收到国际 MBA 协会(AMBA)发来的 AMBA 再认证证书,宣布南开大学商学院正式通过了 AMBA 再认证,成为南开大学 MBA 教育国际化发展的又一标志性进展。

在扎根中国大地方面:南开大学 MBA 教育鼓励教师们积极面对管理实践中涌现出的新现象、新问题,鼓励青年学者扎根实践做研究。企业管理系王迎军教授直言"学者应致力于服务中国",他认为"知中国、服务中国"就是真正去研究中国的问题,但研究中国的问题不等于一定要去搞某种"中国的"理论或学派,而是应该致力于为中国企业服务。市场营销系许晖教授长期致力于中国本土企业案例研究，她的研究不是停留在企业经验总结和宣传层面的，而是侧重于提炼出实践背后的理论逻辑，以利于建构理论和向世界讲出中国故事。由许晖教授牵头，在南开大学商学院举办的"高质量案例开发研讨工作坊"，邀请包括来自北京大学光华管理学院案例研究中心等单位的多位同行教授和博士生，共同就"案例开发经验交流和共同案例开发合作"等内容展开深入探讨，为进一步推动中国本土案例研究质量提升，提炼有中国特色的管理理论和方法，积极做出自己的贡献。

（三）师资队伍与教学能力之间的动态匹配

加强体制建设与制度建设，为专业学位发展提供保障。健全质量保障体系建设、保障培养质量。定期修订培养方案，调整课程体系。南开大学MBA教育2002年在国内首倡"双导师制"，即在校内有一支较强的师资队伍，在校外再聘请有学识、有经验、有业绩的成功企业家或管理者做兼职导师。成为当年我国MBA教育制度的一项创新之举，解决了我国MBA培养中一直存在的"由不会赚钱的人教人家怎么赚钱"的难题。校内外"双导师"，以校内导师指导为主，校外导师参与实践过程、项目研究、课程与论文等各个环节的指导工作。

为保障任课教师的教学能力和教学质量不断提升，MBA项目实施全过程的师资教学反馈和能力培养制度，包括：加强教师持续培训以提高教师教学能力；建立学院领导干部听课制度；授课效果学生评价制度；"我最喜爱的MBA教师"评选制度；等等。以鼓励和促进MBA教学质量长期、稳定、规范地推行。

加强实践基地的建设与管理，为学生职业发展搭建平台。不断探索"产教融合，协同育人"的培养模式，积极构建市、校、院三级联合培养基地，采取有效措施积极推动专业学院开展与国内知名行业和企业的联合培养，制订实践基地与专业实践管理规定，将专业实践纳入培养方案必修环节，大大提升了专业学位研究生的实践应用能力。

（四）丰富多彩而有南开大学特色的课程体系的锤炼

MBA学员都有比较丰富的工作阅历，怀着明确的职业发展需求、带着管理一线鲜活问题来学习。南开大学MBA项目的教学设计针对学员特点，不断尝试和创新，迭代出具有自身特色的丰富课程体系。

整个教学体系的设计目的是拓宽思维，学习系统的商业管理知识体系。以涉及20多个主流行业、200多个管理岗位的丰富情境和案例，开拓学员们的行业视野，并让他们了解经典商业案例背后的逻辑，获得启发；运用典型国际企业案例，开展国际交流和组织海外课堂，帮助学员们获得更广阔的国际视野。

在由先导课、核心课、选修课组成的课程体系中，先导课是在正式进入课程学习之前开设，注重工商管理学科属性的识别、批判性思维的植入、基本管理职能的统括、管理思想史观的引导等，为正式课程的学习奠定整体认知基础；核心课是以培养学员的管理基础、分析基础、管理素质等为目的，保证学员的管理知识体系的重要维度中不留基础上的"短板"；选修课是结合与学员工作最密切的领域，鼓励学员们结合自身未来职业规划，选择自己感兴趣的专业课程，以最大限度帮助同学们拓展自己职业的"长板"。

而支撑以上课程体系的，是一系列的丰富多彩特色课程，是知识旋转门效应的充分体现：体验性和实践性课程，既有"请进来"，也有"走出去"；行动学习与嵌入课程，强调相互启发与合作指导式的学习；"知识+"系列讲座，专为增强知识的体系化而设立；微学习体验课程，是突显学生的课堂学习与职场感悟的相互作用；实战案例顾问课程，是由案例讨论来剖析管理情境；卓越企业教练课程，则是与真实企业的高管人员合作，共同创立实用型新知。

四、引导学生参与共建和参与发展，实现价值共创

学生参与共建一直是南开大学 MBA 项目的优势和特色。30 多年来南开大学 MBA 项目一直致力于建设一种沟通畅通高效的学生团队，MBA 联合会、专硕学生联盟等充分发挥其沟通优势，对于 MBA 品牌提升产生积极的多重复合效应。

（一）长期注重学生联合会的组织建设，是提升 MBA 品牌的群众基础

南开大学 MBA 联合会（Nankai University MBA Union），是由南开大学 MBA 学生组成的非营利性学生组织，接受南开大学专业学位教育中心指导。南开大学 MBA 联合会薪火相传，迄今已传承 26 届，一直是增强学员凝聚力的重要平台。MBA 联合会代表了全体 MBA 学员的利益，通过举办专题讲座、社会实践、文娱体育活动，MBA 联合会加强了与社会各界特别是企业界的广泛联系，成为学校与 MBA 学员之间的关键桥梁和纽带。为了更好地发挥南开大学 MBA 联合会的桥梁作用，加强学生之间的交流和联系，自 2020 年起，南开大学 MBA 联合会开始组织建立 MBA 在校学生各行业俱乐部，通过成员之间学习专业知识，分享职场经验，解析实际案例，把行业俱乐部打造成 MBA 学员拓展人脉、提升实践能力的"第二课堂"。行业俱乐部具体活动包括：专业论坛、读书分享、职场沙龙、案例讨论会等。同时，2020 年设立"专硕学生联盟"，加强各专业融合。三十多年来南开大学 MBA 学子的身影一直活跃在众多赛事的领奖台上："尖锋时刻"商业模拟大赛全球总冠军、国际企业管理挑战赛中国区一等奖、高校 MBA 创业企划大赛决赛特等奖、全国管理案例精英赛一等奖、亚洲商学院沙漠挑战赛沙鸥奖（连续 6 年）、全国十大联合会荣誉称号（蝉联多年）等。创办了京津冀国际文化节、各类体育交流赛、金融投资模拟赛、管理咨询服务站、助学帮扶公益活动等品牌活动，为学生在校期间提供了丰富的交流锻炼平台。2005 年南开大学承办的共商中国 MBA 学员的联合发展之道和中国 MBA 教育的未来之路的"第六届中国 MBA 发展论坛"，是真正由 MBA 学员组织、策划、实施的一次盛会，展示了南开大学 MBA 学生高度的自我管理和积极参与能力。

（二）鼓励学生参与教学改进和管理优化，是提升 MBA 品牌的制度保证

学生参与治理是南开大学 MBA 项目的优良传统。MBA 学生参与治理是通过学生自己的组织——MBA 联合会进行的。MBA 学生在学习过程中，对教学、教育管理、课程设置等方面存在的问题，可以向 MBA 联合会提出建议，然后由 MBA 联合会向包含 MBA 项目在内的商学院专业学位中心反映。专业学位中心接到反映后，对教学和教育管理方面存在的问

题在经过调查分析后会采取措施加以改进，对课程设置提出的合理建议，会向学院学术委员会提出改进建议和方案，由学院学术委员会最终审定批准。学生参与是MBA教学体系不断完善、MBA品牌质量不断提升的重要制度保证。而高素质的学生群体、高质量的联合会组织，以及高效率的服务管理体系是保证学生参与治理最终效果的基本前提。

（三）引导在读学员与优秀校友精彩互动，是提升MBA品牌的有力抓手

历经30多年发展，南开大学商学院MBA项目累计培养校友8 000余名，广泛分布于金融、制造、教育、科技和信息服务等行业，任职于政府机构、国有企业、民营企业、外资企业和各类社会组织，成为推动国家和区域的经济、社会、文化发展，向世界传播商业文明的重要力量。构建了学校服务助力校友成长、校友参与支持学校发展的共建互助的校友网络。以MBA校友会为中心，金融投资、智能制造、创新创业、女性发展、营销管理五大行业委员会，跨界联动交互赋能，设计组织了大量精彩校友活动，如校友发展论坛、组织建设研讨会、北京校友年会、女性发展的年会已经成为校友期待的经典性、代表性品牌活动；金融投资行业的"金融月"讲座、"天团导师工程"，智能制造行业的"智能制造月"和"管理商慧线上沙龙活动"获得好评；"智行者"户外兴趣组、足球兴趣组已经在天津地区形成品牌效应；校友导师计划获得校友和在校生的普遍支持和赞誉。

通过各类活动反哺母校教学科研，促进校友之间、校友和母校之间的交流、互动、分享、合作，服务和助力校友获取新知、拓展事业、创新创业、创造价值、幸福生活，持续提升南开大学MBA品牌的竞争力和影响力，合力打造共鸣、共振、共融的南开大学新商科。

五、蓄力未来，砥砺前行，聚力新时代中国管理实践

我国的MBA教育已经走过30多年辉煌历程。南开大学MBA项目也有幸伴随国家MBA事业的蓬勃发展，一路探索与深耕。面对世界百年未有之大变局，面对中国社会与经济飞速发展的新时代，面对令人振奋的实现中华民族伟大复兴的中国梦，我们在总结中国MBA教育30多年发展历程的同时，应该更多思考中国MBA教育的变革与创新问题，更具有前瞻地探索中国MBA教育的未来之路，为此，需要更多地了解MBA教育的来路与发展，洞悉商学教育的嬗变过程。

时代还在赋予商科教育更新的任务。面向未来，中国商学院及其MBA教育如何以严谨的研究来深挖管理实践智慧、"译码"管理实践逻辑、创新知识和研究工具，更加广泛地探索以MBA教育为启示的专业学位研究生教育的整体性规律，更加深入地推进管理理论与管理实践充分结合和完美互动，更加坚定地走出一条"服务中国、影响世界"的MBA教育之路，这应该是我们管理学者现在就开始深思的重大课题。

参考文献

[1] 崔国良．张伯苓教育论著选[M]．北京：人民教育出版社，1997．

[2] 梁吉生．允公允能日新月异：南开大学校长张伯苓[M]．济南：山东教育出版社，2003．

[3] 白长虹.推进管理知识旋转门[J].南开管理评论,2018,21(2):2.

[4] 白长虹.面向实践的管理学研究转型[J].南开管理评论,2020,23(2):2-3.

[5] 王迎军,陆岚,崔连广.实践视角下的管理学学科属性[J].管理学报,2015,12(12):1733-1740.

[6] 白长虹.管理创新的实践逻辑[J].南开管理评论,2020,23(5):2-3.

[7] 明茨伯格.管理者而非MBA[M].杨斌,译.北京:机械工业出版社,2005.

[8] 陈建强.改变理论学习与实践训练脱节倾向:南开大学首创MBA双导师制[N].光明日报,2002-04-15.

第二十七章

面向中国智造的"管工、校企、国际"三位协同的复合型人才培养：

基于中国全球运营领袖（CLGO）项目的培养模式

刘少轩[一]　罗　俊[二]　董　明[三]　陈晓荣[四]

一、项目背景

（一）经济发展亟须高品质人才

制造业是实体经济的主体，是城市能级和核心竞争力的重要支撑，"十四五"规划中提出：提升产业链供应链现代化水平，推动制造业优化升级，深入实施制造强国战略。上海处于长三角地区，是我国重要的近代工业发祥地之一。改革开放以来，上海积极适应经济全球化趋势，承接国外发达国家和地区的产业转移，制造业规模得以快速发展扩张并实现了跨越式发展。同时，上海深受国际著名制造业公司、国际金融公司的青睐，多年保持对外贸易额增长迅猛，对外贸易活动频繁的态势。面向全球、面向未来，制造业深刻认识到服务建设制造强国战略的重要性和紧迫性，市场对制造业人才所应具备的技能和素质也提出了更高的诉求。

（二）MBA 教育亟须改革创新

我国 MBA 教育发展迅速。1991 年，国务院学位办批准 9 所国内高校开展 MBA 教育试点工作，截至 2005 年，已有 96 所学院设立 MBA 学位，全国院校累计招收学生超过 11.5 万

[一] 刘少轩，上海交通大学安泰经济与管理学院副院长，教授，博士生导师。
[二] 罗俊，上海交通大学安泰经济与管理学院 CLGO 项目主任，教授，博士生导师。
[三] 董明，上海交通大学安泰经济与管理学院教授，博士生导师。
[四] 陈晓荣，上海交通大学安泰经济与管理学院副教授。

人。尽管我国 MBA 教育取得了较快的发展，但与世界一流商学院 MBA 的培养仍存在一定的差距，具体表现为：在课程体系设计上，具有明显的"进口"特征；在教师资源上存在"先天不足"的匮乏；在教学方式上，课堂书面教学比重大，实践教学比重低；等等。因此，面对日益激烈的国际化竞争，基于当前国内 MBA 教育的现状，积极探索具有中国特色的创新的 MBA 教育形式，是现阶段的首要工作。

（三）国外一流院校的成功案例

面对高品质、复合型人才的需求，西方院校已经做过一些探索：哈佛大学商学院开创了将现实中的问题带到课堂，以实际案例为中心，围绕一个教学目标开展的案例教学法；斯坦福大学商学院充分利用地处硅谷中心的优势，积累了丰富的创业经验，开拓了独一无二的课程体系；麻省理工学院管理学院、工学院以及企业三方联合创办的"全球运营领袖"（LGO）项目，培养了包括波音、亚马逊、伟创力等世界著名企业的制造运营领袖人才在内的数百名优秀毕业生，该项目在北美乃至全球颇具影响力。

（四）地利人和的办学契机

上海交通大学地处国际化大都市上海，所在地区有大量的外资和本土的制造业，这有利于开展学校和企业之间的紧密合作，为学生提供实践机会。同时，上海交通大学具有强大的理工科背景，机械、航天等多个学科排名都位于前列，同时安泰经济与管理学院一直稳居中国商学院的第一方阵，拥有全国顶尖的生源和一流的教学科研团队。因此，基于国外一流院校的成功案例，结合上海交通大学在工程和管理领域的学科优势及特色，安泰经济与管理学院着力培养精通工程管理理论与实践相结合的、具有卓越领导才干的全球运营精英。

二、项目介绍

（一）项目概况

2007 年，上海交通大学安泰经济与管理学院和美国麻省理工学院（MIT）斯隆管理学院联合创建了中国全球运营领袖（China Leaders for Global Operations，CLGO）项目，该项目采用 MIT 久负盛名的"全球运营领袖"（Leaders for Global Operations，LGO）项目的模式，是中国首个培养高端运营管理人才的跨学科、全日制的 MBA 项目，也是 MIT LGO 项目在海外的唯一合作项目。本项目借鉴国外院校的先进模式并结合中国国情进行设计，得到了著名跨国企业和中国本土企业的支持，致力于为中国乃至全球运营领域培养精通技术、深谙管理、具有全球化视野，同时对中国市场环境有深刻理解的领军人物。

自 2007 年 GLGO 项目成立以来，经过十余年的研究和探索，CLGO 项目在国内率先建立并完善了跨学科复合型人才培养体系，覆盖工商管理、管理科学、机械工程、电信工程、物流等多个学科、多个方向（如工业工程、项目管理等）。其培养模式包括以下环节：20 门以上课程的学习、全程领导力训练、6 个月的合作企业实习、短期企业咨询项目、企业实地访问、专业论坛和毕业论文。

近年来,在全球经济"换挡提速"期,CLGO 项目围绕"中国智造"的国家发展战略,按照"纵横交错、知行合一"的学院发展方针,积极开展了与行业研究院、行业社群班等多角度合作形式,深化了同机械与动力工程学院、电子信息与电气工程学院多维度的合作关系,开拓了与中美物流研究院多形式的合作关系,调整升级了 CLGO 的培养方案,增加了课程互选与项目交流环节,使项目保持与时俱进地,可持续发展。

(二) 项目内容

CLGO 项目内容包括:学制与学位、课程体系与师资、实践教学、国际合作、管理制度。

1. 学制与学位

CLGO 项目学制为:前三个学期集中授课 + 第四学期企业 I-Plus 实践项目 + 第五学期学位论文写作与答辩(见图 27-1)。修满规定学分、课程考试合格并通过学位论文答辩的学生,经由学校审核批准,将被授予:

- 上海交通大学工商管理硕士(MBA)学位证书;
- 上海交通大学研究生毕业证书;
- 上海交通大学 MEM 第二学位(需申请并符合培养规定要求);
- 麻省理工学院全球运营领袖项目学习证明。

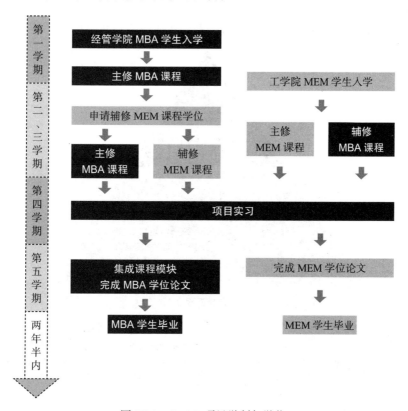

图 27-1　CLGO 项目学制与学位

CLGO 项目从 2006 年起对外招生，第一届学生于 2007 年 9 月正式入学。2007～2021 年累计招录 500 余名学生。

2. 课程体系与师资

CLGO 项目课程体系是基于 MIT 斯隆管理学院定制的前沿课程，该课程体系结合中国国情和多学科交叉的特性而设计，注重培养学生的高素质道德情操、全球化视野以及同管理科学与工程结合的综合运用能力，现延伸发展为多学科交叉层次化课程体系，具体包含八大板块，涵盖基础课程、综合课程、领导力三大主题。CLGO 项目师资力量雄厚，由多元背景的校企结合组成，且授课老师和项目管理人员曾赴 MIT 参加培训，以保障 CLGO 的教学与国际接轨。

（1）多学科交叉层次化课程体系。CLGO 项目课程学习包含八个模块：公共基础课、MBA 基础课、MEM 基础课、领导力系列课程、特色与综合模块、专业前沿课、MBA 选修课和 MEM 选修课。

CLGO 项目多学科交叉层次化课程体系体现了以下三个主题，具体如图 27-2 所示。

- 基础课程：这一主题涵盖成为具有国际视野的制造运营领域高端复合型应用人才所必须掌握的管理和工程基础知识及基本技能。
- 综合课程：这一主题是工程和管理两大学科领域理论与实践的融合，体现 CLGO 项目的创新培养理念，即未来高层次复合型应用人才必须具备工程和管理的整合能力。创新的多学科交叉层次化课程设置并非工程类课程与管理类课程的简单叠加，而是两者的深度融合，互为补益。
- 领导力：这一主题的内容是通过能力培养、实践磨炼和回顾总结，提升学生领导力。

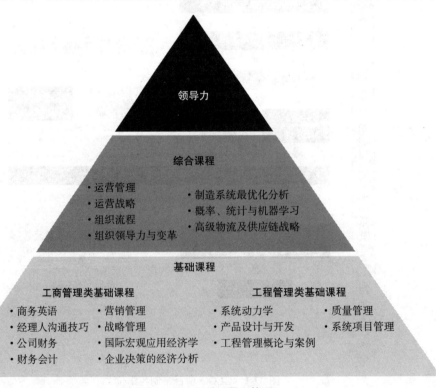

图 27-2　CLGO 项目课程体系

为适应时代发展的需要，配合项目的发展，紧扣合作企业的实际发展需求，CLGO课程设置不断优化更新。

第一，从重点培养传统制造业人才拓展延伸到培养服务型制造业人才，开展了供应链数字化转型方面的一系列活动，具体包括：举办以"新常态下的全球运营变革"为主题的安泰交响论坛，聚焦数字化供应链前沿领域；新开设"大数据与管理决策""机器人学导论"等选修课程。

第二，增设物流方向课程，包括"智能制造与工厂物流""智慧物流""供应链金融与区块链"等。深化物流方向的研究和实践，在I-Plus实践项目中，引进相关行业研究团队的教授，合作指导学生实习。

第三，增设人工智能方向选修课，包括"大数据与互联网思维""人工智能""移动互联网前沿技术"等。

基于现有的多学科交叉层次化课程体系，紧密结合全球市场的发展，CLGO课程未来也将充分考虑课程的深度与广度，注重理论与实践的衔接性，不断改善学生课程体验，提升学生的整体素质，培养出具有卓越领导才干的全方位现代化商业管理精英。

（2）着力培养多元化的高水平师资。为确保CLGO项目的顺利开展，项目配备了一支管理和工程学科的高水平师资队伍。项目教学的教师约30人，精选来自安泰经管学院、机械与动力工程学院、电子信息与电气工程学院、中美物流研究院等学院的校内优秀教师及高级企业管理人员为学生授课（见图27-3）。大部分教师为副高及以上职称，获有博士学位，拥有海外经历，并且具有企业工作经验。为确保CLGO项目的教学保持世界领先水平，绝大多数的授课老师都曾赴MIT进行课程培训。

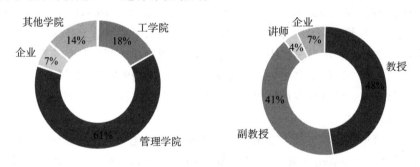

图27-3　CLGO项目师资构成

3. 实践教学

CLGO项目非常重视实践教学环节，通过形式多样的定制化企业实践，形成人才培养–科技创新–成果市场转化的校企全面协同模式，为培养潜在的世界顶级制造业领袖助力。

（1）形式多样的定制化企业实践。CLGO项目为学生提供定制化的实践指导，在导师制度、实践形式等方面都为学生提供了多样的选择。

CLGO项目实行多导师指导制度，由学界及业界各安排1名导师，结合具体实践多维度对参与实践项目的学生进行辅导。多导师制度实行双向评价，即指导教师和学生互评，这种方式有利于检验实践教学工作成果，以达到更好的服务目的和教学效果。

CLGO项目联合MIT LGO项目，携手世界500强制造企业，为学生提供了多种企业实践方式，表27-1列示了四种主要项目。

表 27-1　CLGO 项目中四种主要企业实践项目

项目名称	参与学生	指导老师	项目时间	项目目标
狮之队企业诊断咨询项目	3 名 CLGO 学生 3 名 LGO 学生	1 名安泰经济与管理学院导师 1 名 MIT 导师 1 名项目企业导师	学期内：1～3 个月	跟 MIT 的学生和导师沟通交流，提升国际竞争力
龙之队企业诊断咨询项目	3～6 名 CLGO 或者 IMBA 学生	1 名安泰经济与管理学院导师 1 名项目企业导师	学期内：1～3 个月 暑假内：4～6 周	探索企业内真实存在的问题，进行诊断，充实在校所学知识
"实习+"项目	1 名 CLGO 学生	1 名安泰经济与管理学院导师 1 名工学院导师 1 名项目企业导师	6 个月	实践课程内所学知识，形成论文的数据资料
安泰全球企业诊断项目	3 名 MBA/PhD 学生 3 名海外商学院学生	1 名安泰经济与管理学院导师 1 名项目企业导师	7 周	学生有机会与企业员工密切合作，从而增加学生入职目标企业的可能性

一是狮之队企业诊断咨询项目。该项目为 CLGO 学生和 MIT LGO 学生以团队合作的形式共同参与的咨询项目。项目指派 1 名安泰经济与管理学院导师，1 名 MIT 导师和 1 名项目企业导师为指导老师。项目结束后，以项目组为单位完成项目报告。至今已开展了 23 个狮之队企业诊断咨询项目。

项目案例：配送与物流的动态计划（Fulfillment and logistics dynamic planning）；材料管理报告系统的改善（Material management reporting system improvement）；再生能源/工业废能市场分析以及其价值链分析（Regenerate energy / Industrial waste energy market and value chain study）。

二是龙之队企业诊断咨询项目。该项目为全日制 MBA（包括 IMBA 与 CLGO）学生参与的一项企业实践项目。项目过程中，合作企业根据制造和运营中存在的实际问题，确定咨询项目。每个项目组会匹配 1 名相关研究领域的安泰经济与管理学院导师和 1 名项目企业导师全程指导项目落地。项目结束后，以项目组为单位完成项目报告。至今已开展了 189 个龙之队企业诊断咨询项目。

项目案例：打通国内半导体产业链——探索松下自动化产业新商业模式；回收利用的社会效益和商业优势（Recycling for societal and commercial advantage）；美颜经济下的新生代美颜趋势和未来价值。

三是"实习+"（Internship-plus，I-plus）项目。该项目为 CLGO 学生参与的在合作企业进行为期 6 个月的 I-Plus 实践项目，一般自第二学年的三月份开始持续到暑期结束。针对项目研究方向匹配 1 名安泰经济与管理学院导师，1 名工学院导师和 1 名项目企业导师为指导老师，为学生提供定制化级别的项目战略计划指导，学生最终产出的毕业实习论文将为企业在某一领域的研究发展提供实质性的帮助。

项目案例：Sustaining Capacity Strategic Planning-GSM iPhone-Enclosure；东欧地区供应链重塑（Restructuring of East European Supply Chain）；小业态新零售生鲜水果精细化经营与管理。

四是安泰全球企业诊断（Global Corporate Lab）项目。该项目由上海交通大学安泰经济与管理学院发起，召集来自安泰经济与管理学院和海外顶级商学院的学生。每个项目组由 3 名安泰经济与管理学院学生和 3 名海外学生组成，具备不同文化背景和学术专长，将运用所学知识和解决问题的技巧，在安泰经济与管理学院教师和项目企业导师的带领下，针对跨国公司在中国面临的商业挑战提供有效解决方案。

五是知名企业参访。组织制造类、互联网等相关行业的特色企业进行参访交流，了解最新的行业信息。参访企业有可口可乐、叮咚买菜等。其中"南方行"企业之旅参访对象专门针对合作企业，旨在深度了解企业制造运营的复杂度。

六是 SOIL 企业高管论坛讲座。邀请行业领域专家、一线研究者，旨在将行业最佳实践、先进经验和最优方法呈现。现邀请嘉宾有博世亚太供应链总监、苹果采购运营管理（上海）有限公司全球采购经理等。CLGO 项目企业实践概况如图 27-4 所示。

（2）硕果累累的实践教学。作为校企合作办学的典范，CLGO 项目通过十多年与企业合作运营后，沉淀了诸多实践教学成果，形成了高度融合的校企协同模式。

对学生而言，全日制的课程设置包括长达一学期的实习，避免与社会脱节。实习过程中，参与项目均源自企业实际问题，在教师的指导下能够产出工程和管理领域通用或专用的成果，该成果也是学生的毕业学位论文素材。实践教学为学生提供独特的教育经历，拓展制造与运营领域的知识；通过团队合作和多学科知识，让学生接触到制造与运营领域中存在的真实问题；支持实习企业和CLGO共同关注的研究活动；帮助企业实现卓越制造与运营，有利于学生毕业后直接就职于合作企业。

图 27-4　CLGO 项目企业实践

对合作企业而言，一方面，通过与 CLGO 项目组联合管理，建立共同培养目标，参与学生面试环节及管理委员会会议，全程跟踪学生发展，使 CLGO 培养的学生更匹配企业的人才需求；另一方面，在合作企业间相互配合的过程中，形成了良好的合作生态链，辐射到更多的上下游企业，对企业资源的拓展形成价值链。

对学院而言，一方面，CLGO 项目得到著名跨国企业（戴尔、霍尼韦尔、苹果、亚马逊等）和中国企业（中集集团、太原钢铁等）的支持与合作，建成了能够代表国际先进制造及运营管理水平的实习平台及网络；另一方面，学院教师通过协同战略合作企业开展多维度课题研究，协力挖掘学术资本和技术创新的市场化潜力，形成了良好的校企合作循环。

联合企业发布行业白皮书亮相 2020 年"进博会"

4. 国际合作

CLGO 项目不仅采用 MIT LGO 项目的先进办学模式及教材案例，而且融入了本土化内容，与 MIT 保持全过程国际合作协同。

（1）双方学生的合作与交流。为了增进 CLGO 学生与 MIT LGO 学生的交流和合作，两个项目的学生通过互访或者项目合作的形式，亲身体验跨国界和跨文化的交流与合作。

一是 MIT 游学活动。每年暑假安排 CLGO 学生赴美国参加 MIT 课程学习。根据 CLGO 学习和学生特点量身定制学习课程；旁听 LGO 项目部分夏季学期课程；参观 LGO 合作企业；参加 LGO 专业研讨会；参加案例竞赛等其他活动。

二是 CLGO-LGO 联合企业活动。联合企业活动分为诊断咨询活动和访问活动。企业诊断咨询项目，即狮之队企业诊断咨询项目，由 CLGO 学生和 MIT LGO 学生联合组成项目小组，合作企业开展咨询服务活动。企业访问活动即根据项目的安排，双方学生联合完成企业访问活动，拜访企业可为中国或美国合作企业。

三是国际交流与交换学习。CLGO 学生还可参加安泰 MBA 的海外交流与交换学习。安泰经济与管理学院每年都会选派优秀的 MBA 学生赴国外交换学习，合作院校是来自北美洲、欧洲、亚太地区等地的 60 多所全球知名院校，为学生提供了诸多选择。

（2）双方师资合作。自合作以来，MIT 为安泰经济与管理学院培训了 25 位教师，为工科学院（机械与动力工程学院、电子信息与电气工程学院等）培训了 15 位教师，这些教师已经成为各个学院在教学及科研方面的骨干力量。在引进国外优秀师资的同时，安泰经济与管理学院精选优秀的教师为 LGO 学生上课，得到 LGO 学生的一致好评。双方通过"强强联手"的雄厚师资，实现优势互补、资源共享，为企业乃至整个行业，培养出符合实际岗位需要的高素质技能人才。

（3）项目运营全过程的合作。由美国若干著名大学（麻省理工学院、加利福尼亚大学伯克利分校等）教授构成的 CLGO 评估委员会（Review Committee）每年莅临上海交通大学，分别与学生、教师、合作企业等多个利益相关方进行交流沟通，最终给出评估及改进建议。另外，由上海交通大学各个相关学院（安泰经济与管理学院、机械与动力工程学院和电子信息与电气工程学院）、MIT 及合作企业代表组成的 CLGO 管理委员会（Governing Board）听取 CLGO 项目的进展汇报，对 CLGO 项目的健康、可持续发展提出建议。

（4）共享合作企业资源。LGO 项目基于十多年的运营经验，有苹果、圣东尼、百威英博等国际知名企业作为合作伙伴，在合作初期，LGO 项目将已有的合作企业介绍给 CLGO 项目。

随着项目发展，CLGO 不仅与外资企业保持合作关系，而且服务于中国本土企业，例如中集集团，并将中国本土企业推荐给 LGO，共享合作企业资源，共同搭建多行业、多形式、多规模的国际化企业实践平台。

5. 管理制度

CLGO 项目运行至今，形成了较为完善健全的管理制度，现设有专门的项目组管理团队、激励学生勤奋学习的奖学金制度以及充分发挥学生自主管理的学生管理制度。

（1）项目组管理团队。通过多年的艰苦摸索和实践，CLGO 项目突破国家界限与国际一流院校 MIT 合作，打破学院壁垒与工学院联合，协同学院内部其他项目，形成一套独具特色的运营管理体系，CLGO 项目组织架构如图 27-5 所示。

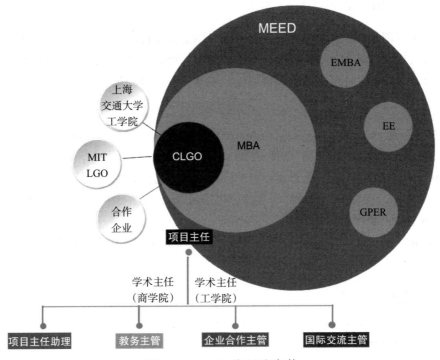

图 27-5 CLGO 项目组织架构

项目运营全过程中，MIT、上海交通大学工学院、企业通过 CLGO 评估委员会和 CLGO 管理委员会介入 CLGO 项目的日常管理中，把控 CLGO 项目的发展方向，调整升级 CLGO 项目的培养方案，推动项目不断持续化、制度化、规范化地发展。同时学院内部项目之间借助 MEED 部门平台，协同合作，互相借鉴，共同提高。

为协同各方合作关系，CLGO 单设项目组管理团队，推动项目健康持续化发展。团队成员设有：项目主任，全面负责项目发展、合作企业、教学、学生等事务；学术主任，分为商学院和工学院两个方向，负责培养计划、课程改革等事务；企业合作主管，负责合作企业招募、日常联络等事务；国际交流主管，负责国际交流合作等相关事务；教务主管，负责日常教学安排、协助教师、管理学生等相关事务；项目主任助理，协助项目主任开展各项工作。

（2）奖学金制度。为鼓励学生在校期间勤奋学习、全面发展，不断增强创新精神和实践能力，本着坚持标准、表扬优秀的原则，CLGO 项目共设有 5 项奖学金。其中，为了更好地体现与合作企业的合作价值，学院专门为 CLGO 学生设立实习奖学金、合作企业就职奖学金、CLGO 专业考证奖学金。5 项奖学金具体为：

- 新生入学奖学金，授予面试或笔试成绩优异的新生；
- 实习奖学金，奖励实习表现优秀的学生；
- 合作企业就职奖学金，授予前往合作企业就职的 CLGO 毕业生奖学金；
- CLGO 专业考证奖学金，所有在读期间参加并通过 PMP、CSCP、CPIM、CLTD、CDMP 考试的 CLGO 学生可获得考试费的资助；

- 在校生奖学金，授予学习成绩优秀、领导力和团队合作能力出色，且积极参加学生工作和社会实践的学生。

（3）学生管理制度。在学生管理制度方面，CLGO 项目也进行了一定的创新。为了充分调动学生组织参与各项活动的积极性，发挥学生的主观能动性，提升学生的主人翁意识和活动管理能力，CLGO 项目设立学生管理制度，成立多种班级委员会（committee）。具体主要包括：

- MIT Synergy Committee：负责与 MIT 的 LGO 学生的交流，美国游学、中国行等活动；
- CLGO Forum Committee：负责 CLGO 论坛的组织；
- Internship Committee：负责实习中的协调工作，比如简历制作等；
- Lion/ Dragon Team Committee：负责狮之队、龙之队项目中的对外联络及协调工作；
- Plant Tour：负责企业参观的协调与安排；
- Newsletter Committee：负责 CLGO 项目的活动大事记，用于对外宣传。

三、主要创新点

（一）跨学科高层次复合型人才培养体系

CLGO 项目在引进、吸收了 MIT LGO 现代制造及运营管理课程体系的基础上，围绕基础课程、综合课程和领导力 3 大主题，结合中国国情和当今管理与技术的发展实施了更多的课程创新，创建了管理和工程多学科交叉的层次化课程体系。CLGO 项目通过提供跨学科课程设置和多行业实践项目（电子类、航空类、消费者产品类等）以及全程领导力培养，帮助学生追求多元化职业发展，实现面向中国智造的高层次复合型人才的定制化培养。

（二）全程企业拉动式人才培养模式

CLGO 项目采用了创新的校企合作制度设计——企业加盟合作制，合作企业从战略层面到执行层面全面介入 CLGO 项目的管理和运作。CLGO 人才培养方式是一种企业拉动式的培养方式，合作企业从招生、课堂教学及实践训练全程参与了 CLGO 学生的培养。尤其是在代表先进制造及运营管理水平的合作企业的长期支持下，CLGO 项目建设了由三种不同形式——嵌入课程的实践教学、短期企业咨询项目、长达半年的合作企业实习项目——所组成的多层次实践式学习平台和网络。这些项目的立项和实施，实时动态地反映了近十年来中国制造发展的趋势以及企业运营中的热点和难点，CLGO 学生可以从中了解企业制造和运营的复杂度，在实战中成长为技术和管理复合型人才。

（三）深度协同的项目运作模式

CLGO 项目创新地实施了由上海交通大学、MIT、合作企业三方共同参与、共同管理的项目运作模式，由 MIT 专家组成的 CLGO 指导委员会和由企业及高校专家组成的 CLGO 管理委员会对 CLGO 项目进行积极监督并提供大力支持，帮助 CLGO 项目实现健康的可持续发展。

四、办学成果

(一) 就业情况

CLGO 项目毕业生的就业获得了令人满意的效果。近五年，CLGO 学生毕业后就业行业主要集中在 IT/网络/通信、工业品/设备、电子/半导体、金融服务等行业（见图 27-6）。企业制造与运营领域就职，集中在生产管理、质量管理、物流管理、全球供应链管理等运营管理岗位，担任运营经理、供应链经理、项目经理、产品经理、数字化经理、总经理助理等。

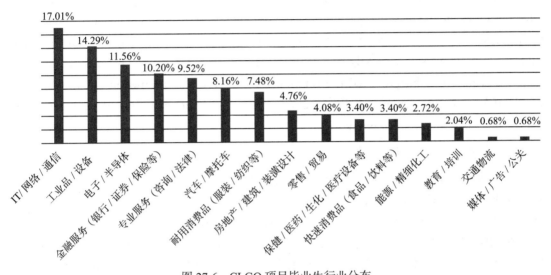

图 27-6 CLGO 项目毕业生行业分布

目前，80% 以上的 CLGO 毕业生正活跃在制造和供应链管理相关的中高级岗位上，致力于中国制造企业的运营效率提升和全球化运营。每年 30% 左右的 CLGO 毕业生能够获得合作企业的相关职位。CLGO 毕业生的平均薪资和增幅都位居国内全日制 MBA 项目前列。近五年，CLGO 毕业生平均薪资约为每年 35 万元，相对于就读前薪资的平均涨幅为 97%（见图 27-7）。

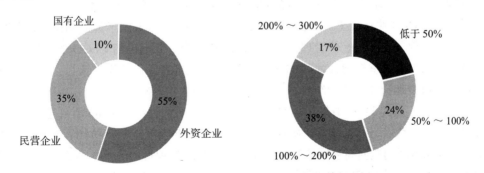

图 27-7 CLGO 项目毕业生就业企业性质和薪资涨幅分布

从毕业生的就业情况来看，集工程和管理理论与实践于一身的 CLGO 毕业生得到合作企业的青睐并得到了企业的一致好评。历代 CLGO 合作企业，包括苹果、中集集团、松下、溢达、戴尔、霍尼韦尔、英特尔、太原钢铁等公司都明确表示，期望 CLGO 项目能够为它们在亚洲尤其是中国市场培养更多的供应链管理和生产运营方面的高级人才。

（二）办学评价

1. 国际权威认证机构的高度评价

国际三大权威认证机构（AACSB、EQUIS、AMBA）均对 CLGO 项目给予高度评价。AACSB 认证专家的评价是："The CLGO program operated in collaboration with MIT is very successful and is considered a model program for the College."EQUIS 认证专家的评价是："In the various programmes the School involves corporate partners in programme development, for internships and as financing resources（for example for the China Leaders for Global Operations Programme in Partnership with MIT）."AMBA 认证专家的评价是："The programme integrates theory and practice, has adopted the reputed Leaders for Manufacturing（LFM）Program model of MIT and combines the advantages and features in the discipline of engineering and management of Chinese top universities."

2. 国内同行的赞誉认可

作为教育部全国 18 所 MBA 综合改革试点单位之一，上海交通大学的 CLGO 项目作为代表性成果获得了教育部 MBA 指导委员会的高度认可。2012 年，上海交通大学成为首批通过中国高质量 MBA 教育认证的学校之一，认证专家的评价是："交通大学安泰经济与管理学院在 MBA 和 EMBA 教育中的一些创新做法在中国商学院中起到了引领作用，例如，与 MIT 合作举办中国全球运营领袖（CLGO）项目、在 CLGO 项目中设立企业委员会……"

2013 年，CLGO 项目获得上海市教学成果一等奖。2017 年，在全国专业学位项目调研中，CLGO 项目获评全国一等奖案例，同年 CLGO 项目荣获"中国好教育 2017 创新力 MBA 项目"。2018 年，CLGO 项目荣获"中国学位与研究生教育学会研究生教育成果奖一等奖"。2020 年，CLGO 项目荣获"2020 年度中国商学院特色 MBA 项目奖"。

3. 国内外知名企业的青睐

集管理和工程的理论与实践于一身的 CLGO 毕业生得到了合作企业的一致好评。霍尼韦尔公司新兴市场 CEO 沈达理（S. Tedjarati）认为："CLGO 项目不同于普通 MBA 项目之处是真正做到了将工程、技术和运营管理进行深度的有机结合。我们确信 CLGO 能为我们培养技术和管理方面均过硬的复合型人才。"中国龙工前首席执行官邱德波先生认为："CLGO 项目培养模式非常重视理论和实践的结合，发挥了上海交通大学、MIT 优势，在中国理工类、综合大学都值得推广其经验。"中集车辆 CEO 兼总裁李贵平认为："CLGO 项目建立了有针对性、有创意的人才育成路径，以全球视野提前布局，紧密地与企业敏捷协同、发挥互补优势，助力中国企业从普通制造向高端制造升级。我们相信 CLGO 项目的愿景将会变成现实。"松下电器中国东北亚公司总裁 CEO 本间哲朗认为："希望借助 CLGO 项目立足全球的视野，培养具有国际意识的领导人才的同时，结合中国情况深挖企业课题，助力制造业的转型与升级。"

在见证了 CLGO 项目的成功和给合作企业带来的收益之后，更多企业决定成为 CLGO 合作企业。

4. 国内外主流媒体的关注

CLGO项目独特的培养模式多次得到国内外主流财经媒体的报道，例如，2011年6月28日，《福布斯》中文网刊登了专题报道"让MBA到广袤的工厂去"；2017年5月，腾讯教育网站刊登了专题报道"引领中国制造2025的运营领袖，你准备好了吗？"；2017年12月，《中国日报》(China Daily) 刊登了专题报道"Top MBA program is tailor-made for Made in China 2025 strategy"。

5. 国内其他学校的交流借鉴

CLGO高层次复合型应用人才培养模式的探索和实践对国内其他高校提供了借鉴。在浙江大学与加拿大麦吉尔大学合作的全球制造管理硕士项目启动前，其负责人曾多次对CLGO项目进行调研。2013年10月，由中国高等教育学会主办的"物流管理与工程类专业建设暨实践教学改革研讨班"在上海交通大学交流学习，与会人员对CLGO项目的培养模式给予了充分肯定，认为具有很强的借鉴意义。

（三）项目意义

1. 培育时代英才，助力"制造强国"战略

人才是推动技术创新、支持产业转型的第一资源。在从"中国制造"向"中国智造"转型升级的进程中，高校是实现"制造强国"战略的重要主阵地。CLGO项目将立足上海交通大学平台，一方面，为我国制造业"由大变强"的转型提供技术支持，产出关键技术、高质量科技成果；另一方面，肩负起培养创新型、高层次、复合型人才的历史重任，源源不断地为"制造强国"战略和经济改革发展输送可用之才。

2. 创新培养模式，提升人才培养质量

CLGO项目紧跟国家发展战略，不断优化调整培养方案，强化MBA教材课程设计，加强同MIT等世界一流院校合作开展高水平合作，以解决实际问题的能力和综合素质的培养成效为评价依据，扎根中国现代经济社会发展，提升人才培养质量。

3. 深化校企协同，扎根中国现代经济发展

CLGO项目通过整合高校、企业资源，挖掘行业、企业的育人属性，推动MBA发展与产业转型相适应，深度校企协同培养推动产教高水平融合，充分调动社会参与人才培养的积极性，形成"资源共享、平台共建、人才共育、成功共享"的管理模式，构建"共生共存、开放互联、内生成长、协同发展"的良好环境。

通过跨国、跨校、跨专业、跨行业的合作，CLGO项目开创了中国专业硕士学位教育的先河。通过产学合作、国际合作和跨学科合作，全面重视和强化实践及领导力的培养，是CLGO项目在培养管理和技术复合型人才的不断探索中提出的一项创新。在从"中国制造"向"中国智造"转型升级的进程中，CLGO项目将以"纵横交错、知行合一"为战略，基于多学科交叉层次化的课程体系、多元化的高水平师资、形式多样的定制化企业实践、严谨务实的深度国际合作，为中国制造业培育出具有国际视野与创新能力、精通管理和技术的高层次复合型人才。

参考文献

[1] 中国政府网.中华人民共和国国民经济和社会发展第十四个五年规划和2035年远景目标纲要[R/OL].(2021-03-13)[2022-12-01].http://www.gov.cn/xinwen/2021-03-13/content_5592681.htm.

[2] 上海市人民政府.上海市先进制造业发展"十四五"规划[R/OL].(2021-07-05)[2022-12-01].https://www.shanghai.gov.cn/nw12344/20210714/0a62ea7944d34f968ccbc49eec47dbca.html.

[3] 宋之杰,毛清华,贾波.MBA教育创新研究[J].教学研究,2007,30(1):65-67.

[4] CHEN J,WHEELWRIGHT S,KNOOP C.中国管理教育报告[J].经理人,2006(6):50-57.

[5] 王文超.中、外MBA教育的比较研究[J].科技与管理,2007,9(4):121-123.

[6] 沈云慈.基于政校企合作的地方高校创业教育实践平台构建研究[J].中国高教研究,2020(9):37-42.

第二十八章

清华大学 MBA 教育改革和创新实践

钱颖一[一] 高 建[二] 钱小军[三] 郦金梁[四] 张 进[五]

一、导言：以改革、创新、融合全面提升 MBA 教育

1991 年，清华大学成为教育部批准的首批九所 MBA 培养院校之一。同中国 MBA 教育一样，清华大学 MBA 教育也是在借鉴西方教育模式的基础上起步、发展的，既得益于中国经济的发展，又为之做出贡献。随着改革开放持续深化、全球经济一体化和信息技术的发展，中国 MBA 教育面临新挑战。MBA 教育存在课程体系偏颇、本土化不足、国际化缺乏三大问题。课程体系偏重于"硬技能"训练，缺乏"软技能"训练；偏重职能和工具类课程，缺乏思维和整合类课程；偏重在课堂上学习，缺乏在实践中学习。MBA 教育中，将国际管理理论和中国企业实际结合不够；对中国管理实践的提炼和相关教学不足。缺乏对国情的认识、对学生全球视野和国际交流能力的培养。清华大学经济管理学院把培养"未来领导者"作为新定位，以"品格与软技能开发""体验式学习""整合性学习"为三个创新点，在 2008 年推出新版 MBA 课程。

清华大学经济管理学院在 2010 年启动招生改革，把过去的分数导向的筛选方式改进为注重考生综合素质和发展潜力的综合评估方式；在 2012 年，实施与大学融合战略，应用综合性大学优势，在 MBA 教育中加强学科交叉融合；推行全球战略，加强国际合作，并于 2013 年推出具有国际竞争力的全日制全球 MBA 项目；推行信息化战略，于 2014 年开办 MBA 在线教育。

[一] 钱颖一，清华大学经济管理学院第四任院长（2006 年至 2018 年），文科资深教授。
[二] 高建，清华大学二十国集团创业研究中心主任，教授，博士生导师。
[三] 钱小军，清华大学经济管理学院教授。
[四] 郦金梁，清华大学国际合作与交流处处长、港澳台办公室主任，经济管理学院教授。
[五] 张进，清华大学经济管理学院副教授。

清华大学经济管理学院以课程改革和招生改革为契机，持续创新，建立起新的 MBA 教育体系，全面提升教育质量，增强国际竞争力。清华大学 MBA 教育改革和创新实践为国内 MBA 教育起到引领示范作用，产生了广泛积极的社会影响。

二、MBA 教育改革和创新实践的内容与成果

（一）课程改革

1. 改革培养方案

对于 21 世纪的企业管理者来说，软性技能越来越重要。时任清华大学经济管理学院院长的钱颖一教授在 2007 年指出未来商业领袖应具备三方面素质：软实力，特别是领导力；企业家精神和创业精神；全球视野。

清华大学经济管理学院在国内最早开始 MBA 课程改革，将培养目标定位为"培养具有综合管理能力的未来领导者"。新课程方案通过品格与软技能开发、体验式学习、整合性学习和全球化视野与经历这四项措施，实现知识与品格和能力的平衡、学术严谨性与实践相关性的平衡以及中国根基与全球视野的平衡这三种平衡。进一步改革 MBA 论文环节，要求以综合案例分析报告的形式实现综合训练的目的。

2. 建设新课程体系

新课程体系包含五大必修模块（软性技能、科学思维与决策、管理基础知识、中国与世界以及整合实践），涵盖品格、知识和实践三个方面。其中软性技能模块帮助学生在伦理与价值观、批判性与分析性思维、沟通及领导力方面奠定良好基础。时代发展要求 MBA 学生通晓国情兼具全球视野。中国与世界模块，包括"中国制度环境与商法""中国与世界经济""全球化企业的管理"等课程。2013 年起开设"中国根基"选修课程，帮助学生深入了解中国商业发展与行业现状。课程中嵌入企业考察、与企业家交流环节。

3. 构建行动式学习的平台

2008 年设立全日制学生必修的整合实践项目。在教师指导下，学生为企业开展管理咨询，覆盖工商管理各个模块和方向。经过 6 年发展，整合实践项目已经拓展成由企业开放申请的自由项目以及合作定制的品牌实验室系列，包括清华-MIT 中国实验室、麦肯锡领导力实验室、与芬兰国家技术创新局合作的芬兰实验室、与美国明尼苏达大学合作的全球整合营销项目（M-Lab）。

在教学中系统性地引入行动学习元素。在入学导向中引入小微企业咨询计划，使得 MBA 新生将行动式学习与助力小微企业的社会责任理念融为一体。定期举办企业案例比赛，锻炼学生对企业管理问题的解决能力。

整合实践项目、实践课程以及各类管理咨询活动，构建成 MBA 的行动式学习平台。这个平台覆盖从入学导向到毕业报告的全过程，是实现整合性、实践性学习的体制保障。

（二）招生改革

传统的 MBA 招生以全国联考成绩作为决定性录取指标，考试的识别度有限，不利于招

收平衡发展的具备优秀领导力潜质的学生。清华大学经济管理学院借鉴国际经验、结合人才选拔理论和方法，开发出清华大学 MBA 学生素质模型，包括显性素质（教育背景、职业经历与管理经验）和隐性素质（成就动机、思维决策、团队合作与个人品行）。在此基础上设计新招生机制，重视知识水平和实践经验，重视品格、能力和潜力。

"提前面试 + 国家线录取"的新招生机制从 2010 年开始分阶段试行，从 2013 年开始全部执行。在此机制下，考生经过严格的资质评审和综合素质面试，在符合录取条件后参加 MBA 联考，达到联考国家线即获得录取。

（三）大学融合战略

清华大学经济管理学院从 2012 年起推行大学融合战略，发挥综合性大学的优势，加强学科交叉融合，培养跨专业复合型管理人才，主要成果包括 x-lab 以及学科融合课程系列。

2013 年与校内外机构合作创建了"x-lab"（x 空间）创意创新创业教育平台。MBA 学生可以在 x-lab 上与各院系学生、校友、企业家以及投资人合作，体验学科交叉融合的创意创新创业。x-lab 引导学生释放好奇心、想象力，独立思考，团队协作，在所选领域把自然科学和管理艺术有机地结合在一起，把工程和商业结合起来，把技术和生产力结合起来，推动科技创新，乃至组织创新、商业模式创新。

清华大学经济管理学院开设"清华新兴技术探究"课程，通过各院系资深教授的讲授和参观清华大学的特色实验室，MBA 学生深刻了解新兴技术发展，探索技术与企业升级结合之路。经济管理学院与土木水利学院、建筑学院、校友总会合作了开设"中国房地产"课程；与校友总会合作了开设"中国金融实务"课程。

（四）全球化战略

1. 加强与国际商学院合作，提升国际影响力

加强与国际商学院合作，提升清华大学经济管理学院和清华大学 MBA 项目的国际认知度和影响力。经济管理学院先后加入国际商学院联合会（AACSB）、欧洲管理发展基金会（EFMD）、国际商学院合作组织（PIM）等组织，参与发起并创立亚太管理学院联合会（AAPBS）。在这些组织中发挥领导性作用。其中，钱颖一教授曾先后担任 AACSB 理事会理事、AACSB 亚太顾问委员会主席、EQUIS 评审委员会委员、AAPBS 轮值主席。陈国青教授曾担任 PIM 联执主席。

2. 建立全球学习网络

为培育学生的全球视野，开发多渠道跨国、跨地区学习网络。经济管理学院与 99 所海外院校建立学期制的交换合作关系，北美洲、欧洲、亚洲的学校各占三分之一。合作举办短期交流、实践学习项目，包括斯坦福大学 STEP 实践项目、清华–麻省理工学院中国实验室项目、智利的天主教大学学习之旅、中日韩国际交流项目以及在北京、纽约、波士顿授课的全球资本市场导论课程。分别与巴黎高等商学院和麻省理工学院斯隆管理学院建立 MBA 双学位合作。

3. 开办全球MBA项目

全球化是世界发展的趋势。MBA 教育应把中国元素与全球通用的商业原理融会贯通，

以培养具有全球竞争力的管理人才。清华大学经济管理学院与麻省理工学院斯隆管理学院合作开办"清华–MIT全球MBA项目",这是两个学院在合作开办全英文国际MBA项目17年基础上的战略提升。全球MBA项目着重建设以下三个元素。

全球课程体系:秉承新版MBA课程体系,强调品格、知识与实践。创立品牌课程模块"创业战略",由清华大学、麻省理工学院两校教授共同授课,带领学生直面创业创新的核心挑战。课程在2014年春季为MBA学生推出,受到学生好评。从2014年起在麻省理工学院斯隆管理学院开设了"创新与有效管理"课程。

全球师资:授课的全职教师都有在海外长期学习或工作的经历。引入一批富有国际经验的从业者在全职教师协调下为MBA学生授课,既增强国际化实践师资,又保证教学质量。"全球领导力"课程,由麦肯锡公司全球董事长鲍达民亲自组织课程。麻省理工学院斯隆管理学院为全球MBA项目配置10余位教师授课。全球师资团队为MBA教育贡献多元的国际化管理经验和教育理念。

全球学生群体:2014~2016年秋季入读全球MBA项目的学生共294名,来自20多个国家与地区。学生曾在许多世界级名校接受本科教育。每年接受来自国际合作院校的交换学生约100名。首届毕业的全球MBA项目学生大部分进入金融行业、科技行业及实业,毕业后薪酬涨幅达到60%,76%的学生成功实现职业提升。

(五)信息化战略

2014年经济管理学院推出首批MBA在线课程,开启中国商学院在线教育新阶段。在线课程采用基于新信息技术的群组混合教学模式,由自主学习(Off Campus)和课堂学习(On Campus)两部分构成。这两者的结合,在全球商学院在线教学中是一个开创之举。

在线课程的独特优势表现在三方面:一是教学模式多样性,部分课程采用线上与线下同步学习的方式完成,而其他一些课程则采用先线上、后翻转的方式进行;二是灵活性,即在线课程方便MBA在职班学生随时随地学习;三是针对性,即MBA学生可根据程度差异,自主地掌握学习进度。通过应用新信息技术,在线课程实现教学效率和学生体验的提升,超越了对传统MBA课程的在线呈现。截至2016年年底,参与课程学习的学生2 500余人,课程通过率达到98%。

(六)塑造学生价值观

经济管理学院一向重视塑造MBA学生正确的价值观,强调"立德树人",将培养学生的社会责任贯穿于MBA教育的始终,覆盖MBA教学的全程。2008年在MBA课程体系改革时,开设了必修课"伦理与企业责任",清华大学经济管理学院副院长钱小军教授担任课程的责任教授。

2013年12月,清华Net Impact联合沃尔玛、爱百福基金会、朗致集团共同主办了"第二届(中国)企业社会责任与社会创新战略案例大赛"总决赛。大赛吸引了全国各大高校22支队伍近100名中外学生参加。

在MBA新生入学典礼上,还专门设有新生共同宣读"清华MBA社会责任誓词"的环节。此外,2008年,MBA学生还自发设立了MBA学生非营利性社团组织"阳光爱心社",

以传承爱心、热爱社会公益为己任，积极参与学院的公益活动，提高了 MBA 学生的公益意识，是 MBA 学生承担社会责任的一个典范。

三、成果应用与推广

（一）招生和教育质量提升

招生改革提升了学生多样性和综合素质。学生的本科专业和所属行业分布更均衡。学生在工作经验、成熟度、学习积极性、思维活跃度、沟通能力、领导力潜质等方面都有明显提升。

新教育体系更好地培养了学生的综合能力。部分学生参加国内外多项课外实践类竞赛活动，表现优异。在中国 MBA 创业大赛、全球商业计划挑战赛、商业伦理案例大赛中取得了优异的成绩。

清华大学 MBA 教育的竞争力获得国际合作院校的尊重。2008 年以来，多所世界顶级商学院与清华大学经济管理学院开办合作项目，其中包括与麻省理工学院合作的管理硕士项目，与 INSEAD 合作的国际 EMBA 项目，与哈佛大学、斯坦福大学、麻省理工学院等合办的短期交流实践课程，等等。

（二）教育部门和同行的认可

2008 年启动的清华大学 MBA 教育改革为教育界提供了经验借鉴。2013 年，在由全国 MBA 教指委组织的 MBA 教育综合改革试点单位总结汇报中，清华大学经济管理学院获得最高评价。

清华大学经济管理学院引领国内 MBA 院校的改革之风。2009 年以来，钱颖一教授先后在全国 MBA 培养学校管理学院院长联席会议、全国 MBA 课程改革与创新研讨会和中国暨清华 MBA 教育二十周年纪念会及论坛上做了主题报告和演讲。

清华大学 MBA 项目是国内首批 MBA 项目之一，清华大学 MBA 教育改革的理念和举措对其他 MBA 培养院校产生了较大推动作用。一批 MBA 培养院校借鉴经验增设了整合实践项目、商业伦理等课程。部分院校借鉴了清华大学招生改革和在线教育的经验。清华大学经济管理学院也是全国 MBA 教指委秘书处所在地。

（三）社会认可与关注

清华大学经济管理学院是中国 MBA 教育的先行者和推动者。2001 年，在全国 MBA 教学合格评估中获得总分第一和全部六个分项指标第一的优异成绩。于 2007 年、2008 年分别通过 AACSB 和 EQUIS 认证，成为中国大陆首个获得全球两大管理教育顶级认证的商学院。2012 年，成为通过中国高质量 MBA 教育认证的首批院校之一。2004～2012 年、2014～2016 年，入选《经理人》杂志"中国最佳 MBA 项目排行榜"。在《世界企业家》杂志发布的 2014 年、2016 年"中国最具影响力 MBA 排行榜"中位列榜首。

清华大学 MBA 教育改革获得社会媒体高度关注，清华大学经济管理学院的教育理念和成就获得社会广泛赞誉。比较有影响力的报道包括：2008年12月9日《管理学家》杂志刊登的"钱颖一：从经济学家到领导者"，2009年2月2日《中国教育报》刊登的"中国MBA需提升学生的软实力——访清华大学经济管理学院院长钱颖一"。

四、结语

清华大学经济管理学院自1991年开办MBA教育以来，不断探索、锐意改革创新，培养了近一万名具备创新意识和良好商业道德的MBA毕业生。2008年以来的新一轮教育改革和创新实践围绕"培养具有综合管理能力的未来领导者"这一培养目标，以领导力开发、企业家精神、体验式学习为项目建设的重点，以学生为本，建立起具有国际竞争力的MBA教育体系。通过改革与创新，清华大学MBA项目进一步提升招生和培养质量，更卓越地践行"创造知识、培育领袖、贡献中国、影响世界"的学院使命。清华大学经济管理学院将一如既往地在MBA教育方面改革创新，顺应全球经济一体化的趋势，努力为中国、为世界培养商业和社会领袖。

第二十九章

产教融合凸显 MBA 教育真谛：
华南理工大学 MBA 教育的实践与探索

李志宏[一]　李卫宁[二]　宋　丽[三]　黄　璠[三]　朱　玲[三]

———

伴随着我国经济从高速增长阶段转向高质量发展阶段，商业社会的发展从急速前进模式逐渐进入成熟稳步阶段，我国的 MBA 教育也经历了从"黄金时代"到理性回暖的转变。宏观环境的支撑、教育水平的提升、社会认知的深入等种种背景让我们对"何为 MBA 教育""为何开展 MBA 教育"的思考经历着从笼统到细致，从碎片到全面的持续而双向的进化。

何为 MBA 教育？MBA 教育的目的与意义何在？作为我国 MBA 事业开创者之一，赵纯均教授提出："MBA 教育是培养未来几十年企业和社会的管理者，是一种职业教育，是培养学生解决实际问题的能力，同时将社会责任、商业伦理作为一种真正的价值观灌输给学生的教育。"为何开展 MBA 教育？企业管理者所面临的复杂环境与快速变革，造就了这一职业的特殊性，而由此形成的一系列"从实践中来，到实践中去"的职业教育需求，是 MBA 教育存在的意义。张维迎教授提到："MBA 教育所提供的管理知识实际上是一种企业管理者之间交流的语言，有了这种语言，管理的效率就能提高。"

华南理工大学 MBA 项目作为华南地区首批开设的 MBA 项目，在多年的教育实践中树立了"扎根华南实践，放眼全球商务，融汇管理创新，培育工商精英"的项目使命。依托着学校的工科品牌与优势，项目将管理与工科、理论与实践相结合，形成了独特的培养环境，并以此提供多元化的氛围及多角度的思考方式，拓展未来商界践行者的更大格局。

带着对项目发展的长远思考，华南理工大学 MBA 项目在不同阶段皆以我国管理实践问题，尤其是华南企业管理实践问题为导向，致力于行动学习，深化知行合一。回顾过往，这

[一] 李志宏，华南理工大学工商管理学院副院长，教授、博士生导师。
[二] 李卫宁，华南理工大学工商管理学院 MBA 项目主任，教授、硕士生导师。
[三] 宋丽、黄璠、朱玲，华南理工大学工商管理学院行政人员。

些教育实践的脚步，与近年来教育部所提倡的建设高水平产教融合、协同育人机制不谋而合，是创新 MBA 培养模式的重要方式。2019 年，国务院在《加快推进教育现代化实施方案（2018-2022）》中，明确提出"健全产教融合的办学机制、坚持面向市场、服务发展、促进就业的办学方向"。华南理工大学 MBA 项目最初对"产教融合"这一议题的思考，来自 MBA 教育的实际需求及教育资源的整合利用。一方面，MBA 教育来自实践，也必然需要经实践检验的教育，而"实践"二字，由于经济与技术的迭代发展，显得尤为复杂与难以把握。各类新兴技术驱动下全球产业的不断进化，与由此涌现的全新的商业机会和商业模式，以及产业知识创新速度的不断加速，都对 MBA 人才培养的知识体系持续提出新的挑战。另一方面，华南理工大学 MBA 项目依托学校的理工学科优势，吸引了大量来自华南区域发展规划的重点产业——先进制造业和现代服务业的管理人才，也由此累积了无法估量的宝贵的产业资源与人才资源。而如何聚焦这些具有资源优势的特色行业，搭建校企联动和多元化的学习平台就成了至关重要的议题。

凝聚过去的持续思考与一步一个脚印的实践经验，华南理工大学 MBA 项目的教学改革之路可以说是一条"产教融合"的践行之路。从起步之初，以生源特色和产业资源为契机，搭建教学与产业的桥梁，到近年来紧紧围绕产业发展诉求、企业对产业创新能力提升的需求，拓展、创新教育内容与方式，一路走来所形成的企业实战课堂、企业咨询诊断、校企协同育人、产业前沿探究等开放互动的教学模式，始终引领华南理工大学 MBA 教育关注管理前沿、践行管理创新的潮流，也是华南理工大学 MBA 项目颇为自豪、乐于分享的成果与经验。

一、打破围墙：产教融合思维的萌芽

华南理工大学 MBA 项目自 1993 年成立之初便致力于成为根植于华南地区、放眼全球的企业家摇篮。对于项目的长远发展，华南理工大学 MBA 项目深刻分析了自身的外部发展环境，学校地处华南经济圈，华南是全国综合改革试验的前沿阵地，珠江三角洲经济区也是我国推进粤港澳大湾区市场一体化建设的重地，属外向型经济，参与国际经济分工与合作较多，而华南理工大学又是以工学见长的高校，学校与企业间天然联系紧密，这对于注重管理实践的 MBA 项目发展有着天然优势。

对于 MBA 教育的内涵与意义，华南理工大学 MBA 项目不断进行思考与探索。我们认为，MBA 教育是有特殊使命的教育，它通过与我国职业经理人群体之间的互动促进我国商业社会发展，培养真正富有社会使命、具有管理能力的商业人才；MBA 教育是有开放视野的教育，它不局限于小小一方象牙塔，而是无限接近商业社会、接近管理现实，不局限于课本与知识体系，而是包罗商业万象、拓展管理视野，就如管理的定义与诠释一直不断在进化；MBA 教育是有创新思维的教育，它要求教育者紧跟商业社会发展的脚步乃至引领时代潮流，华南理工大学对 MBA 项目的设计与自身的定位必须要从学生来源、地域经济特色、产业资源等方面考虑，在全国 MBA 教指委的大纲指导下设计较多课外拓展的教学活动。

有了对外部发展环境与 MBA 教育本质的清晰认知，华南理工大学 MBA 项目需进一步规划出科学的、明确的发展路径。首先要分析自身的优势、找准生源定位，华南理工大学 MBA 项目有着华南理工大学的强大工科背景支撑，学校与区域产业尤其是先进制造业有着天然的协同优势，这也使得华南理工大学 MBA 项目吸引了众多来自学校相关优势产业的人才资源,掌握了这些产业的海量企业合作资源。因此,以这些优势产业资源为立足点,做好适应于产业发展特色的育人机制,是一个合理的设想。进一步地,我们要分析这些学生的需求。为何他们需要从商业的战场中回归校园,再次深造?搭建好商学院与商业社会之间的桥梁,让这些MBA学生真正达到自我提升的目标,才是重点。而"自我提升"这一词语,说起来简单,做起来则必须形成一个聚焦具有资源优势的特色行业、校企联动和多元化学习的平台。

如何踏出第一步,有效打造这样的学习平台?华南理工大学MBA项目很早便意识到打破校园围墙是至关重要的一步。项目成立之初,来自学院各个专业领域的优秀教师们在课堂内挥洒智慧,希望为这群百战归来的学生提供更全面的知识框架与更深邃的思考方式,然而,单纯的课堂教学总是缺少了一丝MBA教育的特色与韵味。此时,大家意识到想要帮助学生透过课堂触摸真实的商业社会,必须将实践融入教学体系中,带着这样的理念与目标,华南理工大学MBA项目在这一阶段以我国管理实践问题,尤其是华南企业管理实践问题为导向,开始了对行动学习的探索,也正是从这一时期开始,"产教融合"的理念在华南理工大学MBA项目中有了萌芽。

从20世纪90年代末起,华南理工大学MBA项目开启了将信息与知识自外向内地引入,把MBA教育从关注"人"拓展到关注"产业中的人",MBA课堂也从教室延伸到校外的"第二课堂"。在这一阶段,华南理工大学MBA项目致力于组织论坛、讲座、企业参访等活动以开阔学生的眼界,让他们把握商业发展的脉搏,与经济发展共成长。具体在教学理念及形式上进行了突破,企图带领学生打破校园的围墙,实行走出去、引进来的政策,试图将理论与实践更紧密地结合,主要从以下三个方面实施。

(1)在教学理念上,项目提出教师必须帮助学生透过课堂触碰真实的商业社会,必须将实践融入教学体系中。带着这样的理念与目标,华南理工大学MBA项目在这一阶段以我国管理实践问题,尤其以华南企业管理实践问题为导向,开始了对行动学习的探索,教师在理论的讲述与案例的运用中尤其注重与现实企业的结合,"产教融合"的理念在华南理工大学MBA课堂内有了萌芽。

(2)组织不同主题讲座论坛。每学年组织产业论坛和讲座活动超过30场次,除邀请知名学者担任讲座教授外,还邀请众多来自校外的企业家及产业资深人士作为主讲人,以专题的形式带领MBA学生走近产业发展前沿与现实管理世界,搭建理论与实务相结合的学习平台。1998~2013年,来自校外的主讲嘉宾占比超过80%。他们在讲座中分享自己的成功经验,以及在行业内产生的困惑与思考,为在读学员带来了更务实的思考与解决方法。

(3)实行企业参访。鼓励授课教师在课程学习期间进行企业参访,就课程教学中存在的问题选择代表性企业进行交流与探讨,将课堂教学延伸到企业。每门课可以有一次企业参访机会,参访典型企业每年超过20家。

通过这一阶段的尝试与摸索,华南理工大学MBA项目积累了不少的成功经验,也通过丰富的第二课堂扩展学生的产业视野,提升学生的综合能力,"产教融合"的道路在教学改革与创新中得以启动。

二、双向融合:产教融合体系的确立

2010年后,我国商业社会发展迅速迭代,层出不穷的新技术与全新的商业模式直接为各商学院带来了挑战与机遇，因此商学院对教学方式的选择与创新至关重要。而 MBA 项目作为商学院与商业社会互动的重要途径，在这一阶段时常体现出滞后于商业社会创新的不足，如何打破这一广大商学院共同面对的困境，是华南理工大学 MBA 项目在此阶段需回答的问题。

此外，单一的校外知识引入也不足以支撑 MBA 人才培养的创新性与全面性，MBA 教育迫切需要更多维、更立体化的"产教融合"方式或建立更完整的体系。这一体系不仅需要建立起我们应对实践发展的一套路径，更需要具备不断迭代的自我更新能力。华南理工大学 MBA 项目也由此且行且反思，探索出了一条清晰而有效的路径，即人才资源、企业资源、产业资源分别与 MBA 教学的双向融合，从产业模块入手，充分调动社会与产业参与人才培养的积极性，推动产业实践融入 MBA 教育、MBA 教育反哺产业发展的双向融合。

（一）产业资源融入项目教育

要在 MBA 教育中融入产业资源，需要的不仅仅是单纯的加法，而是一加一大于二的有机融合，而融合的最终目的，是为了将与产业紧密贴合的知识、信息与视野真正注入华南理工大学 MBA 项目的培养模式中，为了实现这一目标，华南理工大学 MBA 项目从课内到课外进行了一系列的改革与创新。

要让 MBA 学生在应对层出不穷、难以预测的实践难题时，具备系统的理论功底、扎实的专业知识以及不拘一格的开放视野，首要的任务便是在课堂内真正实行知识生产的创新与教学方式的改革。在知识创新方面，华南理工大学 MBA 项目将案例教学的地位做了进一步的明晰，并重点着墨于课内教学与本土案例开发的融合，同时开设了紧随时代发展的"MBA 主题课程""MBA 实战课程"；而在教学方式改革方面，华南理工大学 MBA 项目推出了"企业经营模拟"这一沉浸式的、实践性极强的行动学习方式，并打造了跨学科的课程共享平台。同时，在课堂外，华南理工大学 MBA 项目对第二课堂活动进行了梳理、归类与创新，推出了"行业月""E 企行"，结合校内外资源，带领学生探索行业前沿信息与知识。

1. 开发本土案例，讲好华南故事

众所周知，案例教学是商学院教学尤其 MBA 教学的关键手段，早在项目成立初期，华南理工大学 MBA 项目便不断思考——如何做好案例教学？华南商业社会的活跃性与瞬息万变的活力，催生了无数精彩的、值得探究的商业实践故事，也造就了这一片案例开发的沃土，如何利用这一优势，将 MBA 课堂教学与华南本土案例有机结合，实现相辅相成，是这一阶段华南理工大学 MBA 项目对于案例教学的最重要的思考。同时，正是在产教融合体系逐渐确立的过程中，华南理工大学 MBA 项目对案例教学的认识得到深化，对案例教学愈发重视，也开始建立与完善案例教学体系，真正将案例教学的激励政策与成果考核提上日程。

其一，在案例引入方面，华南理工大学 MBA 项目开始着重鼓励教师开发本土企业的 MBA 教学案例并引进课堂教学。具体措施包括：对案例教学实行奖励，并要求每门专业课需使用一个标准以上的哈佛式案例开展教学；对契合区域经济发展，有效提升课堂教学效果的案例开发树立典型且进行奖励；对入选知名案例库的案例开发者进行奖励；等等。建立起案例教学的规则与激励后，每年华南理工大学 MBA 项目有超过 100 个企业案例被应用于课堂教学，在所有专业课程中案例教学的比例达到 100%。

其二，在案例开发与撰写方面，由于案例水平的提升与 MBA 教育的培养质量息息相

关，随着商业社会的发展，案例的构思和编写方法也在持续发生变化，华南理工大学 MBA 项目积极鼓励教师与时俱进编写案例，并参与中国管理案例共享中心及世界顶级案例库评选。具体实践中，华南理工大学 MBA 项目鼓励教师结合个人研究领域，依托华南地区企业，在各类课内外合作的培养过程中（如移动课堂、校企合作项目）进行案例开发，从而服务于 MBA 课堂的案例教学。例如，华南理工大学 MBA 项目的刘向阳老师所开发的《广州视源——KK 笔下描述的"失控"会在这里发生吗？》就是在"人力资源管理"课程进入广州视源参访时，发现企业管理模式的新颖之处，后续与企业联系，进行深入的数据挖掘，并撰写形成案例，同时又反馈到课程教学当中。再如，周文慧老师在为广汽集团工商管理研修班的学员授课过程中，通过课堂讨论、学员交流等方式，产生灵感，开发撰写了《激流勇进，"质"成传祺：广汽研究院质量成本引领之路》，该案例入库了中国管理案例共享中心，并为后续广汽研修班及 MBA 学生的课程教学提供了案例支持。至今，MBA 项目教师已有 48 篇案例入库中国管理案例共享中心，其中，有 11 篇入选"百优案例"；学院目前共有 2 篇案例入选毅伟案例库。

2. 创新性课程体系改革

创新与改革是当今经济社会的基本特征之一，在高等教育日益全球化的今天，年轻的中国 MBA 教育如果继续照搬照抄西方模式肯定会水土不服，因循守旧、不求创新也只能在国际竞争中渐渐失去自己的特色，失去自己存在的理由。而课程体系的建设和创新是教育改革的根本，华南理工大学 MBA 项目不断改革培养方案并开发创新性课程，开设前沿的"MBA 主题课程"和"MBA 实战课程"。

"MBA 主题课程"涉及了精益创业、先进制造技术与组织、商业模式设计与创新等实用知识，覆盖了智能制造、大数据、新能源、网络信息与安全等众多热门产业领域。

设立主题课程的前期准备中，华南理工大学 MBA 项目投入了极大的精力，进行调研与思考，项目筛选了大量的教师简历，进行了多场教师座谈会、学生座谈会、班委座谈会、班主任座谈会，同时还收集了大量的师生调查问卷，了解老师与学生们对主题课程的期许与意见。然后，根据这些前期资料与意见，对比了目前国内外尤其是国外顶级高校的 MBA 最新培养方案，结合华南理工大学 MBA 项目自身的特点进行了主题课程的开发。课程开发前期，MBA 教育中心面向学院内教师进行了公开招募，针对前期拟定的不同主题，教师可根据自身的研究领域，结合当下热门话题，填写课程申报书，申请开发课程；在收到申报书后，组织 MBA 教学指导委员会进行评审，评审通过后，教师开始进行大纲、课件、试卷的设计，课程开发周期一般为 6～18 个月，最后会组织校内外专家对课程验收，包括课件内容、教师试讲情况等，验收通过后，课程正式进入教学环节。若课程验收不通过，则继续进行修改，或对老师进行培训，然后再进行二次验收。其中颇具代表性的一门课程是"信息技术与管理创新"，该课程包含了区块链技术与应用、大数据与决策新思维两部分内容，这两部分是当下最热门的信息化主题，也是学院教师们在近年非常关注的研究领域。课程分两部分内容进行讲授，将大数据与区块链结合在一起，既有区别又有联系，教师结合当下热门话题授课，实用性极强，一经推出就成为最受欢迎的选修课之一。

主题课程的设立，收获了来自学生们的正向反馈与建议。有的学生反映华南理工大学 MBA 项目虽以制造业为特色，但各主题课程兼具各行业的知识与特点，生动易理解，带领学生们拓展不同的行业视野；有的学生则意犹未尽，建议课后可开展更多相关的沙龙和模拟实训，带领学生们进入更深层的产业环境。针对这些建议，华南理工大学 MBA 项目还拓展了一系列更为细化的"MBA 实战课程"，邀请知名企业的高层管理人员讲授相关课题，从企业实战视角，丰富学员的课程收获，提升学以致用的效果（见图 29-1）。

代表性课程

- 陈登坤 有米科技总经理
  课程主题：数据驱动新营销
- 戚耀明 广州白云国际机场董事会秘书
  课程主题：公司法人治理和实践运用
- 吴迪年 广州明迪沃衍股权投资管理合伙人
  课程主题：赋能投资的实操分享
- 许晓东 立白集团副总裁
  课程主题：好企业 好文化
- 刘春峰 中集集团科技总监兼高级科技顾问
  课程主题：创新助力打造冠军产品
- 丁力 腾讯广告部文旅中心负责人
  课程主题：腾讯生态针对营销场景的思考与实践
- 马海刚 深圳腾讯科技有限公司人力资源总经理
  课程主题：科技让 HR 更有温度
- 严英仕 世界 500 强企业松下空调中方厂长、中国 500 强企业万宝集团副总工
  课程主题：世界、中国 500 强企业供应链、工厂、经营管理战例

……

图 29-1　华南理工大学"MBA 实战课程"代表性课程

在"MBA 实战课程"中最具代表性的实践性课程当属"企业经营模拟"，本课程教学的指导思想是"教师为主导，学生为主体；理论联系实际，在模拟实践中学知识、用知识、长本领"。该课程以企业管理的现实案例和统计数据为依托，模拟标准化市场经济条件，通过在虚拟经营环境中的竞争性决策演练，帮助学生完整体验企业经营过程，锻炼与培养经营决策的能力、竞争意识、组织协调能力和团队合作精神，建立企业经营的整体概念和系统性思维。同时通过竞争赛事，引导学生分析和总结，深度感受产业竞争环境的决策压力。通过这门课程的学习，能培养掌握当代管理学知识、具有全球经济视野，并能参与国际竞争的高级管理人才，而在课程场景的打造上既与全球经济发展相适应，同时又注重与中国实际相结合，与华南理工大学的特色相结合；既符合 MBA 教学的基本要求，同时又加倍突出学生的领导整合和创新能力的培养。课程自开设以来，收到了来自学生们的极高评价，学生们普遍认为该门课具有很强的实操性和应用性。作为华南理工大学 MBA 项目的特色课程之一，每年有 200 名左右的学生选修该门课。

3. 打破专业壁垒，实行跨学科的课程资源共享

产业化的人才培养离不开对各个领域的教学涉猎与融合，华南理工大学 MBA 项目将学院内各专业学位的资源打通，通过课程互通、学生活动共享、案例资源互补等方式，在专业学位教育 MBA、MPAcc、ME、MEM、EMBA 项目之间形成支撑平台共享及培养体系协同创新，为学生提供更开放、更多元的环境，满足复合型产业人才的知识需要。华南理工大学 MBA 项目建立了专业学位教育平台——Cross Learning Program 课程共享体系，鼓励学生按照职业需求有选择地跨学科旁听课程，打破专业知识学科界限，拓宽产业知识视野。自 2014 年以来，华南理工大学 MBA 项目推出优质共享课程近 400 门，包括核心必修课程、基础课程、选修课程，覆盖学生人数近 2 000 名。这些共享课程包括了 MBA 项目的优质课程"国际商务""组织行为学""管理经济学""商业模式设计与创新""管理沟通"等，ME 项目

的经典课程"生产计划与控制""六西格玛管理""采购与供应管理"等,MEM的特色课程"精益生产""供应链金融""智能制造"等,还有MPAcc的实用性课程"企业并购与价值评估""中国税制""投资学"等。其中,MBA教育与华南理工大学工科特长的交叉融合更是极具意义,为培养具有华南理工大学特色的复合型高素质人才,培养具有华南理工大学特色的创新思维,从而服务于具有华南地区特色的产业发展奠定了基础。

4. 打造立体活动,策划更具完整性的校企互动整合系列活动

策划校企互动的"行业月"系列活动是华南理工大学MBA项目在这一阶段探索校企互动的新尝试,与过往单纯的讲座、参访不同,"行业月"是从产业角度打造的一种更为全面、立体、深入的课外活动体系,邀请行业领先企业共同策划,引入专业财经媒体共通打造与传播,通过行业资深专家、企业高管、校内学者的对话交流以及前往行业领先企业的实地参观交流,实现对所关注的产业话题的渗透与深入。该系列活动以"每月一主题"的方式搭建了解行业、分享互动的平台,实现聚焦行业热点、洞察市场先机的目标,活动形式包括行业论坛、主题对话、专题讲座、企业参访、精英沙龙等,通过多样化的活动方式,搭建本土企业、资深行业专家、不同专业学员与校友等多方直接、持续、有效的互动平台,实现产业内及跨产业的交流与融合。项目2015年启动,而近3年来,更是聚焦区块链、5G技术、智慧城市、物联网与智慧物流等30多个前沿行业主题,组织各类型活动90多场,共有近25 000人次参与。如今该活动已成为最具口碑的特色活动之一。

此外,在这一阶段,华南理工大学MBA项目将传统的企业参访活动进行整合与拓展,推出"E企行"系列活动,打破走马观花式的参观方式,以主题为驱动,进行行业领先企业的参访与交流。"E企行"推出以来,聚焦主题涵盖了"'大湾区时代'的企业转型升级""中集精益ONE模式的构建之路""从智慧机场建设看信息技术应用的发展前景"等多个把握经济发展潮流、直击时代发展痛点的专题,行业也覆盖了从传统的制造业、生物医药、金融、科技IT、航天航空等到"互联网+"大趋势下的新兴产业,参访企业包括白云机场、中集集团、美的集团、东鹏集团、新宝电器、科大讯飞、香雪制药等众多产业内的领先企业。

华南理工大学"行业月"系列活动之一

(二) 人才培养引入精英资源

如何最大限度地将校外精英资源引入 MBA 人才培养中并有效利用，一直是华南理工大学 MBA 项目发掘人才资源的重点。在这一阶段，华南理工大学 MBA 项目梳理了各类校外人才资源的属性与引入场景，设立了一系列具有针对性的精英资源引进项目，系统性地为华南理工大学 MBA 项目持续注入新鲜血液，时刻保持活力。

1. "启明星"校外导师：将企业英才引入项目

该项目是华南理工大学 MBA 项目在此阶段搭建的学生与行业精英、优秀校友的互动平台，是将优质的社会人才资源引入课堂教学与课外实践培养的重要举措。华南理工大学 MBA 项目邀请来自产业一线的资深专家担任校外导师，带来与真实职场无缝接轨的有效指引，更通过讲座、沙龙等形式让最新、最前沿的行业咨询和管理实践进入课堂，实现理论与实践并重的 MBA 培养模式。项目对校外导师的甄选甚为严格，校外导师需对企业管理有深入的研究和见解，在本行业领域具有较强的影响力和良好的社会声誉，且符合一系列对于学历与职称的要求。校外导师的职责包括与指导学生保持定期交流，针对自身行业领域专题或时下热点开展主题讲座、沙龙活动，根据学生培养需要和导师意愿聘请适合的导师为学生上课，为学生提供企业参访、项目交流、实习等实践机会，担任学位论文评审专家、毕业答辩委员等。而校外导师的权利则包括作为师资享有 MBA 教育中心的各项服务（企业招聘、高管培训、课程试听等），根据自身需求参与课程咨询、研究工作，所在单位可优先招聘优秀毕业生等。自"启明星"校外导师项目启动以来，超过 1 000 位企业管理层报名了甄选，其中超过 200 位受聘为校外导师，华南理工大学 MBA 项目保持每月举办至少 2 场校外导师的讲座或活动。

2. 讲席教授及行业专家上讲台：师资队伍的多元化

华南理工大学 MBA 项目的精英资源引进项目还包括"讲席教授"，即为实现学院理论知识与企业实践的衔接与互动，完善学院教师队伍建设，促进师资多元化、提升学院办学层次和质量提升，引进各行业顶级管理人才为学院师资团队的校外补充力量，授予其"讲席教授"称号。自 2016 年推出以来，已聘任讲席教授包括尚品宅配董事长李连柱、丸美生物董事长孙怀庆、广铝集团董事长叶鹏智、唯品会高级副总裁唐倚智、科大讯飞高级副总裁杜兰等。

"行业专家"，即为建立 MBA 项目与企业、行业及产业的联系所设立的校外行业专家上讲台计划，邀请企业高管、资深顾问、行业组织创建者或管理者加入课堂教学，近三年共计 56 名行业专家参加了 82 门次的课程讲授。行业专家将各行业中最前沿的案例、最突出的问题带到课堂上，通过校内外知识的结合，使课程真正实现知行合一。

3. 校外班主任：搭建学生与优秀校友的互动平台

将优质社会资源引入课堂教学与课外实践培养中，即遴选和引入有一定影响力的企业管理者，担任"校外班主任"职务，共同管理班级，为学生搭建与优秀校友的互动平台，将优质社会资源引入 MBA 学生的日常培养中，也通过班级内直接的、有效的交流使学生更全面、更充分地了解产业、关注实践，拓宽思维、拓展资源。这些别具特色的校外班主任上任后，不乏精彩的、促进育人效果的班级互动。例如，校外班主任罗育中以自身学习与工作经历出发，为学生们提供了极具针对性的学习规划及职业规划引导，同时为班级文化的打造献策献力，还为同学们提供就业机会；校外班主任胡永国，在其MBA就读时期一直担任班长，其所在的班级毕业多年仍有很好的感情维系，每年固定组织班级活动，因此在成为班主任后，他将其班级管理经验进行传承，极具成效地带领班级形成了很好的班风与凝聚力，也时常集体进行课外参访与交流，将理论知识与管理实践更好地结合。

（三）产业资源与教育成果的双向输入

经过对产业资源与精英人才的引进与融合，华南理工大学MBA项目的"产教融合"教学体系日渐丰富和立体，华南理工大学MBA项目也持续思索如何将已有体系进一步深化与升华。而将引入产业资源后的教育成果反哺于产业发展，是华南理工大学MBA项目做出的又一尝试。

1. 企业咨询诊断：华南理工大学智力反哺企业

提到产业资源与MBA教育的双向输入，便不得不提华南理工大学MBA项目的顶尖课程——企业咨询诊断。华南理工大学MBA项目是华南地区最早开设"企业咨询诊断"课程的院校，该课程以企业问题为导向，针对企业的管理需求，调动MBA学生中具备相关行业背景的精英及校内、校外名师的智力资源，群策群力，以优质可行的诊断报告回馈企业，助力产业发展。参与课程的学生深入企业实践场景调研，综合运用理论知识来分析和解决实际问题，课程内容涵盖企业战略规划、人力资源管理、服务营销、营销策略、企业组织结构、项目投资、精益生产、运营与供应链管理等专题。经过多年的建设和发展，"企业咨询诊断"课程做到了将管理教育充分融入当下复杂多变的商业环境中，基于调研结果向企业交付的具有实践价值的咨询诊断报告，也达到了教学成果与企业充分共享，回馈产业及社会经济的效果。截至目前，华南理工大学MBA项目"企业咨询诊断"课程已有超过500位MBA学生、超过80位资深教授及行业专家参与，服务超过60家企业，提交诊断报告超过80份，诊断报告采纳率超过80%。

"企业咨询诊断"课程凭借其突出的实践能力培养效果、知行合一的行动学习磨炼、行之有效的咨询成果与方案、强大的团队协作与视野培养机制，在学生、老师与企业群体中皆收到了无数赞誉，成为华南地区校企对话课程的风向标。在学生眼里，"企业咨询诊断课程提供了一个良好的机会，去拥抱商业环境和企业经营的动态变化""深入了解公司的整体运作，管理诊断的框架体系""在发现问题、提出问题、解决问题的过程中，加强了逻辑分析、统筹资源、控制时间和场面的能力""真正调动了知识储备""是理论与实践结合的桥梁""实用性极强""令人受益匪浅"。在带队老师看来，这门课程"极具特色""是华南理工大学MBA践行扎根华南实践的一个具体的举措""让MBA学生学以致用，为企业排忧解难""培养未来职场优秀职业经理人所需具备的职业素养、管理能力与管理智慧""帮助教师发现企业实践中关心的重点问题、痛点问题，从而明确和确信自己的研究方向和研究问题，保持对企业实践敏锐的洞察力"。在企业的反馈中，该课程"以第三者的客观视角，检视出日常被掩盖的存在问题，管理上帮助企业堵塞漏洞，防微杜渐""思路开阔，给予了许多前瞻性对策""输出的成果报告干货满满，极具参考价值和指导意义""具有'他山之石，可以攻玉'的效果""充分体现了华南理工大学MBA项目严谨的作风和职业化的水准"。每一年，这些来自课程参与学生、带队老师和企业的大量好评与真诚建议，是华南理工大学MBA项目持续推动"企业咨询诊断"课程发展与创新的强大动力。

华南理工大学MBA"企业咨询诊断"课程纪实

2. 雇主服务计划：为雇主企业提供全方位服务

华南理工大学MBA项目另一体现产学双向融合的项目，则是面向在读学生及校友所在企业的"雇主服务计划"。该计划立足MBA教学平台及企业实际需求，搭建了学生、校友企业与学校沟通交流的桥梁，为雇主企业提供课程资源、人才招聘及定制化培养、管理提升等全方位的服务。人才是产业发展和创新的动力之源，通过"雇主服务计划"的牵动，华南理工大学MBA项目与学生、校友间的互动不再局限于就读期间，也不再局限于校园之内，而是通过与雇主企业的持续互动与互惠，有效聚拢与反哺学生、校友企业，打造联系紧密的校友企业平台，助力产业发展，践行社会责任。每年，华南理工大学MBA项目为雇主企业开放各类课程学习名额超过200人次，发布招聘信息近500条，超过100家企业报名加入。雇主企业对该项目赞誉良多，认为其"从人才培养到质量管理课程，再到高层次人才招聘，为企业提供了多元化的人才服务"，同时"帮助毕业生适应不断变化的商业和企业环境，保持强烈的创新意识"。

三、产教协同：产教融合特色的升华

我国MBA教育走过多年实践，来到最近几年身处极大不确定性的时期，管理教育所面对的实践场景也由日新月异发展为难以预测。全球贸易战带来的国际经济环境波动与失衡，国家经济发展战略的持续调整，各类重大挑战与机遇的出现，无不在提醒我国的MBA教育，新的使命已经到来。打铁还需自身硬，面对全新的商业社会，要让MBA教育再次绽放新生，通过MBA教育赋予学生把握时代脉搏、应对机遇和挑战的能力，就需要各商学院及

MBA 项目从自身出发，在打造过硬实力的同时，勇于革新自我，寻求突破。这也让华南理工大学 MBA 项目开始思索：目前所建立的"产教融合"体系如何走得更远？如何在"产教融合"内涵中发掘出更深层次、更具突破性的意义？

面对这一问题，华南理工大学 MBA 项目最终选择返璞归真，先自问"我是谁"，再寻找"我要去哪里"的答案。华南理工大学 MBA 项目立足于华南经济圈，启动之初便以推动华南经济发展、培养本土工商精英为己任，多年来，这一志向从未动摇，而实现志向的方式则历经了重重的创新与迭代，行至当下，华南理工大学 MBA 项目认为，要使 MBA 教育更上一层楼，为本土产业发展与人才培养做出更深层次的贡献，需要从源头将"产教融合"的因子注入华南理工大学 MBA 项目的血液中，贯通始终。具体来说，在人才培养的起跑线上，充分挖掘行业、企业的育人属性，校企协同，共同推动 MBA 教育发展与产业转型相匹配、相适应，切实开展人才的联合培养，是现阶段的重点。

（一）校与产的协同创新

2018 年起，华南理工大学 MBA 项目与广汽集团合作开设了广汽集团工商管理研修项目。广汽集团是华南制造业发展的典型领先企业，对推动本土产业发展功不可没，而华南理工大学 MBA 项目与之联手，是走出"产教融合"深化之路的里程碑式的探索，自此，华南理工大学 MBA 项目真正将 MBA 教育与本土产业、企业发展连成一线，从产业需求出发，量身打造"从产中来，到产中去"的个性化教学模式，实现校与产的高度协同，以更高的格局和标准、更有效的举措为企业乃至区域产业和经济社会发展服务。

广汽集团工商管理研修班旨在培养具有创新思维、全球视野、商业智慧、高效执行的复合型管理者，为广汽集团及集团下属投资企业的可持续性发展储备高潜能管理人才。该项目是华南理工大学与广汽集团签订战略合作框架协议后的首个人才培养项目，依托 MBA 学位项目的培养体系，围绕广汽集团的整体战略方向、核心管理人才需求，在完成项目培养目标的同时，实现产业发展与院校教育之间的优势互补与紧密协作，更通过产业高层次管理人才合作培养的全新模式，共同致力创新驱动发展，为地方区域经济发展提供强大的支撑和服务。

在该研修项目设立之初，广汽集团高度重视，联合华南理工大学 MBA 项目从项目实施目标的确立、学员的选拔、课程的选定到培训成果的检验，都做了全面而周密的部署。校企双方皆对该项目报以极高期许。广汽集团希望该项目能为集团带来终身学习、学以致用、主动担当、扎实践行的良好风气，通过人才培养稳固企业的根基和保障，并希望该项目的学员都能成为集团创新变革的承担者。而华南理工大学 MBA 项目则期许全新的人才培养模式探索能为企业带来文化提炼、管理落地的效果，为产业实现知识创新和前景展望的价值。

该项目的培训周期共 15 个月，从前期的企业学员选拔到课程培养以及后期的结业论文考核，都严格按照 MBA 项目的培养标准和流程开展。课程设计除保留 MBA 项目的核心课程外，更融入了广汽集团特色的企业实战型课程。华南理工大学 MBA 项目派出各门课程的强劲师资队伍支持研修班的教学，广汽集团则邀请集团多位高管，进行嵌入课程体系内的主题授课。华南理工大学 MBA 项目从创新思维、全球视野、商业智慧、高效执行四大板块设置了能强力支撑广汽集团精益管理、自主创新战略的课程体系。而多位广汽集团高管则结合企业实际，为项目带来企业发展使命、国际化思考、数字化转型等主题授课。在论文阶段，该项目采用双导师制，即由"企业导师＋校内导师"的方式展开理论联系实际的深入全方面指导，企业导师由广汽集团领导、执委会成员、董事会秘书等高级管理人员担任，校内导师由华南理工大学MBA项目校内师资担任。论文选题要求紧密结合广汽集团及所在企业的发展战略规划、重点项目、重点工作和自身岗位发展方向，展开相应研究，对实际工作有思考、有建议、有帮助、有启发，具有很高的应用价值。

首届广汽集团工商管理研修班完成了超过450个学时的学习，学员递交各类课程报告逾330份，收到学员各类感想及分享近900份。结业之际，广汽集团对项目培养给予了高度评价，认为该项目能结合当前经济形势、产业发展及企业经营管理实际问题，完善广汽集团现有人才的知识结构，帮助广汽集团实现管理体系的升华，赞许华南理工大学是当之无愧的华南地区科技创新人才的孵化所和前沿技术的发源地，是广汽集团引进人才的理想学府，并特别强调"研修项目结业论文对集团具有非常大的实际应用价值"。参与项目的学员们则认为项目让其"系统提升了理论思维，拓展了视野格局""对知识结构进行了重构与更新""在加强理论修养的同时达到知行合一""为未来迎接新的挑战，担当集团创新变革的角色奠定了深厚的基础"。

广汽集团工商管理研修班签约仪式、结业典礼

华南理工大学MBA项目的校企协同之路除人才联合培养，还包括"产学研"创新交流平台的建设。基于华南理工大学所拥有的一批实力强大的科研机构及技术开发基地，依托雄厚的人才、智力资源和学科优势，华南理工大学MBA项目推出了"华园前沿·探究"系列活动，希望通过构建资源共享平台和"产学研"平台，为广大校友企业提供技术和管理的智力支持，并将高等院校科技成果与实体企业进行有效对接，推动产业发展与升级。该系列活动以实地参观、名师讲堂等形式带领学生及校友探索前沿技术，截至目前，已带队参访过人体数据科学重点实验室、发光材料与器件国家重点实验室、国家人体组织功能重建工程技术研究中心等多个前沿基地，更邀请资深专家及带头人带来了"能源、信息新材料——兼谈基础科学研究的作用""高端制造装备技术实践与思考"等多次专业分享。

依托强大的产学研协同平台，2020年5月，华南理工大学与MBA校友企业星联科技完成了超2 000万元的专利技术转让。由中国工程院院士、华南理工大学教授瞿金平发明的"基于拉伸流变的高分子材料塑化输送方法及设备"专利技术（简称"ERE技术"），刷新了佛山单项专利转让金额纪录。长期以来，华南理工大学坚持以科学研究服务国家经济社会建设，学校科技成果应用转化率、专利实施率等指标稳居全国高校前列、华南地区首位，2017年以来，学校累计产出专利超过1.2万件，获中国专利奖数量位居全国高校第一，70%以上的高质量专利成果通过各种形式在粤港澳大湾区落地应用。此次专利转让是学校科研团队把科技应用在产业发展事业中的鲜活案例，学校强大的科技创新能力与华南理工大学MBA项目校友企业资源的深度融合，是华南理工大学MBA项目在推动创新链、产业链、资金链精准对接上的显著成果，促进科研成果实现了创新价值，使高校智力资源真正服务于产业发展。

华南理工大学与广东星联科技有限公司签约

（二）产、教、人的多维融合

在此阶段，华南理工大学MBA项目在教学以外，对产业的拓展了解进入了沉浸式的探索阶段，结合国家重点发展战略、热点产业主题，引领学生进行更为深入的全方位实地调研与交流,让 MBA 学生走近当下的真实经济和社会情境,了解当代的中国。同时有别于传统的企业参访活动,华南理工大学 MBA 项目鼓励学生在调研的同时进行头脑风暴,与产业企业共同探索发展路径,为经济转型升级提供智力支持。这种走出课堂,在广阔天地中寓教于产、以教促产、以产育人的多维化教学方式,是全新的探索方式,也是正待进一步完善与深入的新式课堂。截至目前,华南理工大学 MBA 项目举办的主题化产业行系列活动包括为响应"乡村振兴"所开展的"美丽广东乡村行",聚焦广东省制造业领航企业,见证从"中国制造"到"中国智造"的"智能制造行"等。

华南理工大学产业行系列活动纪实

对于产、教、人的融合,"人"是重点,也是最具能动性的创新主体。为培养新一代产业支撑人才,激发新一代管理人才的创造力,华南理工大学 MBA 项目推出实战型青年领袖成长营,探索"青年领袖"培育理念,发挥学校在科研创新、人才培养和产业影响力等方面的优势,面向粤港澳大湾区智能制造、科技金融等重点产业及新兴产业提供高素质人才培养支持,同时整合产业标杆企业资源,为 MBA 学生提供最贴近产业需求的知识提升课程,发掘和培养具有洞察力和大局观的青年产业领袖人才。

四、结语

MBA 教育是有特殊使命的教育,它通过与我国职业经理人群体之间的互动促进我国商业社会发展,培养真正富有社会使命、具有管理能力的商业人才。要取得 MBA 教育的成功,教育者必须时时问自己:"我是否为管理者在瞬息万变的社会经济发展中拨开了层层迷雾,把握时代的脉搏?"正是围绕着对 MBA 教育内涵的持续思考,华南理工大学 MBA 项目走出了一条"产教融合"的探索之路,经验满满的同时也感慨万千。最初,"产教融合"只是一句口号、一个设想,随着多年的实践,发展成为一种志向,并且一路丰硕。从"产教融合"的思想萌芽,到后来"搭建以 MBA 的课程培养为核心,充分融合产业资源,并支撑产业经济发展的产教融合体系",再到如今将"产教融合"作为 MBA 项目特色贯穿始终,"产教融合"这一词语落地成为一个又一个的项目、一次又一次的尝试、一番又一番的反思。至今,华南理工大学 MBA 项目的"产教融合"体系建设有了从课程设计、师资、培养模式等具体方面的切入,有了各类产业资源的持续、充分引入,更有了学校优势学科与科技成果的依托,以上种种对区域产业资源的双向输入与支持,使华南理工大学 MBA 项目在"华南经济圈产业发展支撑力量"这一角色上的表现日益突出,也探索出了更为宽广的天地,更崇高的志向。

作为我国首个专业学位,MBA 过往在教育理念、招生方式、培养模式、教学管理等方面的尝试与探索对中国专业学位研究生教育起到了示范引领作用。进入全新时代,MBA 的发展如何突破、如何创新?我们认为,评价一个 MBA 项目乃至一所商学院的重要标准,就是其是否在国家经济发展中有自己的声音,有明确的角色。我国 MBA 教育的本土化之路走了多年,要在案例库建设、师资培养等常规工作之外获得更多突破,更需要我们了解这片土地的现实,了解产业发展的真实情况,通过产业与教学的真正融合,归纳出全新的、能够诠释和把握中国商业社会发展与变革的理论与实践体系。只有在更大的图景下去诠释担当,在更具体的场景中去履行担当,我们的 MBA 教育才能实现更大的格局,拥有更高的水准。"产教融合"是其中一个解答方式,也希望更多的兄弟院校能探索出更多元的道路,共同助力MBA 教育事业的发展。

华南理工大学 MBA 项目希望呈现一种怎样的与中国相关、与华南区域发展相关的知识视野?希望培养一群怎样的本土企业家群体?这是我们常问常新的一道题目。华南理工大学 MBA 项目对于自身在区域经济与产业发展中所扮演的角色有着极高的自我要求与抱负,对于粤港澳大湾区建设这一我国区域协调发展战略重要的组成部分,也有着全新的展望和期待。2019 年 2 月,中共中央、国务院印发了《粤港澳大湾区发展规划纲要》,提出不断深化粤港澳互利合作,进一步建立互利共赢的区域合作关系,推动区域经济协同发展,为港澳发展注入新动能,为全国推进供给侧结构性改革、实施创新驱动发展战略、构建开放型经济新体制提供支撑。华南理工大学 MBA 项目长期以来作为华南产业发展与转型升级的重要智库与盟友,在现今大湾区先进制造业和现代服务业发展的篇章中也正在书写属于自己的故事。华南理工大学 MBA 项目只有不断推进勤奋务实、勇于创新的粤商文化,在培育本地化、高素质和实用型管理人才方面形成鲜明的教育特色,才能真正塑造在工商管理领域的独特品牌,不负"华南企业家的摇篮"这一称号。道阻且长,行则将至。

第三十章

以"实事求是,经世致用"核心价值推动 MBA 教育高质量发展

祁顺生[一] 李遵号[二]

一、核心价值规范项目使命和目标

湖南大学工商管理学院 MBA 项目根据时代发展对人才培养质量提出的新要求,始终坚持对岳麓书院千年文脉的传承,以"实事求是,经世致用"为湖南大学 MBA 项目的核心价值。

(一) 核心价值的历史传承

湖南大学工商管理学院的前身是 1911 年成立的湖南商业教员讲习所,是我国最早从事商学教育与研究的学院之一,先后汇聚了曹典球、熊希龄、汤松、张浑等一批国内外知名的经济管理学家,在我国最早创办《中国商业杂志》《商学会刊》《商学期刊》,最早出版《科学管理》学术期刊。经过 112 年的发展,现已是我国最具竞争力与影响力的商学院之一,享有"千年学府,百年商学"的美誉。

在一百多年的办学历程中,湖南大学工商管理学院继承和发扬了"传道济民、爱国务实、经世致用、兼容并蓄"的优良传统,积淀了以"博文约礼、致知载物"为院训,以"理性中道、求是创新"为院风的办学底蕴,形成了"国际视野广阔、决策思维敏捷、创新能力突出、综合素质高、社会责任意识强"的人才培养特色。推崇科学研究与学术思想的经世致用和原始创新,服务企业成长与经济社会的持续发展,已为国家和社会培养了一大批高层次管理专门人才,许多毕业生成长为管理学领域的专家学者、所在行业中的企业家和优秀的行

[一] 祁顺生,湖南大学工商管理学院 MBA/EMBA 教育管理中心主任,教授。
[二] 李遵号,湖南大学工商管理学院 MBA/EMBA 教育管理中心副主任。

政管理人才。湖南大学 MBA 项目在发展历程中，始终以湖南大学工商管理学院的使命为发展引领，具体表现如下。

1. 传承岳麓书院的千年文脉

湖南大学 MBA 项目在发展过程中，结合中国特色社会主义市场经济发展的客观需要，始终坚持对岳麓书院千年文脉的传承，将现代管理知识根植于千年文化的精髓之中，培养具有使命担当的专门管理人才。

2. 创造融贯中西的管理新知

MBA 项目秉承"实事求是"的湖湘文化精髓，强调知识传授的创新，在创新中发展，结合学科发展新趋势，培养既具备中国传统管理智慧，又熟知西方先进管理理念，融会贯通、精耕细作、有效运用并勇于创新的专门管理人才。

3. 培育引领时代的业界领袖

湖南大学 MBA 项目在发展中还秉承"实业救国"的教育理念，一直以救国救民为核心动力，在新时代实现中国梦的新愿景下，培养具备社会责任、思想开放、富有创造力、具有国际视野、引领并推动业界发展的专门管理人才。

4. 推动经济社会的持续发展

湖南大学 MBA 项目的发展，一直以服务社会经济发展为己任，结合实现中华民族伟大复兴的中国梦，根据社会经济发展的时代需要，培养因地制宜、因时制宜，具有卓越领导力的专门管理人才。

（二）核心价值的提炼

湖南大学 MBA 项目在长期发展过程中，一直都强调科研与教学并重、创新与社会责任兼顾，坚持用创新的管理知识服务社会，培养有社会责任感、有丰富的背景知识的行业管理人才，同时结合经济社会发展阶段的不同特点以及不同阶段学员结构的特征，开展有针对性的人才培养，长期以来形成了创新、人文、管理+、国际、实战等培养特色。

湖南大学 MBA 项目拥有庞大的校友资源和长期扎根本土的丰富经验，深切了解区域经济的发展特点，并能够充分利用湖南大学机械制造、土木工程、工业设计、金融、传媒与文化等优势学科资源，以案例教学、领导力开发、企业家精神、体验式学习为建设重点，以文化熏陶、社会责任担当为突破口，遵循湖南大学"实事求是、敢为人先"的校训，形成了服务社会经济发展、满足本土企业和市场需求的一整套高质量的教育培养体系。逐渐形成了湖南大学 MBA 项目"实事求是，经世致用"的价值理念，具体如下。

1. 实事求是

（1）始创于公元 976 年的岳麓书院，历经千年，弦歌不绝。1917 年，湖南公立工业专门学校校长宾步程，手书"实事求是"悬挂于岳麓书院讲堂，将其作为校训，引导学生从事实出发，崇尚科学、追求真理。

（2）1941 年，毛泽东在《改造我们的学习》一文中，第一次对"实事求是"做了全新的、科学的阐述。

（3）2020年9月17日，习近平总书记来湘考察，专程来到湖南大学岳麓书院，借用岳麓书院的一副对联"惟楚有材，于斯为盛"表示了称赞。

2. 经世致用

（1）作为湖湘文化的精神圣殿，岳麓书院穿越千年历史烟云，始终秉承"成就人才、传道济民"的教育理想，坚持"经世致用"的价值取向和"实事求是、学贵力行"的治学精神，培养和熏陶了一代又一代经邦济世之才。从奠定湖湘学派规模的张栻到集理学之大成者的王船山，从陶澍、贺长龄、魏源到曾国藩、左宗棠，从郭嵩焘、曾纪泽到谭嗣同、唐才常，从蔡锷、杨昌济到毛泽东，岳麓书院"经世致用"的价值取向一脉相承。

（2）《辞海》中对"经世致用"的解释为：明清之际主张学问有益于国家的学术思潮。由此可以定义：经世致用就是关注社会现实，面对社会矛盾，并用所学知识解决社会问题，以求达到国治民安的实效。这一思想体现了中国传统知识分子"天下为己任"的情怀。

二、核心价值融入培养体系

在"实事求是，经世致用"核心价值的引领下，湖南大学MBA项目根据自身的内外部情况进行分析和梳理，并先后组织任课教师、学生、校友、企业、校外兼职导师等进行广泛的讨论和意见征集，最终形成了湖南大学MBA项目的使命和目标。并将"实事求是，经世致用"核心价值融入培养体系，实现人才培养高质量发展。

（一）MBA项目使命与目标的形成过程

MBA项目的培养目标：培养传承千年文化，具有使命责任担当，掌握现代商学逻辑，推动经济社会变革进步的高端管理人才。

1. 精准提炼，明确方向

湖南大学MBA项目自1993年创办以来，一直强调科研与教学并重、创新与社会责任兼顾，坚持用创新的管理知识服务社会，培养具有社会责任感、有丰富行业背景知识的领域管理人才。这一发展方略包含项目定位、特色、人才培养目标和发展战略，在其指导下，MBA项目进入快速发展阶段。2014年，以AMBA认证为契机，结合湖南大学学科优势特点，借鉴MBA培养的国际标准，确立了"培养知行合一，正道致远的领域管理人才"的项目使命。

2. 持续改进，凝练目标

湖南大学MBA项目一直注重教学质量的把控，不断提升教学的硬件及软件配备。2011年开始启动MBA项目发展的相关认证及建设工作，以认证促建设，全面提升MBA教育品质。在认证工作的推进过程中，围绕"培养知行合一、正道致远的领域管理人才"的项目使命，确定了"培养传承千年文化，具有使命责任担当，掌握现代商学逻辑，推动经济社会变革进步的高端管理人才"的项目目标。

3. 充分论证，支撑协同

湖南大学MBA项目现行的使命和培养目标紧密追随国家战略需求，结合湖南大学发展战略，有力支撑工商管理学院"成为扎根本土享誉全球的卓越商学院"的愿景。在学生培养中，以校院使命目标为指引，在教育培养的各个环节逐步落实项目的使命和目标，形成了"求索＋实干"的办学特色。

（二）MBA课程体系设计遵循的原则

1. 以项目使命和目标为引领的原则

湖南大学MBA项目的培养使命和目标是培养知行合一、正道致远，具有国际化思维、创新精神、社会责任与卓越领导力的领域管理人才。在课程体系设计中追求引导学员理性思考、树立正确的价值观，以学员职业能力培养为出发点，以学员职业生涯发展为中心，以商业道德、价值观为引领，以理论知识如何运用于实践为原则，注重学员社会责任及管理伦理的培养，增加课程的覆盖面和实用性，引导学员追求更高的管理境界，用知识与思想引领企业和行业前行。

2. 满足市场需求的原则

湖南大学MBA项目的市场定位主要是服务于湖南及我国中部区域的社会经济发展。所以，在课程体系设计中要体现"实事求是，经世致用"的湖湘文化精神实质，并关注学员综合能力的培养。为持续保证湖南大学MBA项目的课程体系质量，MBA课程设计紧贴区域经济发展大环境和具体市场需求，在国家政策和宏观经济发展的不同阶段，以满足市场和企业需求为根本出发点，结合湖南大学和工商管理学院的学科及师资优势，不断优化课程体系，适时更新研究方向、优化课程门次、创新课程内容以满足市场需求。

3. 突出办学特色的原则

湖南大学MBA项目依托岳麓书院千年文化底蕴，以"求索＋实干"为项目办学特色，在以培养质量作为项目发展生命线的基础上，努力建设出富有中部特色的MBA项目。在课程设计上突出湖湘文化课程的深度与广度，强化MBA学员传播湖湘文化的意识，将"实事求是，经世致用"的价值理念深植于心；紧跟国家战略，开设全国第一个"一带一路"MBA项目，设计符合"一带一路"建设需求的课程，力求走出具有中部特色的MBA项目国际化发展之路。陆续结合国家及区域经济发展战略，先后开设"金融科技"MBA项目、"文创产业"MBA项目。

（三）MBA项目培养方案设计

学院以"实事求是，经世致用"核心价值推动MBA培养高质量发展，在人才培养方式、课程体系设计、培养指导机制、课程教学方法、实践教学模式、学位论文撰写等六个培养环节上相互衔接、深度融合，制定出六维人才培养方案。

（1）采用学科交叉的人才培养方式。湖南大学创新性地提出"管理知识＋行业领域知识"学科交叉的人才培养方式。新生入学后，除学习有关社会责任和管理理论的课程外，还要求学生根据自身职业发展规划，跨学科选择专门提供的机械制造、工业设计、传媒与文化产业和金融等行业特色课程。这样能使学生在掌握社会责任和管理理论知识的同时，也对相关行业知识有基本的理解，培养出社会责任意识、管理知识与行业知识兼备的人才。

（2）构建知识模块化的课程体系。课程分为社会责任、管理知识、行业领域知识、能力开发四个模块：①在社会责任模块，开设了马克思主义与社会科学方法论、管理伦理、湖湘文化与社会责任等课程，依托湖南大学岳麓书院独特的文化氛围和优势，进行文化宣传和道德引导；②在管理知识模块，开设了设置人力资源、市场营销、会计和财务管理等16个研究方向的120门选修课程；③在行业领域知识模块，设置有机械工程、设计与艺术、文化产业等特色公选课程，学生根据自己的兴趣和就业意向选修行业领域知识课程；④在能力开发模块，设置了领导力与职业胜任能力开发等12门必修课程。需要特别指出的是，课程体系除了设置社会责任模块课程外，还将社会责任培养目标嵌入其他模块的每门课程中，将社会责任教育贯穿到人才培养的全过程。

（3）实行"三导师"培养指导机制。学院为每位学生配备管理专业、行业领域和校外实践方面的三位导师。管理专业导师由本院老师担任，负责学生学业和论文指导；行业领域导师由学生所选行业所在学院的老师担任，负责学生的行业选课、行业理论与实践的指导；校外实践导师由实务界资深专家担任，指导学生的实习，为论文写作等提供调研实习机会。三位导师的指导各有侧重，相互配合，将管理理论知识与行业实践问题相融合，培养学生创造性地解决实际问题的能力。

（4）采取问题驱动式课程教学法。坚持以问题为导向，培养学生形成"管理知识+行业背景"的思维模式，积极引导学生在管理实践中发现问题，通过"请企业家进课堂"和"移动课堂"等多种方式，创新性地探索解决现实经营管理问题的方案，实现创新精神与卓越领导力的培养目标。

（5）采用多元复合实践教学模式。采用多元复合实践教学模式培养学生分析和解决实际问题的能力：①全面推行原案例教学法，做到专业课程案例的全覆盖，以开放、超载、多元视角、多样形式和互动性的方式呈现案例，利用数字网络资源重塑信息超载时代的决策困境，通过小组决策法和团队案例教学等方式培养学生的系统思维决策能力；②全面推行全日制专业学位研究生顶岗实习，学生在实践导师的指导下，在真实动态商业环境下去识别企业面临的现实问题，在对问题深入分析的基础上，提出解决方案，以此培养学生解决实际问题的能力；③加强实验与体验式教学，利用湖南省"企业管理决策支持技术"重点实验室等多个实验平台，拓展教学手段和方式，培养学生的企业家精神与实干精神。

（6）撰写具有实践背景的学位论文。学位论文突出学以致用，要求选题来自现实问题，应用管理理论与方法，分析和解决企业管理中的实际问题，研究对象为真实企业。论文类型有案例分析、调研报告、专题研究、管理诊断等多种形式。学生通过一年左右的时间，在"三导师"的指导下，在真实动态商业环境下去识别问题、分析问题，从而提出解决方案，以此培养学生解决实际问题的能力。

三、项目质量保障与改进

（一）构建高质量的项目质量保障体系

湖南大学MBA项目质量保障体系的构建，围绕愿景驱动、使命导向、目标指引、持续改进的思想，逐步建立起以决策规划层面、管理控制层面、执行层面、岗位工作层面的多级质量保障体系。重点围绕工商管理学院的愿景与使命，结合 MBA 项目的使命与培养目标，突出"实事求是，经世致用"核心价值的关键要素，根据 MBA 项目特点，学院以全面质量管理理念和 PDCA 为理论框架，建立了"全员、全方位、全过程"的质量保证体系。项目依靠完备的组织机构，依据培养流程环节的质量标准，通过细化各类规章制度，优化教育资源配置与投入，保证了质量保证体系的持续改进和不断完善。

（1）建立专业学位教育质量保障机构。设立学院学术委员会、考核委员会、教学督导团和 MBA 教育项目管理中心，学术委员会负责制定培养方案并进行培养和学术质量的认定，考核委员会负责考核教师授课效果并提出整改意见，教学督导团负责检查教学计划的实施质量，MBA 教育项目管理中心负责质量保障体系的日常运行。

（2）健全培养管理各环节的规章制度。在完善常规性的教师遴选，教学效果评价，学位论文开题、预审、答辩等相关制度的基础上，建立独具特色的课程组集体研讨备课、专任班主任、教风学风检查、教学环境检查、课程考查、考试手册、雇主走访等 20 余项具体的规范制度，形成了一个覆盖"招""教""学""管"各环节的制度体系，全方位保障了 MBA 项目运行和服务工作的质量。

（3）建立培养质量管理持续改进机制。构建学校、学院、雇主、行业主管部门、MBA 教育项目管理中心、教师和学员多方互动平台，形成多渠道沟通反馈通路，促进 MBA 项目培养质量的持续改进。①利用师生互评机制，反馈课程设计和教学的实施情况；通过对课程目标和学习产出的考查，了解学员的学习收获。②通过就业状况调查及雇主走访，掌握项目使命和培养目标实现情况。多方面的互动交流，促进了 MBA 项目运行中的问题发现及改进。③通过积极参与国内外 AMBA、AACSB、EQUIS、CAMEA 教育项目认证，以认证促进项目建设，不断把外部质量标准转变成内部质量提升动力，推动 MBA 项目的不断变革与完善。

（4）实行教师前往企业挂职的制度。学院出台了教师企业挂职制度，派遣教师到企业挂职，使其成为具备前沿知识和行业经验的行业领域专家，为提高人才培养质量提供师资保障。

（二）持续优化改进机制

湖南大学 MBA 项目依据市场改变、政策更新与教师、学员内部驱动等多重影响因素，在持续改进机制上采取"两条腿走路"。一方面，项目建立了教学质量持续改进机制；另一方面，在管理服务上，也建立了相应的持续改进机制，做到教学、服务两不误，两者相辅相成，提高了 MBA 项目的培养质量。

1. 课程内容的持续改进

顺应时代发展，适应学科发展，重构 MBA 项目教学体系。努力实现人才培养模式的多样化是人才培养模式改革的重要方面，教学内容的更新是在构建了课程的结构化知识模块以保证基础性、层次性和整体性之后，在教学过程中通过师生的互动来反映教学内容的相关性、综合性、渗透性、发展性和应用性，根本内涵是"常教常新"，注重 MBA 课程与其他课程和学科相互渗透，并给学员提供有效而广泛的迁移机会。

教学内容与时俱进，教学科研结合，编好配套教材。教材既是课程教学内容的知识载体，又是组织教学的基本工具，也是教学改革成果和教学经验的总结，湖南大学 MBA 项目积极推动任课教师将教学与科研相结合，把本学科的前沿思想、最新进展补充到教学中去，并收到较好评价。

2. 课程体系的持续改进

湖南大学 MBA 项目课程体系受项目使命目标、市场需求、企业人才需要及学员构成等多维因素影响，经过多次变革与持续改进，已经由原本单一的课程体系发展成为具有方向特色、适应国家政策、适应学员迫切需要的课程体系。例如，"一带一路"MBA 国际班、"金融科技"MBA 班、"文创产业"MBA 班，都有单独的课程体系。他们的方向选修课没有固化课程名称，这让课程有了较高的灵活度，既可根据市场的不断变化调整课程设置，又能更好地满足学员对于前沿知识与技术发展趋势的需求。领导力实验班，丰富了其课程体系，在学员培养方面也较之以往有更大的进步。

3. 教学方法和手段的持续改进

教学方法与时俱进，在教学方法上实行开放式教学，解决学员在时间和空间上存在的矛盾，通过灵活多样的方法训练学员的直觉想象思维、分析批判思维、多向交叉思维、发展创造思维。教学形式通过自由发言、相互评价、小组讨论、动手实践等多种多向交流形式，以任课教师为主导，引导学员由此及彼，举一反三，鼓励学员大胆猜测、批判学习；引导学员主动学习知识技能、优化知识结构，进而发展各种能力、修炼个性品质。

教学手段不断创新，充分利用多媒体手段开发创建课件。教学过程把握师生交往、共同发展的互动，教学时借助计算机等电子化教学媒体变静为动，以多媒体的形式让学员产生更形象生动的理解和记忆。在使用经典教材的同时，制作任课教师独立课件，补充教材中没有的资料，增加课堂容量，培养学员的求知欲，利用"活"案例引导学员质疑、调查、探究，在实践中学习，使学习成为主动的、富有个性的过程。

通过召开师资会议、教师座谈等各种形式手段，加强任课教师间的沟通与交流，共同探讨课程改革的方向、教学手段的丰富化、授课过程的良性互动。通过对优秀案例、优秀课件、优秀 PPT 模板的共享，以及教学心得交流，求同存异，提升 MBA 任课教师整体授课水平。

4. 管理服务的持续改进

湖南大学 MBA 项目管理服务工作的改进，重点突出表现在"提高服务效率、优化服务流程、最大化服务效果"方面，主要由 MBA/EMBA 教育项目管理中心负责实施。

在教学管理环节，对于学员反馈的教学意见，及时收集、及时反馈、及时处理，采取逐级高效处理模式，在班主任可处理范围内，由班主任在第一时间进行处理，如班主任无法处理则反馈至教务主管，最高可至 MBA/EMBA 教育项目管理中心主任，制定"7 日反应环"，即在接收学员教学意见及建议的 7 日内，将处理结果反馈至学员处。该"7 日反应环"同样适用于学员在学习方面遇到困难寻求帮助的情况，自学员递交申请之日起 7 日内，将可行的处理结果反馈至学员处。

在毕业环节，MBA 教育项目管理中心不断优化服务流程，简化中间程序，由原本学员提交预审需三个岗位核查信息更改为"一站式服务"，论文提交预审老师后由 MBA 项目内部沟通完成审核。流程的简化大大节约了学员提交材料的时间，受到了学员的一致好评。

全面推行班主任制度，推动 MBA 项目管理服务质量大幅提高。湖南大学 MBA/EMBA 项目一直为各班级配备班主任，自 2014 年起，《MBA 班主任制度》正式成文。班主任作为学员直接面向的第一人，随时掌握各班各项动态，对 MBA/EMBA 教育项目管理中心的教师管理、学员管理提供了良好的信息源，同时，学员在遇到各项困难时，也在第一时间可向班主任寻求帮助，减去因为信息不对称而造成的各种损失。最后，班主任与班级学员接触多、感情好，也有利于学员毕业后的各项联系工作，让学员在毕业后仍能接收到活动讯息，参与 MBA 项目的各项活动，长时间保持学习状态，保持与湖南大学 MBA 项目的紧密联系。

四、项目的特色与优势

湖南大学坐落在中国历史文化名城长沙。长沙市是长江中游地区重要的中心城市，全国"两型社会"综合配套改革试验区、中南地区重要的工商业城市，中国重要粮食生产基地、能源原材料基地、装备制造业基地和综合交通运输枢纽，也是湖南省的政治、经济、文化、科教和商贸中心。湖南大学在工商管理、机械制造、土木工程、工业设计、金融、传媒与文化等专业上学科优势明显，特色鲜明。湖南大学 MBA 项目在发展进程中，一直努力构建与人才培养目标相适应的，内涵丰富、层次多样的培养模式，充分将"实事求是，经世致用"核心价值贯穿 MBA 培养全过程。

（一）目标市场清晰

湖南大学工商管理学科基础扎实，老中青教师结构合理，青年拔尖人才显露，学科队伍力量雄厚。工商管理学科在发展中特别注重与湖南大学优势学科交叉融合，在全国率先成立产业金融协同创新研究院、中加风险管理国际合作研究中心、"一带一路"沿线国家会计与金融研究中心，在创新管理、战略管理、大数据金融与商务决策、资源环境审计与管理等领域产出了一批有重大影响力的原创性学术成果，有效解决了中国管理中的多项重大实际问题，并满足了国家战略相关需求。

湖南大学 MBA 项目针对湖南各类企事业单位进行中高层管理和创业人才培养，主要以企业中高层管理人员为目标市场，以在湖南省内工作和生活的"湘商"为主要生源。

（二）竞争优势明显

在"新常态"背景下，中国经济进入了一个与过去 30 多年高速增长期不同的新阶段，不论是宏观的经济战略布局，还是微观的企业并购重组和追求效能变化，都迫切需要适应新形势的管理人才，这为 MBA 项目带来了新的机遇与挑战。

湖南大学 MBA 项目紧随国家战略政策导向，积极探索服务社会经济发展的培养新模式，不断进行管理流程和教学内容创新，形成了文化底蕴深厚、办学历史悠久、区域品牌引领、培养质量优越、师资队伍成熟、校友规模庞大、办学形式多样等多重竞争优势。

（三）项目特色鲜明

湖南大学 MBA 项目根植于湖湘文化的核心发源地岳麓书院，岳麓书院地处中国社会经济发展活跃度较高的湖南省长沙市。湖南大学 MBA 项目拥有行业广泛的生源和校友资源，立足于"湘商"创新与创业精神的强大影响力和商业模式的宝贵经验，逐步形成了国际的、开放的、有强烈社会责任感的课程目标体系和项目特色。综合湖南大学的学科优势，追溯湖南商学教育的历史渊源，湖南大学 MBA 项目在多年办学经验的不断积累和变革中，根据区域社会经济发展的特点和实际需求，明确将"求索+实干"作为湖南大学 MBA 项目的培养特色。在"求索"方面，以深厚的湖湘文化为基础，以湖南大学优势学科的教育资源为技术支撑，依托百年商学教育的强大师资团队，树立科学管理理念，积极探索管理前沿理论，全面提升学生管理理论及实操水平；在"实干"方面，运用案例教学和实践教学等培养手法，通过组织游学和移动课堂等辅助教学环节，借助实验室先进的硬件设备条件，加强与经营实体的密切接触，提高服务实体的管理决策水平和能力。

（四）社会认可度高

1. 在项目招生方面

湖南大学通过连年推行提前批面试、加强各类宣讲频率等形式，MBA 报考人数每年显著提升，2020 年，报考参加全国研究生考试的湖南大学 MBA 考生人数达 2 229 人，最终实现 MBA 录取总数近 430 人，生源数量、质量、平均工作年限等显著提升。

2. 在项目建设方面

湖南大学先后获得 MBA 中部联盟"十佳特色商学院"、中国商学教育盛典"最佳金融 MBA 项目"第五名、"最具特色 MBA 项目（一带一路）"等荣誉。2020 年，在共青团湖南省委联合湖南省发改委等八家单位联合评选的首届"湖湘最美丝路青年"评选中，"一带一路"MBA 项目获评"湖南省首届最美丝路优秀青年集体"。

3. 在专业赛事方面

湖南大学先后获得"第 41 届国际企业管理挑战赛中国赛区一等奖""全国管理案例精英赛三等奖""湖南省 MBA 企业案例大赛一等奖"等奖项。

4. 在品牌建设方面

湖南大学 MBA 微信公众平台获评"2020 年度湖南大学十佳校园新媒体"，并蝉联"中国高校 MBA 微信品牌热度 TOP10"、排名全国第七，中部地区品牌影响力排名第一。

第三十一章

中国 MBA 管理案例共享模式发展创新之路

朱方伟[一]　马晓蕾[二]　王淑娟[三]

我国开展 MBA 教育 30 多年来，为了培养适应社会需求的高级管理人才，在教育模式上开展了大量的探索工作。总的来说，以问题为导向，能够有效激发学生学习兴趣、促进思考，并在学习过程中综合运用视觉、听觉、推理和思考等方式形成对情境的认知、对问题的分析判断和对解决方案的把握。是受到各方利益相关者普遍认可的，用这类方法来培养学生最终不仅能够使其掌握知识，在未来的工作中也能让其灵活地运用知识。

为了研发这类教学方法，包括瑞士洛桑国际管理学院、美国百森商学院以及哈佛商学院等在内的工商管理教育先驱打造了各具特色的集企业实践、讲座、案例分析和模拟等形式为一体的教育教学体系。我国商学院在此方面也结合我国具体国情进行了许多有益的探索，从理论讲授到实践教学，再到介于两者之间的案例教学，逐渐摸索出一条适合我国 MBA 教育特点的、性价比高的管理案例共享模式发展创新之路。

一、管理案例共享模式的提出

（一）管理教育的学科特点

管理学习不仅要掌握先进的知识，更要了解企业、行业与社会，能够发现问题、分析问题与解决问题，形成科学的管理思维与卓越的技能。这种思维与能力的养成主要动因在于

[一] 朱方伟，大连理工大学副校长，经济管理学院教授、硕士生导师、博士生导师。
[二] 马晓蕾，大连理工大学高级工程师。
[三] 王淑娟，大连理工大学经济管理学院教授。

个人自主地学习和吸收，而内容则来源于实践。这就要求学生必须走出校门、深入企业、长期蹲点，如若短期实习、蜻蜓点水、浮光掠影，则体会不会深刻。但若完全以实干代替学习，不但失去学校教育的特点，耗时很长，而且所接触的只有个别企业的具体情况，所获未免太片面。在这种形势下，通过案例进行管理学习的方法应运而生。

学生通过案例内容了解企业的管理情境，通过对案例中问题的分析、判断，提出解决方案，进行类实践性学习，即为案例法。

然而，案例法最易被诟病之处就是它的普适性。有人指责案例法"支离破碎"，认为它包含的是"一个个具体的、孤立的、表面的经验与情境"，与真实的企业实践一样，这确实是一个事实。这就需要从一个个特殊但有代表性的个案中寻找普遍的规律，这一寻找过程，其实就是在寻找复杂的信息和多种条件的组合，把这些信息和条件巧妙地组合起来，建立一种新的认知，寻找出一种新的管理理念。这就是实实在在的学习过程。

因此，案例法的前提条件之一就是案例要具有多样性，通过多个"片面"案例的学习，构建形成立体的、多维度的管理思维，这就需要一个拥有足够案例数量的案例库来支撑，并且这个库中的案例在时间上要足够新，在空间上要涵盖不同的地域、行业，在主题上应涉及各种各样的管理问题。

再则，要使案例法充分发挥其功能，取得良好的效果，不但案例本身的质量要高，师生也都需具备相当的经验、知识和技巧，更要投入相当多的时间与精力。因此，这个案例库中的案例要有统一的水准和标准，师资也需要经过适当的教学技能培训。

（二）管理案例建设模式的早期探索

由于过去的特殊情况，中国的管理教育界一直没有机会接触到案例法。随着中国改革开放，中美两国加强了在各个领域的合作。1980年，由美国商务部与中国教育部等部门合作，举办了"袖珍MBA"培训班，并将中美合作培养MBA的项目执行基地设在大连理工大学，称为"中国工业科技管理大连培训中心"。为了更加有效地开展针对中国管理者的工商管理教育和管理培训，由中美双方教师组成案例开发小组，到若干中国企业调研、采编，撰写了首批用于教学的83篇中国管理案例，并编写了《案例教学法介绍》一书，这被视为中国管理案例和案例教学法的开端。

在引进和开展案例教学法的过程中，被誉为"中国案例之父"的余凯成教授起到了至关重要的作用。1980年，余凯成教授赴美学习，关注到案例教学，回国后在"中国工业科技管理大连培训中心"担任教务长，直接参与和组织了多项中美合作的管理培训项目以及管理案例的采编与开发工作。

1986年春，在国家经济委员会的支持下，大连培训中心首次举办了为期两周的案例培训班。这种新型教学方法与思想引起几十位参加者的极大兴趣。在大家的倡议及国家经济委员会的支持下，同年年底在太原成立了第一个国内民间的专门学术团体——管理案例研究会，次年开始办起了《管理案例教学研究》的学术刊物，余凯成教授任会长和刊物主编。在随后的十几年里，余凯成教授坚持推广案例教学，同时还主持和出版了多部案例教学法的译著与专著。

1997年，全国MBA教指委正式提出在56所MBA培养院校中推广案例教学法。大连理工大学管理学院[一]、清华大学经济管理学院开始举办面向全国的"案例教学法"研习班。1998年开始，清华大学、北京大学投入数百万元建设工商管理案例库。哈佛商学院、加拿大西安大略大学毅伟商学院等国外著名商学院也开始向中国输出案例教学法及各类案例资源。

进入21世纪以来，随着工商管理教育的快速发展，全国MBA教育指导委员会加大了对案例教学的推广力度，大连理工大学经济管理学院由于在案例建设方面的突出表现，在1999年第一轮MBA学科评估中获得了一致好评，因此受托每年承担面向全国MBA培养院校的"案例教学法师资培训"，清华大学、北京大学、大连理工大学等10所大学商学院的教师参加。这些案例教学实践积累都为之后中国管理案例共享中心（CMCC）的成立奠定了坚实的基础。管理案例共享模式的早期探索如图31-1所示。

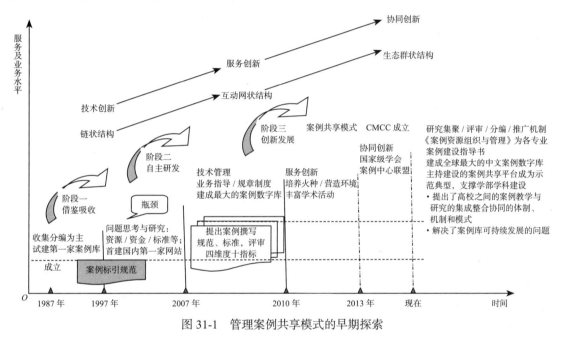

图 31-1　管理案例共享模式的早期探索

2007年，在全国MBA教育指导委员会的领导和支持下，依托大连理工大学成立的中国管理案例共享中心，本着"统一规范、分散建设、共同参与、资源共享"的宗旨，搭建案例教学与研究的平台，实现中国MBA培养院校间的案例资源共享、师资共享、学术成果共享和国际合作共享。中国管理案例共享中心的成立被认为是中国MBA管理案例共享模式的开端，自此之后，中国管理案例共享中心在十余年的建设时间里，历经三个发展阶段，走出了一条别具一格的创新之路。

二、管理案例共享模式的发展历程

中国管理案例共享中心自2007年5月成立以来，实行会员制，各批次MBA培养院校

[一] 2010年，管理学院与经济系合并组建管理与经济学部；
2019年，管理与经济学部更名为经济管理学院。

均为会员单位，现有会员单位近 300 所高校，历经三个发展阶段，分别是初创期（2007 年 5 月～2009 年 12 月）、成长期（2010 年 1 月～2012 年 12 月）和快速发展期（2013 年 1 月至今），如图 31-2 所示。

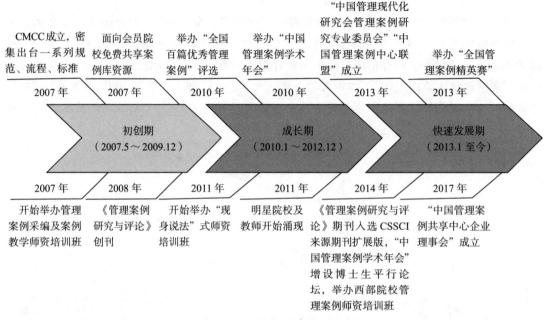

图 31-2　管理案例共享模式的发展历程

（一）初创期

随着中国改革开放的深入，经济快速发展，本土企业显现出越来越多、越来越复杂的管理问题，企业管理人才的培养需要更有效的方法，案例教学法虽然效果显著，但其高昂的建设成本却成为许多院校和教师的进入壁垒，一直以来的单校建设模式无法适应中国国情，制约了案例教学的发展。中国管理案例共享中心的初创期就是案例教学法在国内普及与推广的破冰期。

中国管理案例共享中心的运行方式在全球范围内绝无仅有，其架构和制度规范等在构建初期没有可借鉴的范例。在初创期，中心工作人员在多年实际工作经验的基础上，征集国内外专家意见，密集地制定出台了中国管理案例共享中心章程、案例撰写规范、案例评审标准、案例入库流程等文件，首先从制度上将中心的架构和运行方式构建起来，从资源、方法、渠道上为广大教师铺设一条"通天大道"，既授之以"鱼"，也授之以"渔"，还授之以成果"出口"。

所谓授之以"鱼"，就是中国管理案例共享中心建立免费共享的案例库，会员院校的教师都可以免费浏览下载使用案例库中的案例，让教师们首先对案例建立起感性认识，与案例建立起联系。授之以"渔"则是指在这一时期，案例教学与研究方法对于国内很多老师来说还属于新生事物，为了让广大教师了解案例，使用案例，让案例库持续不断地丰富壮大，中国管理案例共享中心开展了多期普及性的案例编写及案例教学师资培训班，并通过有奖案例征文大赛鼓励教师们动起来，尝试开发本土案例。全国范围内大量老师的参与，广泛地走进本土企业,极大地带动了我国管理案例事业的迅猛发展。同时,为给案例研究提供学术阵地,中国管理案例共享中心于2008年创办了《管理案例研究与评论》期刊,这是国内唯一一本定位于以案例研究为主题的学术期刊,可以刊发国内教师优秀的案例研究成果。

在这一时期,中国管理案例共享中心案例库收录版权案例260篇,500余人次参加了案例编写与教学方法的培训,《管理案例研究与评论》期刊出版12期,发表案例研究论文百余篇,被列为全国MBA教育指导委员会的会刊,每期向会员院校赠刊2 000余册。

(二) 成长期

以"全国百篇优秀管理案例"评选的开展和"中国管理案例学术年会"的举办为标志,中国管理案例共享中心的发展进入成长期。

经过初创期的培训和实践,中国管理案例共享中心案例库收录了一定数量的案例,一部分教师率先掌握了案例编写方法,具备了选优的条件。于是,从2010年起,中国管理案例共享中心每年举办一届"全国百篇优秀管理案例"评选,发挥专家作用,遴选优秀原创本土案例,为案例开发树立行业标杆,让更多的人注意到、愿意参与到案例开发和建设中来。

在案例研究上,同样始于2010年,中国管理案例共享中心每年举办一届"中国管理案例学术年会",以案例研究为主题,学术支持单位包括国家自然科学基金委员会管理科学部以及《管理世界》《南开管理评论》《管理学报》《管理案例研究与评论》等期刊。年会征集了大量的案例研究成果,汇聚了大批国内外管理学界的案例研究与教学精英,也成为同国家自然科学基金委员会和管理学领域关注案例题材的期刊主编对话与交流的窗口。

"全国百篇优秀管理案例"评选和"中国管理案例学术年会"成为中国管理案例共享中心在案例教学和研究方面的两个抓手,带动着包括案例编写与案例教学师资培训班开办、《管理案例研究与评论》期刊运营、明星院校及教师培养等相关工作。一些MBA招生规模较大,追求办学特色的院校对案例的认识逐步清晰,对案例的需求越来越迫切,开始主动寻求突破,加入推动案例工作向前发展的队伍中来,一批以大连理工大学、北京航空航天大学、上海财经大学等为代表的先进的骨干案例院校及个人涌现出来。

在中国管理案例共享中心开办的案例采编与案例教学师资培训班上,多种更有针对性的培训形式风生水起,从普及性传授逐步过渡到现身说法分享,即邀请"全国百篇优秀管理案例"的获奖作者进行现身说法,分享案例采编的经验与心得;此外,还邀请了一些国外商学院具有成熟案例教学实践经验的教授来到国内,向国内教师面授心法,其中代表人物当属加拿大西安大略大学毅伟商学院的陈时奋教授。

这一阶段,案例库每年的投稿数量上升到400余篇,期刊的投稿数量也明显上升,中国原创本土案例开始被翻译成全英文案例,被毅伟商学院案例库等国际知名案例库收录,在全球出版发行,中国案例开始走向世界舞台。

2011年,《管理案例研究与评论》期刊入选复印报刊资料重要转载来源期刊。在2012年度"复印报刊资料"转载学术论文指数排名中,《管理案例研究与评论》期刊转载率为15.91%,在管理学学术期刊全文转载排名中位列第5名。

2012年,"全国百篇优秀管理案例"的获奖数量被纳入教育部第四轮学科评价指标体系(C5项),这极大地激发了各院校开展案例教学与研究的热情。很多院校开始设立案例方面的立项，出台针对案例成果的奖励政策，如学术积分、颁发奖金、将《管理案例研究与评论》列为 B 类期刊等。2018 年，结合近几年在案例采编与教学上出现的新形势、新问题，自第九届"全国百篇优秀管理案例"评选开始，增设了"西部专项""微案例专项"和"重点项目"。这是中国管理教育把握时代脉搏，紧跟现有问题，积极推进，持续发展的又一个重要体现。

（三）快速发展期

以中国管理现代化研究会管理案例研究专业委员会、中国管理案例中心联盟的成立和"全国管理案例精英赛"的举办为标志，中国管理案例共享中心进入了快速发展期。

稳定的学术组织与工作组织保证了案例工作在全国范围内步调统一、稳中求进地开展，提升了整体的学术水平和工作效率。"全国管理案例精英赛"将大量学生囊括其中，在形式上打通了案例教学的链条，在内容上提升了中国管理案例共享中心的社会影响力，让更多的企业、社会组织、媒体等认识到了案例的优越性，从不同角度参与案例工作，从而达到质量和数量的双重飞跃，倒逼着中国管理案例共享中心的其他工作。

经过 5 年的建设，案例库每年收稿达到 600 篇左右，3 000 余位教师接受了案例教学与研究方法的培训，形成了一支较为稳定的专家队伍。于是，2013 年 1 月，中国管理案例共享中心正式成立了"中国管理现代化研究会管理案例研究专业委员会"（本章简称委员会）和"中国管理案例中心联盟"（本章简称联盟）。

中国管理现代化研究会管理案例研究专业委员会是中国管理现代化研究会下设的二级分会，由 71 位委员及数十位会员组成。委员会全部由国内具有丰富案例研究经验与成果，具备一定的学术影响力，有意愿为我国的案例研究工作做出贡献的学者组成。委员会成员在事实上成为我国案例研究领域的骨干力量，长年担任论文评审、大赛评委等，负责学术把关工作，对案例研究方法的进一步拓展与传播起到了重要的桥梁作用。

"中国管理案例中心联盟"是由中国管理案例共享中心和部分院校管理案例中心共同发起成立的案例合作平台，是公益性、非官方、非法人的合作组织，其成立的目的是进一步推动与繁荣我国管理案例教学和案例研究，加强各管理案例中心的交流与合作，目前已有 84 所院校加入，其中 20 所院校担任常务理事单位。联盟每年召开一次会议，将全国的案例工作者们紧紧地联系在一起，为我国案例工作的共同推进提供了良好的平台和交流机会。

在委员会和联盟的共同推动下，中国管理案例共享中心从 2013 年开始，面向全国的 MBA 学生开展了以案例分析为主题的"全国管理案例精英赛"，用以检验案例教学成果，向学生推广案例学习的方法，提升能力，形成教、学、研的闭合回路。该大赛每年举办一届，到 2021 年已有近 160 所院校参加，多所院校将比赛成绩计入学分。

同一时期，《管理案例研究与评论》期刊于 2013 年开始，作为中国管理现代化研究会管理案例研究专业委员会会刊，于 2014 年进入 CSSCI 来源期刊扩展版，2021 年进入北大中文核心期刊。这标志着《管理案例研究与评论》的质量水平和学术影响力跃上了新的台阶。

2015 年，中国管理案例学术年会开始增设"博士生平行论坛"，为全国致力于案例研究的博士生提供一个高起点、大范围、多领域的学术交流平台，吸引大量优秀的博士生参与到案例研究中来，为我国的案例研究事业储备了充足的后备力量。师资培训班开发出了以"案例建议书大赛""案例采编工作坊"为代表的形式新颖、更高阶、更有针对性的培训；2017

年，还增设了专门面向西部地区院校教师的管理案例师资培训班，并成立了中国管理案例共享中心企业理事会（本章简称企业理事会），多位对管理案例有兴趣、有理想、所在企业经营状况良好，有一定影响力的企业家加入了理事会。

案例来自企业，案例教学可以培养企业需要的管理人才，案例研究可以深度挖掘企业管理问题，提炼中国本土的管理理论——案例是商学院和企业连接的纽带。中国管理案例共享中心企业理事会的成立，意味着中国管理案例共享中心打造的案例知识链又向前延伸了一步。它让学界与企业界紧密联系，促使学者更关心企业实践，既体现高校服务社会的使命，也体现教师的社会责任感，同时，也给企业一个连接外脑的机会，通过高校教师这一外脑解剖企业问题，指导管理实践。2020年，中国管理案例共享中心开始依托海信集团、京博控股集团等企业案例基地组织案例采编工作坊项目，与广大教师一起进入企业，与企业负责人面对面，实地访谈与调研，编写管理案例。这项工作推动企业与商学院更加紧密地结合起来，让案例更实、更近，形成案例事业与企业发展双赢的局面。

三、管理案例共享模式的理论基础

从知识生态学角度来看，知识生态系统能够极大地促进各个参与有机体的知识创造，实现知识的溢出、吸收和应用，能够促进知识管理向高级阶段的发展。构成知识生态系统的三个要素，即知识创造、知识传播、知识应用，从而实现知识生态化。而管理案例共享模式就是构建在大学、科研机构、企业等知识主体集聚的同时实现知识传播、集聚和应用，构建知识生态系统。

在不同的发展阶段，构建主体、构建机制、构建行为和知识流动四个构念通过不同的作用方式逐步形成案例知识生态系统，助推中国 MBA 管理案例共享模式走发展创新之路。

（一）平台推广阶段

从构建主体来看，在最初的阶段，国内掌握案例知识的主体数量非常少，中国管理案例共享中心是主要的知识生产者，承担着搭建组织架构、制定标准、培养队伍、向各院校及教师推广、普及案例教学与研究方法等构建行为，一些对案例感兴趣、有了解意愿的院校及教师同样作为知识主体，以知识分解者和消费者的角色，被动地参与案例生态系统的构建。

从构建机制来看，在这一阶段，中国管理案例共享中心制定了各种规范、标准、章程，用这种方式在最初的阶段统一各构建主体对案例的认识，明确案例的最低标准，使新形式的案例工作在统一的标准上开展施行，这种制度化的运行方式为新生组织提供了生存的保障，制度化机制是这一阶段的主要构建机制。

从构建行为来看，在这种机制下，中国管理案例共享中心的代表性构建行为有：组织师资培训班，普及案例采编与教学的基本方法；开展有奖案例征文大赛，鼓励教师行动起来，在实践中领会方法；在会员院校中间免费共享案例库资源，通过《管理案例研究与评论》期刊给予案例研究成果发表的平台。可以看出，中国管理案例共享中心在这一阶段的构建行为都是以案例平台推广为中心，让众多知识主体了解中国管理案例共享中心的平台，在平台上获取资源，提升自己的教学研究。

从知识流动来看，单一的知识创造者面对众多的知识分解者、应用者，在制度化的机制下，通过平台一对一地直线传递知识，是这一阶段主要的知识流动方式。这一阶段主要体现在中国管理案例共享中心发展历程中的初创期，以平台的推广为主要特征，中国管理案例共享中心通过平台的搭建，分别向各院校、教师传递管理案例的相关规范、方法、技巧等知识，构建主体呈现出线性聚集的方式，如图31-3所示。

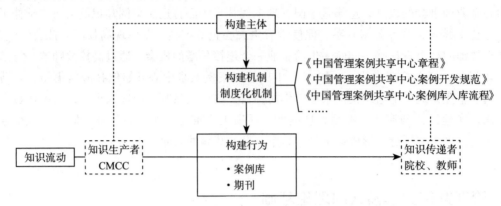

图31-3 管理案例知识生态系统平台推广构建阶段

（二）网络延伸阶段

从构建主体来看，经过早期的广泛培养和发掘，一部分院校和教师率先掌握了案例教学与研究方法，积极参与中国管理案例共享中心的活动，与中国管理案例共享中心紧密配合，承担着编写本土案例、以本土企业为背景进行案例研究、通过现身说法对其他院校及教师进行培训等构建行为。这部分先进的骨干院校及教师与中国管理案例共享中心共同成为管理案例知识生态系统构建主体中的知识生产者。而其他还处于知识分解者和应用者角色的构建主体同样是知识的有机载体，具有主动性和适应性，他们有自己的目标、取向，具有智能性和学习能力，能够在与环境、与其他构建主体的交流互动中有目的、有方向地改变自己原有的行为方式和结构，以更好地适应环境。多个知识生产者掌握着案例采编、教学、研究方法等技术，面对更多数量的知识分解者、应用者进行多对多地传播，形成了网状结构。网络内的构建主体广泛而紧密地联系着，在反复交互中产生了诸如混沌、分型、分岔等复杂的网络耦合关系，也影响了网络环境。

从构建机制来看，由于各构建主体的目的均是获取案例采编、教学、研究的方法，无论是谁，只要掌握了方法技术，就成为明星，备受追捧，因此，在这一阶段，技术导向是主要的构建机制。

从构建行为来看，在技术导向机制下，最典型的构建行为就是现身说法式的师资培训，邀请当年的"百优案例"获奖作者担任培训讲师，就是用现身说法的形式传播案例采编方法及教学、研究心得。除此之外，"百优案例"的评选、学术年会的举办，都是中国管理案例共享中心及各院校积极应对新的网络环境，调整自身知识结构，对各构建主体进行整合，形成整体知识的具体体现。这种整合不是简单的合并，而是新类型、更高层次知识的涌现，原来的知识在新的网络环境中得到发展，较片面的、较低层次的知识通过网络的延伸结合起来，形成较全面的、较高层次的管理案例知识。这种构建行为使得这个阶段的知识分解者和消费者假以时日，有可能成为案例知识的创造者，反哺案例平台和网络，推动管理案例知识生态系统进一步向高级阶段发展。

从知识流动来看，多个知识创造者、传递者、分解者、应用者等共同组成的构建主体在技术主导的构建机制下，通过多种构建行为推动知识在网络间传播是这一阶段主要的知识流动方式。这种流动方式显然比线性传递更加复杂，也更加高效，各种反馈相互影响、相互缠绕，复杂系统的行为经历曲折的进化，产生一加一大于二的效果，呈现出丰富多彩的性质和状态，是管理案例知识生态系统发展进程中的重要里程碑。

该阶段在平台推广阶段的基础上发展而来，以网络延伸为主要特点，主要体现在中国管理案例共享中心发展历程中的成长期。网络的延伸使得案例生态系统具备了向着更高层次发展的可能，在复杂系统的演变过程中，这是一个关键步骤，如图31-4所示。

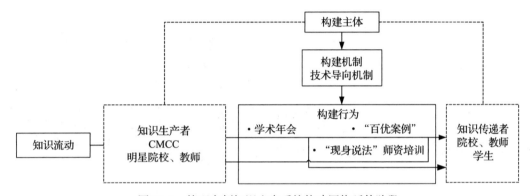

图31-4　管理案例知识生态系统构建网络延伸阶段

（三）生态创新阶段

从构建主体来看，当掌握案例知识的主体达到足够多的数量时，被采编的企业，被教学的学生，甚至是教育主管部门、政府部门等，也都逐渐认识到案例的优势，自发地参与到案例建设中来，成为新的构建主体。管理案例知识生态系统的构建主体已经不再局限于院校及教师，其复杂性进一步显现。各个院校、教师，以及学生与中国管理案例共享中心共同成为知识生产者，又担任着分解者的角色，企业为主要的知识消费者，各个构建主体之间相互影响，相互作用，主动适应。构建主体可以实现逐渐聚集，最初由单个的知识主体聚集成知识种群，进一步地，知识种群又能够聚集成知识群落，组成复杂适应系统典型的谱系结构。这些层层聚焦的知识主体，逐渐构成了知识子系统。而在这个系统内部实现知识集合，不同的知识子系统进一步聚集，为了完成同一目标——获取案例利好，交互作用，融合发展，逐步形成紧密、有机、联动、共生的管理案例知识生态系统，从而完成案例教学与研究发展的使命。

从构建机制来看，更多的社会群体为了享受案例带来的利好而主动地加入生态系统，中国管理案例共享中心采取了一种开放、包容、兼收并蓄的态度，以利益共享机制为主导，多主体共建共享、相辅相成、互相影响、互相制约，这也是知识生态系统的要求和特点。

从构建行为来看，在这一阶段，企业及企业家、各级管理部门都加入系统中来，不同类型的构建主体，不同的知识种群通过合法化组织被稳定下来，包括成立中国管理案例中心联盟、中国管理现代化研究会管理案例研究专业委员会、中国管理案例共享中心企业理事会等,多种形式的组织为多方的利益相关者提供更多稳定、持续的交流机会。

从知识流动来看,企业的加入带来了更显而易见的管理问题,这些问题被管理学者们看到并激发了他们的灵感和研究兴趣,为系统注入新的活力。这种力量像"心脏"一样,产生"血压",即需求与供给的不平衡,这种不平衡被看到、被研究,推动系统内部的知识流动。这种"压差"催生新的知识,满足企业的需求。企业解决了一个问题又会产生新的问题,如此循环往复,螺旋上升,知识流动方式更加趋于复杂,整个知识生态系统也向更高级的态势发展。

在这一阶段,管理案例知识生态系统演变成以利益共享机制为主导,系统能够不断地进行自学习、自组织、自进化,从而实现知识创新,最终能够快速响应复杂变化的环境。这些体现在中国管理案例共享中心发展历程中的快速发展期,以生态创新为主要特征,如图31-5所示。

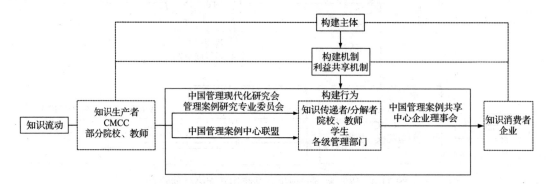

图 31-5 管理案例知识生态系统构建生态创新阶段

四、管理案例共享模式的建设成效及未来发展展望

经过多年的实践,管理案例共享模式的建设成效可以从以下三个方面来理解。

第一,从人才培养全周期视角出发,实现了管理案例教学体系的系统覆盖,案例教学实践得到全面开展。管理案例共享模式以管理人才培养为基本出发点,通过案例资源统筹布局和案例教学活动系统设计,建立了学生与学生合作、学生与教师交互、高校与企业协作、教学与研究互促的案例教学体系。通过共享平台搭建和资源更新机制设计,保障了案例教学体系的开放交互与动态更新,实现了案例教学体系的持续动态优化。

目前,中国管理案例共享中心案例库共收录版权案例 5 500 余篇,网站注册用户 5 万余人,网站浏览量超过 2 400 万次,日最大点击量 1.6 万余次,案例下载数量超过 300 万次,覆盖全国近 300 所高校,组建了由 600 余位专家组成的专家库,保障"全国管理案例精英赛""中国管理案例学术年会"的开展及"百优案例"等的评审工作;建设深度合作和广泛覆盖的企业基地 100 余家;通过案例教学体系标准、流程和制度开发以及案例教材与论文、师资培训、研讨会、讲座、外校来访、媒体报道等多种途径和方式向全国范围内进行了深入扩散和全面辐射,提升全国范围内管理人才培养质量。

第二,通过知识点与管理情境的深度融合,实现"知识-能力-素质"的全方位培育。管理案例共享模式针对管理学科特点和知识特征,通过知识点与不同地域、不同行业的具体管理情境的深度融合，建立情境化、体验式的案例教学模式，突破管理案例教学中的关键障碍，解决知识学习与情境体验割裂的核心问题；搭建了案例教学体系交流与推广平台，推动案例教学体系的良性互动与持续优化，依托企业实践与案例采编、教学与研究的良性交互平台，解决单校建设无法满足教学案例数量和质量的瓶颈问题，完成专业知识与管理情境的深度融合，提升了学生发现问题、分析问题、解决问题的能力，培养了学生的批判性思维和创新性思维，实现了管理人才专业知识、实践能力与基本素质的全方位培育。

第三，基于标准化、流程化和制度化的案例教学规范，形成多层次、多维度应用推广机制。管理案例共享模式形成了统一的国际国内规范，建设与形成一系列科学规范的案例教学设计与评价标准，以及组织与操作流程、实施与保障制度体系，包括案例采编与分析大赛评价标准、案例教学效果评价标准、教学案例评审标准、实践教学基地协议书等29项活动标准，案例教学课堂实施流程、案例分析与采编大赛比赛手册、案例采编流程等15项活动流程，系统提升了案例教学体系的可复制性与可推广性；通过案例教学的模块化推广方法开发、多维度推广路径设计、多层次推广平台搭建、多方位推广资源投入，有效推动了案例教学标准、流程与制度的广泛复制与案例文化的深度移植，实现了管理案例共享模式更大的影响力和社会价值。

管理案例共享模式不仅搭建了高校与企业实践的互动桥梁，为管理学科教师扎根中国管理实践、教与研相结合、理论与实践相融合的良性发展提供了平台，提升了全国范围内工商管理人才培养质量，还构建了动态开放的案例生态系统，对持续扩大管理案例教学体系的辐射范围和推广深度具有积极的意义。

从中国的管理教育现状和未来发展趋势来看，难以产生如哈佛商学院那样的案例教学王国，以中国管理案例共享中心为代表的管理案例共享模式是满足当前中国管理院校对于案例建设需求大、水平差异也大的一个比较充分的思路。它符合在中国现有教育体制下各管理院校的可接受程度、可投入程度，而且"统一规范、分散建设、共同参与、资源共享"的运作机制也保证了会员院校的积极性和主动性，各管理院校可以根据自身的特点和需求不同程度地参与共享中心的建设工作，发挥各自所长和特色，贡献资源，互相借力，形成持续发展、良性互动、螺旋上升的案例生态体系。

参考文献

[1] KOONTZ H, WEIHRICH H. Essentials of management[M]. New York: McGraw-Hill Education, 2006.

[2] LEWIN G W. Field theory and experiment in social psychology: concepts and methods[J]. American journal of sociology, 1939: 868-896.

[3] SPIRO R J. Knowledge representation, content specification, and the development of skill in situation-specific knowledge assembly; some constructivist issues as they relate to cognitive flexibility theory and hypertext[J]. Educational technology, 1991, 31(9): 22-25.

[4] ARMSTRONG S J, MAHMUD A. Experiential learning and the acquisition of managerial tacit knowledge [J]. Academy of management learning & education, 2008, 7(2): 189-208.

[5] ARVANITIS S, KUBLI U, WOERTER M. University-industry knowledge and technology transfer in Switzerland: what university scientists think about co-operation with private enterprises[J]. Research policy, 2008, 37(10):1865-1883.

[6] AUTIO R, HAUTANIEMI S, KAURANIEMI P, et al. CGH-Plotter: MATLAB toolbox for CGH-data analysis[J]. Bioinformatics, 2003, 19(13):1714-1715.

[7] AUDRETSCH D B, LEHMANN E E. Does the knowledge spillover theory of entrepreneurship hold for regions?[J]. Research policy, 2005, 34(8): 1191-1202.

[8] LIAO X, WANG L, YU P. Stability of dynamical systems[J]. Monograph, 2007, 5(1): 108-115.

[9] FELLER G, GERDAY C. Encyclopedia of life support systems[J]. Avtomat telemekh, 2002, 8(3): 157–158.

[10] 丁蔚，倪波. 知识管理思想的起源：从管理学理论的发展看知识管理 [J]. 图书情报工作，2000，45（9）：23-27.

第三十二章

北京航空航天大学 MBA 教育的创新发展之路

秦中峰[一] 李亚帅[二] 周宁[三] 武欣[四] 解蕴慧[五]

北京航空航天大学 MBA 项目已培养毕业生 22 届，累计培养 MBA 毕业生超过 3 700 人，目前在校生 700 余人。北京航空航天大学 MBA 项目的发展经历了三个阶段：1998～2008 年的初创阶段；2009～2016 年的创新阶段；2017 年至今的发展阶段。北京航空航天大学 MBA 项目自创办以来，砥砺前行不畏艰难，锐意进取开拓创新，学生培养效果不断提升，项目品牌效应逐渐形成。

一、坚实的初创阶段（1998～2008 年）

初创阶段开创了"从无到有"的局面，对标国际一流标准，建立项目管理规范体系，并依托学校行业优势，开创民航管理特色方向。

（一）对标国际一流标准，建立项目管理规范体系

北京航空航天大学 MBA 项目按照国际认证标准，结合全国 MBA 教育指导委员会对 MBA 项目的要求，建立了北京航空航天大学 MBA 培养质量保证体系，加强了各个培养环

[一] 秦中峰，北京航空航天大学经济管理学院副院长，教授、博士生导师。
[二] 李亚帅，北京航空航天大学经济管理学院 MBA 教育中心主任，副教授、博士生导师。
[三] 周宁，北京航空航天大学经济管理学院教授。
[四] 武欣，北京航空航天大学经济管理学院副教授。
[五] 解蕴慧，北京航空航天大学经济管理学院副教授。

节的质量控制和规范化管理。在招生环节，面对创立初期的招生困难，增强宣传力度的同时不断规范招生流程和面试标准，生源质量和结构不断优化。在课程教学环节，针对课程内容随意性大和教学内容与实践脱节等问题，借鉴经济管理学院与澳大利亚新南威尔士大学进行联合培养的项目经验，建立健全 MBA 课程教学规范化管理体系，设计了统一的教学大纲、讲义、试卷模板。教学质量保障方面，施行新开课试讲制度，构建教学质量评估体系和奖惩机制，从制度上为课程质量提供保障。学位论文环节，在实践中查漏补缺，不断完善开题、中检、答辩的流程和标准，全环节严控确保论文质量。

北京航空航天大学 MBA 项目通过对标国际一流商学院实现了课程体系的规范化，课程的教学目标完全一致、教学内容 70% 以上相同、教材和参考书基本统一，教学方法和授课风格各具特色。从教学评估的结果来看，北京航空航天大学 MBA 项目的教学质量逐步提升，学生满意度明显增强。

基于这一阶段北京航空航天大学 MBA 项目的办学成果，时任中心主任的周宁教授在 2003 年全国第五批新增 MBA 院校管理学院院长和 MBA 中心主任培训会上做了经验介绍，得到一致好评。北京航空航天大学 MBA 教育中心也成为全国 MBA 教育指导委员会推荐的规范化管理的典范，接待了包括清华大学、南京大学、中国科学院研究生院、中央财经大学、中国科学技术大学在内的 14 所院校的 40 余人来中心交流经验。2008 年，《北航 MBA 教育质量保证与持续改进体系》一文获得由全国 MBA 教育指导委员会举办的"纪念改革开放 30 周年中国 MBA 教育创新研讨会"优秀论文奖。

（二）依托学校行业优势，开创民航管理特色方向

北京航空航天大学是新中国第一所航空航天高等学府。学校特色鲜明，行业优势明显，在航空航天领域非常有影响力。依托学校行业优势，2004 年，北京航空航天大学 MBA 项目与加拿大康考迪亚大学 John Molson 商学院合力打造"国际水准、国内一流"的民航管理方向的 MBA 项目，开创国内 MBA 教育特色方向之先河。

依托航空航天优势，北京航空航天大学 MBA 项目紧扣民航的管理需求适时开设民航管理特色方向。师资方面，采用国外师资和国内师资相融合的方式，部分专业课程包括民航运输管理、航线规划与管理、机场运营与管理等由国外师资教授，且每门课程配有专门的课程辅导教师。课程组织方面，考虑到民航管理的特殊性，采用集中式授课方式，参考 EMBA 的授课方式，每个月组织四天课程。学生方面，主要学员来自国航、南航、东航等航空公司。民航管理方向于 2004 年首次招生，招收 47 名学生，充分展示了民航特色方向的吸引力。班级组建方面，北京航空航天大学 MBA 项目针对民航管理的学生单独组班。国际交流方面，学生有机会获得国际互换学生全额学费（9 000 美元/人）资助。培养效果方面，这些学生将学到的相关知识运用到工作实践中，获得了很好的成效，由此大部分学生很快晋升到管理岗位。

目前，特色方向已成为各高校 MBA 项目的发展趋势，更能体现出品牌价值，这是各高校 MBA 项目差异化发展的必然之路。北京航空航天大学 MBA 项目开创的民航管理特色方向，瞄准民航管理的特殊需求，为具备行业优势的兄弟院校发展 MBA 特色方向提供了经验借鉴。

二、飞跃的创新阶段（2009～2016年）

飞跃的创新阶段"从有到优"，开创性地构建"案例教学、实验教学和实践教学"（一案二实）的特色培养模式，并在北京地区首推提前面试，形成"三筛一选"的人才选拔体系。

（一）"一案二实"的特色培养模式

北京航空航天大学MBA项目倚靠"空天信"行业资源和学科优势，以案例教学、实验教学、实践教学作为突破口，经过多年的教学改革实践，创建了"一案二实"的特色培养模式，构建了"案例开发、案例教学、案例论文、案例大赛及本土化"四案一化的案例教学培养体系，搭建了"平台－内容－师资－方法"四位一体的实验教学培养体系，形成了"课堂教学、培养过程、校企合作和创新实践"四个层次相融合的实践教学培养体系。项目改革卓有成效，"一案二实"培养模式已成为北京航空航天大学MBA项目鲜明的特色。

1. "四案一化"的案例教学培养体系

2010年9月成立"中国企业案例研究中心"，旨在扎根于中国商业社会管理实践，建设具有"国内一流、国际接轨、研究与教学并重"特色的案例团队。以案例课堂教学为基础，提升学生的分析问题能力和综合管理决策能力；以案例竞赛为教学延伸，为学生提供综合训练平台；以案例论文改革为突破点，引领案例教学的改革，促成案例开发能力的提升，形成"四案"的教学模式。对标国际一流，坚持本土化原创案例的开发和教学应用，不断提升教师素质、学生能力、平台的管理水平，最终形成如图32-1所示的"四案一化"的案例教学培养体系。

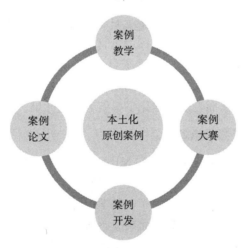

图32-1 北京航空航天大学MBA项目"四案一化"案例教学培养体系

案例课堂教学层次，创新多元化案例教学方法。依照国际标准规范案例课堂教学，制定案例课堂教学规范，采用纳入考核指标、规范案例来源、推行案例公开课、单案例评估监控等措施建立闭环的质量保障体系。以问题为导向，采用应用自主开发案例、案例主人公进课堂等新型教学方式，引入视频案例等手段，创新案例实验、案例沙盘、即兴案例等案例教学方法，激发学生高度参与，增强案例课堂教学效果，促进学生实践能力的提高。北京航空航天大学 MBA 现已获得"创新教学团队""精品课程"等 12 项案例教学研究成果，以案例教学为特色的一系列课程获评留学品牌课程、精品课程建设项目和教学成果奖等。

学生案例竞赛层次，获得 8 项省级及以上奖项。通过倡导学生自发成立案例俱乐部，举办新生案例比赛、校园案例突围赛，组队参加全国管理案例精英赛（全国 MBA 院校），与台湾科技大学管理学院联合举办"管院杯"案例比赛，并在此基础上联合组队参加中国台湾 EMBA "商管联盟杯"案例竞赛，多层次的案例比赛活动使学生得到学习和锻炼。北京航空航天大学 MBA 项目已获得包括全国管理案例精英赛总决赛冠军、季军和中国华北赛区冠军，TiC100 智慧城市与物联网创新创业案例大赛金奖，中国台湾 EMBA "商管联盟杯"金奖等省级及以上案例大赛奖项 8 项，学生综合管理实战能力显著上升。

教学案例开发层次，团队聚力开发本土原创案例。学院出台了《经济管理学院案例教学奖励办法》，鼓励教师开展案例教学和案例开发，组织师生联合开发案例，建设特色案例库，促进以教师为先导的、师生在企业实践中教学相长的实践能力提高。教师与 MBA 学生合作撰写全国获奖本土案例 55 篇，其中 50 篇案例获得"百篇优秀管理案例"荣誉，数量上在全国排名第 2。另有 7 篇分别由哈佛案例库和毅伟案例库收录，成为全国商学院的示范典型。北京航空航天大学 MBA 项目已经形成了一批高水平的案例开发教师团队，多次在各种全国性案例教学会议上向各个兄弟院校介绍经验。

案例型学位论文层次，制定案例型论文写作规范。依据全国 MBA 教育指导委员会关于 MBA 论文的要求，参照学校专业硕士论文规范，制定并出台了《关于专业硕士学位论文撰写案例型学位论文的管理规定》，重点明确了案例型学位论文的内容结构与撰写格式，这是迄今为止国内 MBA 院校首家出台的专业硕士案例型学位论文管理规定，是一项创新举措。

开发并应用本土化原创案例，增强案例教研实力。北京航空航天大学 MBA 案例开发团队坚持扎根中国本土管理实践，建立中国本土原创案例库，引导教师透过本土管理实践构建中国情境下的管理理论，促进学生运用中国特色管理理论和方法服务于企业实践，并推动师生对本土企业实践的深度思考和研究。这些极具中国特色的本土化案例在案例课堂上使用，有效解决了国际案例与中国管理实践脱节的问题，增强了案例教学的针对性和实用性，极大地提高了学生的参与热情，从而有效地强化了案例教学的效果。

2. "四位一体"的实验教学培养体系

实验教学方面，基于北京航空航天大学 MBA 项目的学科特色和实验条件，在"实验设计体系化、实验资源共享化、实验环境场景化、实验方法多元化"的思路引导下，构建了国内领先的实验教学平台，完善各类多层的实验教学内容，培育交叉融合的实验教学队伍，探索多元创新的实验教学方法，搭建了具有北京航空航天大学特色的"平台 – 内容 – 师资 – 方法"四位一体的实验教学培养体系，持续深化 MBA 实验教学改革，如图 32-2 所示。

北京航空航天大学经济管理学院发挥管理科学与工程一级重点学科优势，依托学院五个省部级重点实验室 / 基地，构建了 9 个专业实验室。学院将优质实验资源嵌入 MBA 人才培养中，搭建了 12 个国际一流、国内领先的 MBA 实验教学平台。

基于校研究生教改重点课题"管理学专业硕士实验教学体系的研究与实践"，配合学院 MBA 培养方案和课程体系，整合、优化实验教学课程内容，逐步形成了"模块化、多类型、多层次"的实验教学课程体系，培育团队式实验教学队伍，探索了沙盘演练法、角色扮演法、体验式教学法、参与式教学法、项目驱动法等多元化教学方法在 MBA 实验教学中的应用。

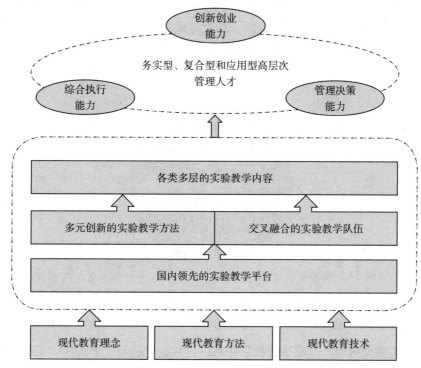

图 32-2　北京航空航天大学 MBA 项目实验教学培养体系

针对 MBA 教学特色，在教师承担的重大重点科研项目中提取关键科学问题形成实验研究项目，将优质科研成果转化为实验教学项目，并配合专任教师和专业实验技术人员进行实验指导。北京航空航天大学 MBA 项目开展了一系列师生创新一体化研究型实验，例如，基于国家 973 计划项目"路网交通拥堵的形成机理与传播特性"，开发了"视觉听觉干扰与驾驶绩效""社会化出行路线规划"等实验项目；基于国家 863 计划项目"面向社交网络的信息传播规律及用户行为演化研究"，开发了"基于微博的网民情绪分析"实验项目；基于国家自然科学基金重点项目"大型复杂产品研制过程运作管理"，开发了"生产现场管理综合评价实验"实验项目；基于国家自然科学基金面上项目"社会化商务中的消费者行为和定价策略研究"，开发了"基于眼动轨迹的消费者行为研究"实验项目。这些研究型实验教学项目面向 MBA 学生开设，使学生的创新能力得到了有效提升，在国内商学院产生了较大影响。

学院 MBA 实验教学学时数已增加至 288 学时，实验层次有所提高，实验类型原来以演示验证型实验为主，逐步增加了体验型、设计研究型和综合型实验。实际开设的 MBA 实验课程有 18 门，MBA 教学中含有实验单元的课程占比达到 42%，开设 MBA 实验课程的专业教师达 15 人。

3．"四个层次"的实践教学培养体系

在实践教学方面，北京航空航天大学 MBA 项目构建了"四个层次"的实践教学培养体系。北京航空航天大学经济管理学院在教学实践中不断探索和尝试，强调"MBA 教育从实践中来，再回到实践中去"，在MBA培养的全生命周期——从入学到就业——全过程设置相应的实践环节，倾力打造全程化、开放性实践教学体系。按照请进来、走出去、再请进来、再走出去的质量提升循环，遵循课程教学有实践内容、师资队伍有实战专家、过程培养有实践环节、论文考核有实践应用的原则，形成"课堂教学、培养过程、校企合作和创新实践"四个层次相互融合的实践教学培养体系，如图32-3所示。

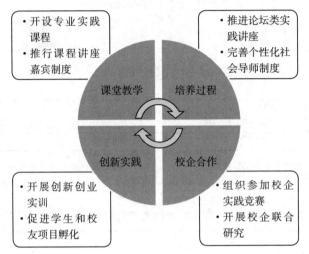

图32-3 北京航空航天大学MBA项目"四个层次"实践教学培养体系

课程中增设实践内容，丰富课堂教学体系。北京航空航天大学MBA项目开设了实践性较强的课程，并且鼓励任课教师加强与业界的联系，邀请大中型企业的经理、高管或创新型企业的创始人到课堂上讲述公司运营中的经验或存在的问题。北京航空航天大学MBA教育中心制定了《关于MBA课程教学中邀请讲座嘉宾的规定》，严格控制讲座嘉宾质量，讲座嘉宾制度通过嘉宾实践经验分享，丰富学生对中国情境下管理实践活动的认知，提高学生的实操能力。

开设论坛类实践讲座，实施个性化社会导师制。论坛讲座分为知行论坛和高端论坛。知行论坛邀请企业高管，分享企业管理经验，开拓MBA学生的职业之路。高端论坛邀请国家层面有影响力的专家，或从国家战略层面解读政策，或从人生角度提升素养，让MBA学生开阔视野，树立人生之路指南针。北京航空航天大学MBA教育中心在传统的社会导师制基础上，实行精细化管理，推行个性化的社会导师制。北京航空航天大学MBA教育中心制定了《工商管理专业研究生社会导师执行方案》《MBA社会导师工作职责》《MBA学生社会导师制执行守则》等管理制度。目前，社会导师规模已达到200余人，覆盖行业广，管理层次高，有助于学生未来的发展。

依托优势行业资源，推进校企合作实践。学院组织北京航空航天大学MBA学生积极参与各类校企合作的创新实践比赛，包括研华科技公司的TiC100大赛、与中航国际联合举办的"中航国际杯"互联网+创业大赛、与晶赞科技联合举办的"中银易商杯"大数据时代下的商务模式创新大赛等，切实培养学生的创新能力和实际动手能力。学院致力于开展以学生专业知识与企业实战需求相结合的课题合作，增加产学研合作项目，面向企业现实问题，将学生之所学融入企业之所用，锻炼学生理论联系实际及团队合作能力，使得MBA的培养更加面向中国企业实践。

(二)"三筛一选"的人才选拔体系

2009年,北京航空航天大学MBA项目在北京地区首先推出提前面试,通过创新复试选拔制度吸引优秀生源。北京航空航天大学MBA项目坚持以培养目标为评价和筛选生源的标准,不断改进遴选程序和方法。通过提前面试、联考、正常批面试、复试环节层层筛选,逐渐形成"三筛一选"的人才选拔体系,逐年稳步提升生源质量。

一筛:筛选提前面试申请资料;核验申请资料真实性,增加教育背景、管理经验、创新创业的考察比重,通过综合评定甄选出具有培养潜力的考生,给予其面试资格。

二筛:通过提前面试考查考生的综合素质;由学校考官、企业考官组成的面试考官组对学生的综合素质进行考评,最终确定面试通过名单。

三筛:通过全国联考检验考生的学习能力。

一选:通过复试加强考生的思想政治和道德品质考核,为此分别设置笔试(英语听力、时事政治)和面试(综合素质、英语口语、思想品德)考核。

北京航空航天大学MBA项目通过实施"三筛一选"的人才选拔体系,生源质量不断提高,目前招收的新生中硕士生和博士生占比达到2.6%,本科生占比95.7%,大专生占比仅为1.7%。

三、稳步的发展阶段(2017年至今)

稳步的发展阶段"从优到强",凝练项目使命定位,开发特色培养方向,依托产学研一体化大力开发双创培养模式。北京航空航天大学MBA项目经历了飞跃发展之后,自2017年开始将发展目标瞄准CAMEA认证,以此为契机,重新思考项目使命定位,并探索新的创新之路。

(一)凝练项目使命定位,开发特色培养方向

北京航空航天大学经济管理学院的使命形成具有长期的历史积淀。在经济管理学院发展的早期,尽管没有明确提出使命陈述,但在实际行动中已经表现出使命导向。1992年7月,顾昌耀院长在学院董事会成立大会上做了题为"遵循产学合作原则,办好北航管理学院"的报告,提出"主动面向企业""产学合作共同开展管理学术研究"等重要战略发展方向。2010年9月,学院分党委正式启动"经管学院文化建设工程"。2011年6月,学院开展了经济管理学院第二期文化建设,在由党支部牵头组成7个课题组研究、汇报、讨论和凝练后,确定学院使命为"致力于经济管理知识和智慧的创造与传播,培养具有国际视野和社会责任感的创新人才,立足中国实践,引领和推动经济社会发展与变革"。2017年6月,将发展目标瞄准CAMEA认证,学院先后动员各系教师,组织学院二级岗教授、青年教师代表,回顾了学院的发展历史与现状,分析了经济管理学院所面临的外部环境,对学院的使命和战略进行了研讨,初步凝练出学院的使命:扎根中国本土,服务社会需求,创新管理知识,培养业界精英。2017年10月,北京航空航天大学经济管理学院举办了"迎校庆65周年,学院使命专题研究"交流评审会。天津大学张维教授、清华大学钱小军教授、北京航空航天大学人文社会科学学院院长蔡劲松教授和校党委宣传部谭华霖部长等校内外专家和部分学院领

导、资深教授组成评委会，对学院使命专题研究成果进行评议。根据专家的建议，从北京航空航天大学经济管理教育肩负的历史使命、国家经济社会发展的现实需求、学校与学院的学科基础、学生与雇主的需求导向等几方面将学院使命聚焦为"服务国家战略，创新管理知识，培育经管英才"。

在学院使命"服务国家战略，创新管理知识，培育经管英才"的指导下，北京航空航天大学MBA项目始终把"服务国家战略"作为项目使命的立足点，强调在实践中"创新管理知识"，将学生培养成能够更好地服务国家战略的"英才"。因此，北京航空航天大学MBA项目的使命为：秉承北航"德才兼备，知行合一"的校训，培养具有全球视野、社会责任、科学精神与人文素养的业界精英。

基于北京航空航天大学经济管理学院服务国家战略的使命，并考虑到项目所处的北京地区的发展定位特点，以及结合北京航空航天大学的品牌和资源优势，北京航空航天大学MBA项目定位于吸引来自前沿科技创新行业、先进制造业和高端服务业的生源。2019～2021年，北京航空航天大学MBA学生在这三类行业的生源占比70%以上，以金融和管理咨询为代表的高端服务业占比36%，以互联网为代表的IT行业占比达到29%，以航空航天为代表的先进制造业占比12%，如图32-4所示。结合项目的外部环境和自身优势，北京航空航天大学MBA项目的市场定位为：以互联网为代表的IT行业、以航空航天为代表的先进制造行业、以金融和管理咨询为代表的高端服务业中具有管理潜质的青年人才。

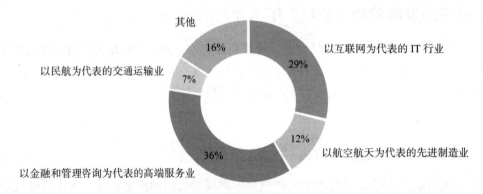

图32-4　北京航空航天大学2019～2021级MBA学生的工作单位与行业分布

北京航空航天大学MBA项目的人才培养定位是：把具有管理潜质或有才能的人，培养成"勇于创新、富于责任、精于实务、善于合作"的复合型高级经济管理人才。在这一人才培养目标的指引下，北京航空航天大学MBA项目向IT、金融、民航等当前经济发展引领性行业输送了大量中高级管理人才。北京航空航天大学MBA毕业生就业主要集中在金融、互联网、信息技术、管理咨询等热门行业，且一批毕业生已经成长为上述领域的领军、领导人才。例如，中国煤炭科工集团党委常委、总会计师蒋占华，首都医科大学纪委书记侯瑾，北京自动化技术研究院党委书记兼院长赵力行等。

学院积极了解国内外MBA教育的现状和发展趋势，积极收集市场信息，不断围绕使命，审视项目的市场定位、培养目标和整体设计等，创设六大特色方向。项目敏锐把握市场环境的变化，整体设计不断根据市场需求和自身资源进行调整和改进。利用学校学科优势和行业资源，在管理科学与工程、应用经济学和工商管理交叉融合的学科平台下，重点培养具有技术背景的MBA学生，开发创新与创业管理、大数据与商业分析、金融科技、民航管理、项目管理、技术转移等 6 个特色选修方向（见图 32-5）。其中，创新与创业管理对应目前国家的创新驱动发展战略；大数据与商业分析，则是将大数据技术应用于学生所在行业和企业，提高其数据分析水平和决策支持水平；金融科技则是以技术驱动的金融创新为主，体现北京航空航天大学优势；民航管理和项目管理均是管理科学与工程学科的传统强势专业；技术转移则是响应北京市目前需求新增的专业培养方向。

图 32-5　北京航空航天大学 MBA 项目特色方向

（二）依托产学研一体化，开发双创培养模式

北京航空航天大学 MBA 项目以培养方案课程体系、创业训练营和创新创业大赛等为抓手，打造"培养方向中有创新创业、培养环节中有创新元素、搭建校内校外竞赛平台、引导创业项目落地实施"的闭环培养模式。

培养方案方面，培养方向中有创新创业，培养环节中有创新元素。培养环节中的知行论坛邀请创新创业相关嘉宾，社会实践增设创新创业大赛，时刻激发 MBA 学生的创新创业激情。北京航空航天大学 MBA 项目的创新创业管理每年都吸引很多学生报名。

课程建设方面，推进创新创业课程开发，夯实创新创业理论基础。围绕创新创业方向，开设一系列专业课程，包括创新思维、商业模式、创业基础与实务、技术与产品创新管理、领导力开发等。2018 年，北京航空航天大学 MBA 教育中心联合北航投资有限公司，开设了创业学分课程"创业基础与实务"，邀请优秀的创业校友回到母校，跟有创业想法的学生面对面交流，分享经验与心得。

以赛代练方面，搭建校内双创比赛平台，积极参加校外创业大赛。自 2017 年起，北京航空航天大学 MBA 项目组织暑期创业训练营，并搭建了校内的创新创业大赛平台——创乐萌创新创业大赛，激发学生的创业热情，助力学子的自主创业之路，挖掘并培养北京航空航天大学的创新创业人才。北京航空航天大学 MBA 学生 2015 年，在 TiC100 智慧城市与物联网创新创业案例大赛中获得金奖；2018 年，在北航–北理工全球创新创业大赛中获得优胜奖；2019 年，在可口可乐杯第二届京津冀 MBA 尖峰时刻创业企划大赛中获得二等奖；2020 年，在第十八届"光明优倍"杯中国 MBA 创业大赛中获得北方赛区二等奖；2021 年，在第十九届"光明优倍"杯中国 MBA 创业大赛中获得最佳创意奖。

案例开发方面，挖掘创新创业典型案例，探索中国创新创业实践。北京航空航天大学 MBA 项目"一案二实"的教学模式渗入到教学过程，挖掘学生的创业案例发展成教学案例，并将其用于教学中供其他学生借鉴。目前已有典型创新创业案例，例如伊太智联科技有限责任公司就是北京航空航天大学 MBA 学生和北京航空航天大学计算机学院教授联合创建的，正在推广孵化。

四、结语

　　经历了二十多年的持续发展,在学校学院的大力支持和全国 MBA 教育指导委员会的指导下,北京航空航天大学 MBA 项目在初创期打下了扎实的规范化管理基础,并探索了特色方向之路,在飞跃的创新阶段形成了"一案二实"的特色培养模式,在稳步的发展阶段凝练使命定位,开发特色培养方向。北京航空航天大学 MBA 项目始终探索创新实践,砥砺前行,乘风破浪,创新发展,以期用最好的成绩回报社会,为中国 MBA 教育的发展贡献绵薄之力。

第三十三章

应用 PZB 服务质量差距模型提升学生满意度的探索与实践

俞满娇[一] 李常青[二]

厦门大学 EMBA 连续 15 年获得《经理人》杂志"EMBA 学生满意度"排名第一,是怎么实现的?这是我们经常被问到的一个问题。生活在象牙塔里的工商管理教授们的理论研究和授课,对业界、实践有用吗?这是工商管理教育界经常被问到的一个问题。哈佛商学院财务总监 Richard P. Melnick 说:"成为一个能体现因我们商学院所传授技能、工具、模型等管理理论赋能而运行卓越的组织,是我们的重要目标之一。"厦门大学 EMBA 连续 15 年获得《经理人》杂志"EMBA 学生满意度"排名第一,是管理理论特别是服务营销研究领域 Parasuramn、Zeithmal、Berry(简称 PZB)三位教授的服务质量差距模型学以致用之果,是管理理论指导实践释放的力量。

一、厦门大学 EMBA 连续 15 年获得学生满意度第一的理论基础

顾客满意是指个人比较感知质量与期望质量之后所产生的一种愉快或失望的感知状态。当顾客感知质量大于期望质量时,顾客感知价值高,顾客满意;反之,顾客则不满意(Claes Forenll, et al., 1990, 1992, 1996)。将 Claes Fornell 团队的研究成果运用于 EMBA 项目中,我们意识到,让 EMBA 学生满意的关键在于:必须保证 EMBA 学生感知到的服务质量与他们所期望服务的质量之差大于零,即感知服务质量必须优于期望服务质量。如何做到?厦门大学 EMBA 项目对这个问题的回答,是一个从单因素到多因素、从组合到整合、从模仿到自觉的动态演进过程。在这一积极探索过程中,我们渐渐发现:PZB(1985)服务质量差距

[一] 俞满娇,厦门大学管理学院 EMBA 中心副主任,助理教授。
[二] 李常青,厦门大学管理学院 EMBA 中心主任,教授、博士生导师。

模型，是指引我们系统化、全景式、全过程、前瞻性地保证EMBA学生感知服务质量优于期望服务质量、最大程度巩固和提高EMBA学生满意度的利器。PZB服务质量差距模型是Parasuramn、Zeithmal、Berry三位学者在对储蓄银行、信用卡、证券、产品维修等四种不同服务行业高管、顾客进行深度访谈和焦点小组访谈等定性调查后所总结出来的研究成果。他们的研究表明企业要缩小服务质量差距（图33-1中的Gap 5），必须要过四关，即缩小市场知识差距（Gap 1）、服务设计和标准差距（Gap 2）、服务交付差距（Gap 3）和服务营销传播差距（Gap 4）。图33-1是厦门大学EMBA项目连续获得学生满意度第一所基于的顾客满意与服务质量差距模型。

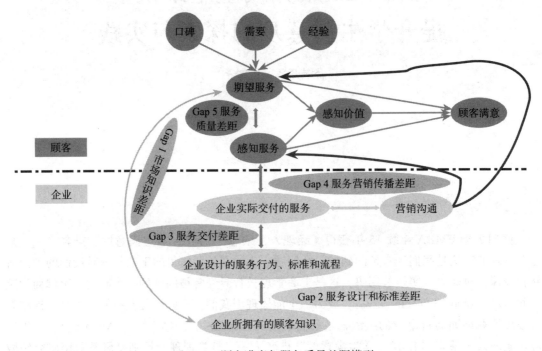

图33-1　顾客满意与服务质量差距模型

二、提升EMBA学生满意度的第一关：缩小市场知识差距

市场知识差距（Gap 1）是指服务企业对顾客期望的了解与真实的顾客期望之间有差距或出入。市场知识差距的存在，往往是因为服务企业不了解顾客、不了解顾客需求。

EMBA项目是一个面向高层管理人员的工商管理硕士教育项目。高层管理人员为什么来读EMBA？高层管理人员为什么来厦门大学读EMBA？厦门大学EMBA该录取什么样的高层管理人员？厦门大学EMBA能给这些高层管理人员带来什么学习收获？伴随对这4个市场知识差距源和如何缩小市场知识差距的分析、思考和回答，厦门大学EMBA项目走过了3个阶段，如图33-2所示。

第一阶段：市场知识差距均值化

在这一阶段，厦门大学EMBA基本上以全国MBA教育指导委员会的答案作为标准答案，没有明确清晰地了解高层管理人员的需要、期望和学习动机，更没有系统科学化地去分析哪些高层管理人员是厦门大学该录取的。在这个起步阶段，厦门大学 EMBA 项目所存在的市场知识差距，与其他同样遵照全国 MBA 教育指导委员会指导的院校，基本上相同。

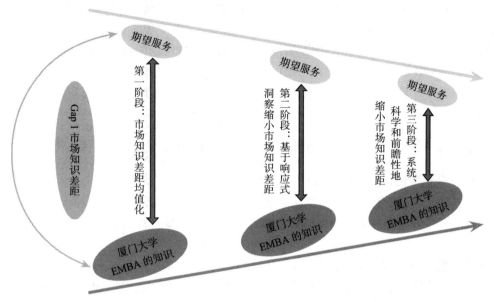

图 33-2　厦门大学 EMBA 项目缩小市场知识差距之旅

第二阶段：基于响应式洞察缩小市场知识差距

厦门大学 EMBA 市场知识差距与全国院校持平的阶段，并没有持续太久。这是因为 2002 年，是中国 EMBA 也是厦门大学 EMBA 的教育元年。随着 EMBA 项目的落地和推进，制订教学计划时不曾想到的一些问题开始浮现，例如，学生会直接或间接地抱怨听不懂、学习没收获等。与有些院校通过更换师资平息学生怨气的做法不同的是，厦门大学 EMBA 项目在回访有意见学生的基础上，对学生意见进行了深度审慎分析。在汇总 2002～2003 学年春季学期的学生意见时，发现这些意见主要集中在专业知识壁垒比较高的课程，如"CEO 财务报表分析""CEO 财务管理"，对比没有抱怨甚至给予很高评价的 EMBA 学生，我们发现这些直接或间接的抱怨，主要来自既没有财务会计从业经验，也没有任何财务会计基础知识的 EMBA 学生。在响应学生的意见和投诉时，厦门大学 EMBA 项目通过汇总、分析认识到：EMBA 学生的知识基础，是其学习收获的影响因素之一，于是我们及时调整，增开了"非财务经理会计学"先修课程。这一洞察及其后续开展的教学设计调整所取得的成效，拉开了厦门大学 EMBA 项目基于响应式洞察、缩小市场知识差距之旅。这一阶段，一直持续到 2015 年。

第三阶段：系统、科学和前瞻性地缩小市场知识差距

基于响应式洞察缩小市场知识差距，是一种增补、修补方法，难免存在偶发、零散、不系统之弊，也缺乏前瞻性。意识到缩小市场知识差距的重要性，在中国大教育家蔡元培先生"教育者，非为已往，非为现在，而专为将来"观念的引领下，厦门大学 EMBA 项目在 2015 年开始系统、科学和前瞻性地缩小市场知识差距。厦门大学 EMBA 项目探索 VUCA 环境下高层管理人员应该具备什么样的能力才能担负企业成长和社会发展的重任。为了回答这个问题，厦门大学 EMBA 项目开展了多管齐下的田野调查。一方面，组织团队在线收集在《金融时报》《商业周刊》《经济学家》《福布斯》榜单上有交叉入围的全球 23 个 EMBA 项目和在《经理人》榜单上的 7 个中国 EMBA 项目关于这一问题的相关信息；另一方面，采用定性调查法收集厦门大学 EMBA 学生有关管理环境、经济发展、行业动态等的信息。与此同时，厦门大学 EMBA 项目也系统地反思自己能给学生带来的收获。在对所收集到的定性数据进行分析后，厦门大学 EMBA 项目在探索的过程中渐渐明确了方向：培养扎根中国、胸怀全球、富有社会责任、科智力和财智力兼备的管理栋梁。

在这一关中，厦门大学 EMBA 项目通过提高调研能力，不断缩小市场知识差距。

三、提升 EMBA 学生满意度的第二关：缩小服务设计和标准差距

对服务企业来说，如何将自己对顾客的了解、洞察等抽象理解完完全全转化为可观察、可测量、可操作、清晰明确具体且能给顾客带来服务价值的程序、标准、动作、流程，又是一个必须要跨越的难关。这一关，是 PZB 服务质量差距模型中的 Gap 2，即服务设计和标准差距。

要缩小服务设计和标准方面的差距，厦门大学 EMBA 项目需要把市场知识尽可能完美无缺地转化为明确清晰的课程与课程体系、课任教授、课程学制、教学设计、教学组织等方面的 EMBA 教学服务设计和标准。类似地，厦门大学 EMBA 项目在缩小服务设计和标准差距方面的努力，大概可以对应地划分为 3 个阶段。

第一阶段：拿来主义指导下的一元教学服务设计

在这个阶段，围绕培养具有系统管理知识的中国高层管理人员这一目标，在借鉴全球一流 EMBA 项目的基础上，从全国 MBA 教育指导委员会提供的课程目录里构建既符合规定又切实可操作的课程体系。这一阶段，在厦门大学"自强不息、止于至善"的精神和厦门大学管理学院"海纳百川"的理念指导下，确立了"开放办学、广纳贤才"的课任教授遴选原则，同时明确了以下标准：①好师资标准是师德优、学术底蕴厚、教学声誉隆，不考虑职务头衔；②续聘以教学效果为基，教学评价低于 4.0 的教授，原则上不续聘。教学内容、教材、教学设计等方面，由教授决定。

第二阶段：响应式洞察拉动的师资与学生二元教学服务设计

2002～2003 年秋季学期，部分无财务会计基础的学生抱怨听不懂会计课，厦门大学 EMBA 项目增开先修课"非财务经理会计学"。这一过程，一方面让厦门大学 EMBA 项目认识到学生基础是学习效果和学生满意的影响因素；另一方面也让厦门大学 EMBA 项目意识到在服务设计过程中需要加入学生这一主体。从此，厦门大学 EMBA 项目进入了师资与学生二元教学服务设计阶段。在课程方面，厦门大学 EMBA 项目确定了：收集学生背景，分析学生的学习基础、学习特点，响应学生在实践中所面临的管理问题和难点，增开课程。比如，响应家族企业学生的呼声，开设"家族企业管理"课程；针对学生所在企业面临上市、融资等问题，开设"私募与风投""资本市场与资本运作"课程；面向有全球化扩展规划的学生，推出美国模块、欧洲模块、中东模块等，提高文化智能，使学生更好地应对挑战；也开设了"企业家压力与健康管理"课程来帮助学生科学减压。在课程体系方面，按照管理知识的逻辑来合理安排课程上课顺序，比如"CEO 财务报表分析"先、"CEO 财务管理"后，

"管理决策经济学"先、"宏观经济理论与实践"后。教学组织上，根据重大商务活动（如10月的"广交会"）对出勤率的负面影响，增开了极具灵活性的10月公选课模块。在这一增补式服务设计过程中，厦门大学EMBA项目的课程与课程体系、师资队伍在不断动态迭代优化。

第三阶段：战略性、多元主体的教学服务设计

经过十多年的积累、思考和探索，厦门大学EMBA项目的教学服务设计从教授驱动型的第一阶段、教授和学生双驱动型的第二阶段进入到战略性、多元主体驱动的第三阶段。与第一、第二阶段服务设计不同的是，厦门大学EMBA项目全面盘点了学校、学院的优势能给选择就读厦门大学的EMBA学生带来的学习收获，研判选择就读厦门大学EMBA学生即将面临的未来路径及其应该具备的能力，系统化开发了既有厦门大学特色又有厦门大学广度的凤凰花课程体系（见图33-3）。

图33-3 厦门大学EMBA项目的凤凰花课程体系

凤凰花课程体系中的对话与创新模块，是厦门大学EMBA项目扎根学校优势学科所创立的，能够让EMBA学生接触医疗、能源、生物等领域的全球前沿研究，旨在打开EMBA学生的科学想象之门、开启他们运用科技前沿改变未来之路的探索，培养他们驾驭前沿科技研究与实业无边跨界融合所需的科智力。类似王立君同学"通过学习，我想未来我们一定要往人工智能、工业大数据、信息融合方向发展，通过技术创新和商业模式创新，去成为真正的智慧工厂解决方案的领导者"这样的反馈，见证了基于厦门大学深度和广度对于EMBA学生的意义。立足于厦门大学管理学院财务领域科研实力是中国财务学界"顶流"的优势，开设"创新的财务逻辑与工具""金融市场的逻辑与策略""税务筹划""内部审计与内部控制"等课程组成的厦门大学财务特色模块，目的是培养学生从财务数据透视企业真相、厘清投资逻辑、巧用金融工具创造财富的财务智慧。

从上述三个阶段来看，厦门大学EMBA项目缩小服务设计和标准差距经历了从响应到主动、从模仿到自觉的过程，图33-4是这一个过程的示意。

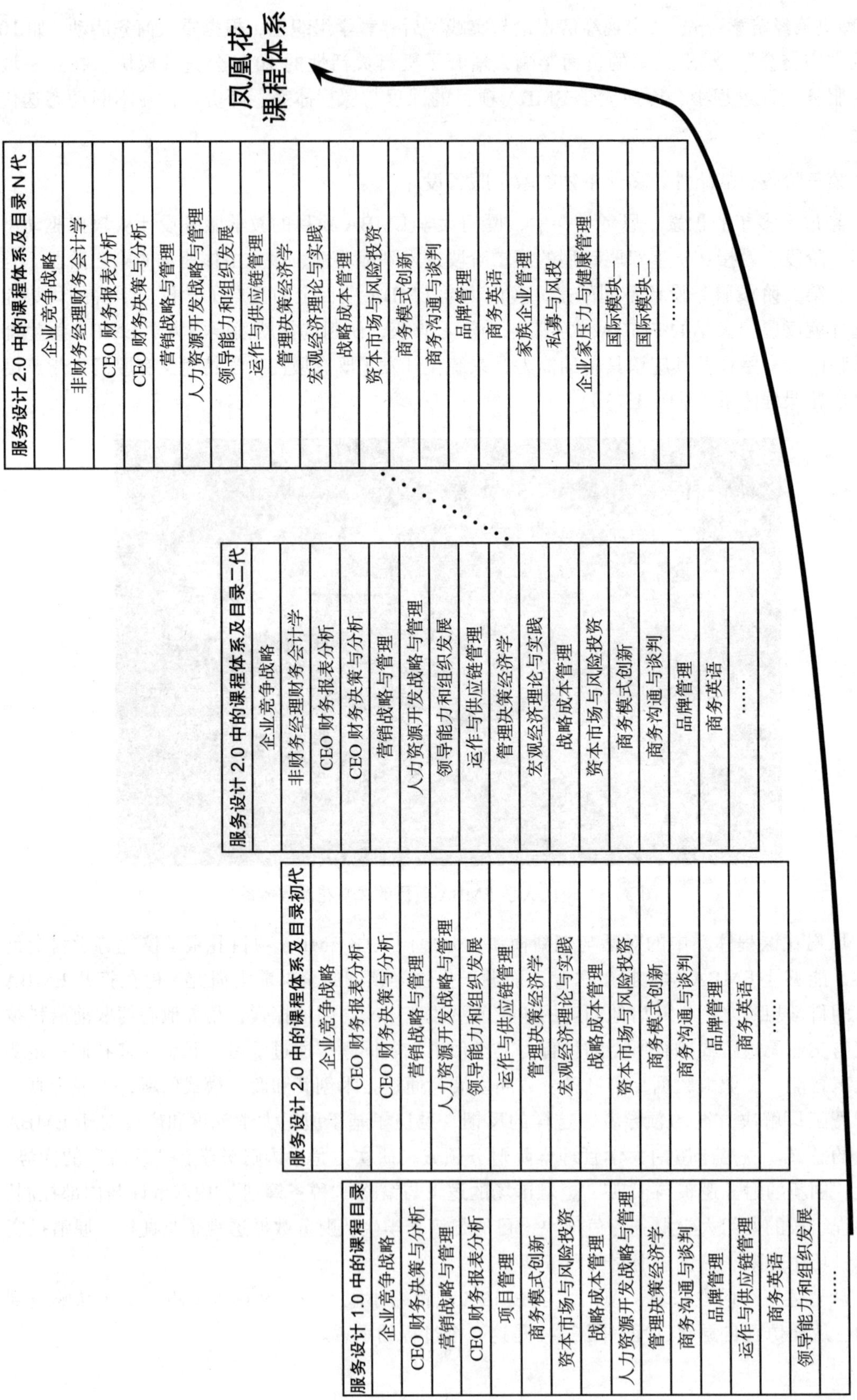

凤凰花课程体系

服务设计 2.0 中的课程体系及目录 N 代
- 企业竞争战略
- 非财务经理财务会计学
- CEO 财务报表分析
- CEO 财务决策与分析
- 营销战略与管理
- 人力资源开发战略与管理
- 领导能力和组织发展
- 运作与供应链管理
- 管理决策经济学
- 宏观经济理论与实践
- 战略成本管理
- 资本市场与风险投资
- 商业模式创新
- 商务沟通与谈判
- 品牌管理
- 商务英语
- 家族企业管理
- 私募与风投
- 企业家压力与健康管理
- 国际模块一
- 国际模块二
- ……

服务设计 2.0 中的课程体系及目录二代
- 企业竞争战略
- 非财务经理财务会计学
- CEO 财务报表分析
- CEO 财务决策与分析
- 营销战略与管理
- 人力资源开发战略与管理
- 领导能力和组织发展
- 运作与供应链管理
- 管理决策经济学
- 宏观经济理论与实践
- 战略成本管理
- 资本市场与风险投资
- 商业模式创新
- 商务沟通与谈判
- 品牌管理
- 商务英语
- ……

服务设计 2.0 中的课程体系目录初代
- 企业竞争战略
- CEO 财务报表分析
- CEO 财务决策与分析
- 营销战略与管理
- 人力资源开发战略与管理
- 领导能力和组织发展
- 运作与供应链管理
- 管理决策经济学
- 宏观经济理论与实践
- 战略成本管理
- 资本市场与风险投资
- 商务沟通与谈判
- 品牌管理
- 商务英语
- ……

服务设计 1.0 中的课程目录
- 企业竞争战略
- CEO 财务决策与分析
- 营销战略与管理
- CEO 财务报表分析
- 项目管理
- 商业模式创新
- 资本市场与风险投资
- 战略成本管理
- 人力资源开发战略与管理
- 管理决策经济学
- 商务沟通与谈判
- 品牌管理
- 运作与供应链管理
- 商务英语
- 领导能力和组织发展
- ……

图 33-4　厦门大学 EMBA 项目服务设计动态迭代示意

四、提升 EMBA 学生满意度的第三关：缩小服务交付质量差距

EMBA 教育是服务提供者和服务接受者面对面高度接触的服务。对于提供高接触服务的厦门大学 EMBA 项目来说，即使已经很好地理解高层管理人员的真实学习期望（Gap 1 逼近于零），基于市场洞察、良好的自下而上沟通、多元为主体所设计的课程体系、教授水平、教学组织等服务设计已经符合学生的期望（Gap 2 逼近于零），如果没有良好的服务交付，即 Gap 3 大如鸿沟，那么学生满意仍然是遥不可及的幻想。厦门大学 EMBA 项目一直从服务交付系统的角度来把控服务交付质量，在明确服务交付系统各要素及其对交付质量的影响基础上，不断地升级服务交付系统的组织运营方式。

（一）厦门大学 EMBA 项目服务交付系统要素与实践

图 33-5 是厦门大学 EMBA 项目服务交付系统，由服务环境、学生、教授、带班主任构成（Langeard，Eiglier，1977）。

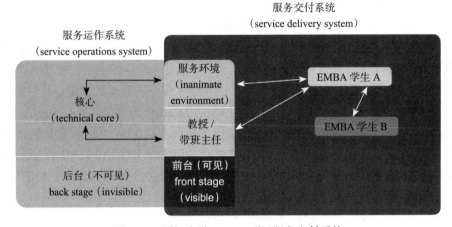

图 33-5　厦门大学 EMBA 项目服务交付系统

资料来源：LANGEARD E, EIGLIER P. Services as systems: marketing implications[C]// EIGLIER P. Marketing consumer services: new insights[M]. Cambridge: Marketing Science Institute, 1977: 83–103.

1. 服务环境和氛围

服务环境，又名服务场景，是指顾客在服务交付中遇到的实际环境和其他影响服务体验的要素，包括宏观、中观和微观环境（Everett，1994）。对于厦门大学 EMBA 项目来说，在宏观环境方面存在得天独厚的优势，坐落在"厦庇五洲客、门纳万顷涛"的厦门，依山傍海；戴斗笠穿西装的嘉庚式建筑风格的群贤楼，典雅简洁大气不沉重，是全国重点文物，这样的中观环境也极容易唤起 EMBA 学生的正向情绪。罗马角斗场式的教室所构成的微观环境，对所有在教室里听课的学院来说，也是极为友好的。与此同时，带班主任根据课程性质、上课时间的节气和事件等布置教室，"同样的教室，不同的氛围"，让学生感受到厦门大学 EMBA 项目的用心与创意的同时，也有效地避免了审美疲劳。

2. 员工

教授与带班主任，是与厦门大学 EMBA 学生面对面接触的两类前台员工。教授，承担

起传道授业解惑；带班主任，承担学习通知，提供教学材料、课程档案、教学用品支持，协助教授维护教学秩序等教务工作。聘用留住最合适的员工是卓越交付服务的保证。

同样的厦门大学群贤教室，不一样的氛围

课程教授。如前所述，厦门大学 EMBA 项目在教授的聘用方面，一直是任人唯贤。EMBA 教育学术委员会制定 EMBA 师资敦聘、考核、延聘等标准，按照"考察→申请→审核→敦聘→考核→续聘"流程动态跟踪、更新教授团队。鉴于教授对 EMBA 学生这个群体也需要有适应过程，厦门大学 EMBA 中心师资部课前给教授提供学生背景、已修课程等信息，以便教授调整教学内容和定制化教学设计，课后及时将一课一评的教学效果反馈给教授、以便教授对自己的教学效果有定量和定性的全貌了解。在优质的学生、良好的教学环境以及为教授提供配套支持等综合努力下，厦门大学 EMBA 优秀教授的保有率一直为 100%。

带班主任。对于厦门大学 EMBA 项目来说，带班主任团队是非常重要的资源和竞争优势。如果说教授是 EMBA 教育服务中的花蕊，厦门大学 EMBA 带班主任团队则是提供 EMBA 教育附加服务的花瓣（Lovelock，1996）。她们及时准确简洁清晰交付的上课地点、课程名字、上课时间、注意事项、学习材料、学费及其支付方式、教授上课特征等资讯性质的附加服务，有利于厦门大学 EMBA 项目交付核心服务；她们交付的帮学生代订住宿等额外服务，根据每个学生修课进度提供补课解决方案等咨询服务，给学生创造了额外的服务体验，也给厦门大学 EMBA 项目带来了差异化的竞争优势。正因为意识到当班主任对学生满意的作用，厦门大学 EMBA 项目多年来一直非常关注录用、培训和留住合适的带班主任。目前，带班主任在中心工作的平均时长大约 8 年。

3. 学生

一个教授、N 个学生和教室，构成了 EMBA 项目的服务场域。在这样一对多的场域里，学生对 EMBA 教学质量的感知还受其他学生的影响。如图 33-5 服务交付系统所示：EMBA 学生 B 的言行举止、与 EMBA 学生 A 的互动会影响 EMBA 学生 A 对服务的感知和评价。与此同时，来源于实践、基于数个影响因素的数据平均值而构建的理论要指导实践、要学以致用，一定要经过消化-内化-转化的过程。在这个过程中，因为教育、行业、经验等背景不同，有的学生可能会卡在消化这一层，顺利闯过管理知识消化关的学生可能会因为价值观、记忆力不同而滞留在内化关，走过消化、内化关的学生可能因为盲信、不考虑企业情况用错或生搬硬套理论而倒在转化这一关。所以，厦门大学 EMBA 项目在录取合适的学生、系统化推动特定正向的学生互动方面，在持续努力、不断优化。

厦门大学 EMBA 项目采用双视角、多维度的方式来考察报考学生。双视角是指面试官由资深专家与学长学姐这两类不同性质的成员所组成；多维度是指报考学生的个人修养和精神气质、领导和沟通能力、逻辑推理和综合分析能力、工作经验和行业洞察、企业等方面。从录取学生来看，平均工作年限是 14 年，平均管理工作年限是 10 年。这样就从源头上保证了学生之间、学生与教授之间的高质量互动。

（二）厦门大学 EMBA 项目服务交付系统组织运营的三个阶段

怎么让由环境、教授、带班主任、学生所构成的服务交付系统能收到一加一大于二的正协同成效？厦门大学 EMBA 服务交付系统大概有 3 种方式。

（1）交响乐式的服务交付 1.0。在好的环境里，好的教授在好的带班主任辅助下给学生上课，学生的学习获得感自然高，好的服务交付质量也就水到渠成。在这样多要素组合的服务交付系统中，课程教授如交响乐团的指挥，整个交付系统的高光都打在"C 位"的课程教授上。交响乐式的服务交付 1.0 的组织、运营能取得比较显著的效果，是因为厦门大学 EMBA 项目彻底执行"开放办学、广纳贤才"的教授聘请原则，这一做法相对比较独特，EMBA 学生的学习获得感很强。

（2）交响乐式的服务交付 2.0。随着时间的推移、学生生源的多元化和班级的增加，厦门大学 EMBA 交响乐式的服务交付 1.0 系统遇到了挑战：同一个教授，同一个带班主任，同一个教学环境，不同生源所组成的不同班级学习获得感不一，不同班级之间对同一个教授的评价出现了波动，标准差有扩大的趋势。对这一趋势的发现，结合国际模块、特别是与全球营销学殿堂美国西北大学凯洛格管理学院交流合作时的所见所闻与所思，厦门大学 EMBA 项目认识到确保服务交付质量，可以：①基于定性和定量数据所归纳出来的教授风格与班级特性之间的相关性来匹配教授与班级；②在同一门课程储备多位教授的同时，增加学生修课的自主性和灵活性，让学生在明确自己学习偏好的情况下，选择合适的教授，以提高师生的匹配性；③增加课后小组复盘、分享课程收获和启发，系统化学生之间、师生之间的互动。这种由带班主任、教授、中心一起进行的系统化互动，不仅推动学生为了在公开场合的表现能够被他人认同、赞美、肯定而更加认真听课，更加深度思考理论与自己的实践经验和洞察之间的异同和联系，探索合乎逻辑的表达从而提高学习获得感，而且公开表达的学生也因为教授、其他同学的肯定与赞美而有获得感。与交响乐式的服务交付 1.0 相比，交响乐式的服务交付 2.0 增加了学生、带班主任在服务交付中的分量。

（3）爵士乐式的服务交付。因为系统中成员互动的增加、成员之间匹配性的提升，交响乐式的服务交付 2.0 比 1.0 版有了改进，但因教授还是扮演着比较重要的作用，厦门大学 EMBA 项目仍难以克服其他开设 EMBA 项目的院校和厦门大学管理学院其他项目援用、共享师资所产生的一些问题，比如优势被削弱、差异性被淡化、为教授作嫁衣等。

结合新的培养目标以及对 EMBA 教育动向的思考，厦门大学 EMBA 项目认识到侧重"默、识、记"的行为主义教学派、交响乐式的服务交付系统的内在缺陷，开始探讨侧重"体验、浸入"的认知主义和"探索、共享、共建"的结构主义在 EMBA 项目服务交付中的运用，开启了以"非凡 × 实境课堂"为先锋的系统整合、全景式组织服务交付的新阶段。

非凡 × 实境课堂是指把上课地点从学校搬到企业，让具有丰富管理经验、行业专业知识的学员在教授的带领下，走进企业，在对企业有直观、生动、一手了解的基础上，分析、讨论承接实践课堂企业以往或现在与课程相关的决策事项、决策选项，综合数据和理论，提出决策建议。无案例，不 EMBA。与哈佛商学院案例不同的是，厦门大学 EMBA 实境课堂中的教学材料、讨论的问题是原生态、真实无修饰的鲜活教学材料。这些鲜活的教学材料，没有被案例编写者的眼光、爱好、教学目的和教学设计所编辑、过滤和修饰，这与学生的日常管理实践是一样的。与此同时，非凡 × 实境课堂是一种即兴即证的学以致用。没有经年累月的事先案例阅读与讨论，学员在现场即兴开展个人思考、小组讨论、现场决策，在现场与学长企业的真实结果即时互动、加以验证。

以"'营销战略与管理'× 舞刀弄影实境课堂"为例。经过详细的事前沟通与规划，舞刀弄影创始人之一李永举给学弟学妹们现场播放该公司承接的三项营销传播任务及其成品：七匹狼的《二哥雄起》、知乎的《发现更大的世界》、999 感冒灵的《总有人偷偷爱着你》。正在上"营销战略与管理"的学弟学妹们围绕给谁看（目标受众）、看什么（定位）、为什么看（差异化）等进行思考、讨论、决策，等李永举公布真实的营销传播成效及其汲取的经验教训后，教授进行深度概括、总结和点评。在这样一堂多元、多过程、原生态的实境课堂中，企业、教授、新老学生交织在一起构成完美的三角验证，修课的新学员们在动态深度互动中思考、消化、理解"营销战略与管理"中的重要知识点——市场细分、目标市场选择、定位的意义建构，领悟到应用型理论之美甚至体验顿悟之明。

在这样协作学习的环境氛围里，课程教授克制自我的表现欲、传教欲，转变为隐性掌舵人，辅导、催化甚至甘为学生的绿叶，帮助学生释放个人特色和团队的学习张力、焕发光彩。在这样的学习场域里，学生、学长、教授、企业不仅仅停留在单向的线性沟通中，而是回归人在心在的真实聆听，动态同步处理信息、相互反馈，保持着张弛有度的多对多网状沟通、互动，使传统上企业参访、课堂学习两者之间的关系从浅描、离散的 1+1 组合，转换为多方智慧激荡、动态即兴、"教、学、思、用、验"有组织、去中心化、系统全景式的服务交付。这样的交付，使服务交付质量有了巨大的提升。

五、提升 EMBA 学生满意度的第四关：缩小服务营销传播差距

服务营销传播与顾客感知服务之间的差异，会极大地影响顾客对服务质量的评价。除了在厦门机场、《厦门航空》杂志会投放一些告知性广告外，厦门大学 EMBA 项目几乎没有做任何其他的外部营销宣传广告。不过，厦门大学 EMBA 项目还是基于对学生和教育服务的了解，做了一些缩小服务营销传播差距的工作。

（一）通过学前教育管理学生期望

学习是无法通过单方面的付出就能让学生学有所获、学有所得的。参加 EMBA 项目的学生，是平均年龄在 40 岁左右的高层管理人员。这个群体，一方面在工作中位置高、任务重、事情多，另一方面家庭和生活中上有老、下有小。所以，工作、生活对学习的负面侵入是难免的。为了尽量降低学生个人的经验、需要对服务感知质量的负面影响，厦门大学 EMBA 项目给每个班级安排的第一堂课，是学前教育。学前教育中的两个环节——开学礼

包与教学管理制度宣讲，是让学生恰当地扮演他们的角色，尽量避免学生忘记自己学生身份及其应有的投入不足而带来的失望。

学员在打开开学礼包的刹那，看到的是"打开，发现新世界；放下，收获书墨香"，听到的是"空杯心态"典故与放下自己身份、谦逊接纳的叮咛。视觉与听觉齐发力，让这些高层管理人员明白、认同自己在厦门大学的身份是学生。

厦门大学 EMBA 项目的开学礼包

教学管理制度的宣讲，也是学前教育中必不可少的环节。厦门大学 EMBA 项目教学总监会就学制时长、学习方式、课堂管理、考勤纪律等教学管理及"收到通知请回复"等学生礼仪进行宣讲。

（二）通过学生反馈文评和数评强化学生期望

教育服务是一种行为过程，其无形性带来的抽象性、不可搜索、难以理解往往会让事先没有体验、感受过的学生产生认知失控和茫然。如何应对这种无形性对服务质量的负面影响？厦门大学 EMBA 项目开展的一课一评、一年一度、一班一回望的定性访谈和定量调查，一周一例会、一年一总结的良性充足内部沟通，积累了海量的学生反馈数据。这些数据特别是定性反馈（文评），是厦门大学 EMBA 项目用来应对服务无形性的传播素材。比如，基于文评所绘制的教授印象词云图，让学生在学前对教授有了生动直观的了解；基于学生的文评，把教授风格故事化，用趣味性来降低认知失控。

（三）通过合理收费引导学生期望

学费，一方面是学生为了获得教育服务所必须支付的费用，另一方面也能传递排他性、形象性以及质量相关的信息。对于事先无法感知的教育服务来说，高学费往往给学生带来高质量的期望，这种高学费带来的高期望如果没有现实的服务交付，与社会对教育本身公益性的普遍认知相悖的话，服务质量差距不仅大，而且还可能因这两方面因素的交乘作用被放大到无法想象的程度，对学员满意度产生巨大的反噬。

厦门大学 MBA 教育中心主任李常青说："如果一味追求利益，凭借厦门大学 EMBA 的品牌和市场效应，的确可以提高学费，但我们还是要考虑教育的服务性、社会性和公益性。

因为这是教育，不是商品买卖。"对比 2020 年 59 个 EMBA 项目，EMBA 学费的差异是非常大的，最高学费为 87 万元，最低学费只有 12 万元。厦门大学 EMBA 项目的学费为 36.8 万元，从绝对值来说，不高也不低。这样的定价，不会让来学习的 EMBA 学生产生排他性、展示自我经济实力的形象价值，但与教育初心一致，再加上厦门大学 EMBA 项目在保证服务质量方面的努力，学生的总体获得感非常强。"茶叶蛋的学费，原子弹的收获"，这一 EMBA 学生感叹反应的是学生感知服务远远超出服务期望，服务质量差距是很大的正向值。

六、结语

我们认为，学生满意度取决于教学质量，学生满意度是衡量师资、课程质量、教学管理、校友平台等各方面水平的综合性核心标准。作为中国 EMBA 教育的先行者，厦门大学 EMBA 坚守教育初心，坚持立德树人，遵守教育部、全国 MBA 教育指导委员会的相关政策、规定，结合厦门大学及厦门大学管理学院自身的特色，以海纳百川的开放心胸，认真倾听高层管理人员的声音，基于对这个群体学习需要、行为规律的深刻洞察，在深入研究政治、经济、社会和技术的发展趋势的前提下，不惜重金从全球范围严格筛选和聘请名师名家，不断更新课程设置和课程内容，探索全新教学方法，提高教学管理服务水平，倾力打造优质校友平台，与时俱进动态调整 EMBA 教育服务内容，不断迭代 EMBA 服务交付系统，从起步阶段的标准化到现阶段的前瞻、系统、全景式地保证教育服务质量。厦门大学 EMBA 项目连续 15 年获得《经理人》杂志"EMBA 学生满意度"排名第一的历程，是一个动态迭代、不断优化的止于至善之途。

参考文献

[1] PARASURAMAN A, ZEITHAML V A, BERRY L L. A conceptual model of service quality and its implications for future research [J]. Journal of marketing, 1985, 49 (4): 41-50.

[2] FORNELL C. A national customer satisfaction barometer: the Swedish experience [J]. Journal of marketing, 1992, 56 (1):6-21.

[3] ANDERSON E W, FORNELL C, LEHMANN D R . Customer satisfaction, market share, and profitability: findings from Sweden [J]. Journal of marketing, 1994, 58 (3):53-66.

[4] FORNELL C, JOHNSON M D, ANDERSON E W, et al. The American customer satisfaction index: nature, purpose, and findings [J]. Journal of marketing, 1996, 60, (4):7-18.

[5] LANGEARD E, EIGLIER P. Services as systems: marketing implications [C] // EIGLIER P. Marketing Consumer Services: New Insights. Cambridge: Marketing Science Institute, 1977: 83–103.

[6] EVERETT P B, PIETERS R G M, TITUS P A. The consumer-environment interaction: an introduction to the special issue [J]. International journal of research in marketing, 1994, 11 (2): 97-103.

第三十四章

开绿色教育之先河，育绿色管理之精英：
北京林业大学打造绿色MBA的探索与实践

李小勇[一]　张　元[二]　杜德斌[三]　郝　越　张　砚　陈建成[四]　余吉安　王　祎　曹　悦

北京林业大学在国内率先将绿色教育引入MBA人才培养体系，取得了显著成果。学校将绿色教育融入立德树人的根本任务中，融入培育和践行习近平生态文明思想的生动实践中。通过绿色教育让学生领悟中华传统生态智慧的源远流长和博大精深，洞察环境演变对企业经营管理的影响，接受绿色发展洗礼，为他们的思想意识、价值观念、行为模式融入低碳发展的元素，使他们在今后的决策中成为环境友好的伙伴。

自2012年开办MBA教育以来，学校明确了"扬绿色学府之优势，开绿色教育之新局，应绿色发展之需求"的办学思路，确定了"领悟生态文明思想真谛，培养绿色管理人才，塑造企业家完美人格"的绿色教育培养目标，创造性地将绿色教育纳入了MBA人才培养方案和教学体系，不断将绿色教育科学化、规范化和制度化。这不但大大提升了MBA教育教学质量，还使得本校的MBA教育后来居上，形成了鲜明特色，迅速在全国MBA教育中崭露头角，多次荣获MBA特色商学院奖。与此同时，绿色教育还向本科生、研究生辐射，成为北京林业大学校园文化中一道靓丽的风景线。

一、绿色教育引入MBA人才培养体系的思路清晰

在开办MBA教育之初，北京林业大学就创造性地将绿色教育引入MBA人才培养体系。之所以这样做，出于以下几个方面的考虑。

[一] 李小勇，北京林业大学MBA教育中心副主任，教授。
[二] 张元，北京林业大学MBA教育中心执行主任。
[三] 杜德斌，北京林业大学经济管理学院副教授。
[四] 陈建成，北京林业大学MBA教育中心学术主任，教授。

（一）绿色教育是中华优秀传统文化生态思想的传承

中华文明延续了五千多年，生态思想源远流长，积累了丰富的生态智慧。例如儒家"天人合一"、道家"道法自然"和佛家的"众生平等"思想，都追求人与自然的和谐统一，主张人与自然的亲和关系。中国古代思想家的"顺时""以时""不违时"的价值观、顺应和保护自然的思想，为当代中国开启了尊重自然、面向未来的智慧之门。人与自然之所以能够相互依存，根本原因在于人们所进行的物质资料生产劳动。人与自然和谐共生中的"共生"一词表明，正是人类的生产活动不仅使人与自然发生了关系，而且使人和自然发生了变化。这种关系与变化使人与自然构成了"生命共同体"。在这个"生命共同体"中，人类应该敬畏、尊重、顺应、保护自然，按照大自然规律活动，使人与自然和谐共生。人类盲目对自然破坏的行为必然会受到自然的惩罚。人类必须尊重和利用自然规律，才能实现人与自然和谐发展。保护自然就是保护人类，建设生态文明就是造福人类。

2021年4月，习近平在"领导人气候峰会"上指出："大自然孕育抚养了人类，人类应该以自然为根，尊重自然、顺应自然、保护自然。"习近平总书记在继承中国古人生态智慧的基础上创新性地提出了"山水林田湖草沙是不可分割的生态系统"的观点，要求我们"像保护眼睛一样保护自然和生态环境"，从而将人与自然的关系提升到生命共同体的高度，让"天人合一"的中国智慧在新时代焕发出新的生机。

学校认真学习了习近平总书记的有关讲话精神，深刻认识到，加强绿色教育，继承和发扬中华传统生态思想，是中国特色的社会主义大学应该承担的责任和义务。开展绿色教育，对于培养中国特色的社会主义建设者和接班人具有十分重要的意义。

（二）绿色教育是建设扎根于中国大地世界一流大学的重要内容

2018年5月，习近平总书记在全国生态环境保护大会上强调，生态文明建设是关系中华民族永续发展的根本大计。要自觉把经济社会发展同生态文明建设统筹起来，充分发挥党的领导和我国社会主义制度能够集中力量办大事的政治优势，充分利用改革开放40年来积累的坚实物质基础，加大力度推进生态文明建设、解决生态环境问题，坚决打好污染防治攻坚战，推动我国生态文明建设迈上新台阶。生态文明建设是巨大的系统工程，需要全社会参与和努力，大家共同爬坡过坎，才能最终建成美丽中国。建设世界一流大学和一流学科，是党中央、国务院做出的重大战略部署，根本目的是提升中国高等教育综合实力和国际竞争力，为实现"两个一百年"奋斗目标和中华民族伟大复兴的中国梦提供有力支撑。

要实现中华民族伟大复兴的中国梦，就必须建设生态文明、美丽中国。因此，一流大学建设必须主动服务美丽中国建设，为美丽中国建设提供一流的人才支撑和一流的科技支撑。绿色大学是一流大学的重要组成部分。大学不仅是国家强大的智力资源，更是人类进步的精神灯塔，一流大学更应该以传承和创新文明为核心要义。生态兴则文明兴，生态衰则文明衰，生态文明建设关系到中华民族永续发展，也关系到人类文明的存续与发展。高等学校承载着人才培养、科学研究、社会服务和文明传承的重大使命，肩负着为人民服务、为中国共产党治国理政服务、为巩固和发展中国特色社会主义制度服务、为改革开放和社会主义现代化建设服务的重要职责，在生态文明建设中理应有作为、有担当。

学校认识到，建设绿色大学是习近平生态文明思想在高校的具体体现，更是高校在国家生态文明建设中应该有的责任担当。如果一所大学不关注生态文明建设，不能为生态文明建设做出贡献，一定不是合格的大学，更不可能是一流大学。生态文明建设落实到学校层面，就是绿色学校建设。

（三）绿色教育是应对传统 MBA 培养模式变革的重要创新

为了治理环境污染，很多国家都付出了巨大的代价。特别是"八大公害"事件发生后，持续恶化的生态危机使一些专家学者开始了反思与研究。在全球范围内，从《寂静的春天》《人类环境宣言》《增长的极限》《我们共同的未来》《21 世纪议程》到《2030 年可持续发展议程》，全世界对于人与自然的关系、发展与保护关系的反思不断深入，提出并实施可持续发展战略，明确要求既要满足当代人的发展需要，又要为子孙后代保留继续发展的潜力。

工商管理教育的目标是培养未来的企业管理者和领导人。无论是职业经理人，还是自主创业的人，作为一个企业家都应该具有社会责任感，这恰恰是以往非常容易忽略的地方。在有眼光、有胆量、有组织能力之外，再加上有社会责任感，这才能够全面地、完整地表述企业家应具备的素质。成功的企业创造利润、创造财富、创造价值，也创造幸福。未来的领导者有义务自己教育自己，独善其身，兼善天下。

以培养未来商界领袖和职业经理人为己任的大学商学院 MBA 教育，一向带有浓重的金钱色彩，把财富价值作为人才培养成败得失的重要指标，并以此为荣。如今，面对着来自可持续发展、生态环境、职业道德责任观念的挑战，对 MBA 的人才培养提出了新的更高要求。应对措施是改进现有 MBA 的课程结构，增进社会责任感。塑造企业家的家国情怀，不仅要对企业、对自己负责，同时也要对社会负责、对环境负责。有效方法的教育，要从培养企业家具有社会责任感这一高度出发。这有助于在工商企业形成一种保护环境的文化，对于推动环境保护事业的发展具有深远的意义。

学校深刻认识到，开展 MBA 教育，既要遵循 MBA 教育规律，又要应对新形势的发展，对传统的工商管理理念与模式提出新的变革。绿色教育的价值导向弥补了通识教育中忽略或无法完成的重要环节，把绿色教育植入 MBA 的发展，聚焦绿色管理，开创响应生态文明建设的创新模式，可以更好地满足企业转型升级发展的需要。把绿色教育作为涵养社会主义核心价值观的重要载体，通过课堂教学、搭建平台、丰富载体，是学校的重要任务之一。

（四）绿色教育是学校实现特色发展的重大举措

当前我国 MBA 教育日益发展壮大和完善。特色发展已成为提升竞争力、谋求发挥比较优势，从而赢取尽可能多的社会教育资源的必然选择。北京林业大学是具有鲜明特点的行业院校，大力加强绿色教育，是学校 MBA 教育特色发展的重要切入点，也是发挥后发竞争优势的重要突破口。学校将加强绿色教育作为特色发展的重大举措，积极推进绿色教育与 MBA 教育的深度融合，逐渐探索出了一套特色鲜明并行之有效的绿色教育模式，使 MBA 教育取得了长足发展。这充分证明了绿色教育在该校 MBA 教育特色发展中的重要作用。

二、绿色教育引入 MBA 人才培养体系的措施得力

北京林业大学不是将绿色教育停留在口号上和一般性的要求上，而是具体落实在了体制机制、软硬件保障和具体有效的实施之中。把绿色教育纳入培养体系，例如开设课程、举

办论坛、倡导企业实训、编写绿色教材、开发绿色案例、融入国学教育等，列入教学计划，规定了学分，精心策划组织实施了大量的活动，建立了长效机制，有效地保证了绿色教育落到实处、见到实效。这些活动都紧紧围绕 MBA 学员绿色理念和价值观的树立、绿色管理技能的培养以及绿色视野的开拓而展开，使北京林业大学 MBA 项目成为名副其实的绿色 MBA 项目，形成特色鲜明的教育教学模式。

（一）革新培养方案，首创绿色 MBA

北京林业大学在 MBA 教育培养方案中明确了绿色教育的地位和作用，首创绿色 MBA（Green MBA），并提出了具体的人才目标：旨在培养具有过硬的政治素质、卓越的人文素养、良好的职业道德，适应市场经济环境，具有宽广的战略视野、创新的开拓精神、崇高的社会责任，具备绿色发展思维，掌握现代经济管理理论与方法，践行绿色和可持续发展理念的中高级工商管理人才。

（二）开设绿色管理课程，制度化培养体系

北京林业大学 MBA 项目开设有"绿色经济与管理""MBA 绿色大讲堂""绿色企业案例研究训练"3 门特色课程，总共 6 学分。"绿色经济与管理"课程主要讲述绿色经济、生态文明、环境保护与绿色发展、绿色低碳生活、节能减排、绿色经济发展和产业升级、国家绿色发展大政方针等。"MBA 绿色大讲堂"聘请高校、研究院、企业、政府机关、NGO 组织等方面的专家和学者，就我国不同时期的发展主题，如绿色创新、企业社会责任、绿色技术，开展前沿专题讲座。每年举办，目前已经举办九期。"绿色企业案例研究训练"要求 MBA 学生根据课程设计，深入企业调研，就企业绿色发展的某一个方面开展深入研究，撰写案例报告，并能用理论进行分析。还开设有"企业社会责任"课程，强调要在生产过程中对人的价值的关注，强调对环境、消费者、对社会的贡献。

除此以外，传统 MBA 教育的 10 门核心课中，要求融入绿色管理元素，传播绿色管理知识。例如，在"营销管理"课程中讲述绿色营销、绿色产品创新内容，在"战略管理"课程中讲述绿色战略内容，在"运营管理"课程中讲述绿色采购内容，在"会计学"课程中讲述绿色核算内容，在"财务管理"课程中讲述绿色金融内容，在"人力资源管理"课程中融入绿色人才的内涵等。

充分发挥北京林业大学在低碳、环保、园林等方面的学科优势，开设有近百门课程，供 MAB 学生进行全校选修。

通过课程体系的设计、绿色管理教育环节的培养，将绿色教育真正融入规范的 MBA 教学模式中，激发了学生不断提高绿色知识素养的积极性。

（三）编写绿色管理教材，建立理论架构

当今中国工商管理教育，既要与中国国情同步，又要与时代前沿同步。绿色发展是当今世界所倡导的一种新的发展模式，是未来社会经济发展的必然趋势。绿色发展必然对传统的工商管理理念与模式提出新的变革要求。正是为了适应这种变革下的工商管理教育的需要，北京林业大学组织编写了绿色 MBA 教育丛书，包括《绿色行政》《绿色管理》和《绿

色战略：企业持续发展之路（英文版）》。本丛书既是培养绿色MBA的教学参考用书，也是为那些希望了解绿色管理理论和实践的读者而撰写的前沿书目，是北京林业大学践行的绿色MBA教育的结晶，也是落实绿色商科培养的实际素材，是完善绿色MBA培养体系的重要一环。在我国高等教育体系中，教材是发展高等教育，培养综合人才、创新型人才的基础。北京林业大学MBA项目结合学校自身特色，融入绿色管理理念，整合课程资源，开发特色教学材料，为提升特色教学品质和稳步推进绿色MBA建设奠定了基础。

《绿色行政》在参考和吸收了国内外绿色行政相关研究的新成果的基础上，以新角度、新视野、新思路，较为系统地构建了绿色行政的基本理论框架，探讨了绿色行政内涵、中国古代朴素的生态文明和绿色行政思想与实践、现代绿色行政的缘起、绿色行政相关研究进展总结、绿色行政管理体系建设、绿色行政的行政实践研究以及绿色行政的保障建设研究等内容。理论与实践相结合，提出了绿色行政的目标与任务，为新时期行政管理改革提供了新的理论支持，对未来行政实践具有现实指导意义。绿色管理是响应生态文明建设的创新模式，必将成为可持续发展背景下组织实现基业长青的理性选择。《绿色管理》主要内容包括绿色管理职能、绿色管理过程、绿色创业与技术创新、绿色发展与政策体系。此外，鉴于管理是一门应用性很强的学科，所以在正文当中及每一章的后面设置了大量案例应用及经验。《绿色战略：企业持续发展之路(英文版)》讲述了企业必须采取可持续发展的绿色战略，在制定企业战略时主动考虑环境要素，根据绿色战略选择机制制定相应的战略，并将绿色战略视为企业获取竞争优势，维持可持续发展的重要途径。《绿色战略：企业持续发展之路(英文版)》既是开展绿色MBA教育的教学参考用书，也是为那些希望了解绿色战略管理理论和实践的读者而撰写的前沿书目。

（四）创设绿色管理研究方向，解决企业实际问题

在传统营销管理、战略管理、人力资源管理、运营管理等管理学领域基础上，学校创造性地在MBA教育中专门设置了绿色管理方向，以服务于生态文明建设为目标，将生态文明建设的观念融入MBA教育之中，以绿色产品和服务设计、绿色技术研发、绿色供应链、绿色投资、绿色营销、绿色会计和审计等为绿色管理的切入点，在教学体系设计和教学管理的全过程、各领域、各主题，全面体现以绿色、环保、生态等为基础的绿色文明概念，助力研究生在企业管理理论学习、科研训练和工作实践中，关注和实现环保、节约、低碳、集约、和谐、共生、可持续等目标，培养具有生态文明意识、理论和实践能力的企业家和管理者。MBA项目特邀50多位当代中国环境保护、生态文明、企业社会责任、绿色治理等业界精英与企业家执教、参与教学，使绿色教育的学习与传播更加具有渗透力和感召力，从引导学生爱好和兴趣的层面提升到了教学与育人的高度。

MBA的选题方向也体现了绿色管理的内涵，如A银行北京分行绿色人力资源管理体系设计研究、B光伏企业的发展战略、C企业的节能减排项目管理诊断、X企业绿色营销绿色研究、F房地产企业的绿色发展战略等题目。绿色管理方向的设立和运行，培养了企业管理领域的绿色管理人才，支撑了企业绿色转型和绿色发展。

（五）开发绿色案例，讲述中国绿色实践故事

实践是最好的老师，对重视实践能力培养的MBA教学工作来说，案例教学可以反映

真实的商业实践，让学生在归纳和分析的过程中培养管理思维，成效显著。北京林业大学 MBA 教育围绕与学校办学特色紧密联系的绿色管理、企业可持续发展领域进行案例开发工作，支持 MBA 绿色育人特色，使用绿色管理理论解释社会经济的发展变迁。以节能产品、绿色认证产品为代表的企业案例从产品营销和消费者认可角度揭示了环境友好产品的市场前景。围绕林下经济扶贫、森林康养业态开发的案例展示了多维度利用森林资源的可行性。围绕企业环保事业、环境公益活动展开的企业社会责任案例揭示了环境友好行为所带来的企业无形资产的增值效应。在共享经济领域讨论的共享厨房、共享衣橱案例，说明了借助互联网技术实现过剩资源重新配置的过程，指出通过提高资源利用效率，在低成本的情况下创造新财富的商业模式。

近 5 年里，MBA 教育中心开发了 50 余篇绿色案例，其中 10 余篇案例入库中国管理案例共享中心，2 篇入选全国百优案例，案例浏览量达到万余次，体现了 MBA 教育中心扎实的案例开发实力。众多绿色案例中，以"百优案例""爱分类：互联网+背景下如何实现垃圾分类全产业链商业模式的创新"为代表的一系列案例关注环保产业的发展，展示碳中和目标下环保企业如何实现环境和经济效益的双赢。

案例从绿色战略、绿色运营、绿色营销、绿色采购、绿色产品设计、企业绿色文化等理论视角，分析总结当下的商业实践，培养学生的绿色管理思维，生动讲述了中国绿色发展故事。在案例开发过程中，教师、MBA 社会导师、MBA 学生、本科生、其他专业研究生共同参与，实现案例开发、教学、人才培养的一体化发展。

总的来说，北京林业大学 MBA 教育对绿色管理相关案例的开发，与学校绿色课程设计、绿色教材选用相结合，共同服务于绿色教育的目标，为培养具有绿色管理思维的管理人才做出卓越贡献。

（六）注入国学经典元素，培育现代新型企业家

2011 年 10 月 28 日，北京林业大学在全国率先成立了 MBA 国学教育中心，首创致力于"弘扬民族传统文化精髓，领悟中国国学思想真谛，培育企业家完美人格"的 MBA 国学教育新模式。MBA 国学教育中心主任由国内著名书画家担任，依托国家级相关组织，联系书画家、艺术鉴赏家与工商界精英、企业家等，发挥纽带和桥梁作用，具体组织实施国学教育。MBA 国学教育中心的成立搭建了学校与专业机构、师生与专家学者、教学与艺术传播之间的互动交流平台，为开展国学教育奠定了坚实的基础。在北京林业大学 MBA 国学教育中心牵头组织下，学校专门开设校园国学大讲堂，讲授国学经典知识，打造品牌活动，旨在通过国学大讲堂，让全校师生领略国学的特有魅力，加深对于国学的全面认识与理解，增添校园文化的人文底蕴与品质内涵。

MBA 国学教育中心充分挖掘传统文化中极具人文特色的文化内容，从书法、国画、篆刻、诗词歌赋入手，借用古人的智慧和古法的技艺，熏陶现代企业家管理理念。让企业家近距离接触国学的同时，体悟到传统文化的魅力、古人的智慧与哲学的思考，进而领会现代管理的真谛，寻找企业经营管理的方法，以促使 MBA 学员形成积极正确的世界观、人生观和价值观，从而达到培养具有国学素养的现代新型企业家的目标。在具体的国学教育实施方面，探索出了一套行之有效的教学模式。其中包括：开设"入门"系列教学专题课程，如厘清国学学习动机的"艺术鉴赏与人生"，领略汉字魅力的"汉字与书法"等 20 余

门国学知识教学专题课程；举办了精英化、主题化、分众化的20多场沙龙活动，如"教你赏国画"主题沙龙、弘扬传统文化的"重读古典文学"分享沙龙等。举办系列"书画名家艺术品鉴会""当代名家字画赏析"等优秀的名家真迹和古典诗词大型艺术品鉴会，让学生与国学大师零距离对话；举办国学高端论坛，以近距离的思辨式、探讨式的形式，努力实现"教学相长"，促进学生践行传统文化与当代企业家精神的有机结合；举办"贺十八大名家笔会""MBA教育中心书法笔会"等，以"笔会"方式让学生观摩各个流派的书法艺术作品，聆听国学大师的现场讲解，启迪自身学习国学文化的思路，巩固理论学习的成果。

由于表现出色，北京林业大学MBA国学教育获得教育部第二届"礼敬中华优秀传统文化"特色展示项目的荣誉。

三、绿色教育服务立德树人的成效显著

北京林业大学将绿色教育引入MBA人才培养体系，做了大量深入细致扎实的工作，取得了显著成效，主要表现在以下四个方面。

（一）丰富了MBA教育内涵，创新了MBA人才培养模式

北京林业大学MBA绿色教育致力于挖掘中华优秀传统生态智慧的精髓，在习近平生态文明思想的指导下，助力现代新型企业家的培养，引导其在中国优秀传统生态文化中领略为人之道、从商之道。中国生态文明建设从认识到实践发生历史性、转折性、全局性变化。生态文明建设和生态环境保护制度体系加快形成，全面节约资源有效推进，能源资源消耗强度大幅下降，森林覆盖率持续提高，生态环境治理明显加强，污染防治力度不断加大，生态环境明显改善，应对气候变化等国际合作成绩斐然，为世界可持续发展提供了中国方案。2021年，在我国昆明召开的《生物多样性公约》缔约方大会第十五次会议（COP15）首次将"生态文明"作为大会主题，对推进全球生态文明建设，努力实现"人与自然和谐共生"的美好愿景具有重要作用，彰显了习近平生态文明思想鲜明的世界意义。这些都为传统的商科教育注入了新的时代要素。在MBA教育中，将管理的真谛和绿色发展的精髓融合，通过对中华优秀传统生态思想的阐释和品鉴，进一步涵养了学生的人文情怀，塑造文化人格，提升人格境界，促使学员在企业管理和经营中更好地认识问题、分析问题和解决问题。在MBA绿色教育中传承和发扬中国优秀传统生态智慧的探索，为我国的MBA教育注入了新的教育内容，提供了新的发展模式。

（二）提升了MBA学生专业素养，塑造了企业家人文情怀

北京林业大学MBA项目聚焦绿色管理，以培养绿色管理人才为己任，打造专业化企业家人才队伍。绿色管理非常前沿，紧扣社会发展的变迁，同时专业性非常强。绿色教育十分注重对学生进行企业家人文精神的培养，立足新发展阶段、贯彻新发展理念、构建新发展格局，创新眼界、胸襟和思路，用中国理论阐释中国实践，用中国实践升华中国理论，为国家经济社会发展奉献"林大智慧"。在新发展理念中绿色是其中一大理念，通过开展丰富多彩的绿色教育活动，使MBA学员注重个人发展，树立"修身、齐家、治国、平天下"的志向，

讲求"兼济天下""兼容并蓄"的胸怀，致力于追求"天人合一""道法自然""止于至善"的境界。学生们认识到，在企业经营中不仅要注重个人专业技能的提升和个人财富的积累，更要注重培养对社会深切的人文关怀。通过研读生态文明发展精髓与企业经营的内在关系，启迪学员从实际出发，寻找事物间的共通联系，透过形式上的不同，寻找本质上的一致性，从而提升了学生的哲学思辨能力。

（三）创新了教育教学方法，推动了教师教学水平提升

习近平生态文明思想内涵丰富、博大精深，深刻回答了为什么建设生态文明、建设什么样的生态文明、怎样建设生态文明等重大理论和实践问题。坚持绿水青山就是金山银山，坚持良好生态环境是最普惠的民生福祉，坚持山水林田湖草是生命共同体。北京林业大学教师在开展绿色教育中，呈现了生态文明建设的最新实践、最新成果、最新经验，并进行提炼和升华，以新的视野、新的认识、新的理念，转化成教师的内在知识和动力。促使教师结合北京林业大学自己的优势领域深入持久地开展学习，深入社会，潜心钻研，持续提升自己的教学水平。在具体的教学方法的使用上，北京林业大学MBA教育倡导"不教而教，不为而为"的理念，由以教师的讲授为主，转变为教师的引导与学生的自身体会相结合。教师用"不教而教"的理念，通过自己的教学使学生自己能够认识问题、分析问题、解决问题；以"不为而为"的理念在教学中追求一种更高的境界，即"修德、博学、有所为、有所不为"，摒弃只讲授、只解释有关问题的做法。教师引导学生以宁静的心态去体会社会发展的变迁，使学生可以获得切实的生活启示，更加理智和健康地生活。在开展绿色教育中，教师立德树人的思想进一步得到了强化，教学水平也不断提高。

（四）培育了绿色低碳研习热潮，促进了校园文化建设

随着北京林业大学MBA绿色教育的深入开展，绿色生活、低碳出行热潮不仅在MBA学员中持续传播，也辐射到了本科生、研究生，使全校的绿色教育不断深入。通过绿色精英大讲堂、专家讲座、绿色发展论坛、绿色实践的开展，绿色教育已成为北京林业大学校园文化建设的重要组成部分，学生群体在绿色教育的倾听、实践和体验中，紧扣时代脉搏，感知社会发展对大学生新的要求，身心得到熏陶，感情得到升华，人格得到完善。MBA绿色教育以其学在身边、行在身边的特点辐射校园文化，发挥其在行动育志、育才和导行中的积极作用，成为北京林业大学校园文化建设的新亮点。

第三十五章

党建引领，电子科技大学 MBA 项目探索社会责任与创新创业整合实践教育模式和机制

陈德富[一]　肖延高[二]　孙朝苑　刘　刚　刘成圆　杜　宇

一、电子科技大学 MBA 项目简介

（一）电子科技大学 MBA 项目基本介绍

电子科技大学是以电子信息科学技术为核心，以工为主，理工渗透，理、工、管、文、医协调发展的多科性研究型大学。经过国家首批"211""985"工程重点建设，2017 年进入国家建设"世界一流大学"A 类高校行列。

电子科技大学 MBA 专业学位授权点于 1997 年获得批准，在 2001 年中国高校工商管理硕士学位教学合格评估（第二批）中，综合成绩位居全国第二，办学特色居全国第一。2002 年，电子科技大学首批获得 EMBA 办学资格，2005 年通过合格评估。2011 年，成功通过 AMBA 认证，2014 年通过再认证，2020 年完成 AMBA 和 BGA 的联合认证，电子科技大学经济与管理学院成为中国首家获得 BGA 认证的商学院，标志着本学位点的教育质量达到国际认可水平。

经过二十余年的探索与实践，电子科技大学 MBA 项目已形成清晰的培养目标和培养方案，制度保障有力，师资结构合理，教学条件良好。通过实施全过程管理，包括招生选拔、课程教学、实践交流、论文管理、就业发展、学生管理、学风管理等，取得了显著的教育效果，办学特色鲜明。

[一] 陈德富，电子科技大学 EMBA/MBA 中心主任、副研究员。
[二] 肖延高，电子科技大学经济与管理学院副院长，教授、博士生导师。

（二）电子科技大学 MBA 项目的定位和目标

电子科技大学 MBA 项目的办学定位是扎根 IT 及其应用领域，技术创新与实体创业并重，特色化与国际化发展并进。办学目标是聚创新与创业之精神，融中国情境与全球视野，建中国一流的 MBA 教育平台。

（三）电子科技大学 MBA 项目组成情况

电子科技大学 MBA 项目包括全日制 MBA 和非全日制 MBA。非全日制 MBA 由综合 MBA 和高级管理人员领航计划组成。

（1）全日制 MBA 项目：创新与变革领导力培养计划。该项目在 2012 年创建，强调培养学生的创新与变革思维、伦理与社会责任、整合与实践能力。培养目标是致力于培养成熟企业新业务拓展者、成长型高科技企业驱动者、新兴技术企业创业者、企业未来管理精英和管理专家。培养理念是以职业发展为导向，致力于提升学生价值。

（2）非全日制综合 MBA 项目。该项目强调新技术和新商业给传统管理理论及管理实践带来的挑战与变革，以职业发展为导向，致力于提升学员的价值。非全日制综合 MBA 项目设置了智慧运营与服务管理、智能化与数字化转型、市场营销、战略与人力资源管理、互联网金融与财务、创新与创业管理、项目管理七个专业选修方向。

（3）非全日制高级管理人员领航计划项目。该项目以"秉承特色，追求卓越，打造精品"为办学理念，依托广泛的国际、国内合作关系，严谨的治学态度、现代的教育服务意识，以及电子科技大学在信息技术领域的学科优势和信息产业中的资源优势，培养具备高度社会责任感和卓越商业远见，富有全球战略思维与开拓创新精神，以及拥有杰出管理才能的企业家；塑造在全球化、专业化的复杂多变环境中统驭全局，锐意创新，与时俱进的商界领袖。该项目是于 2018 年在原有 MBA 项目基础上开发出的特色项目，传承了原 EMBA 项目的办学理念。

二、社会责任实践教育的背景意义

工商管理硕士是我国社会主义经济建设的生力军和社会责任的践行者。"三聚氰胺""瘦肉精"等事件表明，在 MBA 培养中践行立德树人根本任务，强化社会责任，明辨义利之分，具有十分重要的现实意义。为了践行立德树人根本任务，达成电子科技大学 MBA 教育使命，即"致力于为 IT 及其应用领域培养具有全球视野、创新能力、创业精神和社会责任的商界管理精英"，2013 年以来，电子科技大学经济与管理学院致力于技术创新与管理变革融合情境下的 MBA 社会责任实践教育，解决了以下教学问题。

（1）MBA 社会责任教育存在实践缺失、形式单一、过程离散的问题。具体表现为：①重课堂教学，轻社会实践，难以将社会责任内化于心；②传授单向，学生主动参与度低，难以充分调动学生的能动性、创造力和社会资源；③形式老套，互联网思维和技术应用不足，难以满足社会实际需求；④过程离散，难以形成教育方案的循环改进和实施过程的动态调整。

（2）MBA 创新创业教育存在重商业能力训练、轻社会责任培养的问题。具体表现为：

①教学重点聚焦于开发新产品、拓展新业务、应用新模式等，忽略对利益相关者的关注和公共利益的增进，难以解决创新创业项目的"合法性"问题，最终因非商业因素的阻碍而折戟半途；②强调创业者的创新意识、冒险精神、学习能力的培养，忽视社会服务、人格完善、家国情怀等企业家精神的塑造，学生难以成长为堪当大任的商界领袖。

（3）MBA实践教育存在评价机制错位、组织保障不力的问题。具体表现为：①评价主体以任课老师为主，缺乏有效的社会评价；②套用课程教学评价内容和指标，难以适应实践教育的特点和要求；③评价结果成绩导向，难以实现项目传承性和品牌影响力；④缺乏多层次、强有力的组织保障，难以实现从个体到组织、自发到自觉、偶然到必然的升华。

电子科技大学MBA社会责任实践教育以入学导向为切入点，充分调动学生的能动性、创造力和社会资源，积极运用互联网思维和技术，重点贴合新时代精准扶贫、环境保护等社会主题，多种形式开展社会责任实践教育。2013年6月以来，3 000余名MBA学生组成的237个项目团队带动400余家企业和4 000余名社会志愿者参与其中，筹集资金和物资394.7万元，受到《人民日报》、新华社等主流媒体宣传报道，网络点击量达到1 000余万次。不仅达到了预期的教学效果，而且取得了显著的社会效益。

三、社会责任实践教育的主要内容

电子科技大学MBA社会责任实践教育以社会责任教育为内容，以创新创业实践为载体，以互联网思维和技术为手段，创建并实施社会责任与创新创业整合实践教育模式，如图35-1所示。

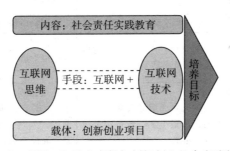

图35-1 "互联网+"社会责任与创新创业整合实践教育模式

电子科技大学MBA项目建立起主体多元、过程闭环、评价多维的社会责任与创新创业整合实践机制及流程，强化项目传承性和影响力，促进教学效果的持续提升；坚持党建引领、学院推动、团队实施的多层次组织形式，保障MBA社会责任教育实现从个体向组织、自发向自觉、偶然向必然的转变，具体措施和方法如下。

（一）打造党建引领、学院推动、团队实施的多层次组织保障

以党建为引领，充分发挥党支部的战斗堡垒作用和党员的先锋模范带头作用，MBA教育中心全力推动，并由MBA校友会和联合会全程指导，项目团队分工协作，保障社会责任实践教育顺利实施。

（二）在社会责任课程建设基础上，突出实践教育

强化社会责任课程建设，从2012级起将"商业伦理与企业社会责任"课程列为全日制MBA必修课和非全日制MBA选修课，进而列入2019级非全日制MBA必修课；从2013级起，在MBA培养方案中设置以社会责任教育为核心内容的必修实践环节（2学分），系统开展社会责任与创新创业整合实践。以2019级非全日制培养方案为例，其中明确规定"企业社会责任环节：通过开展'慈善公益活动'和'微短视频大赛'，引导MBA学生注重立德树人，推进我校MBA社会责任建设，传播慈善公益理念，培养创新创业能力和团队合作能力，使学生成为合格的社会主义建设者和接班人"。

（三）建立并实施"互联网+"社会责任与创新创业整合实践教育模式

（1）根据党建要求，结合国情民情和当下社会热点，由学生组团自主确定活动主题。2013～2021年，共组建237个项目团队，围绕精准扶贫、灾区重建、环境保护、关爱留守儿童、慰问老兵等主题开展活动，具体如表35-1所示。

表 35-1　社会责任与创新创业整合实践教育主题

活动类别	活动主题/帮扶对象/帮扶地区	具体内容
乡村振兴	美丽乡村、农产品销售、乡村旅游	帮扶美丽乡村、带动乡村农产品销售、宣传乡村旅游资源
环境保护	生态环境、气候保护、河道保护、绿化种植、垃圾分类	宣传科普、倡导绿色出行、生态环境清理、种植树木、河道清淤、垃圾分类募集善款
公共健康	食品安全、急救知识、体检、义诊	宣传讲座、培训演练、募集善款
情系灾区	自然灾害区域	义捐物质帮助、义演精神抚慰
精准扶贫	贫困农户、产业扶贫、贫困地区、特色产品	建立网络交易渠道、帮助联络合作社组织，拓宽销售渠道；建立政府、企业、协会和农户的联系，带动地区经济发展
关爱儿童	失踪儿童、留守儿童、贫困儿童、希望小学、教育资源匮乏地区儿童	儿童防拐知识普及宣传、募集善款，捐赠书籍、文具、文体用品、电脑；提供琴棋书画兴趣课程、举办绘画等各类比赛募资、儿童梦想启蒙、高校参观；学校环境改善（教学设施、图书资料等）
关爱老人	敬老院、福利院、孤寡老人	进行义诊、健康讲座、送去生活必需品、陪伴慰问、文艺演出、放映电影、倡导关爱老人
关爱老兵、老党员	抗战老人、退休老党员	经历分享、文艺表演、募集款项、慰问、医疗援助
关爱残障人士、特殊疾病患者	自闭症、失明、唐氏综合征、脑瘫、心智障碍、阿尔兹海默症患者	关爱互动、志愿者陪伴、组织娱乐活动、专家讲座、筛查咨询、义诊
关爱一线工人	环卫、铁路工人、快递员、外卖员	关爱慰问、送物资、呼吁大众对一线工人的理解与关注
关爱动物	小动物、动物保护中心	小动物保护中心募捐款物、协助建立网络领养帮助平台、设计动物领养宣传扑克牌、为动物保护中心义工体检

（2）充分利用互联网思维、技术和方法，系统推进社会责任教育实践。电子科技大

学 MBA 社会责任实践教育要求项目团队将互联网思维体现在如下方面：项目启动经费需学生通过创业方式借助互联网平台进行众筹，严禁自行出资；团队组建和项目的策划、沟通、实施通过微信等工具进行；活动过程中，团队利用互联网平台直播至少 2 次；营销、宣传等环节运用互联网思维和工具进行数据采集、传播；最终结果评估中，网络投票占比高达 40%。

（3）以社会责任教育为内容，以创新创业项目为载体，开展整合实践，包括成本和质量控制、人员协调和沟通、风险识别和管控、物资采购和物流、进度管理等。

（4）构建社会责任教育可持续发展机制，包括项目内容、活动主题、整体方案等，形成了贵州省黔东南苗族侗族自治州岑巩县塔山村、泸州市叙永县海里小学、乐山市峨边彝族自治县星星村等一批传承性精准扶贫项目。

（四）构建主体多元、过程闭环、评价多维的整合实践教育模式实现机制

引入教师、校友、高年级在校生、新生、社会公众等多元评价主体；强化对项目团队的整体评价；采用多样化评价方式，构建多维度评价指标体系。其中，评价方式包括网络得票（占比 40%）、现场评委评分（占比 40%）、现场大众投票（占比 20%），现场评委评价指标包括影响力、创意、组织、宣传、感人。

综上所述，电子科技大学 MBA 社会责任实践教育构建了主体多元、过程闭环、评价多维的社会责任与创新创业整合实践机制，如图 35-2 所示。

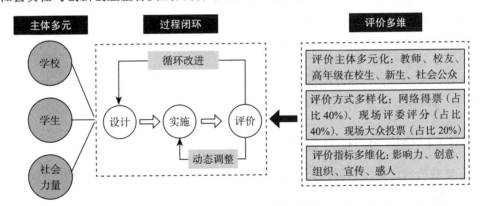

图 35-2　主体多元、过程闭环、评价多维的社会责任与创新创业整合实践机制

不仅如此，为使社会责任活动能可持续发展下去，电子科技大学经济与管理学院设有慈善与社会企业研究中心，由康奈尔大学 Johnson 商学院教授、Johnson 全球可持续发展企业讲席教授 Christopher Marquis 担任中心主任，旨在持续深入地就公司慈善、企业社会责任等重点领域开展基础性、前瞻性研究。例如，与成都市慈善总会连续两年联合举办中国可持续发展高级人才培养和国际前沿可持续发展文化输出，为 40 余家企业培养 50 多名中国可持续发展高级人才；连续 2 年举办企业社会责任与可持续发展论坛，参与人数 300 余人，参与高校 50 余家，参与企业 100 余家，报道媒体 20 余家；与成都市慈善总会联合主办、中国外贸信托等单位协办的天府 CSR 沙龙，思考充满挑战时代的企业社会责任与企业应对新冠疫情的责任启发；与成都新医势科技有限公司合作成立"互联网＋医疗健康产业研究院"等。

四、社会责任实践教育的创新点

（一）教育理念创新

（1）电子科技大学 MBA 社会责任实践教育突出党建引领，充分发挥专业学位教工党支部和 MBA 学生党支部的模范带头作用。

（2）将"立德树人"根本任务落地在 MBA 社会责任实践教育中，使"德智体美劳"全面发展理念转化为学生的自觉追求，实现了党和国家期望与学生个体成才愿望、学校培养目标与社会需求的有机衔接。

（3）强调社会责任与创新创业整合实践的互联网思维，凸显电子科技大学 MBA 教育培养特色。

（二）教育模式创新

电子科技大学 MBA 社会责任实践教育结合电子科技大学学科优势和 MBA 培养特色，构建起"互联网+"社会责任与创新创业整合实践教育模式。其中，社会责任教育是内容，创新创业实践是载体，互联网技术是手段。

（三）体制机制创新

（1）在"商业伦理与企业社会责任"课程建设的基础上，将社会责任实践教育列为《电子科技大学 MBA 培养方案》中的必修实践环节之一。

（2）充分发挥学生的自主性和能动性，实现学生在整合实践项目中的"三个自主"，即自主组织、自主设计、自主实施。

（3）建立起契合社会责任实践教育特点的评价体系，包括多元的评价主体、多样的评价方式、多维的评价指标，以及严格的奖惩机制。

（四）MBA 社会影响力提升方式创新

（1）突破传统的典型事例社会责任教育方式，改为学生全员参与，团队协作，由点到面，点面结合。

（2）激励 MBA 学生充分调动其圈层资源，吸引众多家人、朋友、同事、社会志愿者、政府机关和企事业单位参与其中，产生"水波效应"。

（3）利用网络直播、网络投票等自媒体进行活动过程推广，发挥自媒体和公媒体对 MBA 社会影响力提升的"叠加效应"。经过多年的持续努力，让社会公众更加充分地了解电子科技大学的 MBA 培养理念和社会担当。

五、社会责任实践教育的推广应用效果

（一）电子科技大学 MBA 社会责任实践教育得到教育部等的高度认可

本项目阶段性成果"践行'两学一做'、勇担社会责任、共筑公益沃土"获得 2018 年教

育部第二届全国高校"两学一做"支部风采展示活动优秀作品奖,2017年电子科技大学"两学一做"支部风采展示活动一等奖,2020年第二十届中国MBA发展论坛"十大校园经典活动"和2016年第十六届中国MBA发展论坛"十大校园经典活动"。电子科技大学经济与管理学院获2021年中国商学院发展论坛暨教育盛典"公益之星商学院"荣誉称号。

(二) 电子科技大学MBA社会责任实践教育获得社会各界一致好评,社会效益显著

《人民日报》、新华社、中国网、央广网、四川电视台、《成都商报》等近30家主流媒体予以持续正面报道,网络点击量达到1 000余万次。九年来,据不完全统计,帮扶对象达到4 000余人次,取得了显著的社会效益。如贵州省岑巩县扶贫办出具的"证明"中提到:电子科技大学三个MBA公益团队"于2019年7月底到我县大有镇塔山村开展精准扶贫活动""为塔山村的脱贫攻坚起到了积极的推动作用"。又比如,2018年7月新华社报道了我校2018级MBA"成电之光"党员志愿者小组举办的"筑梦行——手拉手关爱留守学生"活动,网络浏览量超过67万次。共青团巴中市委认为:"孩子们了解了城市学生们能够接触的各种科技和文化知识……为将来的发展树立了正确的人生观、世界观。"2013~2021年整合实践活动概况如表35-2所示。

表 35-2　2013～2021 年整合实践活动概况

年度	学生人数	团队数量	社会影响力	募集资金	活动效果
2021	524 人	37 组	企业赞助 100 余家；带动志愿者 752 人；国内主流媒体报道约 300 次；网络点击量约 560 万次	44.2 万元	媒体深度报道，社会持续关注，学员关注的社会责任范围扩大
2019	782 人	46 组	企业赞助 210 家；带动志愿者 2 344 人；网络直播参与超 568 万次；国内主流媒体报道约 330 次；网络点击量约 300 万次	45.5 万元	企业参与度、志愿者带动度、网络参与度持续提高，社会影响力全面提升
2018	538 人	40 组	企业赞助 90 家；带动志愿者 645 人；网络直播参与超 194 万次；国内主流媒体报道约 314 次；网络点击量约 200 万次	46 万元	扩大赞助企业范围，积极带动志愿者，凝聚社会力量
2017	531 人	38 组	网络直播参与超 40 万次；国内主流媒体报道约 200 次	50 万元	借助网络直播，受到国内主流媒体报道
2016	310 人	24 组	网络点击量超 50 万次	40 万元	影响力和宣传效果极大提升
2015	310 人	18 组	网络点击量超 15 万次	60 万元	借助网络扩大影响力
2014	269 人	19 组	网络点击量超 9 万次	89 万元	开始注重网络传播公益
2013	263 人	15 组	—	20 万元	启动初期，探索尝试
合计	3 527 人	237 组	—	394.7 万元	

（三）电子科技大学 MBA 社会责任实践教育有力支撑了 MBA 学生的创新创业

整合实践不仅整体上增强了 MBA 学生的社会责任意识和能力，而且提升了 MBA 学生创办企业的可持续竞争力。如 2013 级 MBA 学生程正创立的成都明镜视觉科技有限公司荣获第六届（2017 年）中国创新创业大赛互联网及移动互联网行业总决赛第一名。2016 级 MBA 学生陈蓉联合创立的成都宜泊信息科技有限公司于 2017 年荣获国家"高新技术企业"称号，并于 2018 年获得"创青春"全国大学生创业大赛 MBA 专项银奖。这两家企业均荣登"2018 成都独角兽企业梯度榜单"。2014 级校友刘跃的创业项目"矿车之眼"于 2021 年荣获第七届四川省国际"互联网+"大学生创新创业大赛金奖。2016 级 MBA 学生蓝星创立的"贡极——高端松茸专家"项目，于 2021 年代表电子科技大学荣获成都第四届就业创业大赛暨"天府杯"成都选拔赛三等奖。2019 级 MBA 学生陈芋宇，2020 级 MBA 学生旷冬梅、林梦媛的"咕咕知识管家"项目获得 2021 "光明优倍"杯第十九届中国 MBA 创业大赛南方赛区三等奖。

（四）教研教改成果突出

在一级期刊《实验技术与管理》等发表相关教研教改论文 6 篇，承担省部级项目 2 项，校级项目 3 项。发表相关教学案例 3 篇，均入选美国哈佛案例库和欧洲案例中心，被全球 23 个国家和地区的近 100 所大学所采用。

（五）我校 MBA 品牌影响力持续提升

一方面，学校 MBA 报考人数从 2013 年的 780 人增长到 2021 年的 2 913 人；另一方面，在第十三届 MBA 联盟领袖年会暨商学院高峰论坛和 AMBA 亚太区年会等多个重要会议中，与会代表分享了电子科技大学 MBA 社会责任实践教育，起到了积极的示范辐射作用。不仅如此，电子科技大学 MBA 社会责任实践教育还直接支撑了我校顺利通过 2019 年英国工商管理硕士协会（AMBA）与商学院毕业生协会（BGA）联合认证，学校由此成为全国第一家通过 BGA 国际认证的院校。

六、2021 年电子科技大学 MBA 项目践行社会责任情况简介

2021 年，电子科技大学 MBA 新生共组成 37 个公益小组，获得 100 余家企业赞助，筹集爱心善款和物资共计约 44.2 万元，带动志愿者 752 人，近 20 家国内主流媒体报道约 300 次，网络点击量约 560 万次。他们有些关注留守儿童、有些关注老人、有些关注环保、有些关注乡村振兴等，MBA 学员们利用大数据和互联网时代的特点，借助微信、微博、直播等方式进行公益活动的推广，给公益插上互联网的翅膀，让更多的人关注和宣传社会责任。根据公益方案要求，在具体开展活动实践前，每个小组都认真制定活动方案，方案包括队名、小组 Logo、主题、内容、行程等，确保活动真实可行。

2021 级 MBA 公益团队 Logo 合集

（一）乡村振兴

公益事件一 赋能乡村振兴，助力可持续发展。星之翼小组积极对接乐山峨边彝族星星村，开展"赋能乡村振兴，助力可持续发展"公益活动。7 月 24 日和 8 月 28 日两次实地调研，慰问百岁老人，送健康监测手环及线上直播当地人文风貌，9 月 5 日，签订战略合作协议，进行产品直播带货，线下线上销售额共计近 30 000 元，活动得到了新华网、中华网等 11 家主流媒体的争相报道。

公益事件二 乡村产业振兴，信息科技助力。The One 小组在成都市金堂县红旗村举办"一颗柚子——乡村产业振兴，信息科技助力"主题公益活动。发挥 MBA 学生的所学所能，结合信息科技和互联网思维，为乡村振兴贡献力量。活动获得华为等 6 家企业捐助的善款 30 000 元，现场直播带货 20 分钟实现销售额近千元。活动被红星新闻等十多家媒体报道 50 余次并收获百万级流量。

公益事件三 凝聚爱心力量，助力乡村振兴。少年强则国强。微光小组号召爱心人士帮助贵州省岑巩县大有镇大坪同心社区建设青少年兴趣班，关爱最大的"异地搬迁社区"青少年们的发展，以此推动乡村振兴。在不到一周的时间里，共收到十一家爱心企业及个人价值约 113 800 元的爱心物资及善款。

（二）关爱儿童和老人

公益事件四 关爱儿童 爱心捐赠。"从容应队"小组开展了以"我成长，我快乐"为主题的关爱困境儿童健康成长公益活动。活动共募集到20 000元爱心捐款。小组组员和爱心志愿者们一起陪伴小朋友们开展了寻找好朋友、小组比一比、雪花片片、幸福插花等多个游戏，度过了愉快的一天。

公益事件五 关爱留守，让爱成长。蓝天小组发起"关爱留守，让爱成长"主题活动，为摩尼镇联盟村50名留守儿童募集了价值6 500元的学习用品、生活用品，图书资料和4 000元爱心捐款，让孩子们感受到社会的爱心。

公益事件六 关爱老人。Gingko小组开展了以"医路相伴，爱暖夕阳"为主题的关爱老人的爱心活动。小组联系到当地政府和医院，为老人们进行了上门义诊，并帮助敬老院建立了专属"医疗角"。活动筹集爱心物资及善款12 000余元。近6 000名爱心人士通过现场网络直播关注此次活动。

（三）垃圾分类，环保募捐

公益事件七 保护自然，清洁地球。保十洁小组发起"保护自然＋清洁地球"环保公益活动，在崇州白塔湖开展徒步捡垃圾活动，宣传和践行环保理念。成功研发户外专用垃圾支架，并已申报国家专利。募集企业赞助金1.6万元，联合成都3家公益组织，将垃圾支架免费安装到川西各地。目前已有甘孜州雅江县柯拉乡提出需求，为其辖区内318国道沿线等场所安装户外垃圾支架。

公益事件八 环保募捐。星火燎原公益小组发起了"旧物新意，载爱远航"主题系列环保及爱心公益活动。首先在成都市社区发起环保大讲堂及公益募捐，而后运送图书至青神县瑞峰镇，帮助共建乡村儿童图书馆。活动累计募集书籍1 200余册，文具、玩具200余个，获3家企业赞助共15 500元，网络直播观看820人次，2万次点赞量。收到共青团青神县委小青笋志愿者协会寄送的致谢锦旗。

（四）关爱动物

公益事件九 "关爱流浪动物，让生活充满爱"。朝夕光年小组开展了"关爱流浪动物，让生活充满爱"主题公益活动，活动共募集爱心物资近 4 000 元并捐献给了启明小动物保护中心。活动获得了四川新闻网等多家媒体的报道。

公益事件十 拥抱自然，关爱月熊。微光公益小组开展"拥抱自然，关爱月熊"公益活动，小组成员参观了黑熊救助中心，了解了救助月熊的必要性，为月熊制作了玩具和食物；与此同时，小组成员发动身边人员，共募集到善款 6 000 元整，其中 3 000 元用于助养一头月熊一年，剩余善款通过腾讯"99 公益"网上平台捐助月熊餐包。

2013～2021 年，在 237 个公益项目中，有不少公益项目已经得到传承，这也是电子科技大学 MBA 项目进行社会责任教育的初衷，希望能够将社会责任进行传承并让学员相互地影响。电子科技大学 MBA 项目同时也会将社会责任教育一如既往地进行下去，让学员在 MBA 学习的整个阶段都持续关注公益和社会责任，从而让电子科技大学 MBA 的学员做一个真正有社会责任感的商界管理精英。